구속사의 관점에서 본

구약성경 파노라마

레위기

증보판

구속사의 관점에서 본
구약성경 파노라마

레위기 증보판

초판 1쇄 발행 2009년 06월 25일
초판 4쇄 발행 2017년 10월 30일
증보 1쇄 발행 2018년 09월 15일

지은이 유도순
펴낸이 유효성
펴낸곳 머릿돌

등록번호 제17-240호
등록일자 1997년 5월 20일
주소 경기도 성남시 분당구 구미로 100
TEL. (031) 607-7678 / Mobile. 010-9472-8327
http://cafe. daum.net/gusoksa
E-mail yoodosun@hanmail.net / yoohs516@hanmail.net

총판 기독교출판유통
경기도 고양시 일산동구 장대길 74-6
(031) 906-9191

디자인 참디자인

ISBN 978-89-87600-53-6 (03230)

구속사의 관점에서 본

구약성경 파노라마

유도순 지음

03

레위기

증보판

PANORAMA

머릿돌

The Book of Revelation

머리말

주님은,

"인자가 온 것은, 자기 목숨을 많은 사람의 대속물로 주려 함이니라"(마 20:28)고 말씀하시고,

요한은,

"보라 세상 죄를 지고 가는 하나님의 어린 양이로다"(요 1:29)고 증언하고,

베드로도,

"너희가 알거니와 너희 조상이 물려 준 헛된 행실에서 대속함을 받은 것은 은이나 금 같이 없어질 것으로 된 것이 아니요 오직 흠 없고 점 없는 어린 양 같은 그리스도의 보배로운 피로 된 것이니라"(벧전 1:18-19)고 증언하고,

바울도, "이 예수를 하나님이 그의 피로써 믿음으로 말미암는 화목제물로 세우셨으니"(롬 3:25)라고 증언합니다.

"대속물, 어린 양, 보배로운 피, 화목제물"이란 표현들은 모두가 "레위기"에 근거하고 있습니다. 하나님께서는 "모형과 그림자"(히 8:5)로 보여주셨다가 실체로 이루어주신 것입니다.

그런데 우리는 레위기에 대해서 얼마나 모르고 있는가?

시내 산에서 "돌비"만을 주시지 않고, "성막 양식"도 주신 하나님을 찬양해야 합니다. 왜냐하면 돌비에 새겨진 율법을 통해서 죄를 깨닫고 성막의 "번제단"에 와서 대속제물을 통해서 죄 사함을 받을 수 있는 장치를 마련해 주셨기 때문입니다.

레위기는 "돌비"(율법)에 관한 말씀이 아니라 "성막 양식"에 대한 해설서입니다. 그러므로 돌비가 "율법"이라면, 성막식양은 "복음"인 것입니다. 그러므로 레위기를 모르면 복음도 모르는 것이 됩니다.

"대속물, 세상 죄를 지고 가는 하나님의 어린 양, 흠 없는 어린 양의 보배로운 피, 화목제물"은 모두가 성막의 번제단에서 드려지는 것이요, 그리스도께서 갈보리 십자가에서 단번에 성취하여주실 것에 대한 예표였던 것입니다.

그런데 "구속교리"를 "도살장의 신학"이라고 비웃고 조롱하는 신학자들이 있는가 하면,

복음을 "교훈과 축복"으로 바꿔치기 한 설교자들도 있습니다.

저는 우리의 대속제물이 되어주신 예수 그리스도와 복음을 증언하기 위해서 이 책을 썼습니다. 그리고 이것은 제가 처음 주님을 만났을 때의 주님과의 약속입니다.

우리교회 원로목사 유 도 순

목차

The Book of Revelation

레위기 파노라마

레위기는 출애굽기에서 완성이 된 성막(聖幕)의 용도와 의미가 무엇인가에 대한 해설서입니다. 출애굽기는 마지막 장에서, "여호와의 영광이 성막에 충만하매"(출 40:34)하고 마치고 있는데, 레위기는 첫 장에서, "여호와께서 회막에서 모세를 부르시고 그에게 말씀하여 이르시되"(레 1:1)하고 시작이 됩니다. 레위기는 5대제사로 시작하고 있는데 이는 출애굽기에서 계시하신 "내가 애굽 땅을 칠 때에 그 피가 너희가 사는 집에 있어서 너희를 위하여 표적이 될지라 내가 피를 볼 때에 너희를 넘어가리니 재앙이 너희에게 내려 멸하지 아니하리라"(출 12:13)하신 "유월절 어린양의 피"에 대한 확대(擴大)라 할 수가 있습니다.

그러므로 최우선적으로 생각해야 할 점은 하나님은 시내산에서 십계명의 "돌비"만을 주신 것이 아니라, "내가 네게 보이는 모양대로 성막을 지으라"(출 25:9)고 성막 식양(式樣)도 주셨다는 점입니다. 그러므로 "십계명과,

성막식양"을 함께 주신 하나님의 의도와 이에 함의된 구속사적 의미를 깨닫는 것은 사활(死活)적으로 중요합니다. 다시 말하면 율법이 할 수 있는 것과, 할 수 없는 것이 무엇이며, 성막이 할 수 있는 기능이 무엇인가 하는 점에 확고해야만 레위기를 바로 이해할 수가 있는 것입니다.

율법의 기능은 크게 두 가지인데 먼저는, ㉠ 죄를 깨닫게 하고, 정죄하여 죄의 확산을 방지하는 일입니다. 법이 없으면 죄를 죄로 여기지 않기(롬 5:13)때문입니다. 이처럼 "율법"에는 해답이 없는 것입니다. ㉡ 그러므로 율법의 궁극적인 기능은 "이같이 율법이 우리를 그리스도께로 인도하는 초등교사"(갈 3:24) 역할인 것입니다.

그러면 성막의 기능은 무엇인가? 첫째는, ㉠ 그들 중에 거할 성소(출 25:8), 즉 "하나님이 우리와 함께 계시다는 임마누엘"에 대한 모형인 것입니다. 둘째는, ㉡ 하나님께 예배하는, 즉 교제하는 만남의 장소입니다. 그래서 "회막"(會幕)이라고도 합니다. 셋째는, ㉢ 범한 죄를 사함을 받는 곳입니다. 그러니까 육신의 연약으로 말미암아 율법을 범하게 된 죄를 성막의 번제단에 와서 속죄제를 드림으로 사함을 받으라고 성막을 주신 것입니다. 한마디로 율법이 정죄하고 죽이는 기능을 한다면, 성막은 대속(代贖)하여 살리는 기능을 하는 것입니다.

이런 하나님의 의도가 민수기 15장에 나타나 있는데, "곧 여호와께서 모세를 통하여 너희에게 명령한 모든 것을 여호와께서 명령한 날 이후부터 너희 대대에 지키지 못하여 회중이 부지중에 범죄하였거든 (성막에 가서) 속죄제를 드릴 것이라 그리하면 사함을 얻으리니"(민 15:23- 25)하십니다. 그러니까 율법으로 죄를 깨닫고, 성막에서는 속죄제물을 통해서 사함을 받게 된다는 말씀입니다. 이처럼 성경은 "문제에 대한 해답"입니다.

그러므로 성막은 그리스도께서 육신을 입고 이 땅에 오셔서 우리의 죄를 대속하여 주실 복음(福音)의 모형인 것입니다. 주님께서, "인자가 온 것은, 자기 목숨을 많은 사람의 대속물로 주려함이니라"(마 20:28)고, "대속물"이라 말씀하신 것은 지금 상고하고자 하는 레위기를 염두에 두고 하신 말씀입니다. 그러므로 레위기를 알아야만 우리의 죄를 구속하기 위해서 십자가를 담당하신 복음을 알 수가 있습니다. 또한 레위기를 알아야만 "하나님께 기쁘게 받으시는" 바른 예배를 드릴 수가 있고, 레위기를 알아야만 "내가 거룩하니 너희도 거룩한 자가 되라"하신 성화의 삶"을 살아갈 수가 있는 것입니다. 드림은 우리에게 있지만 받으심은 하나님에게 있다는 점을 명심해야만 합니다.

신약성경 중 히브리서는 레위기의 해설서라고 할 수가 있는데, "모형과 그림자"(히 8:5), 또는 "비유"라고 말씀하면서 "개혁(改革)할 때까지 맡겨 둔 것이니라"(히 9:9–10)합니다. 그러므로 이러한 "모형, 그림자, 비유" 등을 해석할 때에 유의해야 할 점은, 나타난 실체(實體), 즉 밝히 드러난 복음의 빛을 받아서 해석해야한다는 점입니다. 그렇게 할 때에 의문(儀文)에 가려져 있던 신령한 의미를 깨달을 수가 있는 것입니다. 이것이 "우리를 새 언약의 일꾼 되기에 만족하게 하셨으니 율법 조문으로 하지 아니하고 오직 영으로 함이니 율법 조문은 죽이는 것이요 영은 살리는 것이니라"(고후 3:6)한 "새 언약의 일꾼"의 사명인 것입니다.

레위기는 크게 두 부분으로 나누어집니다. 전반부(1–17장)는 하나님 존전에서 추방을 당한 아담의 후예들이 어떻게 하나님 앞으로 돌아갈 수가 있는가를 계시해주고, 후반부(18–27장)는 하나님과의 교제가 좁아지거나 막힘이 없이 지속하며 동행하는 삶을 살아가는 방도를 말씀하는 내용입니다.

이를 보여주기 위해서 하나님의 임재를 상징하는 지성소에 이르는 길을 휘장으로 막으라 명하셨던 것입니다. 그 이유를 이사야 선지자는, "오직 너희 죄악이 너희와 너희 하나님 사이를 갈라놓았고 너희 죄가 그의 얼굴을 가리어서 너희에게서 듣지 않으시게 함이니라"(사 59:2)고 설명해주고 있습니다. 이처럼 하나님과의 관계가 단절된 죄인이 하나님께 나아갈 수 있는 방도는, ㉠ 대속제물과 이를 드려줄 ㉡ 대제사장을 필요로 하게 되었다는 것입니다. 그러면 막혀있는 휘장이 언제 누구의 무엇을 통해서 열려졌는가를 잊지 마시기를 바랍니다.

레위기는 우선적으로 "번제, 소제, 화목제, 속죄제, 속건제" 등 5대 제사로 시작이 됩니다. 이는 모두가 그리스도께서 성취하여주실 구속사역의 일면을 보여주고 있는 것입니다. 형제가 속죄제를 드린다고 생각해 보십시오. ㉠ 흠이 없는 정결한 짐승을 끌고 와서, ㉡ 안수하므로 죄를 제물에게 담당시키고, ㉢ 제물을 잡아, ㉣ 제사장에 의해서 피는 뿌려지고, 고기는 불태워 드려집니다. 형제는 틀림없이 눈물을 철철 흘리면서 이 일을 할 것입니다. 하나님은 이를 통해서 대속제물이 되어주실 그리스도를 바라고 기다리게 하셨던 것입니다.

레위기의 핵심 장은 16장입니다. 16장에는 1년에 한 번 드려지는 "대속제일"에 관한 규례입니다. 대제사장이라 하여도 이날만 지성소에 들어가는 것이 허용이 됩니다. 그것도 그에게 자격이 있어서가 아니라 단번에 드려주실 대제사장이신 그리스도를 예표하기 때문입니다. 대제사장은 속죄제물로 수염소 둘을 준비합니다. 그 중의 하나는 온 백성을 위한 속죄제로 드려집니다. "백성을 위한 속죄제 염소를 잡아 그 피를 가지고 휘장 안(지성소)에 들어가서, 그 피를 속죄소 위와 속죄소 앞에 뿌릴지니"(16:15)하십니다. 그러면 속죄소의 "위치"는 어디며 어찌하여 대속의 피를 속죄소 "위와 앞에" 뿌리라 하시는지 형제는 말해줄 수가 있습니까?

여기에 복음의 요점이 있습니다. 속죄소의 "위치"가 어딘가? 하나님은 성막 식양을 말씀하시는 출애굽기에서 "속죄소를 (법)궤 위에 얹고 내가 네게 줄 증거판을 궤 속에 넣으라"(출 25:21)고 명하셨습니다. 이 구조는 "속죄소"가 궤 안에 있는 "증거판", 즉 율법을 덮고 있는 구조라는 점을 유념하시기 바랍니다. 그런데 레위기에서는 속죄제물의 피를 "속죄소 위와 속죄소 앞에 뿌리라"하십니다. 그러면 어떤 뜻이 됩니까?

하나님께서 우리들을 보실 때에 속죄소 위에 뿌려진 "대속의 피"를 통해서 보신다는 점을 모형을 통해서 계시하신 것입니다. 애굽의 장자를 심판하실 때에도 대문에 뿌려진 대속의 피를 통해서 보심으로 그 집을 "건너고 넘어가는 것"이 가능했던 것입니다. 그러므로 잊지 말아야 할 점은 이스라엘 집에서도 죽음은 있었다는 점입니다. 이 죽음을 대문에 뿌려진 피와, 속죄소 위에 뿌려진 피가 말해주고 있는 것입니다. 다만 대속제물이 대신 죽었을 뿐입니다.

그러므로 "속죄소"가 속죄소가 되기 위해서는 반드시 대속의 "피"가 뿌려져야만 효력이 있는 것입니다. 만일 피가 뿌려지지 않으면 법궤 안에 있는 "증거판", 즉 율법을 통해서 보시게 되고 그러면 모두가 "죄 아래, 심판 아래" 있게 되는 것입니다. 하나님은 이를 통해서 그리스도의 구속으로 말미암아, "피 아래, 은혜 아래" 있어야만 구원에 이를 수 있다는 복음을 계시해주신 것입니다.

다른 한 마리 염소는, "아론은 그의 두 손으로 살아 있는 염소의 머리에 안수하여 이스라엘 자손의 모든 불의와 그 범한 모든 죄를 아뢰고 그 죄를 염소의 머리에 두어 미리 정한 사람에게 맡겨 광야로 보낼지니 염소가 그들의 모든 불의를 지고 접근하기 어려운 땅에 이르거든 그는 그 염소를 광야에 놓을지니라"(16:21-22)하십니다. 이점을 시편 기자는, "동이 서에서 먼 것같이 우리 죄과를 우리에게서 멀리 옮기셨으며"(시 103:12)라고 찬양하고, 세례 요한은 "보라 세상 죄를 지고 가는 하나님의 어린 양이로다"(요 1:29)라고 증언합니다. 하나님은 우리의 죄를 대속해주실 복음을 이중(二重)으로 계시해주신 것입니다. 복음을 알아듣기 쉽도록 이보다 더 어떻게 계시하실 수가 있단 말입니까?

23장에는 3대 절기인 "유월절, 오순절, 초막절"의 규례가 있습니다. 3대 절기는 하나님께서 이루시려는 "구원계획"에 대한 절묘한 예표입니다. "유월절"은 그리스도께서 유월절의 양이 되어주심으로 성취가 되었고, 오순절은 성령강림으로 성취가 되었고, 이제 한 가지 초막절의 절기만이 남은 것입니다. 초막적의 끝 날을 "큰 날"(요 7:37)이라 하는 것은 광야생활을 청산하고 약속의 땅 가나안에 입성하기 때문인데, 이는 주님의 재림으로 "나그네"의 삶을 마치고 영원한 안식에 들어가게 될 것에 대한 예표인 것입니다. 우리는 지금 초막절의 기간을 살아가고 있는 셈입니다.

그러므로 "하나님의 구원계획"을 잊지 않게 하시려고, "너의 중 모든 남자는 일 년 3차(3대 절기), 하나님의 택하신 곳(예루살렘)에서 여호와께 보이라"(출 23:14, 신 16:16)고 명하신 것입니다. 이처럼 하나님은 자기 아들을 통해서 이루어주실 복음의 비밀을, "5대 제사, 대 속죄일, 3대 절기"라는 예표를 통해서 계시해주셨습니다. 복음의 비밀을 이보다 더 알아듣기 쉽게 설명할 수가 있단 말인가?

예수 그리스도는 대속제물만 되어주신 것이 아닙니다. 이를 드려줄 대

제사장도 되십니다. "관유를 (대제사장)아론의 머리에 붓고 그에게 발라 거룩하게 하라"(8:12)하신 것은 기름부음을 받은 자이신 "그리스도"에 대한 예표인 것입니다. 히브리서 8:1절에서는, "지금 우리가 하는 말의 요점은 이러한 대제사장이 우리에게 있다는 것이라"고 말씀합니다. "이러한 대제사장"이신 그리스도는 구약의 대제사장과 어떻게 다른가?

㉠ 구약의 대제사장은 생축을 반복해서 드렸으나, 우리의 대제사장은 "단번에 자기를 드려 이루셨고"(히 7:27),

㉡ 구약의 대제사장은 먼저 자기를 위하여 속죄제를 드렸으나, 우리의 대제사장은 "영원히 온전하게 되신 아들을 세우셨으며"(히 7:28),

㉢ 구약의 대제사장들은 죽음으로 말미암아 수효가 많았으나, 우리의 대제사장은 "영원히 계신고로 그 제사 직분도 갈리지 아니 한다"(히 7:23-24)고 말씀합니다.

㉣ "그러므로 자기를 힘입어 하나님께 나아가는 자들을 온전히 구원하실 수 있으니 이는 그가 항상 살아 계셔서 그들을 위하여 간구하심이라(히 7:25), 그러므로 우리에게 큰 대제사장이 계시니 승천하신 이 곧 하나님의 아들 예수시라 우리가 믿는 도리를 굳게 잡을지어다"(히4:14)합니다. 이러한 "대제사장"을 우리가 모셨다는 것은 얼마나 행복한 일입니까?

그러므로 그리스도께서 대제사장이 되셔서 자신을 제물로 드려주신 십자가상에서, "다 이루었다"(요 19:30)고 선언하셨을 때에야 그토록 많은 제물이 드려졌어도 1500년 동안이나 굳게 닫혀있던 휘장이 열려졌던 것입니다. "그러므로 형제들아 우리가 예수의 피를 힘입어 성소에 들어갈 담력을 얻었나니 그 길은 우리를 위하여 휘장 가운데로 열어 놓으신 새로운 살 길이요 휘장은 곧 그의 육체니라"(히 10:19-22)고 말씀합니다. 주님께서 이렇게 행해주심으로 하나님 존전에서 추방을 당하였던 죄인들에게 하나님 앞으로 돌아갈 수 있는 “문과, 길”이 되어주신 것입니다. 레위기는 이를 “그림자”로 보여주시고, 신약성경은 실체로 이루어주신 것을 증언하고 있습니다.

레위기의 또 하나의 주제는 하나님과의 교제가 좁아지거나 막힘이 없이 지속하며 동행하는 삶을 사는 방도입니다. 이 방도를 말씀하는 후반부는, “너희는 너희가 거주하던 애굽 땅의 풍속을 따르지 말며 내가 너희를 인도할 가나안 땅의 풍속과 규례도 행하지 말라”(18:3)고 먼저 해서는 아니 될 것을 경계하십니다. 그런 후에, “너희는 내 법도를 따르며 내 규례를 지켜 그대로 행하라 나는 너희의 하나님 여호와이니라”(18:4)고 준행해야 할 것을 말씀하십니다. 이를 한마디로 요약한 것이, “나는 너희의 하나님이 되려고 너희를 애굽 땅에서 인도하여 낸 여호와라 내가 거룩하니 너희도 거룩할지어다”(11:45)하신 말씀입니다. 이처럼 “성별”된 삶을 사는 것이 하나님과 교제를 지속하며 동행하는 삶을 사는 비결입니다.

끝으로 레위기에서 우리가 명심하고 또 명심해야 할 말씀이 있는데 그것은 “나는 너희 하나님 여호와니라, 또는 여호와니라”하신 “여호와”입니다. 50번 이상이나 강조되어 있습니다. “하나님”이 창조사역과 결부되는 칭호(창 1장)라면, “여호와”는 구속사역과 결부(출 3장)되는 칭호입니다. 그러므로 “나는 너희를 애굽 땅에서 인도해 내어 그들에게 종된 것을 면하게 한 너희의 하나님 여호와이니라”(26:13)고 “여호와가, 애굽에서 구원하여”주셨다는 점을 상기시키는 말씀도 7번이나 등장합니다. 이는 “전에와, 이제”를 상기시킴으로 이스라엘 백성들로 하여금 자신의 근본과 뿌리와 정체성을 일깨워주기 위해서인 것입니다. 이점은 신약성경에서도, “그러므로 생각하라 너희는 그 때에 육체로는 이방인이요 손으로 육체에 행한 할례를 받은 무리라 칭하는 자들로부터 할례를 받지 않은 무리라 칭함을 받는 자들이라 그 때에 너희는 그리스도 밖에 있었고 이스라엘 나라 밖의 사람이라 약속의 언약들에 대하여는 외인이요 세상에서 소망이 없고 하나님도 없는 자이더니 이제는 전에 멀리 있던 너희가 그리스도 예수 안에서 그리스도의 피로 가까워졌느니라"(엡 2:11-13)고 상기시키고 있는 바입니다.

"5대 제사, 3대 절기, 대 속죄일" 등은 하나님께서 자기 아들을 통해서 선수적으로 이루어주실 하나님의 은혜요 복음입니다. 이를 통해서 하나님께 나아가는 길을 열어주신 것입니다. 이제 "참마음과 온전한 믿음"으로 하나님께 나아가야하는 것은 우리의 믿음이요, "내가 거룩하니 너희도 거룩할지어다"하신 성별의 삶을 살면서 하나님과 동행해야하는 것은 우리들이 힘써야 할 윤리입니다.

레위기 1장 개관도표

주제 : 그리스도의 헌신을 예표하는 번제

안수하고 잡아 화제로 드리라

1-9

1 여호와께서 회막에서 모세를 부르시고 그에게 이르시대

2 **이스라엘 자손에게 말하여 이르라 너희 중에 누구든지 여호와께 예물을 드리려거든 가축 중에서 소나 양으로 예물을 드릴 지니라**

3 **① 그 예물이 소의 번제이면** 흠 없는 수컷으로 회막 문에서
② 여호와 앞에 기쁘게 받으시도록 드릴 지니라

4 **③ 그는 번제물의 머리에 안수할지니 그를 위하여 기쁘게 받으심이 되어**
그를 위하여 속죄가 될 것이라

5 **④ 그는 여호와 앞에서 그 수송아지를 잡을 것이요**
아론의 자손 제사장들은 **⑤ 그 피를 가져다가 회막 문앞 단 사방에 뿌릴 것이며**

6 그는 또 그 번제물의 가죽을 벗기고 각을 뜰 것이요

7 제사장 아론의 자손들은 제단 위에 불을 붙이고 불 위에 나무를 벌여 놓고

8 아론의 자손 제사장들은 그 뜬 각과 머리와 기름을
제단 위의 불 위에 있는 나무에 벌여 놓을 것이며

9 그 내장과 정강이를 물로 씻을 것이요
⑥ 제사장은 그 전부를 제단 위에서 불살라 번제를 드릴지니

이는 화제라 여호와께 향기로운 냄새니라

여호와께 향기로운 냄새니라

10-17

10 **⑦ 만일 그 예물이 가축 떼의 양이나 염소의 번제이면**
흠 없는 수컷으로 드릴지니

11 그가 제단 북쪽 여호와 앞에서 그것을 잡을 것이요
아론의 자손 제사장들은 그것의 피를 제단 사방에 뿌릴 것이며

12 그는 그것의 각을 뜨고 그것의 머리와 그것의 기름을 베어 낼 것이요
제사장은 그것을 다 제단 위의 불 위에 있는 나무 위에 벌여 놓을 것이며

13 그 내장과 정강이를 물로 씻을 것이요
제사장은 그 전부를 가져다가 제단 위에서 불살라 번제를 드릴지니

이는 화제라 여호와께 향기로운 냄새니라

14 **⑧ 만일 여호와께 드리는 예물이 새의 번제이면**
산비둘기나 집비둘기 새끼로 예물을 드릴 것이요

15 제사장은 그것을 제단으로 가져다가 그것의 머리를 비틀어 끊고
제단 위에서 불사르고 피는 제단 곁에 흘릴 것이며

16 그것의 모이주머니와 그 더러운 것은 제하여 제단 동쪽 재 버리는 곳에 던지고

17 또 그 날개 자리에서 그 몸을 찢되 아주 찢지 말고
제사장이 그것을 제단 위의 불 위에 있는 나무 위에서 불살라 번제를 드릴지니

⑨ 이는 화제라 여호와께 향기로운 냄새니라

1장

그리스도의 헌신을 예표하는 번제

3 그 예물이 소의 번제이면 흠 없는 수컷으로 회
막 문에서 여호와 앞에 기쁘게 받으시도록 드릴
지니라

레위기는 5대제사로 시작되고 있습니다. 1장에는 "드리라"는 말이 9번이나 등장합니다. 그런데 이는 사람이 행해야 할 일 같지만 실상은 모두가 하나님께서 자기 아들을 통해서 우리를 위해 "행해주실" 구속사역의 일면을 예표해주고 있다는 점을 인식해야만 합니다. 그러니까 우리가 해야 할 일이 먼저가 아니라 하나님께서 자기 아들을 통해서 행해주실 일을 먼저 말씀하시는 것이 레위기입니다. 주님은 "우리가 어떻게 하여야 하나님의 일을 하오리이까"라고 묻는 자들에게, "하나님께서 보내신 이를 믿는 것이 하나님의 일이니라"(요 6:28-29)고 대답하십니다. 그러므로 "번제를 드리라"하심은 이 제사제도에 함축된 구속교리를 잊지 않고 메시아를 바라고 기다리게 하기 위해서였던 것입니다.

1장의 중심주제는 "번제"(燔祭)입니다. 5대제사 중 첫 번으로 말씀하시는 것이 번제입니다. 번제는 그리스도의 전적인 헌신을 예표하는 것으로 모든 제사의 기본이 됩니다. 제물은 드리는 자의 형편에 따라 "소, 양, 염소, 비둘기" 등으로 드리라 하십니다. "흠이 없어야"한다고 말씀합니다. 왜냐하면 흠 없으신 그리스도를 예표하기 때문입니다.

도표를 보시면 "여호와께 예물을 드리려거든 가축 중에서 소나 양으로 예물을 드릴지니라"(2)를 중심으로, ㉠ "그 예물이 소의 번제이면"(3), ㉡ "기쁘게 받으시도록 드릴 지니라"(3), ㉢ "번제물의 머리에 안수할지니"(4), ㉣ "여호와 앞에서 잡을 것이요"(5), ㉤ "그 피를 단 사면에 뿌릴 것이요"(5), ㉥ "그 전부를 단 위에 불사르라"(9)하십니다. ㉦ "드리는 제물이 양이나 염소의 번제이면"(10), ㉧ "드리는 예물이 새의 번제이면"(14)하시면서, ㉦ "이는 화제라 여호와께 향기로운 냄새니라"(13)하십니다. 레위기에는 "화제"(火祭)라는 말이 자주 등장하는데 이는 제물을 불살라 드리는 것으로 그리스도의 고난을 상징합니다. 이렇게 드려지는 "번제"의 구속사적 의미가 무엇인가?

주제(主題) : 그리스도의 헌신을 예표하는 번제

하나님은 시내산에서 "십계명"의 돌비만을 주신 것이 아니라 성막식양(式樣)도 주셨습니다. "십계명과, 성막식양"에 함의된 구속사적 의미를 깨닫는다는 것은 구원계획을 이해하는데 사활(死活)적으로 중요합니다. 십계명의 "돌비"는 죄를 깨닫게 하고 정죄합니다. 그러나 성막의 기능은 번제단

에서 드려지는 대속제물로 말미암아 죄를 사하여줍니다. 그러므로 십계명이 율법(律法)이라면, 성막은 "말씀이 육신이 되어 우리 가운데 거하시매"(요 1:14)에 대한 모형, 즉 복음(福音)이라고 말할 수가 있습니다. 그러므로 율법은 우리를 그리스도에게로 인도해주는 초등교사의 역할을 하는 것입니다.

출애굽한 하나님의 백성들은 1년 정도 시내산에 머물면서 하나님이 명하신 양식대로 성막을 세웠습니다. 출애굽기는 성막이 완성되어서, "그 후에 구름이 회막(會幕)에 덮이고 여호와의 영광이 성막(聖幕)에 충만하매"(출 40:34)하고 마치고 있습니다. 하나님이 임재하신 곳이기에 "성막"(聖幕)이요, 하나님과의 교제가 이루어지는 곳이기에 "회막"(會幕)이라 하는 것입니다. 그런 후에 레위기가 자리 잡고 있는데 레위기는 꼭 있어야 할 자리에 놓여있는 것입니다.

출애굽기에서는 하나님께서 "시내산"에서 말씀하셨으나, 레위기에서는 "여호와께서 회막에서 모세를 부르시고 그에게 말씀하여 이르시되"(1)하고 회막에서 말씀하십니다. 레위기는 크게 두 부분으로 되어있는데 앞부분(1–17장)에서는 영광으로 충만한 성막에서 바른 예배를 드리는 방법을 말씀하는 내용이고, 뒷부분(18–27장)은 하나님과 지속적으로 교제를 유지(동행)하는 방법을 계시해주고 있습니다. 앞부분이 "복음"이라면 뒷부분은 윤리라 하겠습니다. 우선적으로 하나님께 나아가는 것이 어떻게 가능하여지는가? 하나님이 기쁘게 받으시는 예배를 상고하도록 하겠습니다.

첫째 단원(1–9) **안수하고 잡아 화제로 드리라**

둘째 단원(10–17) **여호와께 향기로운 냄새니라**

첫째 단원(1–9) 안수하고 잡아 화제로 드리라

"여호와께서 회막에서 모세를 부르시고 그에게 말씀하여 이르시되 이스라엘 자손에게 말하여 이르라 너희 중에 누구든지 여호와께 예물을 드리려든"(1–2상),

㉠ 첫 말씀이, "누구든지 여호와께 예물을 드리려거든"(2상)하십니다. "드리려거든"하시니까 하나님은 "드리는 것"을 좋아하시고 "받기만" 좋아하시는 하나님으로 여기고 있지는 아니 합니까? 예를 들어 민수기 28장과 29장 두 장 안에는, "또 그들에게 이르라 너희가 여호와께 드릴 화제는 이러하니 일 년 되고 흠 없는 숫양을 매일 두 마리씩 상번제로 드리되"(민 28:3) 하고, "드리라"는 말이 50번 이상 나옵니다. 이런 말씀을 교훈적인 관점으로만 본다면 "하나님은 이처럼 예물 드리는 것을 기뻐하신다, 이것이 축복을 받는 비결이다"라고 말하게 될 것입니다. 그러나 구속사라는 관점, 다시 말하면 "드리라"하시는 하나님의 마음을 알게 되면 하나님은 받고자 하시는 분이 아니라 "주시고자"하는 하나님이심을 깨닫게 되는 것입니다.

사도 바울은 "누가 주의 마음을 알아서 주를 가르치겠느냐 그러나 우리가 그리스도의 마음을 가졌느니라"(고전 2:16)고 말씀합니다. 그러므로 "예물을 드리려거든"하시는 하나님의 마음을 올바로 깨닫는 것이 레위기의 첫 단추를 바로 꿰는 것입니다. 그러므로 1장을 바르게 접근하면 레위기의 절반을 깨달은 것이라 해도 과언이 아닙니다. 그러므로 조급해하지 말고 1장을 통해서 말씀하시려는 하나님의 마음을 깊이 살펴보도록 하겠습니다.

"번제, 속죄제, 상번제"로 드려지는 "제물"(祭物)이 누구의 그림자인가를 생각해보시기를 바랍니다. 언제까지 유월절을 지켜야만합니까? 언제까지 조석으로 상번제를 드려야 하는가? 하나님의 아들 그리스도께서 자신을 대속제물로 단번에 드려주실 때까지입니다.

이런 맥락에서 "드리라"하시는 하나님의 마음은 받고자 하심이 아니라, "자기 아들을 아끼지 아니하시고 우리 모든 사람을 위하여 내어주시려는"(롬 8:32) 사랑의 마음이었던 것입니다. "누가 주께 먼저 드려서 갚으심을 받겠느냐"(롬 11:35)고 묻고 있습니다. 아무도 없습니다. 하나님께서 값없이 거주주시는 복음을, 은혜를 받는 것이 먼저입니다. 받은 자만이 감사함으로 드릴 수가 있기 때문입니다. 하나님께서 "주심"이 먼저입니다.

다시 상기시킵니다만 주님은 "모세를 믿었더라면 또 나를 믿었으리니 이는 그가 내게 대하여 기록하였음이라"(요 5:46)하십니다. 모세에 의해서 기록이 된 레위기의 중심주제도 그리스도요 복음인 것입니다. 다만 의문이라는 베일에 가려져 있었을 뿐입니다. 그러했던 것이 주님께서 십자가상에서 "다 이루었다"고 선언하심으로 막혔던 휘장도 열어주시고 "이 비밀은 만세와 만대로부터 감추어졌던 것인데 이제는 그의 성도들에게 나타났고"(골 1:26)하고 복음의 빛이 찬란하게 빛을 발하게 하셨던 것입니다. 새 언약의 일꾼들은 이를 증언하라고 세움을 입은 자들인 것입니다. 이를 증언하기 위함이 아니라면 "구속사의 관점으로 본 레위기"는 아무 의미가 없는 것입니다.

ⓛ "여호와께 예물을 드리려거든 가축 중에서 소나 양으로 예물을 드릴지니라"(2하)하십니다. 구약성경에 등장하는 첫 제사는, "아벨은 자기도 양의 첫 새끼와 그 기름으로 드렸더니 여호와께서 아벨과 그의 제물은 받으셨으나"(창 4:4)한 것이 첫 번으로 드린 제물입니다. 이 말씀을 대할 때에 마땅히 물어야만합니다. 창조주 하나님, 천지의 대주재자이신 하나님께 소,

양, 염소 등을 제물로 드리는 것이 합당한 예배란 말인가? 하나님은 말씀하십니다. "내가 네 집에서 수소나 네 우리에서 숫염소를 가져가지 아니하리니 이는 삼림의 짐승들과 뭇 산의 가축이 다 내 것이며, 내가 수소의 고기를 먹으며 염소의 피를 마시겠느냐"(시 50:9-10, 13)하십니다.

성경에 등장하는 제사제도는 "보라 세상 죄를 지고 가는 하나님의 어린 양이로다"(요 1:29)에 대한 예표라는 점에서만 의미가 있을 뿐입니다. 이를 떠나서는 하나님께 예배하는 것이 아니라 "우상숭배"(사 66:3)와 같아서 도리어 하나님을 모독하는 일이 되는 것입니다. 그리스도의 구속사역을 이 방법 외에는 달리는 계시하실 방도가 없으셨던 것입니다.

번제(燔祭)

"그 예물이 소의 번제이면 흠 없는 수컷으로 회막 문에서 여호와 앞에 기쁘게 받으시도록 드릴지니라"(3)하십니다. 하나님께서 명하신 제사에는 "번제, 소제, 화목제, 속죄제, 속건제" 등 5대제사가 있습니다. 이는 모두 다 그리스도께서 이루어주실 구속사역에 대한 일면을 예표해주고 있습니다. 그리스도께서 담당하실 구속사역을 어느 한 제사로는 다 표현할 수가 없었던 것입니다. 그 중 우선적으로 헌신을 상징하는 "번제"를 말씀하십니다. 이는 제물을 드리는 순서에 의한 것이 아니라 "번제"가 제사의 기본이 되기 때문입니다. 순서로 한다면 "속죄제"가 먼저입니다. 그리고 "소의 번제이면"하시는 것은 목축업에 종사하는 그들이 드릴 수 있는 최상의 제물이 "소"이기 때문입니다.

① 그러면 먼저 "번제"(燔祭)의 의미를 생각해보아야만 하겠습니다. "번

제"는 제물 전체를 불살라 드리는 것으로 하나님의 아들이 "사람의 모양으로 나타나사 자기를 낮추시고 죽기까지 복종하셨으니 곧 십자가에 죽으심이라"(빌 2:8)한 전적인 헌신(獻身)을 상징하는 것이 "번제"입니다.

㉠ 주님은 "그러나 나의 원대로 마시옵고 아버지의 원대로 하옵소서"(마 26:39)하고 전적으로 아버지의 뜻에 복종하셨습니다. 이것이 번제입니다. 이는 순종(順從)만을 의미하는 것이 아니라 십자가를 앞에 놓고, "아버지여, 아버지의 이름을 영광스럽게 하옵소서"(요 12:28)하셨습니다. "그런즉 너희가 먹든지 마시든지 무엇을 하든지 다 하나님의 영광을 위하여 하라"(고전 10:31)하신 이것이 "번제"의 삶인 것입니다.

㉡ 하나님의 나라건설에는 하나님의 거룩하신 이름과 영예가 걸려 있다는 점을 인식한다는 것은 구원계획을 이해하는데 사활적으로 중요한 요점입니다. "한 사람으로 말미암아 세상에 죄가 들어옴"으로 하나님의 형상대로 지음을 받은 인류의 시조가 추방을 당했을 때에, 그리고 하나님의 백성들이 바벨론의 포로로 끌려갔을 때에 하나님의 거룩하신 이름이 "더럽힘"(겔 36:22-23)을 받으셨던 것입니다. 하나님은 선언하십니다. "나는 나를 위하며 나를 위하여 이를 이룰 것이라 어찌 내 이름을 욕되게 하리요 내 영광을 다른 자에게 주지 아니하리라"(사 48:11).

그러므로 주님께서 십자가를 담당하신 최우선적인 목적은 하나님의 거룩하신 이름과 영광을 위해서였던 것입니다. 베드로가 "그리 마옵소서"하고 항변했을 때에 "사탄아 내 뒤로 물러가라"하신 의도가 무엇인가? "하나님의 일"은 생각지 아니하고 사람의 일만을 생각했기 때문입니다. "번제"는 하나님의 영광을 위하여 하나님의 뜻에 전적으로 복종하는 헌신을 의미합니다.

② "여호와 앞에 기쁘게 받으시도록 드릴지니라"(3하)하십니다. 레위기에는 "기쁘게 받으시도록 드리라"는 말이 강조(1:3, 4, 19:5, 22:19, 21, 27, 29, 23:11)되어 있습니다. 반면 "기쁘게 받지 않으신다"는 말씀도 5번(7:18, 19:7, 22:20, 23, 25)이나 경계하신다는 점을 유념해야만합니다. "드림"은 우리에게 있으나 "받으심"은 하나님께 있다는 점을 명심해야만합니다. 그러면 어떻게 드리는 것이 "기쁘게 받으시도록" 드리는 예배인가?

㉠ 첫째로 "그는 번제물의 머리에 안수할지니 그를 위하여 기쁘게 받으심이 되어 그를 위하여 속죄가 될 것이라"(4)하십니다.

그러면 "번제물의 머리에 안수한다"는 의미가 무엇인가? 이는 죄를 전가(轉嫁)시키는 의미가 있습니다. 이점이 대 속죄일에 대제사장 아론이 제물의 머리에 두 손으로 안수하여 "이스라엘 자손의 모든 불의와 그 범한 모든 죄를 아뢰고 그 죄를 염소의 머리에 두어 미리 정한 사람에게 맡겨 광야로 보낼지니"(16:21)하신 말씀에 분명히 나타납니다. 이처럼 "안수"는 자신의 죄를 제물에게 대신(代身) 전가시키는 의미가 있습니다.

그러므로 "안수"는 "너와 나는 하나다"라는 연합(聯合)을 의미합니다. 사도 바울은 "연합교리"를 가리켜 "이 비밀이 크도다"(엡 5:32)고 말씀하는데 "연합교리"가 하나님의 구원계획에 있어서 어떤 의미가 있기에 "큰 비밀"이라 말하는가? 로마서 6:5절에는 그리스도와 연합했다는 말을 2번 강조하면서 "함께"라는 말이 4번 등장합니다.

㉮ "우리의 옛 사람이 예수와 함께 십자가에 못 박히고(6),

㉯ "우리가 그리스도와 함께 죽어서"(8),

㉰ "그와 함께 장사되었나니"(4),

㉱ "또한 그와 함께 살줄을 믿노니"(8)라고 말씀합니다.

즉 그리스도와 연합한 자는 그리스도에게 되어 진 일이 연합한 우리에게도 되어 진 일이라는 말씀입니다. 그러면 우리가 어떻게 해서 그리스도와 "연합"할 수가 있었는가 하는 점입니다. 이점을 "너희는 하나님으로부터 나서 그리스도 예수 안에 있고"(고전 1:30), 즉 하나님께서 우리를 택하시어 예수 그리스도 "안에" 있게 하심으로 가능해졌다고 진술합니다. 얼마나 놀랍고도 큰 신비입니까?

그러므로 연합의 의미인 "안수"의 뜻은 죄를 전가시킨다는 소극적인 뜻만이 있는 것이 아니라, 적극적으로 그 제물이 죽을 때에 나도 함께 죽었다는 의미가 있는 것입니다.

③ 이렇게 "안수"한 후에 "그는 여호와 앞에서 그 수송아지를 잡을 것이요"(5상)합니다.

㉠ 제물은 반드시 죽어야만 합니다. 왜냐하면 죄 값은 사망이기 때문입니다. 그러니까 수송아지는 나의 죄를 짊어지고 나를 대신(代身)하여 죽임을 당하는 것입니다. 그런데 이는 "안수"한 나 자신이 죽임을 당하는 장면이라는 점까지 나아가야만 하는 것입니다. 이점을 고백케 하기 위해서 번제를 드리는 장본인, 즉 형제에게 "안수하고 여호와 앞에서 잡으라"하시는 것입니다.

㉡ "아론의 자손 제사장들은 그 피를 가져다가 회막 문 앞 제단 사방에 뿌릴 것이며"(5하)하십니다. 제물이 흘린 "피를 뿌린다"는 의미가 중요합니다. 제물이 죽임을 당하고 피를 흘렸어도 그 피가 "뿌려지지" 않는다면 효험(效驗)이 없기 때문입니다. 유월절 양의 피가 이스라엘

집 대문에 뿌려짐으로만이 장자들이 죽임을 당하는 밤에 구원을 얻을 수가 있었던 것입니다.

좀 더 말씀을 드린다면 "생명이 피에 있으므로 피가 죄를 속하느니라"(17:11)합니다.

㉮ 생명이 피에 있기 때문에,

㉯ 흘린 피는 죽음을 의미하고,

㉰ 흘린 피가 "뿌린 피"가 되어야만 내게 효험이 있는 것입니다. 이를 알았기에 사도 베드로는 성도들을 가리켜 "예수 그리스도의 피 뿌림을 얻기 위하여 택하심을 받은 자들"(벧전 1:2)이라고 말씀합니다. 그리고 히브리서에서는 "새 언약의 중보자이신 예수와 및 아벨의 피보다 더 나은 것을 말하는 뿌린 피니라"(히 12:24)고 증언합니다.

㉢ 그러면 "피가 뿌려짐"으로 우리에게 무엇이 가능해지는지 아십니까? 그것은 죄 사함을 받는다는 소극적인 의미만이 있는 것이 아닙니다. "그러면 이제 우리가 그의 피로 말미암아 의롭다 하심을 받았으니 더욱 그로 말미암아 진노하심에서 구원을 받을 것이니"(롬 5:9)한 "의롭다함"입니다. 내 죄는 주님이 담당하시고 주님의 의를 나에게 전가시켜주심으로 그 의를 힘입어 의로우신 은혜의 보좌 앞에 나아갈 수가 있게 되었다는 말씀입니다. "그러므로 우리가 믿음으로 의롭다 하심을 받았으니 우리 주 예수 그리스도로 말미암아 하나님과 화평을 누리자 또한 그로 말미암아 우리가 믿음으로 서 있는 이 은혜에 들어감을 얻었으며"(롬 5:1-2)합니다. 추방을 당한 때가 있었습니다. 그러나 이제는 그리스도의 구속으로 말미암아 "은혜에 들어감"을 얻게 되었다는 것입니다.

㉣ 이 "들어감"을 좀 더 강조해야만 하겠습니다.

㉮ "우리가 그 (그리스도)안에서 그를 믿음으로 말미암아 담대함과 확신을 가지고 하나님께 나아감을 얻느니라"(엡 3:12).

㉯ "이는 그로 말미암아 우리 둘이 한 성령 안에서 아버지께 나아감을 얻게 하려 하심이라"(엡 2:18),

㉰ "그리스도께서도 단번에 죄를 위하여 죽으사 의인으로서 불의한 자를 대신하셨으니 이는 우리를 하나님 앞으로 인도하려 하심이라"(벧전 3: 18),

㉱ "그러므로 우리는 긍휼하심을 받고 때를 따라 돕는 은혜를 얻기 위하여 은혜의 보좌 앞에 담대히 나아갈 것이니라"(히 4:16),

㉲ "우리가 마음에 뿌림을 받아 악한 양심으로부터 벗어나고 몸은 맑은 물로 씻음을 받았으니 참 마음과 온전한 믿음으로 하나님께 나아가자"(히 10:22)합니다. 이상 인용한 말씀의 공통점은 "하나님 앞에 나아감"인데 나 같은 죄인이 어떻게 해서 하나님 앞에 담대히 나아가는 것이 가능하여지는가? "그의 피로 말미암아 의롭다 하심을 받았기"(롬 5:9) 때문입니다. 이런 의미가 "피를 뿌릴 지니라"는 말씀 속에 함의되어 있는 것입니다.

이는 어린이라도 깨닫기에 부족함이 없는 복음에 대한 예표입니다. 번제를 드리는 "장본인"이 있습니다. 죽임을 당하는 "수송아지"가 있습니다. 피를 뿌려줄 "제사장"이 있습니다. 그리고 "여호와 앞에서"하신 "하나님"이 계십니다. 죄인인 나 자신이 하나님 앞에 나아가는 것을 가능케 하기 위해서는 대신 죽는 희생제물과, 이를 드려줄 제사장(중보자)이 필요함을 계시해주고 있는 것입니다.

④ "그는 또 그 번제물의 가죽을 벗기고 각을 뜰 것이요 제사장 아론의 자손들은 제단 위에 불을 붙이고 불 위에 나무를 벌여 놓고"(6–7),

㉠ "아론의 자손 제사장들은 그 뜬 각과 머리와 기름을 제단 위의 불 위에 있는 나무에 벌여 놓을 것이며 그 내장과 정강이를 물로 씻을 것이요 제사장은 그 전부를 제단 위에서 불살라 번제를 드릴지니 이는 화제라"(8-9상)합니다.

㉮ 제물의 피는 "제단 사방"에 뿌려지고(5), ㉯ 제물은 "그 전부(全部)를 제단 위에서 불살라 번제를 드릴지니"하십니다.

㉡ 여기에 "번제와, 속죄제"의 다른 특성이 나타납니다. 번제는 제물의 "머리, 내장, 정강이" 모두를 단 위에 불사르라 하시는데 이는 전적인 헌신을 나타냅니다. 그러나 속죄제 때는 중요한 일부와 기름만을 취하여 제단 위에서 불사르고, 머리, 다리, 내장 등은 "진영 바깥 재 버리는 곳"(4: 11-12)에서 불사르라 하십니다. 그것은 죄를 상징하는 "속죄제"이기 때문에 멀리 버려야 하기 때문입니다.

그리스도의 구속으로 말미암아 하나님의 제사장이 된 우리들이 드리는 예배(禮拜)에는 "번제"와 같은 요소가 있는 것입니다.

㉮ "너희 몸은 너희가 하나님께로부터 받은바 너희 가운데 계신 성령의 전인 줄을 알지 못하느냐 너희는 너희 자신의 것이 아니라 값으로 산 것이 되었으니 그런즉 너희 몸으로 하나님께 영광을 돌리라"(고전 6:19-20)합니다.

㉯ 또한 "그러므로 형제들아 내가 하나님의 모든 자비하심으로 너희를 권하노니 너희 몸을 하나님이 기뻐하시는 거룩한 산 제물로 드리라 이는 너희가 드릴 영적 예배니라"(롬 12:1)합니다. 하나님 앞에 "거룩한 산 제물로 드리는 것"은 아무나 할 수 있는 것이 아닙니다. 첫째는 "몸"이 성령을 모신 성전이 된 사람, 둘째는 신분이 "제사장"이 된 사람만이 자신의 "몸"을 산 제물로 드릴 수 있는 것입니다. 그러므로 "너희 몸으로 하나님께 영광

을 돌리라"하신 "번제"의 삶이 얼마나 복된 일입니까!

둘째 단원(10–17) 여호와께 향기로운 냄새니라

⑤ "만일 그 예물이 가축 떼의 양이나 염소의 번제이면 흠 없는 수컷으로 드릴지니"(10),

㉠ 제물로 양은 소만 못하고, 염소는 양만 못한 것을 나타냅니다. 이는 드리는 자의 경제적인 형편에 대한 배려인데 "번제"의 의미가 드려지는 제물 자체에 있는 것이 아니라는 점을 나타냅니다. "그가 제단 북쪽 여호와 앞에서 그것을 잡을 것이요 아론의 자손 제사장들은 그것의 피를 제단 사방에 뿌릴 것이며"(11),

"그는 그것의 각을 뜨고 그것의 머리와 그것의 기름을 베어낼 것이요 제사장은 그것을 다 제단 위의 불 위에 있는 나무 위에 벌여 놓을 것이며 그 내장과 그 정강이를 물로 씻을 것이요 제사장은 그 전부를 가져다가 제단 위에서 불살라 번제를 드릴지니"(12–13상) 하십니다.

㉡ "만일 여호와께 드리는 예물이 새의 번제이면 산비둘기나 집비둘기 새끼로 예물을 드릴 것이요"(14),

"제사장은 그것을 제단으로 가져다가 그것의 머리를 비틀어 끊고 제단 위에서 불사르고 피는 제단 곁에 흘릴 것이며 그것의 모이주머니와 그 더러운 것은 제거하여 제단 동쪽 재 버리는 곳에 던지고 또 그 날개 자리에서 그 몸을 찢되 아주 찢지 말고 제사장이 그것을 제단 위의 불 위에 있는 나무 위에서 불살라 번제를 드릴지니"(15–17상)하십니다.

⑥ 그런 후에 중요한 말씀이 등장하는데 "이는 화제라 여호와께 향기로운 냄새니라"(17하)한 "화제"입니다.

㉠ "화제"(火祭)란 불로 태워드리는 제사형식으로 그리스도께서 당하실 고난을 상징합니다. 그러므로 유월절 어린 양도, "머리와 다리와 내장을 다 불에 구워 먹으라"(출 12:9)고 말씀하셨던 것입니다. 도표에 표시된 대로 "화제"(火祭)라는 말과, "여호와께 향기로운 냄새니라"는 말이 "소, 양, 새"의 번제마다 차별이 없이 언급하신다는 점을 주목하시기를 바랍니다. 다시 강조합니다만 "번제"의 의미가 어떤 제물을 드렸느냐에 있는 것이 아니라는 점입니다.

㉡ 그런데 번제와 속죄제의 다른 점이 나타나는데 그것은, "여호와께 향기로운 냄새니라"는 언급입니다. 이 "향기"가 번제에는 있으나 속죄제에는 없다는 점입니다. 번제로 드려지는 고기 타는 냄새 자체가 "향기로운 냄새"가 아닙니다. 이는 주님께서 하나님의 이름과 영광을 위하여 "그러나 나의 원대로 마시옵고 아버지의 원대로 하옵소서"하신 전적인 헌신을 하나님께서 만족히 여기신다는 점을 "향기로운 냄새"로 묘사한 것입니다. 이를 알았기에 사도 바울은 "그는 우리를 위하여 자신을 버리사 향기로운 제물과 희생제물로 하나님께 드리셨느니라"(엡 5:2)고 "향기로운 제물"이라고 증언했던 것입니다.

그러므로 "속죄제, 속건제"에는 "향기로운 냄새니라"는 언급이 전연 없을 뿐만이 아니라, "전체를 진영 바깥 재 버리는 곳"(4:12)에서 불사르라, 즉 멀리 내다버려 없이 하라고 명하신다는 점입니다.

ⓒ 1장을 마치기 전에 몇 가지 생각하게 합니다. 번제에 드려지는 제물로 "소, 양, 염소, 비둘기" 등을 말씀하십니다. 이는 모두가 정결한 것들로 분류되는 것인데 흠이 없어야만 했습니다. "소와, 비둘기"의 가치를 비교한다면 몇 배나 될 것 같습니까? 그러나 이것은 인간의 부질없는 생각입니다. 왜냐하면 하나님은 이를 차별하지 않으시기 때문에 소를 드렸을 때에도, "이는 화제라 여호와께 향기로운 냄새니라"하십니다. 양과 염소를 드렸을 때에도 "이는 화제라 여호와께 향기로운 냄새니라"하십니다. 심지어 비둘기를 드렸을 때에도 "이는 화제라 여호와께 향기로운 냄새니라"하신다는 점입니다.

이는 무엇을 말해주고 있느냐하면 하나님이 받으시기를 원하시는 것은 제물 자체가 아니라, "내 아들아 네 마음을 내게 주며"(잠 23:26)하신 드리는 사람의 마음, 즉 "믿음"임을 드러냅니다. 그러므로 주님은 가난한 과부가 드린 엽전 한 푼을 "모든 사람보다 많이 넣었도다"(막 12:43)하십니다. 그런데 경제적으로 소를 드릴 수 있는 자가 인색한 마음으로 비둘기를 드린다면 이는 하나님의 이름과 구속의 은총을 모독하는 처사가 될 것입니다.

그러므로 우리가 망각하지 말아야 할 점은 하나님이 원하시는 것은 "감사헌금" 얼마가 아니라 나 자신이라는 점입니다. 이를 깨달은 사람이 다윗입니다. 다윗이 은혜를 입고 예물을 드리려했습니다. 그런데 "주께서 내 귀를 통하여 내게 들려주시기를 제사와 예물을 기뻐하지 아니하시며 번제와 속죄제를 요구하지 아니하신다"하시는 것이 아닌가? 다윗은 하나님께서 나 자신을 요구하신다는 것을 깨닫고는 "그 때에 내가 말하기를 내가 왔나이다 나를 가리켜 기록한 것이 두루마리 책에 있나이다 나의 하나님이여 내가 주의 뜻 행하기를 즐기오니"(시 40:6–8)하고 자신을 드렸던 것입니다.

성령께서는 이를 예표로 하여 자신의 몸을 번제로 드려주실 그리스도(히 10:5–10)를 계시하셨던 것입니다.

형제가 번제를 드린다고 생각해보십시오. 떼 가운데서 흠 없는 양을 데리고 번제단으로 옵니다. 그 머리에 안수하고 자신의 죄를 고합니다. 그리고 그 양을 잡아 가죽을 벗기고 각을 뜹니다. 그리고 이를 번제단에서 모두 불살라드립니다. 틀림없이 형제는 눈물을 철철 흘리면서 이 일을 수행하게 될 것입니다.

그런데 형제가 죽여서 가죽을 벗기고 각을 뜬 제물이 소나 양이 아니라 "하나님의 아들"이었다면 어떤 마음이 드시겠습니까? 이는 가상(假想)이 아니라 실제로 성취된 진실(眞實)이었던 것입니다. 그래서 바울은 "그리스도의 사랑이 우리를 강권하시는도다 우리가 생각하건대 한 사람이 모든 사람을 대신하여 죽었은즉 모든 사람이 죽은 것이라"(고후 5:14), 즉 나라는 옛 사람은 이미 죽은 것이라고 고백했던 것입니다. 이를 진심으로 믿는 그리스도인이라면 "우리 중에 누구든지 자기를 위하여 사는 자가 없고 자기를 위하여 죽는 자도 없도다 우리가 살아도 주를 위하여 살고 죽어도 주를 위하여 죽나니 그러므로 사나 죽으나 우리가 주의 것이로다"(롬 14:7–8)고 고백하게 될 것입니다. 그리고 입술로만이 아니라 "항상 우리를 그리스도 안에서 이기게 하시고 우리로 말미암아 각처에서 그리스도를 아는 냄새를 나타내시는 하나님께 감사하노라"(고후 2:14)한 "향기"를 나타내는 삶을 살게 될 것입니다. 이것이 번제의 삶입니다.

그런데 인간이 얼마나 거짓된가를 보십시오. 번제를 드리는 일이 1년 2년 반복하게 되었을 때에 어떻게 되었는지 아십니까? 구약의 성도들은 "이 일이 얼마나 번거로운고 하며 코웃음쳤다"(말 1:13)고 말씀하고, 신약의 성도들은 "볼지어다 내가 문 밖에 서서 두드리노니"(계 3:20)하고 주님을 문 밖으로 추방했다고 말씀합니다.

이들을 향해 주님은 "너의 처음 사랑을 버렸느니라"(계 2:4)하시는데 형제에게는 복음을 처음 받았을 때의 그 첫사랑의 감사와 감격이 있습니까? 아니면 의식적으로 예배를 드리고 있지는 아니합니까? 이것이 "기쁘게 받으시도록 드리라"한 번제입니다.

묵상해 봅시다

㉠ 번제를 드리는 절차와 구속사적 의미에 대해서

㉡ 향기로운 냄새니라의 의미에 대해서

㉢ 나 자신이 번제의 삶을 살고 있는가에 대해서

레위기 2장 개관도표

주제 : 그리스도의 순결한 생애를 예표하는 소제

고운 가루 무교병을 드리라

1–10

1 **누구든지 소제의 예물을 여호와께 드리려거든**

① 고운 가루로 **예물을 삼아** 그 위에 **기름을 붓고** 또 그 위에 **유향을 놓아**
2 아론의 자손 제사장들에게로 가져갈 것이요
제사장은 그 고운 기름 가루 한 움큼과 기름과
그 모든 유향을 가져다가 기념물로 제단 **위에서 불사를지니**
② 이는 화제라 여호와께 향기로운 냄새니라
3 그 소제물의 남은 것은 아론과 그의 자손에게 돌릴지니
이는 여호와의 **화제 중에 지극히 거룩한 것이니라**

4 **③ 네가 화덕에 구운 것으로 소제의 예물을 드리려거든**
고운 가루에 기름을 섞어 만든 무교병이나
기름을 바른 무교전병을 드릴 것이요

5 **④ 철판에 부친 것으로 소제의 예물을 드리려거든**
고운 가루에 **누룩을 넣지 말고** 기름을 섞어
6 조각으로 나누고 그 위에 기름을 부을지니 이는 소제니라

7 **⑤ 네가 냄비의 것으로 소제를 드리려거든**
고운 가루와 기름을 섞어 만들 지니라
8 너는 이것들로 만든 소제물을 여호와께로 가져다가 제사장에게 줄 것이요
제사장은 그것을 제단으로 가져가서
9 그 소제물 중에서 기념할 것을 가져다가 제단 **위에서 불사를지니**
⑥ 이는 화제라 여호와께 향기로운 냄새니라
10 소제물의 남은 것은 아론과 그의 아들들에게 돌릴지니
이는 여호와의 **화제 중에 지극히 거룩한 것이니라**

꿀을 넣지 말고 소금을 치라

11–16

11 **⑦ 너희가 여호와께 드리는 모든 소제물에는 누룩을 넣지 말지니**

너희가 **누룩이나 꿀을 여호와께 화제로 드려 사르지 못할 지니라**
12 **처음 익은 것으로는** 그것을 여호와께 드릴지나
향기로운 냄새를 위하여는 제단에 올리지 말지며

13 **네 모든 소제물에 소금을 치라**
네 하나님의 언약의 **소금을** 네 소제에 빼지 못할지니
네 모든 예물에 **소금을** 드릴 지니라

14 **⑧ 너는 첫 이삭의 소제를 여호와께 드리거든**
첫 이삭을 볶아 찧은 것으로 네 소제를 삼되
15 그 위에 기름을 붓고 그 위에 유향을 더할지니 이는 소제니라
16 제사장은 찧은 곡식과 기름을 모든 유향과 함께
기념물로 불사를지니 **이는 여호와께 드리는 화제니라**

2장

그리스도의 순결한 생애를 예표하는 소제

1 누구든지 소제의 예물을 여호와께 드리려거든
고운 가루로 예물을 삼아 그 위에 기름을 붓고 또
그 위에 유향을 놓아

2장은 "소제"(素祭)에 대한 규례입니다. 소제는 5대제사 중에 유일하게 피 없는 제사로써 죄 없으신 "그리스도의 순결한 생애"를 예표하는 제사입니다. 그러므로 소제는 죽어서 드리는 제사가 아니라 산제사입니다. 주님은 십자가를 지심으로만이 자신을 드리신 것이 아닙니다. "나를 보내신 이가 나와 함께 하시도다 나는 항상 그가 기뻐하시는 일을 행하므로 나를 혼자 두지 아니하셨느니라"(요 8:29)하십니다. 이것이 소제의 삶입니다.

도표를 보시면 "소제의 예물을 여호와께 드리려거든"(1)을 중심으로, ① "고운 가루로 예물을 삼아, 기름을 붓고, 유향을 놓아, 제단 위에 불사를지니", ② "이는 화제라 여호와께 향기로운 냄새니라"(2)합니다. ③ "화덕에 구운 것"(4), ④ "철판에 부친 것"(5), ⑤ "냄비의 것으로 소제를 드리려거든"(7), ⑥ "이는 화제라 여호와께 향기로운 냄새니라"(9)합니다. ⑦ "소제물에는 누룩이나 꿀을 넣지 말고, 소금을 치라"(11, 13)하시고, ⑧ "첫 이삭의 소제를 드리려거든, 이는 여호와께 드리는 화제니라"(14)하십니다. 이에 대한 구속사적 의미가 무엇인가?

주제(主題) : 그리스도의 순결한 생애를 예표하는 소제

앞에서 말씀드린 대로 구약에 등장하는 모든 제사는 궁극적으로는 그리스도께서 단 번에 드려주실 대속제물에 대한 예표입니다. 그런데 여기서 멈춰서는 아니 됩니다. 이제는 그리스도의 구속으로 말미암아 성도들에게, "너희도 산 돌 같이 신령한 집으로 세워지고 예수 그리스도로 말미암아 하나님이 기쁘게 받으실 신령한 제사를 드릴 거룩한 제사장이 될지니라"(벧전 2:5)고 말씀하기 때문입니다. 그러니까 그리스도인들도 번제의 삶, 소제의 삶을 살아야만 한다는 말씀입니다.

"소제"는 죽음을 뜻하는 "피" 흘림이 없는 제사입니다. 그러므로 소제는 단독(單獨)으로 드려지는 제사가 아니라 번제 등 "피 흘리는" 다른 제사와 함께 드려지는 것이 상예입니다. 이는 무엇을 말씀해주고 있느냐 하면 "소제", 즉 "성화의 삶"도 자신의 능력으로 가능한 것이 아니라 구속의 은혜를 입은 자에게 필연적으로 따르는 복음이 이끄는 삶임을 나타냅니다.

그러므로 로마서의 구조를 보면 사도 바울은 먼저 1장–11장을 통해서 하나님께서 자기 아들을 통해서 이루어주신 복음(교리)을 말씀한 다음에 12장에서 "그러므로 형제들아 내가 하나님의 모든 자비하심으로 너희를 권

하노니 너희 몸을 하나님이 기뻐하시는 거룩한 산 제물로 드리라 이는 너희가 드릴 영적 예배니라"(롬 12:1)고 성도들이 행해야 할 윤리를 말씀합니다. 하나님께서 행해주신 교리(敎理)와 성도들이 행해야 할 윤리(倫理)가 "그러므로"라는 접속사로 연결이 되어 있다는 점을 주목해야만합니다. 이는 마치 기관차가 객차를 끌고 가는 것과 같은 것입니다. "그러므로"를 모른다든가, 확고하지 못하게 되면 성화의 삶도 불가능하게 되는 것입니다.

그런데 소제에는 또 다른 의미가 있는데, "소제물의 남은 것은 아론과 그의 아들들에게 돌릴지니"(10), 즉 제사장들의 식물(食物)로 삼으라 한 "나눔"입니다. 소제의 삶이란 하나님께 드리는 하나님 사랑만이 있는 것이 아니라 이웃과 나누는 "이웃 사랑도 있다는 점을 잊어서는 아니 됩니다.

첫째 단원(1–10) **고운 가루 무교병을 드리라**

둘째 단원(11–16) **꿀을 넣지 말고 소금을 치라**

첫째 단원(1–10) 고운 가루 무교병을 드리라

"누구든지 소제의 예물을 여호와께 드리려거든"(1상),

① "고운 가루로 예물을 삼아 그 위에 기름을 붓고 또 그 위에 유향을 놓아라"(1하)하십니다.

㉠ 소제의 주 제물은 곡물입니다. 그런데 "번제"로 드리는 제물이 "흠이 없어야" 함을 강조하고 있다면 소제의 제물은 "고운 가루"라야 한다는 점을 강조(1, 4, 5, 7)하십니다. "고운 가루"의 삶이란 1분 1초를 바르

게 살고자 하는 경건의 삶을 의미합니다. 그러므로 "소제"는 주님의 순결한 인성(人性)을 나타낸다 하겠습니다.

ⓛ 또한 2장에는 "기름"이라는 말이 9번이나 등장합니다. 고운 가루에, "그 위에 기름을 부으라"(1, 6, 15)고 말씀한다면 이는, "소제"의 삶이란 "하나님의 영으로 인도함을 받는"(롬 8:14) 삶이라는 점을 나타내고, "그 위에 유향을 놓으라"(1, 2, 15, 16)고 말씀한다면 "소제"의 삶은 "그리스도의 향기"(고후 2:15)를 풍기는 삶임을 나타낸다 하겠습니다.

ⓒ "아론의 자손 제사장들에게로 가져갈 것이요 제사장은 그 고운 가루 한 움큼과 기름과 그 모든 유향을 가져다가 기념물로 단 위에서 불사를지니"(2상)합니다.

② 그리고 하는 말씀이 "이는 화제라 여호와께 향기로운 냄새니라"(2하) 합니다.

ⓖ "소제"에 있어서도 명심해야 할 점은, "화제와, 향기"입니다. 도표에 나타난 대로 소제에도 "화제"(火祭)라는 말이 5번이나 등장합니다. 이는 그리스도의 향기를 날리는 소제의 삶이란 고난의 길임을 나타냅니다. 모든 그리스도인들이 이런 소제의 삶을 살아간다면 무엇을 더 바라겠는가? 소제를 공식으로 나타내면 "고운가루+기름+유향+고난=소제"가 됩니다. 그러므로 "소제"는 우리가 본받아야 할 주님의 신앙인격을 상징적으로 나타낸 것이라 할 수가 있습니다.

ⓛ 그리고 "그 소제물의 남은 것은 아론과 그의 자손에게 돌릴지니 이는 여호와의 화제물 중에 지극히 거룩한 것이니라"(3)합니다. 10절에서도 "소제물의 남은 것은 아론과 그의 아들들에게 돌리라"고 거듭 말씀합니다.

여기 "번제"와 다른 특성이 나타나는데, "번제"는, "그 전부를 제단 위에 불살라 번제를 삼을지니"(1:9)한 반면, "소제"에는 "남은 것은 아론과 그 자손에게 돌릴지니", 즉 제사장들의 식물로 삼으라고 말씀하신다는 점입니다. 그리스도께서는 아버지께서 기뻐하시는 삶만을 사신 것이 아니라, "나는 생명의 떡이니 내게 오는 자는 결코 주리지 아니할 터이요 나를 믿는 자는 영원히 목마르지 아니하리라"(요 6:35)고 자신을 주셨습니다.

ⓒ 이는 "지극히 거룩한 것이니라"(3, 10)하십니다. 하나님께 소제를 드린 후에 남은 것을 먹을 수 있다는 것은 제사장들에게 주어진 특권이요, 주님께서 "내 살을 먹고 내 피를 마시라"(요 6:54)하심은 자녀들에게만 허락이 된 특별은총인 것입니다.

ⓓ 이점에서 설교자가 유념해야 할 점은 예배에 있어서 찬양이 "찬송의 제사"(히 13:15)임과 같이 "설교"도 하나님 앞에서 행해지는 제사요, 성도들에게는 나눠주는 영적 양식이라는 경각심이 있어야 한다는 점입니다.

③ "네가 화덕에 구운 것으로 소제의 예물을 드리려거든 고운 가루에 기름을 섞어 만든 무교병이나 기름을 바른 무교전병을 드릴 것이요"(4),

④ "철판에 부친 것으로 소제의 예물을 드리려거든 고운 가루에 누룩을 넣지 말고 기름을 섞어 조각으로 나누고 그 위에 기름을 부을지니 이는 소제니라"(5-6).

⑤ "네가 냄비의 것으로 소제를 드리려거든 고운 가루와 기름을 섞어 만들지니라"(7)하십니다.

ⓐ 소제로 드리는 방법이, "고운 가루"를 그냥 불사르는 것과, 화덕에 구

워서 드리는 것과, 철판에 부쳐서 드리는 것과, 냄비에 삶아서 드리는 방법 등 다양한데 여기 공통점은, "불"(火)를 가한다는 점입니다. 이는 "무릇 그리스도 예수 안에서 경건하게 살고자 하는 자는 박해를 받으리라"(딤후 3:12)한 고난이 따른다는 점을 나타냅니다.

ⓛ 이처럼 다양한 방법을 허용하신 의도가, "소제물의 남은 것은 아론과 그의 아들들에게 돌리라"(10)하신 제사장에 대한 배려로 여겨집니다. 그러니까 제사장들은 "구운 것, 부친 것, 삶은 것" 등 다양한 메뉴를 맛있게 먹을 수가 있었을 것입니다. 이처럼 설교자는 성도들에게 다양한 "말씀"을 제공해야 할 것으로 적용이 된다 하겠습니다.

둘째 단원(11–16) 꿀을 넣지 말고 소금을 치라

둘째 단원의 중심점은 소제물에 첨부해서는 아니 될 금기(禁忌)사항으로 설교자들이 명심해야 할 점이라 하겠습니다.

⑥ "너희가 여호와께 드리는 모든 소제물에는 누룩을 넣지 말지니"(11상) 하십니다.

ㄱ 소제물은 "떡이나, 빵"과 같은 것이기 때문에 누룩을 넣으면 보기도 좋고 먹기에도 맛이 있을 수가 있습니다. 그러나 하나님은 금하십니다. 왜냐하면 누룩은 죄를 상징하는 것으로 그래서 유월절을 지키기 위해서는 대청소를 하여 집안에서 누룩을 제거해야 했고, 누룩을 넣지 않은 무교병을 먹으라 하신 것입니다.

ⓛ 그런데 누룩뿐만이 아니라 "너희가 누룩이나 꿀을 여호와께 화제로

드려 사르지 못할지니라"(11하)고 "꿀"도 넣지 말라 하십니다. 고운가루에 기름과 유향과 꿀을 섞는다면 좋을 것으로 여겨지는데 이는 인간의 생각일 뿐입니다. 12절에 보면 "꿀"을 예물로 드릴 수는 있으나 "제단"에 올리지는 말라하십니다.

㉢ 하나님은 금하시기만 하신 것이 아니라 "네 모든 소제물에 소금을 치라 네 하나님의 언약의 소금을 네 소제에 빼지 못할지니 네 모든 예물에 소금을 드릴지니라"(13)고 빼서는 아니 될 것도 말씀하십니다. 소금은 누룩과는 정반대의 특성을 나타내는 것으로 "이는 여호와 앞에 너와 네 후손에게 영원한 소금 언약(言約)이니라"(민 18:19)한 불변의 언약을 상징하기 때문입니다. 에스겔서에서는 심지어 "제사장은 그 위에 소금을 쳐서 나 여호와께 번제로 드리라"(겔 43:24)고 "번제"에도 소금을 치라 하십니다. 그래야만 "이는 화제라 여호와께 향기로운 냄새니라"(2, 9)고 기쁘게 받으시게 된다는 것입니다.

유월절을 지키라, 3대 절기를 지키라"하심이 하나님을 위해서가 아니라 우리의 구원을 위해서임과 같이 "누룩과 꿀"은 넣지 말라 하신 반면 변하지 않는 "소금"을 치라 하심도 하나님을 위해서가 아닌 것입니다. 이를 알았기에 사도 바울은, "너희도 알거니와 우리가 아무 때에도 아첨하는 말이나 탐심의 탈을 쓰지 아니한 것을 하나님이 증언하시느니라"(살전 2:5)합니다. 반면 거짓 교사들을 가리켜 "이같은 자들은 우리 주 그리스도를 섬기지 아니하고 다만 자기들의 배만 섬기나니 교활한 말과 아첨하는 말로 순진한 자들의 마음을 미혹하느니라"(롬 16:18)합니다. 그러므로 "누룩이나 꿀을 넣지 말라 하심은 "충성되고 지혜 있는 종이 되어 주인에게 그 집 사람들을 맡아 때를 따라 양식을 나눠 줄 자가 누구냐"(마 24:45)하신 설교자들이 명심해야 할 점이라 하겠습니다.

⑦ "너는 첫 이삭의 소제를 여호와께 드리거든 첫 이삭을 볶아 찧은 것으로 네 소제를 삼되"(14),

㉠ 레위기에는 "첫 이삭"이 4번 등장하는데 이에 대한 자세한 의미는 23:10절에 가서 살펴보게 될 것입니다만 "첫 이삭"도 구속사라는 맥락으로 보면 "그리스도께서 죽은 자 가운데서 다시 살아나사 잠자는 자들의 첫 열매가 되셨도다"(고전 15:20)한 그리스도에게서 성취될 말씀인 것입니다. "볶아, 찧은 것"이란 역시 고난을 상징합니다. "그 위에 기름을 붓고 그 위에 유향을 더할지니 이는 소제니라"하시고 2장은 "제사장은 찧은 곡식과 기름을 모든 유향과 함께 기념물로 불사를지니 이는 여호와께 드리는 화제니라"(16)고 마치고 있습니다.

㉡ 주님 자신이 "기름, 유향, 불사를지니"한 소제의 삶을 사셨습니다. 그렇다면 그의 제자 된 우리의 삶도 "고운 가루+기름을 붓고+유향을 놓고+소금을 더한" 소제의 삶을 살기를 사모해야 할 것입니다.

묵상해 봅시다

㉠ 소제의 세 가지 요소(1)와 의미에 대해서

㉡ "첫 이삭의 소제"(14)의 구속사적 의미가 무엇인지에 대해서

㉢ 소제에 넣어서는 안 되는 것과, 빠져서는 안 되는 것에 대해서

레위기 3장 개관도표

주제 : 화목제물이 되시는 그리스도의 예표

소로 드리는 화목제

1-5

1 **사람이 만일 화목제의 제물을 예물로 드리되**

① 소로 드리려면 수컷이나 암컷이나

② 흠 없는 것으로 여호와 앞에 드릴지니

2 그 예물의 머리에 **안수하고** 회막 문에서 **잡을 것이요**

아론의 자손 제사장들은 **그 피를 제단 사방에 뿌릴 것이며**

3 그는 또 그 화목제물의 제물 중에서 여호와께 화제를 드릴지니

곧 내장에 덮인 기름과 내장에 붙은 모든 기름과

4 두 콩팥과 그 위의 기름 곧 허리 쪽에 있는 것과

간에 덮인 꺼풀을 콩팥과 함께 떼어낼 것이요

5 아론의 자손은 그것을 제단 위의 불 위에 있는

나무 위의 번제물 위에서 **사를지니**

③ 이는 화제라 여호와께 향기로운 냄새니라

양으로 드리는 화목제

6-11

6 **④ 만일 여호와께 예물로 드리는 화목제의 제물이 양이면**

수컷이나 암컷이나 흠 없는 것으로 드릴지며

7 만일 그의 예물로 드리는 것이 어린 양이면 그것을 여호와 앞으로 끌어다가

8 그 예물의 머리에 안수하고 회막 앞에서 잡을 것이요

아론의 자손은 그 피를 제단 사방에 뿌릴 것이며

9 **그는 그 화목제의 제물 중에서 여호와께 화제를 드릴지니**

그 기름 곧 미골에서 벤 기름진 꼬리와

내장에 덮인 기름과 내장에 붙은 모든 기름과

10 두 콩팥과 그 위의 기름 곧 허리 쪽에 있는 것과

간에 덮인 꺼풀을 콩팥과 함께 떼어낼 것이요

11 제사장은 그것을 제단 위에서 불사를지니

⑤ 이는 화제로 여호와께 드리는 음식이니라

염소로 드리는 화목제

12-17

12 **⑥ 만일 그의 예물이 염소면 그것을 여호와 앞으로 끌어다가**

13 그것의 머리에 안수하고 회막 앞에서 잡을 것이요

아론의 자손은 그 피를 제단 사면에 뿌릴 것이며

14 그는 그 중에서 예물을 가져다가 여호와께 화제를 드릴지니

곧 내장에 덮인 기름과 내장에 붙은 모든 기름과

15 두 콩팥과 그 위의 기름 곧 허리 쪽에 있는 것과

간에 덮인 꺼풀을 콩팥과 함께 떼어낼 것이요

16 제사장은 그것을 제단 위에서 불사를지니

이는 화제로 드리는 음식이요

⑦ 향기로운 냄새라 모든 기름은 여호와의 것이니라

17 **⑧ 너희는 기름과 피를 먹지 말라 이는 너희의 모든 처소에서 너희 대대로 지킬 영원한 규례니라**

3장

화목제물이 되신 그리스도의 예표

1 사람이 만일 화목제의 제물을 예물로 드리되 소
로 드리려면 수컷이나 암컷이나 흠 없는 것으로
여호와 앞에 드릴지니

3장의 중심주제는 "화목제"입니다. 이는 "사랑은 여기 있으니 우리가 하나님을 사랑한 것이 아니요 하나님이 우리를 사랑하사 우리 죄를 속하기 위하여 화목제물로 그 아들을 보내셨음이라"(요일 4:10)에 대한 예표입니다. 그리스도께서 담당하신 십자가에는 "화목제물"의 역할이 있었던 것입니다.

도표를 통해서 요점을 살펴보면 "사람이 만일 화목제의 희생을 예물로 드리되"를 중심으로 ① "소로 드리려거든"(1), ② "흠 없는 것으로" 드리라, ③ "이는 여호와께 향기로운 냄새니라"(5)합니다. ④ "만일 어린양이면"(6), ⑤ "이는 화제로 여호와께 드릴 음식이라"(11), ⑥ "만일 염소면"(12), ⑦ "향기로운 냄새니"(16), ⑧ "너희는 기름과 피를 먹지 말라"(17)하십니다. 이에 대한 구속사적 의미가 무엇인가?

주제(主題) : 화목제물이 되신 그리스도의 예표

㉠ 하나님은 예레미야 선지자를 통해서는 "새 언약을 세우리라"(렘 31:31) 하시고, 에스겔 선지자를 통해서는 "화평의 언약을 세우리라"(겔 34:25, 37:26)고 말씀하셨습니다. 그리스도의 피로 세우신 언약이 "새 언약이자, 화평의 언약"이었던 것입니다. "화평"과는 반대로 옛 언약은 휘장이나 담으로 가로막고, 들어오지 못하게 하는 분리시키는 기능이 있었습니다.

㉡ "화목제물"이 왜 필요하게 되었는가? 로마서 5:10절은, "곧 우리가 원수 되었을 때에 그의 아들의 죽으심으로 말미암아 하나님으로 더불어 화목되었다"고 말씀합니다. ㉮ 우리와 하나님과의 관계가 "원수"되었는데, ㉯ 그 아들의 죽으심으로 말미암아, ㉰ 화목할 수가 있게 되었다는 말씀입니다. 이를 도표로 나타내면 아래와 같은 다이아몬드 형이 됩니다.

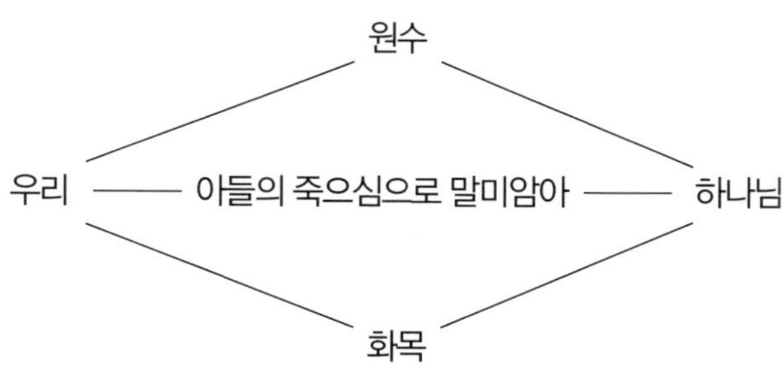

㉢ 구원을 "천당, 영생복락"으로만 이해하는 것은 너무나 자기중심적인

개념입니다. 하나님과 화목함으로 관계가 회복이 되었다는 것이 구원인 것입니다. 의로우신 하나님과 화목하기 위해서는 무엇이 필수적인지 아십니까? "의롭다함"입니다. 하나님께서 자기 아들을 "화목제물로 세우신"(롬 3:25) 의도는 "곧 이 때에 자기의 의로우심을 나타내사 자기도 의로우시며 또한 예수 믿는 자를 의롭다 하려 하심이라"(롬 3:26)고 말씀합니다.

㉣ 그러면 "의롭다 하심을 받은 자"의 축복이 무엇인가? "우리 주 예수 그리스도로 말미암아 하나님과 화평을 누리자 또한 그로 말미암아 우리가 믿음으로 서 있는 이 은혜에 들어감을 얻었으며 하나님의 영광을 바라고 즐거워하느니라"(롬 5:1-2)고 3가지를 꼽습니다. ㉮ 하나님과 화목하게 되고, ㉯ 추방당했던 자들이 은혜 안에 들어감을 얻고, ㉰ 영광을 바라고 즐거워한다, 즉 하나님과 영원토록 함께 거하게 된다는 것입니다. 이를 위해서 하나님의 아들 그리스도께서는 화목제물이 되셨습니다.

㉤ 인간 편에서 먼저 화목하자고 한 것이 아닙니다. "사랑은 여기 있으니 우리가 하나님을 사랑한 것이 아니요 하나님이 우리를 사랑하사 우리 죄를 속하기 위하여 화목 제물로 그 아들을 보내셨음이라"(요일 4: 10)고 말씀합니다. 그리스도께서 화목제물이 되셨다는 것이 얼마나 중요한지 확신하게 되었습니까?

첫째 단원(1-5) 소로 드리는 화목제

둘째 단원(6-11) 양으로 드리는 화목제

셋째 단원(12-17) 염소로 드리는 화목제

첫째 단원(1–5) 소로 드리는 화목제

"사람이 만일 화목제의 제물을 예물로 드리되"(1상),

① "소로 드리려거든 수컷이나 암컷이나"(1중) 드리라 하십니다. 번제는 "소, 양, 염소"의 "수컷"을 드리라 하셨는데 화목제는 감사제로 자원하여 드리는 예물입니다. 그래서 "수컷이나 암컷이나" 자유롭게 하라 하신 것으로 여겨집니다.

② 그런데 화목제에도 불변(不變)의 원칙이 있습니다.

㉠ "흠 없는 것으로 여호와 앞에 드릴지니"(1하),

㉡ "그 예물의 머리에 안수하고"(2상),

㉢ "회막 문에서 잡을 것이요"(2중),

㉣ "아론의 자손 제사장들은 그 피를 제단 사방에 뿌릴 것이며"(2하),

㉤ "그는 또 그 화목제의 제물 중에서 여호와께 화제(火祭)를 드릴지니"(3)

㉥ "아론의 자손은 그것을 제단 위의 불 위에 있는 나무 위의 번제물 위에 사를지니"(5중),

③ "이는 화제라 여호와께 향기로운 냄새니라"(5하)하십니다. 이 불변의 원칙은 번제와 크게 다르지가 않습니다. 이렇게 해야만 하나님이 기쁘게 받으신다는 말씀입니다.

㉠ 지금 우리는 옛날이야기를 하고 있는 것이 아닙니다. 우리가 어떻게 해서 하나님과 화목하게 되었는가 하는 점과, 하나님께서 기쁘게 받으실 바른 예배드리는 법을 배우고 있는 것입니다. 그러므로 명심해야 할 점은 화목제의 핵심이 "잡을 것이요"(2, 8, 13)한 "죽음"과, "피를 사방에 뿌릴 것이라"(2, 8, 13)한 "피 뿌림"에 있다는 점입니다. 이는 우리가 하나님

께 바른 예배를 드리기 위해서는 "하나님의 아들 그리스도께서 우리 대신 죽으셨다는 것과, 그 피로 뿌림을 받아 의롭다함을 얻었다"는 점에 확고해야 한다는 점을 강력하게 나타내고 있는 것입니다.

둘째 단원(6–11) 양으로 드리는 화목제

둘째 단원은 "양으로 드리는 화목제"인데 불변의 원칙은 동일합니다.

④ "만일 여호와께 예물로 드리는 화목제의 제물이 양이면"(6상),

㉠ "수컷이나 암컷이나 흠 없는 것으로 드릴 지며"(6하), "만일 예물로 드리는 것이 어린 양이면 그것을 여호와 앞으로 끌어다가"(7),

㉡ "그 예물의 머리에 안수하고"(8상),

㉢ "회막 앞에서 잡을 것이요"(8중),

㉣ "아론의 자손은 그 피를 제단 사면에 뿌릴 것이며"(8하),

㉤ "제사장은 그것을 제단 위에서 불사를지니"(11상),

⑤ "이는 화제로 여호와께 드리는 음식이니라"(11하), 즉 기쁘게 받으신다는 말씀입니다.

셋째 단원(12–17) 염소로 드리는 화목제

셋째 단원은 "염소로 드리는 화목제"인데 불변의 원칙은 동일합니다.

⑥ "만일 그의 예물이 염소면 그것을 여호와 앞으로 끌어다가"(12),

㉠ "그것의 머리에 안수하고"(13상),

㉡ "회막 앞에서 잡을 것이요"(13중),

㉢ "아론의 자손은 그 피를 제단 사방에 뿌릴 것이며"(13하),

㉣ "제사장은 그것을 제단 위에서 불사를지니"(16상)하십니다.

⑦ "이는 화제로 드리는 음식이요 향기로운 냄새라"(16하), 즉 기쁘게 받으신다는 것입니다.

⑧ 3장은, "모든 기름은 여호와의 것이니라"(16하)하시면서, "너희는 기름과 피를 먹지 말라 이는 너희의 모든 처소에서 너희 대대로 지킬 영원한 규례니라"(17)고 마치고 있는데 그 의미가 무엇인가?

㉠ "먹지 말라" 하시니까 무슨 말씀이 연상이 되십니까? 그리스도인이라면 누구나 "선악을 알게 하는 나무의 실과는 먹지 말라"(창 2:17) 하신 금령(禁令)이 생각날 것입니다. 인류의 시조는 이 금령을 자신들을 사랑하시지 않기 때문에 금하시는 것으로 곡해를 했습니다. 피를 먹지 말라는 금령은 노아에게도 말씀하셨는데(창 9:4), "먹지 말라"고 금하시는 하나님의 의도, 하나님의 마음이 레위기 17장에 자세히 계시되어 있습니다.

왜 금하시는가? 17:11절을 보십시오. "육체의 생명은 피에 있음이라 내가 이 피를 너희에게 주어 제단에 뿌려 너희의 생명을 위하여 속죄하게 하였나니 생명이 피에 있으므로 피가 죄를 속하느니라"하십니다. "너희에게 주어", 아시겠습니까? 좋은 것은 하나님 혼자 잡수시기 위해서가 아닙니다. 거룩하게 간직해두셨다가 우리에게 주셔서 죄를 속(贖)하는데 사용하시기 위해서라 하십니다.

㉡ 이점에서 분별해야 할 점은 구약시대는 "짐승의 피"를 주어서 뿌리게

하셨으나 이는 그림자에 불과하다는 점입니다. 왜냐하면 "이는 황소와 염소의 피가 능히 죄를 없이 하지 못하기"(히 10:4) 때문입니다.

그러므로 잊지를 말아야 할 점은 짐승의 피까지도 먹지 말라고 금하신 하나님께서는 자기 아들을 화목제물로 내어주셨습니다. 그리고 주님은 "내가 진실로 진실로 너희에게 이르노니 인자의 살을 먹지 아니하고 인자의 피를 마시지 아니하면 너희 속에 생명이 없느니라 내 살을 먹고 내 피를 마시는 자는 영생을 가졌고 마지막 날에 내가 그를 다시 살리리니 내 살은 참된 양식이요 내 피는 참된 음료로다"(요 6:53-55)하십니다. 즉 하나님은 자기 아들의 피를 "먹으라"하기 위해서 "피를 먹지 말라"고 금하셨다는 말씀입니다. 이 말씀을 듣는 형제의 마음은 어떠합니까?

ⓒ 화목제에 대한 자세한 규례를 7:11절 이하에서 또 말씀하십니다. 여기에도 극진하신 하나님의 사랑이 나타나 있습니다. 화목제는 기름 등 중요한 부분만을 화제로 불살라 드리고, "감사함으로 드리는 화목제물의 고기는 드리는 그 날에 먹을 것이요"(7:15)하십니다. 무슨 뜻인가? 번제나 속죄제와는 달리 화목제를 드리는 자도 함께 먹으라 하십니다. 그러니까 "화목제는, 하나님과의 교제와 이웃과의 교제"가 이루어지는 일종의 잔치인 것입니다.

그래서 화목제에는 "새"를 드리라는 언급이 없는데 이는 나눌 여지가 없기 때문입니다. 주님은 말씀하십니다. "볼지어다 내가 문 밖에 서서 두드리노니 누구든지 내 음성을 듣고 문을 열면 내가 그에게로 들어가 그와 더불어 먹고 그는 나와 더불어 먹으리라"(계 3:20), 우리는 예배를 드릴 때마다 주님과 함께 교제의 식탁에 참여하고 있는 것입니다. 이처럼 화목제는 수직적으로 하나님과 교제하고, 수평적으로는 형제 상호간에 교제하는 잔치입니다.

묵상해 봅시다

㉠ 화목제의 구속사적 의미에 대해서

㉡ 화목제를 통한 두 방면의 교제에 대해서

㉢ "잡을 것이요, 피를 뿌리라"하심이 우리에게 어떤 의미가 있는지에 대해서

The Book of Revelation

레위기 4장 개관도표

주제 : 여호와의 계명을 범했을 때의 속죄제

제사장의 속죄제

1–12

여호와께서 모세에게 말씀하여 이르시되
여호와의 계명 중 하나라도 그릇 범하였으되

1
2 이스라엘 자손에게 말하여 이르라 누구든지
3 ① 만일 기름 부음을 받은 **제사장이 범죄하여 백성의** 허물이 되었**으면** 그 범한 죄로 말미암아 흠 없는
수송아지로 속죄 제물을 삼아 여호와께 드릴지니
4 ② 그 **그 수송아지를 회막문 여호와 앞으로 끌어다가** 그 수송아지 머리에 안수하고 것을 여호와 앞에서 잡을 것이요
5 기름 부음을 받은 제사장은 ③ **그 수송아지의 피를 가지고 회막에 들어가서**
6 그 제사장이 손가락에 그 피를 찍어 **여호와 앞 곧 성소의 휘장 앞에 일곱 번 뿌릴 것이며**

7 제사장은 또 그 피를 여호와 앞 곧 회막 안 향단 뿔에 바르고 그 송아지의 피 전부를 회막문 앞 번제단 밑에 쏟을 것이며
8 또 그 속죄 제물이 된 수송아지의 모든 기름을 떼어낼지니 곧 내장에 덮인 기름과 내장에 붙은 모든 기름과
9 두 콩팥과 그 위의 기름 곧 허리 쪽에 있는 것과 간에 덮인 꺼풀을 콩팥과 함께 떼어내되
10 화목제 제물의 소에게서 떼어냄과 같이 할 것이요 제사장은 ④ **그것을 번제단 위에 불사를 것이며**
11 그 수송아지의 가죽과 그 모든 고기와 그 머리와 다리와 내장과
12 똥 곧 그 송아지의 전체를 진 바깥 재 버리는 곳인
정결한 곳으로 가져다가 불로 나무 위에서 사르되 곧 ⑤ **재 버리는 곳에서 사를 지니라**

온 회중의 속죄제

13–21

13 ⑥ **만일 이스라엘 온 회중이 여호와의 계명중 하나라도 부지중에 범하여** 허물이 있으나 스스로 깨닫지 못하다가
14 그 범한 죄를 깨달으면 회중은 ⑦ **수송아지를 속죄제로 드릴지니** 그것을 회막 앞으로 끌어다가
15 회중의 장로들이 여호와 앞에서 그 수송아지 머리에 안수하고 그것을 여호와 앞에서 잡을 것이요
16 기름 부음을 받은 제사장은 **그 수송아지 피를 가지고 회막에 들어가서**
17 그 제사장이 손가락으로 그 피를 찍어 **여호와 앞, 휘장 앞에 일곱 번 뿌릴 것이며**

18 또 그 피로 회막 안 여호와 앞에 있는 제단 뿔에 바르고 그 피 전부는 회막문 앞 번제단 밑에 쏟을 것이며
19 그것의 기름은 다 떼어 제단 위에서 불사르되
20 그 송아지를 속죄제의 수송아지에게 한 것같이 할지며
⑧ **제사장이 그것으로 회중을 위하여 속죄한즉 그들이 사함을 받으리라**
21 **그는 그 수송아지를 진영 밖으로 가져다가** 첫 번 수송아지를 사름 같이 불사를지니 **이는 회중의 속죄제니라**

족장의 속죄제

22–26

22 ⑨ **만일 족장이 그의 하나님 여호와의 계명중 하나라도 부지중에 범하여** 허물이 있었는데
23 그 범한 죄를 누가 깨우쳐주면 그는 흠 없는 **수염소를 예물로 가져다가**
24 그 수염소의 머리에 안수하고 여호와 앞 번제 제물을 잡는 곳에서 잡을지니 이는 속죄제라

25 제사장은 그 속죄 제물의 피를 손가락에 찍어 ⑩ **번제단 뿔들에 바르고 그 피는 번제단 밑에 쏟고**
26 그 모든 기름은 화목제 제물의 기름 같이 제단 위에 불사를지니 이같이 제사장이 그 범한 죄에 대하여
그를 위하여 **속죄한즉 그가 사함을 얻으리라**

평민의 속죄제

27–35

27 ⑪ 만일 **평민의 한 사람이** 여호와의 계명 중 하나라도 부지중에 범하여 허물이 있었는데
28 그가 범한 죄를 누가 그에게 깨우쳐주면 흠 없는 **암염소를 끌고 와서** 그 범한 죄로 말미암아 그것을 예물로 삼아
29 그 속죄제 제물의 머리에 안수하고 그 제물을 번제물을 잡는 곳에서 잡을 것이요
30 제사장은 손가락으로 ⑫ **그 피를 찍어 번제단 뿔에 바르고 그 피 전부를 단 밑에 쏟고**
31 그 모든 기름을 화목제 희생의 기름을 떼낸 것같이 떼내여 제단 위에서 불살라 여호와께 향기롭게 할지니
제사장이 그를 위하여 **속죄한즉 그가 사함을 얻으리라**

32 그가 만일 **어린 양을 속죄 제물로 가져오려거든** 흠 없는 암컷을 끌어다가
33 그 속죄제 제물의 머리에 안수하고 번제물을 잡는 곳에서 속죄제로 잡을 것이요
34 제사장은 그 속죄제물의 피를 손가락으로 찍어 번제단 뿔들에 바르고 그 피는 전부를 제단 밑에 쏟고
35 그 모든 기름을 화목제 어린 양의 기름을 떼낸 것같이 떼내여 제단 위 여호와의 화제물 위에서 불사를지니
이같이 제사장이 그가 범한 죄에 대하여 그를 위하여 속죄한즉 그가 사함을 받으리라

4장

여호와의 계명을 범했을 때의 속죄제

20 그 송아지를 속죄제의 수송아지에게 한 것같이
할지며 제사장이 그것으로 회중을 위하여 속죄한
즉 그들이 사함을 받으리라

4장은 "속죄제"의 규례입니다. 속죄제의 규례는 5:13절까지 계속됩니다만 우선 4장만 상고하도록 하겠습니다. 이는 예수 그리스도께서, "염소와 송아지의 피로 하지 아니하고 오직 자기의 피로 영원한 속죄를 이루사 단번에 성소에 들어가셨느니라"(히 9:12)에 대한 예표입니다. 그런데 ㉠ 제사장이 범죄했을 때와(3), ㉡ 온 회중이 범죄했을 때와(13), ㉢ 족장이 죄를 범했을 때와(22), ㉣ 평민이 죄를 범했을 때(27)의 속죄제 규례가 다르다는 점을 주목해보아야만 합니다.

도표를 보시면, "여호와의 계명 중 하나라도 그릇 범하였으되"를 중심으로, ① "제사장이 범죄"하였을 때의 속죄제물은, ② "수송아지"로 하되, ③

"피를 가지고 회막에 들어가서 휘장 앞에 뿌리되", ④ 중요한 부분은 "번제단 위에서 불사르고", ⑤ 그 외의 "모든 고기는, 재 버리는 곳에서 불사르라"하십니다. ⑥ "회중"의 속죄제로는, ⑦ "수송아지"로 속죄제를 드리되, "피를 가지고 회막에 들어가서 휘장 앞에 뿌리고", ⑧ "회중을 위하여 속죄한즉 사함을 얻으리라" 하십니다. ⑨ "족장"의 속죄제로는 수염소로 하되, ⑩ 그 피를 가지고 회막에 들어가는 것이 아니라 "번제단 밑에 쏟고", ⑪ "평민"의 속죄제로는 암염소로 하되, ⑫ "그 피"는 번제단 밑에 쏟으라, 이렇게 하면 사함을 얻으리라 하십니다. 이에 대한 구속사적 의미가 무엇인가? 이를 네 단원으로 나누어 상고하겠습니다.

주제(主題) : 여호와의 계명을 범했을 때의 속죄제

㉠ 어떤 경우에 "속죄제"를 드려야 하는가? ㉮ "여호와의 계명 중 하나라도" 범했을 때인데, ㉯ 단 "그릇 범하였을 때"(2)입니다. 그릇 범했다는 말을 민수기 15장에서는 "부지중(不知中)에 그릇 범죄 하였거든"(민 15:24)이라고 말씀합니다.

㉡ 민수기 15장에는 "부지중"이라는 말이 9번이나 등장하는데 이는 다윗이, "주의 종에게 고의로 죄를 짓지 말게 하사"(시 19:13) 한 것과 대조되는 표현입니다. 고의적(故意的)으로 죄를 짓는 것을 민수기에서는 "고의로 무엇을 범하면"(민 15:30)이라고 표현하고 있는데 그런 자는 "백성 중에서 끊어질 것이라"합니다. 이점을 신약성경에서는 "이 악한 사람은 너희 중에서 내쫓으라"(고전 5:13), 즉 출교시키라 말씀합니다. 우리에게 속죄제의 제도를 주신 것은 "죄를 범하고 속죄제를 드리고, 죄를 범하고 속죄제를 드리면"되

는 상습범들의 도피처가 아니라는 말씀입니다.

ⓒ 그러나 확고해야 할 점도 있는데 하나님께서 율법을 주실 때에 이를 지킴으로 구원을 얻으라고 주신 것이 아니라는 점입니다. 전적타락한 인간은 율법을 온전히 지킬 수 없는 것을 우리보다 하나님께서 더 잘 아십니다. 그러나 우리의 연약으로 말미암아 범하는 "부지중"에 범한 죄와 지킬 수 있는데도 고의로 범하는 경우는 분명 다른 것입니다.

ⓓ 그러므로 율법을 주신 의도는 크게 두 가지인데 첫째는 ㉮ "그런즉 율법은 무엇이냐 범법(犯法)하므로 더하여진 것이라"(갈 3: 19), 즉 죄의 확산(擴散)을 방지하기 위해서입니다. 즉 율법 없는 이방인들과 같지 아니하고, 하나님의 백성답게 살아가게 하기 위해서입니다. 둘째는 ㉯ "율법으로는 죄를 깨달음이니라"(롬 3:20)합니다. 즉 율법의 행위로는 의롭다함을 얻을 수 없다는 자력구원의 불가능성을 깨닫고는, "오호라 나는 곤고한 사람이로다 이 사망의 몸에서 누가 나를 건져 내랴"(롬 7:24)고, 의원되시는 그리스도를 찾게 하기 위해서입니다. 이점을 갈라디아서 3:24절에서는 "이같이 율법이 우리를 그리스도께로 인도하는 초등교사가 되어 우리로 하여금 믿음으로 말미암아 의롭다 함을 얻게 하려 함이라"고 말씀합니다.

ⓓ 그러므로 시내산에서 율법의 돌비만을 주신 것이 아니라 성막의 식양(式樣)도 주신 하나님을 찬양해야만 합니다. 만일 성막을 주시지 않으셨다면 "번제단, 물두멍, 속죄소"도 없게 됩니다. 그러므로 돌비가 정죄하는 "율법"이라면, 성막식양은 죄를 사하는 "복음"인 것입니다. 하나님은 구약의 성도들을 위하여 생축으로 드리는 속죄제라는 예표를 마련해주셨습니다. 그러나 짐승의 피로 죄가 사하여지는 것은 아닙니다. 성경은 "전에 (구약시대) 지은 죄를 간과"(看過), 즉 보고도 눈감아주셨다고 말씀합니다. 언제

까지인가? "곧 이 때에", 즉 자기 아들을 속죄제물로 내어주실(롬 3:25-26) 때까지입니다. 구약의 제사제도는 이처럼 죄를 보류(保留)해두시는 장치였던 것입니다. "하나님이 제사와 예물을 원하지 아니하시고 오직 나를 위하여 한 몸을 예비하셨도다"(히 10:5)합니다. 그러므로 주님은 신약의 죄만이 아니라 "첫 언약 때(구약시대)에 범한 죄를 속하려고 죽으사"(히 9:15), 즉 구약의 성도들이 범한 죄까지를 위해서 죽으셨다고 말씀합니다.

고린도전서 15:17-18절에서는 "그리스도께서 다시 살아나신 일이 없으면 너희의 믿음도 헛되고 너희가 여전히 죄 가운데 있을 것이요 또한 그리스도 안에서 잠자는 자도 망하였으리니"합니다. 무슨 뜻인가? 만일 그리스도께서 대속제물이 되시지 않으셨다면, 그리고 사망권세를 잡은 마귀를 이기고 부활하시지 않으셨다면 신약의 성도들만이 아니라 구약의 성도들의 ㉮ 믿음도 헛되고, ㉯ 여전히 죄 가운데 있을 것이요, ㉰ 잠자는 자(믿고 죽은 아브라함)도 망하였으리니"합니다. 다시 말하면 구약시대에 드려진 그 많은 속죄제물도 아무 의미가 없게 된다는 말씀입니다. 신구약을 막론하고 구원은 오직 그리스도의 대속을 통해서만이 가능해지는 것입니다. 이 점을 사도행전 4:12절에서는 "다른 이로써는 구원을 받을 수 없나니 천하 사람 중에 구원을 받을 만한 다른 이름을 우리에게 주신 일이 없음이라"고 말씀합니다.

첫째 단원(1-12) **제사장의 속죄제**

둘째 단원(13-21) **온 회중의 속죄제**

셋째 단원(22-26) **족장의 속죄제**

넷째 단원(27-35) **평민의 속죄제**

첫째 단원(1-12) 제사장의 속죄제

"여호와께서 모세에게 말씀하여 이르시되 이스라엘 자손에게 말하여 이르라 누구든지 여호와의 계명 중 하나라도 그릇 범하였으되"(1-2),

① "만일 기름 부음을 받은 제사장이 범죄하여 백성의 허물이 되었으면"(3상),

㉠ 첫 번으로 "제사장"의 범죄에 대한 속죄제 규례를 말씀하십니다. 이는 제사장 직분이 중요하고 그에 따른 책임이 막중하기 때문입니다. 그래서 "백성의 허물이 되었으면"하십니다. 무슨 뜻인가? 제사장의 범죄는 자신에 한하는 것이 아니라 온 백성에게 영향을 미친다는 말씀입니다. 왜냐하면 그는 하나님과 백성 사이에서 중보의 역할을 하는 자이기 때문입니다. 예를 들어서 다윗 왕이 하나님 앞에 범죄하였을 때에 그 죄의 영향이 백성들에게 미쳐서 전염병으로 죽은 자가 "7만이었더라"(대상 21:14)합니다. 그러므로 "제사장"의 속죄제 방식이 족장이나 평민의 경우와 다르다는 점을 주목해야만 합니다.

㉡ 우선 제사장이 범죄하였을 때에는, "그 범한 죄를 말미암아 흠 없는 수송아지로 속죄 제물을 삼아 여호와께 드릴지니"(3하)하십니다. "수송아지"는 제물 중 가장 값비싼 것으로 으뜸으로 치는 제물입니다. 이는 제사장의 범죄가 그만큼 죄질이 무겁다는 것을 나타냅니다.

② "그 수송아지를 회막문 여호와 앞으로 끌어다가 그 수송아지 머리에 안수하고 그것을 여호와 앞에서 잡을 것이요"(4),

㉠ 누가 안수하는가? 죄를 범한 장본인이 안수하는 것입니다. 앞에서도 살펴보았습니다만 제사의식에는 "안수하고, 잡을 것이라"는 말씀이

필수(必須)입니다. 안수를 통해서 ㉮ 제물을 드리는 자와 제물은 연합(聯合)하여 하나가 되고, ㉯ 제사장의 죄가 수송아지에게 전가(轉嫁)되어, ㉰ "잡을 것이요", 즉 대신 죽는다는 의미가 있기 때문입니다.

③ "기름 부음을 받은 제사장은 그 수송아지의 피를 가지고 회막에 들어가서"(5),

㉠ 여기 결정적으로 다른 점이 나타나는데 "피를 가지고 회막(성막)에 들어가라"하심은 "제사장과, 온 회중"(16)이 죄를 범했을 때에 한한 것입니다. "족장과, 평민"의 속죄제에는 회막에 들어가라고 말씀하지 아니합니다. 하나님은 백성의 대표자인 제사장과, 온 회중을 동일한 비중으로 보고 계시는 것입니다. 그러면 피를 가지고 성막에 들어가서 어떻게 처리하는가?

㉡ "그 제사장이 손가락에 그 피를 찍어 여호와 앞 곧 성소 휘장 앞에 일곱 번 뿌릴 것이며"(6)하십니다. "여호와 앞 성소 휘장"이란 성소와 지성소를 가로막고 있는 휘장을 가리킵니다. 그 앞에 뿌리라는 것입니다. 이에 대한 구속사적 의미가 무엇인가? 휘장 안, 즉 지성소는 하나님의 임재를 상징하는 곳입니다. 그러면 하나님이 죄를 범한 제사장을 보실 때에 휘장 앞에 뿌려진 피를 통해서 보신다는 것입니다. 이런 일은 유월절의 밤에도 있었습니다. "내가 피를 볼 때에 너희를 넘어가리니 재앙이 너희에게 내려 멸하지 아니하리라"(출 12:13)하십니다. 이스라엘의 장막에서도 죽음은 있었다는 것입니다. 다만 양이 대신 죽었을 뿐입니다. 하나님은 "피"를 보시기 때문에 넘어가실 수가 있으셨던 것입니다.

㉢ 로마서에는 네 번의 "아래"가 있는데, 첫째는, "율법 아래"입니다. 이

는 하나님이 우리를 보실 때에 율법을 통해서 보신다는 의미입니다. 그렇게 되면, 둘째로 "죄 아래", 즉 모두가 죄인이어서, 셋째로 "심판 아래"있게 된다(롬 3:19, 9)는 것입니다. 그러했던 우리가 그리스도의 구속으로 말미암아 넷째는, "은혜 아래"(롬 6:14) 있게 되었다는 것입니다. 즉 하나님이 우리를 보실 때에 주님의 대속의 "피"를 통해서 보신다는 말씀입니다. 이것이 "피를 가지고 회막에 들어가서 그 피를 찍어 여호와 앞 곧 성소의 휘장 앞에 일곱 번 뿌릴 것이라"(6)하신 의도입니다. "일곱 번 뿌리라"는 것은 온전히 사하여졌음을 나타냅니다.

㉣ "제사장은 또 그 피를 여호와 앞 곧 회막 안 향단 뿔들에 바르라"(7상)하십니다. "향단"은 휘장 앞 중앙에 위치해 있는 것으로 기도(祈禱)를 상징합니다. 그 "향단 뿔"에 바르라 하심은 제사장의 범죄로 좁아지거나 막혔던 교제와 교통이 회복되었음을 의미한다 하겠습니다. 그리고 "그 송아지의 피 전부를 회막문 앞 번제단 밑에 쏟을 것이며"(7하)하십니다. 성소에 가지고 들어간 피는 "뿌렸으나", 남은 피는 번제단 밑에 "쏟을 것이며"합니다. 이는 죄가 다 사해지고 가려졌다는 점을 나타냅니다.

㉤ 이점을 신약적으로 표현을 한다면, ㉮ 하나님께서 휘장 앞에 뿌린 피를 통해서 보신다는 것은 "의롭다"고 여겨주심(롬 5:9)을 가리키고, ㉯ "번제 단 밑에 쏟으라" 하심은 "정죄함이 없다"(롬 8:1)는 것을 나타낸다 하겠습니다. 만일 쏟아버리지 않게 되면 어떻게 되는가? 그 피를 볼 때마다 죄책감에 사로잡히게 될 것입니다. 그러므로 "쏟으라" 하심은 다시는 기억지도 않으신다는 뜻입니다.

ⓑ "또 그 속죄제물이 된 수송아지의 모든 기름을 떼어낼지니 곧 내장에 덮인 기름과 내장에 붙은 모든 기름과 두 콩팥과 그 위의 기름 곧 허리 쪽에 있는 것과 간에 덮인 꺼풀을 콩팥과 함께 떼어내되, 제사장은 그것을 번제단 위에서 불사를 것이며"(8-10)하십니다. 여기 번제와 속죄제의 다른 점이 있는데 번제는 제물 전체를 제단 위에서 불살랐는데 속죄제는 극히 적은 중요부분만을 번제단 위에서 불사르라 하십니다.

④ 그리고 나머지는 "진영 바깥 재 버리는 곳인 정결한 곳으로 가져다가 불로 나무 위에서 사르되 곧 재 버리는 곳에서 불사를지니라"(11-12)하십니다.

㉠ 제사장의 속죄제만이 아니라 모든 속죄제의 고기는 동일하게, "진영 바깥 재 버리는 곳"에서 불살라 버려야 했던 것입니다. 왜 "진영 밖"에서 불사르라 하시는가? 언약 백성들에게 "진영 밖"은 저주를 받아 언약에서 끊어지고, 버림을 당하는 곳(10:4, 24:23)을 의미합니다. "번제는 "헌신"의 상징이기에 전체를 받으셨으나 속죄제의 제물은, "진영 밖 재 버리는 곳에서 불사르라"하심은 멀리 버리라는 뜻입니다. 이는 죄를 얼마나 미워하시는가를 나타낸다 하겠습니다.

㉡ 그러므로 똑같이 "불사름"을 당해도 "번제단"에서 불사름을 당한다는 것과, "진영 밖 재버리는 곳"에서 불사름을 당하는 것은 그 의미가 전연 다른 것입니다. 번제단의 불은 진노만이 아니라 받아주심의 의미가 있으나, 재 버리는 곳의 불은, "하나님은 소멸하는 불이심이니라"(히 12:29)한 불인 것입니다.

㉢ 또한 하나님의 아들 그리스도께서 우리의 죄로 말미암아 진영 밖, 즉

예루살렘 밖에서 저주의 십자가를 담당하실 것에 대한 예표라는 점입니다. 하나님의 이런 사랑과 은혜를 입었기에, "그런즉 우리도 그의 치욕을 짊어지고 영문 밖으로 그에게 나아가자"(히 13:13), 즉 제자된 우리도 십자가를 지고 그 자취를 따르자 하는 것입니다.

교회가 세워진다고 좋은 것은 아닙니다. 어떤 교회가 세워지느냐 하는 것이 문제입니다. 목회자가 많이 배출된다고 좋은 것은 아닙니다. 어떤 목회자가 세워지느냐가 중요합니다. 목회자 한 사람의 범죄가 전도의 문을 가로막는 것을 보게 됩니다.

그래서 "내 형제들아 너희는 선생 된 우리가 더 큰 심판을 받을 줄 알고 선생이 많이 되지 말라"(약 3:1)고 오히려 경계하는 것입니다. 이것이 제사장의 속죄제입니다.

둘째 단원(13-21) 온 회중의 속죄제

둘째 단원은 "온 회중"(會衆)을 위한 속죄제인데 모든 방식이 "제사장"을 위한 속죄제와 동일합니다. 이는 제사장이 온 회중을 대표하는 자이기 때문입니다. 여기서 몇 가지 유념해야 할 점만을 살펴보도록 하겠습니다.

⑥ "만일 이스라엘 온 회중이 여호와의 계명 중 하나라도 부지중에 범하여 허물이 있으나 스스로 깨닫지 못하다가"(13),

㉠ "스스로 깨닫지 못하다가"라는 점이 중요합니다. 말라기서에는 "제사장과 백성"의 잘못을 책망하시는 장면이 여러 번 있습니다. 그런데 번번이 "우리가 어떻게 주의 이름을 멸시하였나이까(말 1:6), 우리가

어떻게 주를 더럽게 하였나이까(말 1:7), 우리가 어떻게 여호와를 괴롭혀 드렸나이까(말 2:17), 우리가 무슨 말로 주를 대적하였나이까"(말 3:13)하고 번번이 항변을 한다는 점입니다. 성경을 상고해보면 분명히 잘못하고 있는데도 잘못을 깨닫지 못하고 있다는 점입니다.

구약교회만이 그런 것은 아닙니다. 주님은 라오디게아 교회를 향해서, "네가 말하기를 나는 부자라 부요하여 부족한 것이 없다 하나 네 곤고한 것과 가련한 것과 가난한 것과 눈 먼 것과 벌거벗은 것을 알지 못하는도다"(계 3:17)고 책망하십니다. 그렇다면 우리는 우리의 잘못을 알고 있단 말인가?

㉡ 그러면 어찌하여 깨닫지를 못하는가? 그것은 분명합니다. 거울과 같은 "말씀과, 빛"이 없기 때문입니다. 사사시대 말기가 어떠했는가를 보십시오. "아이 사무엘이 엘리 앞에서 여호와를 섬길 때에는 여호와의 〈말씀이 희귀하여〉 이상이 흔히 보이지 않았더라"합니다. 그리고 대제사장 "엘리의 눈이 점점 어두워 가서 잘 보지 못하는 그 때에"(삼상 3:1-2), 이것이 문제인 것입니다. "하나님의 말씀은 살아 있고 활력이 있어 좌우에 날선 어떤 검보다도 예리하여 혼과 영과 및 관절과 골수를 찔러 쪼개기까지 하며 또 마음의 생각과 뜻을 판단한다"(히 4:12)고 말씀합니다. 그런데 "말씀"이 희귀하게 되면 거울이 없는 것과 같고 "눈이 어두지면" 암흑시대가 되는 것입니다. 이 시대가 바로 "여호와의 말씀은 희귀하고, 제사장의 눈은 점점 어두워가고" 있는 것은 아닌지 고민해야 할 시대입니다.

㉢ 로마서 7:9-11절을 보십시오. 죄는 간교해서 빛이 임하기 전에는 "죽은 척하고" 있다는 것입니다. 그래서 모든 것이 정상적인 양 기만을

당하게 되는 것입니다. 그러다가 "계명이 이르매 죄는 살아나고 나는 죽었도다"합니다. 이렇게 속은 자가 바울이었습니다. 그래서 "우리도 전에는 어리석은 자요 순종하지 아니한 자요 속은 자"(딛 3:3)라 하는 것입니다.

⑦ "그 범한 죄를 깨달으면 회중은 수송아지를 속죄제로 드릴지니 그것을 회막 앞으로 끌어다가"(14),

㉠ "회중의 장로들이 여호와 앞에서 그 수송아지 머리에 안수하고 그것을 여호와 앞에서 잡을 것이요"(15)합니다. 이때는 백성들을 대표하여 "장로들"이 안수를 하라 하십니다.

㉡ "기름 부음을 받은 제사장은 그 수송아지 피를 가지고 회막에 들어가서 그 제사장이 손가락으로 그 피를 찍어 여호와 앞, 휘장 앞에 일곱 번 뿌릴 것이며 또 그 피로 회막 안 여호와 앞에 있는 제단 뿔들에 바르고 그 피 전부는 회막문 앞 번제단 밑에 쏟을 것이며 그것의 기름은 다 떼어 제단 위에 불사르되 그 송아지를 속죄제의 수송아지에게 한 것 같이 할지며"(16–20상)하십니다. 이는 "제사장의 속죄제"와 동일합니다.

⑧ "제사장이 그것으로 회중을 위하여 속죄한즉 그들이 사함을 얻으리라"(20하)하십니다. 보십시오. 하나님은 죄를 깨닫기만 하면 사함을 받을 수 있는 방도를 마련해주신 것입니다. 문제는 "부지중에 범하여 허물이 있으나 스스로 깨닫지 못한다"는 것이 문제인 것입니다.

㉠ "그는 그 수송아지를 진영 밖으로 가져다가 첫 번 수송아지를 사름 같이 사를지니 이는 회중의 속죄제니라"(21)하십니다. 역시 속죄제는 멀리 버리라, 기억지도 않으신다는 의미가 담긴 "진영 밖에서" 불사르

라 하십니다. 이것이 "온 회중의 속죄제"입니다.

셋째 단원(22-26) 족장의 속죄제

⑨ "만일 족장이 그의 하나님 여호와의 계명 중 하나라도 부지중에 범하여 허물이 있었는데"(22), 셋째 단원은 "족장의 속죄제"입니다.

㉠ "그가 범한 죄를 누가 깨우쳐주면 그는 흠 없는 수염소를 예물로 가져다가 그 수염소의 머리에 안수하고 여호와 앞 번제물을 잡는 곳에서 잡을지니 이는 속죄제라"(23-24)하십니다. 이점에서 첫째로 다른 점은 제물이 "수송아지"가 아니라 "수염소"로 한 등급 내려갔다는 점입니다. 이는 족장이 범한 죄의 영향이 제사장이나 온 백성이 범한 죄의 영향보다는 가볍다는 것을 나타냅니다.

⑩ "제사장은 그 속죄 제물의 피를 손가락에 찍어 번제단 뿔들에 바르고 그 피는 번제단 밑에 쏟으라"(25)하십니다.

㉠ 두 번째로 다른 점은 "속죄 피"에 대한 처리입니다. "제사장과 온 회중의 속죄제" 때는 그 피를 가지고 성소 안에 들어가서 휘장 앞에 뿌리라 하셨는데 족장의 경우와 평민의 경우는 "번제단 뿔에 바르고 번제단 밑에 쏟으라"하신다는 점입니다.

㉡ 하나님의 의도를 주님의 말씀을 들어서 설명을 한다면, "네 형제가 죄를 범하거든 가서 너와 그 사람과만 상대하여 권고하라 만일 들으면 네가 네 형제를 얻은 것이요"(마 18:15) 하신 뜻이라 하겠습니다. 즉 널리 알리지 말고 은밀하게 처리하라는 말씀입니다. 그러나 지도자들

이 범한 죄는, "화 있을진저 외식하는 서기관들과 바리새인들이여"(마 23:13)하고 공개적으로 책망을 하십니다.

㉢ "그 모든 기름은 화목제 제물의 기름 같이 제단 위에서 불사를지니 이 같이 제사장이 그 범한 죄에 대하여 그를 위하여 속죄한즉 그가 사함을 얻으리라"(26), 역시 "사함을 얻으리라" 하십니다.

이 점에서 주목할 점은 "그가 범한 죄를 누가 깨우쳐주면"(23) 한 점입니다. 이것이 진정한 형제 사랑인 것입니다. 그런데 이렇게 하지 못하고 있습니다. 왜냐하면 "깨우쳐주는" 것을 고맙게 받을 자가 우리 중에 없기 때문입니다.

넷째 단원(27–35) 평민의 속죄제

⑪ "만일 평민의 한 사람이 여호와의 계명 중 하나라도 부지중에 범하여 허물이 있었는데"(27), 넷째 단원은 "평민의 속죄제"입니다.

㉠ "그가 범한 죄를 누가 그에게 깨우쳐주면 그는 흠 없는 암염소를 끌고 와서 그 범한 죄로 말미암아 그것을 예물로 삼아 그 속죄제물의 머리에 안수하고 그 제물을 번제물을 잡는 곳에서 잡을 것이요"(28–29)하십니다. 평민의 경우는 족장보다 한 등급 낮은 "암염소"로 하라고 허용하십니다. 뒤에 가서 보게 될 것입니다만 암염소에도 힘이 미치지 못하면 비둘기로 하라 하십니다. 이는 첫째로 "속죄제"의 의미가 "제물"의 등급과는 무관하다는 점을 나타내고 둘째는, 가난한 백성들의 부담을 최소화하게 하시려는 배려인 것입니다.

⑫ "제사장은 손가락으로 그 피를 찍어 번제단 뿔들에 바르고 그 피 전부를 제단 밑에 쏟고 그 모든 기름을 화목제물의 기름을 떼어낸 것 같이 떼어 내 제단 위에서 불살라 여호와께 향기롭게 할지니"(30–31상),

㉠ "제사장이 그를 위하여 속죄한즉 그가 사함을 받으리라"(31하)고, 역시 차별이 없이 사함을 얻으리라 하십니다.

㉡ 32–35절은 평민의 속죄제물을, "어린 양"으로 드릴 경우인데 나머지 방식은 동일합니다. 이점에서 유념해야 할 점이 있습니다. 4장에는 "그를 위하여 속죄한즉 그가 사함을 받으리라"는 말씀이 4번(20, 26, 31, 35)이나 강조되어 있습니다.

그런데 신약성경은 "이는 황소와 염소의 피가 능히 죄를 없이 하지 못함이라"(히 10:4)고 말씀하고 있다는 점입니다. 이는 구약시대의 제사제도는 참 것의 그림자로 "염소와 송아지의 피로 하지 아니하고 오직 자기의 피로 영원한 속죄를 이루사 단번에 성소에 들어가셨느니라"(히 9:12)하기 까지 "길이 참으시는"(롬 3:25), 즉 보류하신 장치요, 기간이었다는 점을 유념해야만 합니다. 이것이 "속죄제" 규례 입니다.

묵상해 봅시다

㉠ 제사장, 회중, 족장, 평민의 속죄제의 다른 점에 대해서

㉡ 피를 휘장 앞에 일곱 번 뿌리라는 것과, 번제단 밑에 쏟으라는 구속사적 의미에 대해서

㉢ 잘못한 것을 깨우침(14, 23, 28)을 받는다는 중요성에 대해서

The Book of Revelation

레위기 5장 개관도표

주제 : 속죄제의 실제와 속건제의 규례

속죄제를 드려야 할 몇 가지 예

1-3

1 **① 누구든지 저주하는 소리를 듣고서도 증인이 되어** 그가 본 것이나 알고 있는 것을
알리지 아니하면 그는 자기의 죄를 져야 할 것이요 허물이 그에게 돌아갈 것이며
2 누구든지 부정한 것들 곧 부정한 들짐승의 사체나 부정한 가축의 사체나
② 부정한 곤충의 사체를 만졌으면 부지중에라고 할지라도 그 몸이 더러워져서 허물이 있을 것이요
3 만일 부지중에 **어떤 사람의 부정에 닿았는데** 그 사람의 부정이 어떠한 부정이든지
그것을 깨달을 때에는 허물이 있을 것이요

4 만일 누구든지 입술로 맹세하여 악한 일이든지 선한 일이든지 하리라고 함부로 말하면
③ 그 사람의 함부로 말하여 맹세한 것이 무엇이든지 그가 깨닫지 못하다가
그것을 깨닫게 되었을 때에는 그 중 하나에 허물이 있을 것이니
5 이 중 하나에 허물이 있을 때에는 아무 일에 잘못**하였노라 자복하고**
6 그 잘못으로 말미암아 여호와께 **속죄제**를 드리되 양떼의 **④ 암컷 어린 양이나 염소를 끌어다가**

속죄제를 드릴 것이요 **제사장은 그의 허물을 위하여 속죄할 지니라**

7 만일 힘이 어린 양에 미치지 못하거든 그 죄를 속죄하기 위하여 **⑤ 산비둘기 둘이나 집비둘기 새끼 둘을**
여호와께로 가져가되 하나는 속죄제물을 삼고 하나는 번제물을 삼아
8 제사장에게로 가져갈 것이요 제사장은 그 **속죄 제물을 먼저 드리되**
그 머리를 목에서 비틀어 끊고 몸은 아주 쪼개지 말며
9 그 속죄제물의 피를 제단 곁에 뿌리고 그 남은 피는 제단 밑에 흘릴지니 이는 **속죄제요**
10 그 다음 것은 규례대로 **번제를 드릴지니** 제사장이 그의 잘못을 위하여 속죄한즉 그가 **사함을 받으리라**

11 만일 그의 손이 산비둘기 두마리나 집비둘기 두마리에도 미치지 못하면
그 번죄로 말미암아 **⑥ 고운 가루 십분 일 에바를** 예물로 가져다가 속죄제물로 드리되
이는 속죄제인즉 그 위에 기름을 붓지 말며 유향을 놓지 말고
12 그것을 제사장에게로 가져갈 것이요 제사장은 그것을 기념물로 한 움큼을 가져다가
⑦ 제단 위 여호와의 화제물 위에 불사를지니 이는 속죄제라

13 제사장이 그가 이 중에 하나를 범하여 얻은 허물을 위하여 속죄한즉 그가 **사함을 얻으리라**
그 나머지는 소제물 같이 제사장에게 돌릴 지니라

성물에 대한 속건제 규례

14-19

14 여호와께서 모세에게 말씀하여 이르시되
15 **⑧ 누구든지 여호와의 성물에 대하여 부지중에 범죄하였으면**

여호와께 속건제를 드리되 네가 지정한 가치를 따라

성소의 세겔로 몇 세겔 은에 상당한 **⑨ 흠 없는 수양을 떼 중에서 끌어다가 속건제로 드려서**
16 성물에 대한 잘못을 보상하되 그것에 오분 일을 더하여 제사장에게 줄 것이요
제사장은 그 속건제의 수양으로 그를 위하여 속죄한즉 그가 **사함을 얻으리라**

17 **⑩ 만일 누구든지 여호와의 계명 중 하나를 부지중에 범하여도** 허물이라 벌을 당할 것이니
18 그는 네가 지정한 가치대로 양떼 중 **흠 없는 숫양을 속건제물로** 제사장에게로 가져올 것이요
제사장은 그가 부지중에 범죄한 허물을 위하여 속죄한즉 그가 **사함을 얻으리라**
19 **이는 속건제니 그가 여호와 앞에 참으로 잘못을 저질렀음이니라**

5장

속죄제의 실제와 속건제의 규례

6 그 잘못으로 말미암아 여호와께 속죄제를 드리
되 양떼의 암컷 어린 양이나 염소를 끌어다가 속
죄제를 드릴 것이요 제사장은 그의 허물을 위하여
속죄할 지니라.

5장은 크게 두 주제로 되어 있는데 4장부터 계속되는 "속죄제의 실제"와, 그리고 "속건제"에 대한 규례입니다. 속죄제와 속건제를 엄밀하게 구분하기란 어렵습니다만 "속건제"에는 손해를 끼친 것에 1/5을 더하여 갚는 "배상"의 의미가 다른 것입니다.

도표를 보시면 먼저 "속죄제를 드릴 것이요"를 중심으로, ① "증인"으로 잘못을 범했을 경우, ② "부정한 것"에 접촉했을 경우, ③ 함부로 "맹세"했을 경우에, ④ "어린 양이나 염소"로 속죄제를 드리라하십니다. ⑤ 힘이 양이나 염소에 미치지 못할 경우는 "비둘기"로 속죄 제물로 삼고, ⑥ 이에도 미치지 못하면 "고운 가루"로 하되, ⑦ 번제단 "화제" 위에 불사르라 하십니다.

다음은 속건제인데 이는 다음 장 7절까지 계속됩니다. 6장은 하나님과의 관계에서의 속건제이고, 7장은 사람과의 관계에서의 속건제 규례입니다. "여호와께 속건제를 드리되"를 중심으로, ⑧ "여호와의 성물"에 대하여 죄를 범했을 경우, ⑨ "숫양"으로 드리고, ⑩ "여호와의 계명"을 범한 경우에도 흠 없는 숫양으로 속건제를 드리라 하십니다. 이를 두 단원으로 나누어 상고하겠습니다.

주제(主題) : 속죄제의 실제(實際)와 속건제의 규례

㉠ 5장의 속죄제 규례는 4장에 대한 상론(詳論)이라 할 수가 있습니다. 어떤 경우에 속죄제를 드려야하는지 몇 가지 예를 들어 실제적으로 말씀하십니다. 특히 주목하게 되는 것은 가난한 사람들을 위한 배려인데 가축이 아닌 "고운 가루"(11)를 속죄 제물로 허용을 하신다는 점입니다. 이는 파격적인 일입니다.

㉡ 도표에 표시된 대로 5장에도 "사함을 얻으리라"는 말이 4번(10, 13, 16, 18)이나 나타납니다. 그런데 "사함"이 무엇과 결부되어 있는가 하면 "잘못하였노라"한 자복(自服)(5)과 결부되어 있습니다. 이를 통해서 깨닫게 되는 것은, "잘못했습니다하고 자복"(5)하기만 하면 일흔 번씩 일곱 번이라도 용서해주시겠다는 사랑과 자비와 긍휼의 풍성하심입니다. 이점에서 다시 상기해야 할 점은 시내산에서 돌비만을 주시지 않고 "성막의 식양", 즉 사함을 받을 수 있는 "번제단, 물두멍, 속죄소" 등을 주신 하나님을 찬양해야 한다는 점입니다.

㉢ 다음은 "속건제"인데 속죄제와 어떻게 다른가? 속건제는 일종의 손해배상에 대한 제사제도입니다. 인간이 하나님께 끼친 손해, 즉 하나님의 거룩하신 이름에 모독을 돌린 일을 하나님은 자기 아들로 배상하게 하시려는 것이 속건제를 통하여 계시하시려는 핵심입니다. 십자가를 앞에 놓고 하신 성부자간의 대화를 들어보십시오. "아버지여, 아버지의 이름을 영광스럽게 하옵소서 하시니 이에 하늘에서 소리가 나서 이르되 내가 이미 영광스럽게 하였고 또다시 영광스럽게 하리라"(요 12:28)하십니다. 주님이 담당하신 십자가에는 우리가 하나님께 돌려야 할 영광을 가로챈 일, 거룩하신 하나님의 이름을 욕되게 한 것에 대한 손해배상(속건제)도 포함되어 있다는 점을 인식해야만 합니다.

㉣ 그러므로 속건제에는 두 방면이 있는데 ㉮ "누구든지 여호와의 성물에 대하여 부지중에 범죄"(15)한 하나님께 대한 것과, ㉯ "누구든지…도둑질하거나"(6:2)한 대인관계(對人關係)에서 손해를 끼친 경우입니다. 이럴 경우 손해를 끼친 본물을 돌려주기만 하면 되는 것이 아니라 1/5을 더해서 배상을 하라고 말씀하십니다. 삭개오가 "만일 누구의 것을 속여 빼앗은 일이 있으면 네 갑절이나 갚겠나이다"(눅 19:8)한 것이 이를 나타냅니다.

㉤ 이점에서 각성할 점은 배은망덕한 인간은 하나님의 거룩하신 이름과 영예에 엄청난 손해를 끼친(겔 36:20–23) 가해자(加害者)라는 점입니다. 그리고 이웃(對人)에게 손해를 끼치는 잘못을 저질렀다 해도 궁극적으로는 하나님의 이름과 영광에 대한 범죄(창 39:9, 삼하 12:13)라는 점입니다. 그러므로 메시아예언으로 유명한 이사야 53장에서는, "여호와께서 그에게 상함을 받게 하시기를 원하사 질고를 당하게 하셨은즉 그의 영혼을 속건제물로 드리기에 이르면"(사 53:10)하고, 주님이 담당하신 대속사역을 "속건제물"이라

고 말씀하는 것입니다.

첫째 단원(1–13) **속죄제를 드려야 할 몇 가지 예**

둘째 단원(14–19) **성물에 대한 속건제 규례**

첫째 단원(1–13) 속죄제를 드려야 할 몇 가지 예

첫째 단원은 4장에서부터 계속되는 "속죄제"에 대한 규례인데 구체적인 사례를 들어 말씀하십니다.

① 첫째 사례는 "만일 누구든지 저주하는 소리를 듣고서도 증인이 되어 그가 본 것이나 알고 있는 것을 알리지 아니하면 그는 자기의 죄를 져야 할 것이요 그 허물이 그에게로 돌아갈 것이라"(1)하십니다.

㉠ 즉 진실(眞實)을 말하지 않고 "침묵하는 죄"의 경우에도 "속죄제"를 드리라 하십니다. 이는 하나님의 공의에 반하는 처신이기 때문입니다. 이점에서 "내가 만일 복음을 전하지 않으면 (증인이 되지 않고 침묵하면) 내게 화가 있을 것임이로라"(고전 9:16)한 말씀을 상기하게 합니다.

② 둘째 사례는 "만일 누구든지 부정한 것들 곧 부정한 들짐승의 사체나 부정한 가축의 사체나 부정한 곤충의 사체를 만졌으면 부지중이라고 할지라도 그 몸이 더러워져서 허물이 있을 것이요"(2)하십니다.

㉠ 또한 "만일 부지중에 어떤 사람의 부정에 닿았는데 그 사람의 부정이 어떠한 부정이든지 그것을 깨달았을 때에는 허물이 있을 것이요"(3) 하십니다. 2–3절 안에는 "부정"이라는 말이 무려 7번이나 나오고, "부

지중"(不知中)이라는 말도 2번 나옵니다. 부지중에 부정한 것을 "만졌거나(2), 접촉"(3)했을 경우에는 부정해짐으로 속죄제를 드려야 한다는 것입니다. 그러므로 부지중에 부정해지지 않기 위해서는 정신을 차리고 분별하는 삶을 살아야 할 것입니다. 이는 하나님의 백성들이 성별(聖別)된 삶을 살아가기를 얼마나 원하시는가를 나타냅니다.

③ 셋째 사례는 "만일 누구든지 입술로 맹세하여 악한 일이든지 선한 일이든지 하리라고 함부로 말하면 그 사람이 함부로 말하여 맹세한 것이 무엇이든지 그가 깨닫지 못하다가 그것을 깨닫게 되었을 때에는 그 중 하나에 그에게 허물이 있을 것이니"(4)한 거짓 맹세의 경우입니다.

㉠ 불신자들은 "해나, 달" 같은 것을 두고 맹세하지만 하나님의 백성들이 하는 맹세에는 하나님의 거룩하신 이름과 결부되기 때문입니다. 그런데 경솔히 맹세했다가 지키지 못하게 되면 죄가 된다는 것입니다.

㉡ "이 중 하나에 허물이 있을 때에는 아무 일에 잘못하였노라 자복하고"(5), "자복"(自服)이란 자신의 잘못을 인정하는 일인데 거짓된 인간은 여간해서 자신의 잘못을 인정하려 하지 않기 때문에 어렵고도 중요한 요점입니다. 다윗도, "내가 입을 열지 아니할 때에", 즉 자복하지 않을 때에 하나님께서 어서 자복하라고 "주의 손이 주야로 나를 누르셨다"(시 32:3–4)고 진술합니다. 그러므로 사함을 받기 위해서는 먼저 "자복"을 행해야만 하는 것입니다.

④ 그런 후에 "그 잘못으로 말미암아 여호와께 속죄제를 드리되 양 떼의 암컷 어린 양이나 염소를 끌어다가 속죄제를 드릴 것이요 제사장은 그의 허물을 위하여 속죄할지니라"(6)하십니다.

⑤ "만일 그의 힘이 어린 양을 바치는 데에 미치지 못하면 그가 지은 죄를 속죄하기 위하여 산비둘기 두 마리나 집비둘기 새끼 두 마리를 여호와께로 가져가되 하나는 속죄제물을 삼고 하나는 번제물을 삼아"(7),

㉠ "제사장에게로 가져갈 것이요 제사장은 그 속죄제물을 먼저 드리되 그 머리를 목에서 비틀어 끊고 몸은 아주 쪼개지 말며 그 속죄제물의 피를 제단 곁에 뿌리고 그 남은 피는 제단 밑에 흘릴지니 이는 속죄제요"(8-9)하십니다.

㉡ 그러므로 깨닫게 되는 것은 "양, 염소, 비둘기"라는 속죄제물 자체에 속죄의 효험(效驗)이 있는 것이 아니라는 점입니다. 이는 어디까지나 그리스도의 대속사역에 대한 예표라는 것과, 하나님은 "양이 아니면 안 된다"고 고집하시는 것이 아니라 "힘이 미치지 못하는" 자들을 배려하시는 참으로 자비로우신 하나님이시라는 점입니다.

㉢ "그 다음 것은 규례대로 번제를 드릴지니 제사장이 그의 잘못을 위하여 속죄한즉 그가 사함을 받으리라"(10)하십니다. 여기 명심해야 할 점이 나타나는데 속죄제를 말씀하는 문맥에서 "번제를 드릴지니"하고 "번제를 드리라"고 말씀한다는 점입니다. 이것이 중요합니다. ㉮ "속죄"를 받는 것이 끝이 아닙니다. 죄를 사함 받은 자들은 "번제", 즉 헌신의 삶을 살아야 할 책임이 있기 때문에 "번제"를 드리라 하시는 것입니다. 그렇다고 번제가 먼저도 아닙니다. "속죄제"를 드린 다음에, "번제"를 드리라 하십니다. 그리고 "양이나, 비둘기"나 차별이 없이 "사함을 얻으리라"고 말씀하십니다.

⑥ "만일 그의 손이 산비둘기 두 마리나 집비둘기 두 마리에도 미치지 못하면 그의 범죄로 말미암아 고운 가루 십분의 일 에바를 예물로 가져다가

속죄제물로 드리되 이는 속죄제인즉 그 위에 기름을 붓지 말며 유향을 놓지 말라"(11)하십니다.

㉠ 참으로 긍휼에 풍성하신 하나님이십니다. "고운 가루"로 속죄제를 드리는 것을 허용을 하시다니, 이는 가난한 자들을 생각하시는 파격적인 자비가 아닐 수가 없습니다. 그런데 이점에 있어서도 놓치지 말아야 할 두 가지 요점이 있다는 점입니다.

㉡ 첫째 요점은 "이는 속죄제인즉 그 위에 기름을 붓지 말며 유향을 놓지 말라"하신다는 점입니다. 고운 가루로 "소제"로 드릴 때에는 "기름과 유향"(2:1)을 첨부하라 하셨습니다. 왜냐하면 "여호와께 향기로운 냄새"(2:2, 9), 즉 아름다운 삶에 대한 예표이기 때문입니다. 그런데 "이는 속죄제인즉 그 위에 기름을 붓지 말며 유향을 놓지 말라"는 의미는 분명한 것입니다. 거기에는 죄가 타는 냄새만이 있을 뿐 "향기"가 없기 때문입니다.

⑦ 둘째 요점은, "그것을 제사장에게로 가져갈 것이요 제사장은 그것을 기념물로 한 움큼을 가져다가 제단 위 여호와의 화제물 위에서 불사를지니 이는 속죄제라"(12)하신다는 점입니다.

㉠ 이점이 중요한데 "제단 위 화제(火祭)물 위에서 불사를지니"하신 점을 명심하시기 바랍니다. 속죄제로 드려지는 "고운가루"에는 대속의 "피"가 없습니다. 그러면 사함을 받을 수가 없는 것이 아닌가? 그런데 번제단 위에는 항상 불이 피어 있었고, 그 불 위에는 "상번제"로 드린 제물이 드려지고 있었던 것입니다. 속죄제로 드리는 고운가루를 "제단 위, 화제물 위에서 불사르게" 되면 "고운 가루"로 드려지는 속죄제도 피 없는 제사가 아닌 것이 되는 것입니다.

그래서 "이는 속죄제라 제사장이 그가 이 중에서 하나를 범하여 얻은 허물을 위하여 속죄한즉 그가 사함을 받으리라 그 나머지는 소제물 같이 제사장에게 돌릴지니라"(12하-13)하고, 변함없이 "사함을 얻으리라"하시는 것입니다.

둘째 단원(14-19) 성물에 대한 속건제 규례

둘째 단원은 "속건제"에 대한 규례인데 다음 장 7절까지 계속됩니다. "여호와께서 모세에게 말씀하여 이르시되"(14),

⑧ "누구든지 여호와의 성물에 대하여 부지중에 범죄하였으면 여호와께 속건제를 드리되"(15상),

㉠ 앞에서 말씀드린 대로 속건제에는 하나님께 대한(對神)것과, 이웃에 대한(對人) 두 방면이 있는데 본 단원은 "여호와의 성물"과 관계되는 속건제입니다. ㉮ 그러니까 여호와의 성물을 속되게 취급하였을 경우, ㉯ 또는 마땅히 여호와께 드려야 할 성물을 드리지 않은 경우도 속건제를 드려야 한다는 것입니다.

⑨ "네가 지정한 가치를 따라 성소의 세겔로 몇 세겔 은에 상당한 흠 없는 숫양을 양 떼 중에서 끌어다가 속건제로 드려서"(15하),

㉠ "성물에 대한 잘못을 보상하되 그것에 오분의 일을 더하여 제사장에게 줄 것이요 제사장은 그 속건제의 숫양으로 그를 위하여 속죄한즉 그가 사함을 받으리라"(16)하십니다. 이처럼 "1/5을 더하라"하심은 속건제가 배상의 의미가 있음을 나타냅니다.

⑩ 다음은 "만일 누구든지 여호와의 계명 중 하나를 부지중에 범하여도 허물이라 벌을 당할 것이니"(17),

㉠ "그는 네가 지정한 가치대로 양 떼 중 흠 없는 숫양을 속건제물로 제사장에게로 가져갈 것이요 제사장은 그가 부지중에 범죄한 허물을 위하여 속죄한즉 그가 사함을 받으리라 이는 속건제니 그가 여호와 앞에 참으로 잘못을 저질렀음이니라"(18-19)고 말씀하십니다.

㉡ 여기 통찰력이 필요한데 "여호와의 계명 중 하나를 부지중에 범하여도"(17)라는 말씀입니다. 이럴 경우 4:2절에서는 "속죄제"를 드리라 하셨는데 5장에서는 "속건제"를 드리라 하신다는 점입니다. 이는 무엇을 의미하는가? 하나님의 백성들이 범하는 모든 죄에는, "속죄제"의 의미만이 아니라, "속건제", 즉 여호와의 이름과 영예에 손해를 끼치는 것이 된다는 점입니다. 이점을 다음 장에서 살펴보게 되겠습니다만, 다윗이 우리아의 아내 밧세바를 범하였을 때에 나단 선지자는 "이 일로 말미암아 여호와의 원수가 크게 비방할 거리를 얻게 하였다"(삼하 12:14)고 말합니다. 다윗의 범죄는 사람에게만 끼친 죄가 아니라 "하나님의 거룩하신 이름과 영광"에 큰 손해(損害)를 끼친 것이 되었던 것입니다. 그렇다면 속죄제만이 아니라 속건제를 드려야 마땅하다는 말씀입니다.

묵상해 봅시다

㉠ 속죄제와 속건죄의 다른 점과 연관성에 대해서

㉡ 그리스도께서 속건제를 드리셨다는 의미에 대해서

㉢ "잘못하였노라"고 자복하는 일이 어렵고도 중요하는 점에 대해서

The Book of Revelation

레위기 6장 개관도표

주제 : 여러 제사에 대한 제사장의 직무

돌려보내고 속건제를 드리라

1-7

1 여호와께서 모세에게 말씀하여 이르시되

2 **누구든지 여호와께 신실치 못하여 범죄하되**

곧 이웃이 맡긴 물건이나 전당물을 속이거나 도둑질하거나 착취하여도 사실을 부인하거나

3 남의 잃은 물건을 줍고도 사실을 부인하여 거짓 맹세하는 등 사람이

이 모든 일 중에 하나라도 행하여 범죄하면

4 이는 죄를 범하였고 죄가 있는 자니 그 훔친 것이나 착취한 것이나 맡은 것이나 잃은 물건을 주운 것이나

5 그 거짓 맹세한 물건을 돌려보내되 곧 ① **그 본래 물건에 오분 일을 더하여 돌려보낼 것이니**

그 죄가 드러나는 날에 그 임자에게 줄 것이요

6 ② **그는 또 그 속건제를 여호와께 가져올지니**

곧 네가 지정한 가치대로 양 떼 중 흠 없는 숫양을 속건 제물을 위하여 제사장에게로 끌어 갈 것이요

7 제사장은 여호와 앞에서 그를 위하여 속죄한즉 그는 무슨 허물이든지 사함을 얻으리라

번제 소제 위임제 속죄제의 규례

8-30

8 **여호와께서 모세에게 말씀하여 이르시되**

9 **아론과 그의 자손에게 명령하여 이르라**

③ **번제의 규례는 이러 하니라** 번제물은 아침까지 제단 위에 두고

제단의 불이 그 위에서 꺼지지 않게 할 것이요

10 제사장은 세마포 긴 옷을 입고 세마포 속바지로 하체를 가리고 제단 위에서 불태운 번제의 재를 가져다가

제단 곁에 두고 11. 그 옷을 벗고 다른 옷을 입고 그 재를 진영 바깥 정결한 곳으로 가져 갈 것이요

12 **제단 위에 불은 항상 피워 꺼지지 않게 할지니**

제사장은 아침마다 나무를 그 위에서 태우고 번제물을 그 위에 벌여 놓고 화목제의 기름을 그 위에서 사를 지며

13 ④ **불은 끊임이 없이 제단 위에 피워 꺼지지 않게 할지니라**

14 ⑤ **소제의 규례는 이러 하니라** 아론의 자손은 그것을 제단 앞 여호와 앞에 드리되

15 그 소제의 고운 기름 가루 한 움큼과 소제물 위의 유향을 다 가져다가 기념물로 제단 위에서 불살라

여호와 앞에 향기로운 냄새가 되게 하고

16 그 나머지는 아론과 그 자손이 먹되 누룩을 넣지 말고 거룩한 곳 회막 뜰에서 먹을 지니라

17 그것에 누룩을 넣어 굽지 말라 이는 나의 화제물 중에서 내가 그들에게 주어 그 소득이 되게 하는 것이라

속죄제와 속건제 같이 지극히 거룩한즉

18 아론 자손의 남자는 모두 이를 먹을지니 이는 여호와의 화제물 중에서 대대로 그들의 영원한 소득이 됨이라

이를 만지는 자마다 거룩하리라

19 여호와께서 모세에게 말씀하여 이르시되

20 ⑥ **아론과 그의 자손이 기름 부음을 받는 날에 여호와께 드릴 예물은 이러 하니라**

고운 가루 십분의 일 에바를 항상 드리는 소제물로 삼아 그 절반은 아침에, 절반은 저녁에 드리되

21 그것을 기름으로 반죽하여 철판에 굽고 기름에 적셔 썰어서 소제로 여호와께 드려 향기로운 냄새가 되게 하라

22 이 소제는 아론의 자손 중 기름 부음을 받고 그를 이어 제사장 된 자가 드릴 것이요

영원한 규례로 여호와께 온전히 불사를 것이니

23 **제사장의 모든 소제물은 온전히 불사르고 먹지 말지니라**

24 여호와께서 모세에게 말씀하여 이르시되

25 ⑦ **아론과 그의 아들들에게 말하여 이르라 속죄제의 규례는 이러 하니라**

속죄제 제물은 지극히 거룩하니 여호와 앞 번제 희생을 잡는 곳에서 그 속죄제 제물을 잡을 것이요

26 죄를 위하여 제사 드리는 제사장이 그것을 먹되 곧 회막 뜰 거룩한 곳에서 먹을 것이며

27 그 고기에 접촉하는 모든 자는 거룩할 것이며 그 피가 어떤 옷에든지 묻었으면 묻은 그것을 거룩한 곳에서 빨 것이요

28 그 고기를 토기에 삶았으면 그 그릇을 깨뜨릴 것이요 유기에 삶았으면 그 그릇을 닦고 물에 씻을 것이며

29 제사장인 남자는 모두 그것을 먹을 지니 그것은 지극히 거룩하니라

30 그러나 피를 가지고 회막에 들어가 성소에서 속죄하게 한 **속죄제 제물의 고기는 먹지 못할지니 불사를지니라**

6장

여러 제사에 대한 제사장의 직무

12 제단 위에 불은 항상 피워 꺼지지 않게 할지니
제사장은 아침마다 나무를 그 위에서 태우고 번제
물을 그 위에 벌여 놓고 화목제의 기름을 그 위에
서 불사를 지며

6장은 5:14절에서 시작한 "속건제 규례"에 대한 계속(1-7)과, 각종 제사에 대한 제사장의 직무(8-30)를 말씀하는 내용입니다.

도표를 보시면 "누구든지 여호와께 신실치 못하여 범죄하면"(2)을 중심으로, ① 이런 경우는 "그 본물에 1/5을 더하여 돌려보내고", ② "속건제를 여호와께 가져오라"하십니다. 둘째 단원에서는 "아론과 그 자손에게 명하여 이르라"(9)를 중심으로, ③ "번제의 규례는 이러 하니라" 하시면서, ④ "제단 위의 불은 꺼지지 않게 하라"하십니다. ⑤ "소제의 규례", ⑥ 제사장의 위임식 규례, ⑦ "속죄제의 규례는 이러 하니라"하시면서, "속죄제 고기는 먹지 못할지니 불사를 지니라"하십니다. 이를 두 단원으로 나누어 상고하겠습니다.

주제(主題) : 여러 제사에 대한 제사장의 직무

㉠ 6장은 주로 제사장들에게 하신 말씀입니다. 1:1절부터 6:7절까지는 제물을 드릴 백성 전체를 향하여 하신 말씀이고, 6:8-7:21절까지는 "아론과 그 자손에게 명하여 이르라"(6:9)고 각종 제사들을 주관할 "제사장들"에게 하시는 말씀입니다.

㉡ 이를 신약적으로 표현을 한다면 "목회서신"이라고 말할 수가 있을 것입니다. 그러므로 이 대목은 특히 목회자들이 유념해야 할 점들이라 하겠습니다.

첫째 단원(1-7) **돌려보내고 속건제를 드리라**

둘째 단원(8-30) **번제, 소제, 위임제, 속죄제의 규례**

첫째 단원(1-7) 돌려보내고 속건제를 드리라

① "여호와께서 모세에게 말씀하여 이르시되"(1), 첫째 단원은 5:14절로부터 시작된 "속건제"에 대한 계속인데, 5:14-19절은 하나님과의 관계에 대한 속건제 규례이고, 6:1-7절은 이웃과의 관계에 대한 규례인데 몇 가지 사례를 말씀하십니다.

㉠ "누구든지 여호와께 신실하지 못하여 범죄하되 곧 이웃이 맡긴 물건이나 전당물을 속이거나 도둑질하거나 착취하고도 사실을 부인하거나"(2),

㉡ "남의 잃은 물건을 줍고도 사실을 부인하여 거짓 맹세하는 등 사람이 이 모든 일 중의 하나라도 행하여 범죄하면 이는 죄를 범하였고 죄가 있는 자니 그 훔친 것이나 착취한 것이나 맡은 것이나 잃은 물건을 주운 것이나"(3-4),

② "그 거짓 맹세한 모든 물건을 돌려보내라"(5상)하십니다.

㉠ 어찌하여 이웃에 대하여 이처럼 "불의"를 행하게 되는가? 그것은 분명합니다. "여호와께 신실하지 못하기 때문입니다. 여기 하나님과의 관계(對神)와, 사람관의 관계(對人)의 속건제 순서(順序)의 다른 점이 나타나는데 하나님께는 ㉮ 먼저 흠 없는 수양으로 속건제를 드리고, ㉯ 그렇게 한 후에 "성물에 대한 잘못을 보상하라"(5:16)고 말씀했는데,

㉡ 이웃에 손해를 끼친 경우는, ㉮ 먼저 "그 본래 물건에 오분의 일을 더하여 돌려보낼 것이니 그 죄가 드러나는 날에 그 임자에게 줄 것이요"(5하), 즉 먼저 돌려준 후에, ㉯ "그는 또 그 속건제물을 여호와께 가져갈지니"(6상)하십니다. 그러니까 이웃과의 관계(對人)의 경우는 배상부터 먼저 하고, 그 후에 하나님께 속건제를 드리라는 말씀입니다. 세상 법에도 형사(刑事)적인 책임만을 묻는 것이 아니라 민사(民事)적인 책임도 따르는데 하물며 하나님의 법이겠는가?

이는 주님께서, "그러므로 예물을 제단에 드리려다가 거기서 네 형제에게 원망들을 만한 일이 있는 것이 생각나거든 예물을 제단 앞에 두고 먼저 가서 형제와 화목하고 그 후에 와서 예물을 드리라"(마 5:23-24)하신 말씀과 부합합니다.

㉡ 이점을 세례 요한은, "회개에 합당한 열매", 즉 회개에는 회개했다는

증거가 따라야 한다고 말합니다. "제사장은 여호와 앞에서 그를 위하여 속죄한즉 그는 무슨 허물이든지 사함을 받으리라"(7)하십니다. 이것이 "돌려보내고 속건제를 드리라"는 뜻입니다. 도둑질한 한 사람이 하나님께 회개만 하면 되는 것이 아니라 "돌려보내야 한다"는 점입니다. 그런데 이에 대해서 오늘의 그리스도인들은 너무나 둔감한 것 같습니다.

둘째 단원(8–30) 번제, 소제, 위임제, 속죄제의 규례

둘째 단원은 "여호와께서 모세에게 말씀하여 이르시되 아론과 그의 자손에게 명령하여 이르라"(8–9상)고 제사장들에게 하시는 말씀입니다. 내용은 "번제, 소제, 위임제, 속죄제"에 대한 규례인데 이는 1–4장에서 말씀한 것에 대한 시행세칙(施行細則)이라 할 수가 있습니다. 그래서 각종 제사를 주관할 제사장들에게 말씀하시는 것입니다.

③ "번제의 규례는 이러하니라 번제물은 아침까지 제단 위에 있는 석쇠 위에 두고 제단의 불이 그 위에서 꺼지지 않게 할 것이요"(9하)하십니다.

㉠ 여기 두 가지 요점이 있는데, ㉮ 첫째는 "번제단의 불이 꺼지지 않게 하라"하십니다. 번제단에 최초로 불을 붙이신 분은, "불이 여호와 앞에서 나와 제단 위의 번제물과 기름을 사른지라 온 백성이 이를 보고 소리 지르며 엎드렸더라"(9:24)한 하나님이십니다. 이 "불"을 꺼지지 않게 하라는 말씀입니다.

그러므로 도표에 표시된 대로, "제단의 불이 그 위에서 꺼지지 않게 할 것이요(9), 제단 위에 불은 항상 피워 꺼지지 않게 할지니(12), 불은 끊임이 없이 제단 위에 피워 꺼지지 않게 할지니라"(13)고 재차, 삼차 강조하십니다.

ⓛ 그리고 번제단에 저녁 때 드린 상번제물은 "아침까지 두라"고 말씀하신다는 점입니다. 그러면 아침에 드린 번제물은 저녁때까지 두었을 것이고, 그렇다면 번제단의 불은 꺼지지 않고 계속 타고 있었고, 그 위에 번제물은 끊이지 않고 주야(晝夜)로 드려지고 있었다는 것이 됩니다. 이렇게 하라고 명하시는 의도는 분명합니다. 이를 통해서 참 대제사장이신 그리스도께서 오셔서 자신을 대속제물로 드려주실 것을 잊지 않고 기다리게 하기 위해서인 것입니다.

ⓒ "제사장은 세마포 긴 옷을 입고 세마포 속바지로 하체를 가리라"(10상) 하시는데, "세마포"의 의미에 대해서는 16:4절에서 말씀드리기로 하고 여기서는, ㉮ "하체를 가리라"는 중요성만을 말씀드리겠습니다. 10절에서도 "제사장은 세마포 긴 옷을 입고 세마포 속바지로 하체를 가리라"고 말씀하십니다.

출애굽기 20:26절에서도, "너는 층계로 내 제단에 오르지 말라 네 하체가 그 위에서 드러날까 함이니라"고 경계하십니다. 그러므로 이사야에게 계시하신 하나님을 섬기는 스랍들에게는 여섯 날개가 있었습니다. 둘로는 "얼굴을 가리고, 둘로는 발을 가리고, 둘로는 날면서" 찬양을 했습니다. 이를 통해서 하나님 경외(敬畏)에 대해서 배우게 됩니다. 그리고 나에게는 하나님 앞에 하체를 드러내지 않을 "여섯 날개가 있는가"고 자문하게 합니다.

ⓡ "그 옷을 벗고 다른 옷을 입고 그 재를 진영 바깥 정결한 곳으로 가져

갈 것이요"(11)하십니다. 그러니까 하나님을 섬길 때는 "세마포 긴 옷을 입고 세마포 속바지로 하체를 가리라"(10)고 섬기고, 번제단의 재를 처리할 때는 세마포 긴 옷 대신에 다른 옷으로 갈아입으라는 말씀입니다. 왜냐하면 "진영 밖" 재 버리는 곳이란 언약 밖을 상징하기 때문에 거룩한 세마포 옷이 부정해지지 않게 하기 위해서입니다.

"번제 규례"를 마치기 전에 이 말씀이 신약교회에는 어떻게 적용이 되는가를 생각하게 합니다. 첫째로, ㉮ "번제단의 불이 꺼지지 않게 하라"는 말씀입니다. 이는 "성령을 소멸(消滅)하지 말라"(살전 5:19)는 말씀으로 적용이 된다 하겠습니다. 오순절에 하나님께로부터 임한 성령은 우리와 영원히 함께 계십니다. 그런데 이를 소멸하지 말아야 할 책임은 성도들에게 있기 때문입니다. 둘째로, ㉯ "번제단의 제물"이 항상 있게 하라하신 점인데 "항상 기뻐하라, 쉬지 말고 기도하라, 범사에 감사하라", 즉 상번제의 삶을 살라는 뜻으로 적용이 된다 하겠습니다.

④ 다음은 "소제의 규례"(14상)입니다.

㉠ "소제의 규례는 이러 하니라 아론의 자손은 그것을 제단 앞 여호와 앞에 드리되 그 소제의 고운 가루 한 움큼과 기름과 소제물 위의 유향을 다 가져다가 기념물로 제단 위에서 불살라 여호와 앞에 향기로운 냄새가 되게 하고 그 나머지는 아론과 그의 자손이 먹되 누룩을 넣지 말고 거룩한 곳 회막 뜰에서 먹을지니라"(14하–16),

㉡ "그것에 누룩을 넣어 굽지 말라 이는 나의 화제물 중에서 내가 그들에게 주어 그들의 소득이 되게 하는 것이라 속죄제와 속건제 같이 지극히 거룩한즉 아론 자손의 남자는 모두 이를 먹을지니 이는 여호와의

화제물 중에서 대대로 그들의 영원한 소득이 됨이라 이를 만지는 자마다 거룩하리라"(17-18)하십니다. 이곳에서도 "소제의 규례"에 "누룩을 넣지 말라"고 두 번이나 강조하시는데, 적은 누룩이 온 덩어리에 퍼지는 것을 경계하신 말씀이라 하겠습니다.

㉢ 그리고 중요한 요점이 등장하는데 하나님께 드린 소제물을 "만지는 자마다 거룩하리라"(18)는 말씀입니다. 27절에서도 하나님께 드린 제물의 "고기에 접촉하는 모든 자는 거룩할 것이며"하십니다. 반면 5:3절에서는 "만일 부지중에 어떤 사람의 부정에 닿았다"면 부정하게 되리라 하십니다. 이점은 성도들이 "누구와, 무엇과" 접촉하는가에 대한 경계가 된다 하겠습니다. 이점을 시편에서는 "복 있는 사람은 악인들의 꾀를 따르지 아니하며 죄인들의 길에 서지 아니하며 오만한 자들의 자리에 앉지 아니하고 오직 여호와의 율법을 즐거워하여 그의 율법을 주야로 묵상하는도다"(시 1:1-2)라고 말씀합니다.

⑤ "여호와께서 모세에게 말씀하여 이르시되"(19),

㉠ 20-23절의 내용은, "아론과 그의 자손이 기름 부음을 받는 날에 여호와께 드릴 예물"(20상)에 대한 규례입니다. "고운 가루 십분의 일 에바를 항상 드리는 소제물로 삼아 그 절반은 아침에, 절반은 저녁에 드리되 그것을 기름으로 반죽하여 철판에 굽고 기름에 적셔 썰어서 소제로 여호와께 드려 향기로운 냄새가 되게 하라"(20하-21)하십니다. 이를 요약을 하면,

㉮ "기름 부음을 받는 날에", 즉 제사장으로 임직 받는 날에,

㉯ "고운 가루", 즉 그리스도의 삶을 본받아,

㉰ "항상 드리는 소제물로 삼아",

㉣ “그 절반은 아침에, 절반은 저녁에 드리라”하심은, “상(常)소제”를 드리라는 셈입니다. 그렇다면 거룩한 무리인 성도들, 그 중에서도 목회자의 삶은 예배드릴 때에만 거룩하면 되는 것이 아니라, “아침부터 저녁까지” 항상 성별된 삶을 살아야 한다는 뜻이 됩니다. 이점을 사도 바울은, “오직 사랑 안에서 참된 것을 하여 범사에 그에게까지 자랄지라 그는 머리니 곧 그리스도라”(엡 4:15)합니다.

㉡ “그것을 기름으로 반죽하여 철판에 굽고”(21상)한 묘사는 소제의 삶은 주님이 앞서 걸어가신 고난의 길이라는 점이 암시되어 있습니다. 이는 “여호와께 드려 향기로운 냄새가 되게 하라”, 즉 하나님이 기뻐하신다는 말씀입니다. “이 소제는 아론의 자손 중 기름 부음을 받고 그를 이어 제사장 된 자가 드릴 것이요 영원한 규례로 여호와께 온전히 불사를 것이니 제사장의 모든 소제물은 온전히 불사르고 먹지 말지니라”(22-23)하십니다. 백성들이 드리고 남은 소제물은 “제사장에게 돌릴지니라”(5:13)하셨는데, 제사장 자신을 위한 소제물은 “온전히 불사르고 먹지 말라”, 즉 “이름 없이 빛도 없이” 전적인 나실인의 삶을 살라는 말씀입니다.

⑥ “여호와께서 모세에게 말씀하여 이르시되”(24),

㉠ 24-30절은 속죄제를 드릴 때에 제사장들이 지켜야 할 규례입니다. “아론과 그의 아들들에게 말하여 이르라 속죄제의 규례는 이러하니라 속죄제 제물은 지극히 거룩하니 여호와 앞 번제물을 잡는 곳에서 그 속죄제 제물을 잡을 것이요”(25),

㉡ “죄를 위하여 제사 드리는 제사장이 그것을 먹되 곧 회막 뜰 거룩한 곳에서 먹을 것이며”(26상)하십니다. 주목할 점은 “속죄제물”을 먹으

라하신다는 점입니다. 그러면 어떤 뜻이 되는가? 그 이유가 10:17절에 나타나는데 "이 속죄제물은 지극히 거룩하거늘 너희가 어찌하여 거룩한 곳에서 먹지 아니하였느냐"고 책망하면서 "이는 너희로 회중의 죄를 담당하여 그들을 위하여 여호와 앞에 속죄하게 하려고 너희에게 주신 것이니라"고 먹어야 할 이유를 말씀합니다. 이점을 신약성경에서는 "너희를 인도하는 자들에게 순종하고 복종하라 그들은 너희 영혼을 위하여 경성하기를 자신들이 청산할 자인 것 같이 하느니라"(히 13:17)고 말씀합니다. 참 대제사장이신 주님은 우리 죄를 자신이 범한 것같이 담당하셨습니다. 참 목회자는 어떠해야 하는가에 대한 각성을 하게 합니다.

ⓒ 그런데 여기 구분이 있습니다. "그러나 피를 가지고 회막에 들어가 성소에서 속죄하게 한 속죄제 제물의 고기는 먹지 못할지니 불사를 지니라"(30)하신다는 점입니다. 그러면 "속죄제 피"를 가지고 회막에 들어가서 처리하라 하신 경우가 어떤 경우인가? "제사장과 온 백성"을 위한 속죄제(4:5, 16)입니다. 이런 속죄제 고기는 "먹지 못할지니 불사를 지니라"(30하)하심은 그 죄가 치명적임을 나타냅니다. 이는 교회가 각 계층의 죄를 어떻게 다루어야 하는 문제와 결부되는 것이라 하겠습니다.

ⓓ "그 피가 어떤 옷에든지 묻었으면 묻은 그것을 거룩한 곳에서 빨 것이요 그 고기를 토기에 삶았으면 그 그릇을 깨뜨릴 것이요 유기에 삶았으면 그 그릇을 닦고 물에 씻을 것이며"(27하-28)하십니다. 깨뜨리라 하신 "토기"와, 물에 씻으라 하신 "유기그릇"의 다른 점이 무엇인가? 흡수되는 것과 아닌 것의 차이라 하겠습니다. 이를 통해서 깨닫게 되

는 것은 하나님께서 예배의 신성과, 교회의 성별을 얼마나 중요시 하시는가를 깨달을 수가 있습니다. 이것이 "번제, 소제, 위임제, 속죄제의 규례"입니다.

묵상해 봅시다

㉠ 개인에 대한 속건제의 순서와 절차에 대해서
㉡ 번제단의 불을 항상 피워 꺼지지 않게 하라 하심에 대해서
㉢ 제사장의 소제를 항상 조석으로 드리라 하신 의도에 대해서

The Book of Revelation

레위기 7강 개관도표

주제 : 속건제와 감사예배인 화목제의 규례

속건제 규례

1–10

1 **속건제의 규례는 이러 하니라** 이는 지극히 거룩하니
2 번제물을 잡는 곳에서 ① **속건제의 번제물을 잡을 것이요 제사장은 그 피를 제단 사면에 뿌릴 것이며**
3 그 기름을 모두 드리되 곧 그 기름진 꼬리와 내장에 덮인 기름과
4 두 콩팥과 그 위의 기름 곧 허리 쪽에 있는 것과 간에 덮인 꺼풀을 콩팥과 함께 떼어내고
5 제사장은 그것을 다 제단 위에서 **불살라 여호와께 화제로 드릴 것이니라** 이는 속건제니라
6 제사장의 남자는 모두 그것을 먹되 거룩한 곳에서 **먹을지니라 그것은 지극히 거룩하니라**
7 속죄제와 속건제는 규례가 같으니 ② **그 제물은 속죄하는 제사장에게로 돌아갈 것이요**
8 사람을 위하여 번제를 드리는 제사장 곧 그 제사장은 그 드린 번제물의 **가죽을 자기가 가질 것이며**
9 화덕에 구운 소제물과 냄비에나 철판에서 만든 소제물은 모두 그 드린 **제사장에게로 돌아갈 것이니**
10 소제물은 기름 섞은 것이나 마른 것이나 모두 **아론의 모든 자손이 균등하게 분배할 것이니라**

화목제 규례

11–38

11 **여호와께 드릴 화목제물의 규례는 이러하니라**
12 ③ 만일 그것을 **감사하므로 드리려면** 기름 섞은 **무교병**과 기름 바른 **무교전병**과 고운 가루에
기름 섞어 구운 **과자**를 그 감사 제물과 함께 드리고
13 또 **유교병**을 화목제의 **감사제물과 함께 그 예물로 드리되**
14 그 전체의 예물 중에서 하나씩 여호와께 거제로 드리고 그것을 **화목제의 피를 뿌린 제사장들에게로 돌릴 지니라**
15 감사함으로 드리는 화목제물의 고기는 드리는 **그 날에 먹을 것이요** 조금이라도 이튿날 아침까지 두지 말 것이니라
16 그러나 그의 예물의 제물이 서원이나 자원의 것이면 그 제물을 ④ **드린 날에 먹을 것이요**
그 남은 것은 **이튿날에도 먹되**
17 그 제물의 고기가 **셋째날까지 남았으면 불사를지니**
18 만일 그 화목제물의 고기를 셋째날에 조금이라도 먹으면 그 제사는 기쁘게 받아들여지지 않을 것이라
드린 자에게도 예물답게 되지 못하고 도리어 가증한 것이 될 것이며 **그것을 먹는 자는 죄를 짊어지리라**
19 그 고기가 부정한 물건에 접촉되었으면 먹지 말고 불사를 것이라 그 고기는 ⑤ **깨끗한 자만 먹을 것이니**
20 만일 몸이 부정한 자가 여호와께 속한 화목제물의 고기를 먹으면 그 사람은 **자기 백성 중에서 끊어질 것이요**
21 만일 누구든지 부정한 것 곧 사람의 부정이나 부정한 짐승이나 부정하고 가증한
무슨 물건을 만지고 여호와께 속한 화목제물의 고기를 먹으면 그 사람도 **자기 백성 중에서 끊어지리라**
22 여호와께서 모세에게 말씀하여 이르시되
23 이스라엘 자손에게 말하여 이르라 ⑥ **너희는 소나 양이나 염소의 기름을 먹지 말 것이요**
24 스스로 죽은 것의 기름이나 짐승에게 찢긴 것의 기름은 다른데는 쓰려니와 **결단코 먹지 말지니라**
25 사람이 여호와께 화제로 드리는 제물의 기름을 먹으면 그 먹는 자는 **자기 백성 중에서 끊어지리라**
26 너희가 모든 사는 곳에서 새나 짐승의 피나 무슨 **피든지 먹지 말라**
27 **무슨 피든지 먹는 사람이 있으면 그 사람은 다 자기 백성 중에서 끊어지리라**
28 여호와께서 모세에게 말씀하여 이르시되
29 **이스라엘 자손에게 말하여 이르라 화목제물을 여호와께 드리려는 자는** 그 화목제물 중에서 그의 예물을 여호와께 가져오되
30 여호와의 화제물은 그 사람이 자기 손으로 가져올지니 곧 그 제물의 기름과 가슴을 가져올 것이요
제사장은 그 가슴을 여호와 앞에 흔들어 요제를 삼고
31 그 기름은 제단 위에서 불사를 것이며 가슴은 ⑦ **아론과 그 자손들에게 돌릴 것이며**
32 또 너희는 그 화목제물의 오른쪽 뒷다리를 제사장에게 주어 거제를 삼을지니
33 아론의 자손중에서 화목제물의 피와 기름을 드리는 자가 그 오른쪽 뒷다리를 **자기의 소득으로 삼을 것이라**
34 내가 이스라엘 자손의 화목제물 중에서 그 흔든 가슴과 든 뒷다리를 가져다가 **제사장 아론과**
그 자손에게 주었나니 이는 이스라엘 자손에게서 받을 영원한 소득이니라
35 이는 여호와의 화제물 중에서 아론에게 돌릴 것과 그의 아들들에게 돌릴 것이니
그들을 세워 여호와의 제사장의 직분을 행하게 한 날
36 곧 그들에게 기름 부은 날에 여호와께서 명하사 이스라엘 자손 중에서 그들에게 돌리게 하신 것이라
대대로 영원히 받을 소득이니라
37 **이는 번제와 소제와 속죄제와 속건제와 위임식과 화목제의 규례라**
38 여호와께서 시내 광야에서 이스라엘 자손에게 그 예물을 여호와께 드리라 명하신 날에
시내산에서 이같이 모세에게 명하셨더라

7장

속건제와 감사예배인 화목제의 규례

37 이는 번제와 소제와 속죄제와 속건제와 위임식과 화목제의 규례라

7:37절은 제사제도의 결론이라 할 수가 있는데, "이는 번제와 소제와 속죄제와 속건제와 위임식과 화목제의 규례라"고 마치고 있습니다. 이 말씀은 가까이는 6:8절부터 시작된 각종 제사제도의 규례에 대한 마무리요, 멀리는 1장부터 시작된 5대 제사제도에 대한 대단원인 것입니다. 7장의 내용은 "속건제와, 화목제"의 규례인데 강조점은 "화목제"에 있습니다. 화목제를, "수은제"(酬恩祭)라고도 말하는데 은혜에 대한 감사예배입니다. 그래서 "감사"라는 말이 4번이나 나오고, "먹으라"는 말도 자주 나옵니다.

도표를 보시면 "속건제의 규례는 이러 하니라"(1)는 말씀을 중심으로, ① "속건제의 제물을 잡을 것이요", 중요한 부분만을 번제단에서 불살라 드리고 나머지 ② "그 제물은 제사장에게 돌리라"하십니다. 둘째 단원에서 "화

목제물의 규례는 이러 하니라"(11)를 중심으로, ③ "감사하므로 드리려거든", 무교병, 무교전병, 과자, 유교병을 감사 희생과 함께 드리라 하십니다. ④ 그리고 "드린 날에 먹으라" 하시는데, ⑤ "깨끗한 자만 먹을 것이니" 그렇지 아니하면 백성 중에서 끊어지리라고 먹을 수 있는 자와 먹지 못할 자, ⑥ 먹을 수 있는 것과 먹어서는 아니 될 것, ⑦ 그리고 "아론과 그 자손에게 돌릴 것이며"한 말씀이 강조되어 있습니다. 이를 두 단원으로 나누어 상고하겠습니다.

주제(主題) : 속건제와 감사예배인 화목제의 규례

㉠ 6:8절부터 7:38절까지는 각 종 제사를 주관할 제사장들이 담당해야 할 규례들을 말씀하는 내용입니다. 7장은 속건제에 대하여 간단히 언급한 후에 28개절이 모두 화목제에 대한 언급입니다. 어찌하여 "화목제의 규례"를 마지막으로 이처럼 강조하시는 것일까요? 화목제는 감사예배로서 하나님께 화목제를 드리고 하나님 앞에서 먹고 즐거워하는 축제와 같기 때문입니다. 이는 하나님께서 백성들인 우리와 화목하고 교제하기를 얼마나 원하시는가를 강조하기 위해서로 여겨집니다.

㉡ 이점을 신약성경에서는 "곧 우리가 원수 되었을 때에 그의 아들의 죽으심으로 말미암아 하나님으로 더불어 화목되었은즉 화목 된 자로서는 더욱 그의 살아나심으로 말미암아 구원을 얻을 것이니라 그뿐 아니라 이제 우리로 화목하게 하신 우리 주 예수 그리스도로 말미암아 하나님 안에서 또한 즐거워하느니라"(롬 5:10–11)고 말씀합니다.

㉢ 제사제도를 마치기 전에 각종 제사를 드리는 순서(順序)에 대해서 한

말씀 언급해야만 하겠습니다. 1–5장까지 말씀하신 5대제사의 순서는 "번제, 소제, 화목제, 속죄제, 속건제" 순으로 되어 있습니다. 그런데 이는 받으시는 하나님 중심으로 본 순서이고, 드리는 죄인 중심으로 보면 이것을 역순(逆順)으로 해야 하는 것입니다. ㉮ 속건제를 드림으로 배상하고, ㉯ 속죄제를 통해서 사함을 받고, ㉰ 화목제를 드림으로 하나님과 이웃 간에 화목하게 된 후에, ㉱ 소제와, ㉲ 번제(헌신)의 삶을 살아야 하는 것이 바른 순서인 것입니다. 그러므로 속죄제를 드린 후에야 화목제나 번제를 드릴 수가 있다는 점을 명심해야 합니다.

㉣ 그런데 7장 마지막에서는, "이는 번제와 소제와 속죄제와 속건제와 위임식과 화목제의 규례라"(37)고 "화목제"를 맨 나중에 언급하고 있다는 점입니다. 이처럼 "화목제"를 맨 나중에 말씀하시는 의도는 하나님과 교제를 지속하는 것이 얼마나 중요하고도 어려운가를 나타내고 있다 하겠습니다. 신약성경에서는 "우리를 자기와 화목하게 하시고 또 우리에게 화목하게 하는 직책을 주시고, 화목하게 하는 말씀을 우리에게 부탁하셨느니라"(고후 5:18, 19)고 말씀합니다.

그러므로 본문에는, "먹을 것과 먹지 못할 것"에 대한 언급이 자주 나오면서, "자기 백성 중에서 끊어지리라"는 경계도 4번(20, 21, 25, 27)이나 강조되어 있습니다. 이는 먹어서는 안 되는 것을 먹듯이 행해서는 아니 될 일을 행한다면 교제가 끊어지게 된다는 경고인 것입니다.

㉤ 다시 상기시킵니다만 출애굽기는 "여호와의 영광이 성막에 충만"한 것으로 끝을 맺고 있는데, 레위기는 영광으로 충만한 성막에서 하나님을 어떻게 섬겨야 하는가에 대한 규례입니다. 이것이 신약의 성도들에게는 "너로 하여금 하나님의 집에서 어떻게 행하여야 할지를 알게 하려 함이니

이 집은 살아 계신 하나님의 교회요 진리의 기둥과 터니라"(딤전 3:15)는 말씀으로 적용이 되는 것입니다.

첫째 단원(1–10) **속건제의 규례**

둘째 단원(11–38) **화목제 규례**

첫째 단원(1–10) 속건제의 규례

첫째 단원은 "속건제의 규례는 이러 하니라"(1)한 속건제 규례입니다. 앞서 6장에서는 "번제(9), 소제(14), 위임제(20), 속죄제의 규례"(25)를 말씀했는데 7장에서는 "속건제와, 화목제의 규례"를 말씀하심으로 5대 제사제도에 대한 규례를 마치게 됩니다.

① "번제물을 잡는 곳에서 속건제의 번제물을 잡을 것이요 제사장은 그 피를 제단 사방에 뿌릴 것이며"(2),

㉠ "그 기름을 모두 드리되 곧 그 기름진 꼬리와 내장에 덮인 기름과 두 콩팥과 그 위의 기름 곧 허리 쪽에 있는 것과 간에 덮인 꺼풀을 콩팥과 함께 떼어내고 제사장은 그것을 다 제단 위에서 불살라 여호와께 화제로 드릴 것이니 이는 속건제니라"(3–5).

㉡ "제사장인 남자는 모두 그것을 먹되 거룩한 곳에서 먹을지니라 그것은 지극히 거룩하니라"(6)하십니다. 이를 간추리면, ㉮ 번제물을 잡아, ㉯ 피는 뿌려지고, ㉰ 기름은 불사르고, ㉱ 고기는 먹으라 하십니다.

② "속죄제와 속건제는 규례가 같으니 그 제물은 속죄하는 제사장에게로 돌아갈 것이요"(7)하십니다.

㉠ 7장에는 제사장에게 돌려야 할 몫이 강조되어 있는데 이는 제사장의 책임이 그만큼 중요하다는 뜻도 됩니다. 민수기 18장에 보면, "이와 같이 너희는 성소의 직무와 제단의 직무를 다하라 그리하면 여호와의 진노가 다시는 이스라엘 자손에게 미치지 아니하리라"(민 18:5)하십니다. 제사장들이 "성소의 직무와 제단의 직무"를 규례대로 지킴으로 여호와의 진노가 백성들에게 미치지 않게 된다니 얼마나 중대한 직무입니까? 그 반대의 경우를 생각해 볼 때 참으로 두렵고 떨리는 직무가 제사장 직무인 것입니다.

㉡ 7-10절에는 "제사장에게로 돌아갈 것이요, 제사장이 가질 것이며, 제사장에게로 돌아갈 것이니, 아론의 모든 자손이 균등하게 분배할 것이니라"고 말씀하는데 이는 중책을 맡은 제사장들에게 베푸시는 분깃인 것입니다. 민수기 18:8절에서도 제사장들에게 "보라 내가 내 거제물 곧 이스라엘 자손이 거룩하게 한 모든 헌물을 네가 주관하게 하고 네가 기름 부음을 받았음으로 말미암아 그것을 너와 네 아들들에게 영구한 몫의 음식으로 주노라"(민 18:8)고 말씀하십니다.

이점을 신약성경에서는 "충성되고 지혜 있는 종이 되어 주인에게 그 집 사람들을 맡아 때를 따라 양식을 나눠 줄 자가 누구냐 주인이 올 때에 그 종이 이렇게 하는 것을 보면 그 종이 복이 있으리로다 내가 진실로 너희에게 이르노니 주인이 그의 모든 소유를 그에게 맡기리라"(마 24:45-47)고 말씀하십니다.

그러나 "만일 그 악한 종이 마음에 생각하기를 주인이 더디 오리라 하여 동료들을 때리며 술친구들과 더불어 먹고 마시게 되면 생각하지 않은 날 알지 못하는 시각에 그 종의 주인이 이르러 엄히 때리고 외식하는 자가 받는 벌에 처하리니 거기서 슬피 울며 이를 갈리라"(마 24:48-51)고 말씀하심도 잊어서는 아니 될 것입니다.

둘째 단원(11-38) 화목제 규례

"여호와께 드릴 화목제물의 규례는 이러 하니라"(11), 둘째 단원은 화목제의 규례인데 "화목제"의 규례를 마지막으로, 그것도 자세하게 말씀하십니다. 이렇게 하시는 의도는 수직적인 하나님과의 교제와, 수평적인 형제 상호간의 교제를 그만큼 중요하게 여기시기 때문일 것입니다.

③ "만일 그것을 감사하므로 드리려면"(12상), 화목제를 "감사제"라고도 말하는데 자원해서 드리는 감사헌금과 같은 것입니다.

㉠ "기름 섞은 무교병과 기름 바른 무교전병과 고운 가루에 기름 섞어 구운 과자를 그 감사제물과 함께 드리라"(12하)하십니다. 그런데 주목하게 되는 것은, "또 유교병을 화목제의 감사제물과 함께 그 예물로 드리되"(13)하고 "유교병", 즉 누룩을 넣어 만든 떡도 허용이 된다는 점입니다. 이처럼 화목제물의 메뉴가 다양한 것은 화목제를 드리고는 하나님 앞에서 나누는 교제의 축제가 벌어지기 때문입니다.

㉡ 출애굽기 24장에 보면 모세가 이스라엘 12지파를 상징하는 12기둥을 세우고 "번제와 화목제"를 드리고, 백성의 대표자들인 장로 70인과 함께 하나님 앞에서, "먹고 마셨는데, 하나님이 이스라엘 자손들의

존귀한 자들에게 손을 대지 아니하셨고 그들은 하나님을 뵙고 먹고 마셨더라"(출 24:11)합니다. 즉 물리치시지 않으셨다 하는데 이것이 화목제의 교제입니다.

㉢ 그래서 "그 전체의 예물 중에서 하나씩 여호와께 거제로 드리고 그것을 화목제의 피를 뿌린 제사장들에게로 돌릴지니라 감사함으로 드리는 화목제물의 고기는 드리는 그 날에 먹을 것이요 조금이라도 이튿날 아침까지 두지 말 것이니라"(14-15)하시는데, "드리는 그 날에 먹으라"하시는 의미가 무엇이겠습니까? 감사와 감격이 있을 때에 먹으라는 말씀입니다.

④ "그러나 그의 예물의 제물이 서원이나 자원하는 것이면 그 제물을 드린 날에 먹을 것이요 그 남은 것은 이튿날에도 먹되"(16),

㉠ "그 제물의 고기가 셋째 날까지 남았으면 불사를지니 만일 그 화목제물의 고기를 셋째 날에 조금이라도 먹으면 그 제사는 기쁘게 받아들여지지 않을 것이라 드린 자에게도 예물답게 되지 못하고 도리어 가증한 것이 될 것이며 그것을 먹는 자는 그 죄를 짊어지리라"(17-18)하십니다. 무슨 뜻인가? 화목제를 드리고 잔치를 하다 보면 자칫 마음이 풀어지기 쉬운데 이것이 "예물답게 되지 못하고 도리어 가증한 것이 될 것이라"는 뜻입니다. 그래서 화목제의 감사와 감격이 있는 그 날에 먹으라 하시는 것입니다. 그러므로 화목제 규례에는 "드리는" 것에 중점이 있기보다는 "어떻게 먹을 것인가?"에 강조점이 있다 하겠습니다.

㉡ 그러므로 "먹으라" 하신 말씀을 작은 일로 여겨서는 아니 됩니다. 이에 대한 자세한 내용은 22:1-16절에서 말씀드리겠습니다만 이를 구

속사라는 맥락으로 보게 되면, "내가 진실로 진실로 너희에게 이르노니 인자의 살을 먹지 아니하고 인자의 피를 마시지 아니하면 너희 속에 생명이 없느니라 내 살을 먹고 내 피를 마시는 자는 영생을 가졌고 마지막 날에 내가 그를 다시 살리리니"(요 6:53-54)하신 말씀과 결부되기 때문입니다.

⑤ 이점이 "그 고기가 부정한 물건에 접촉되었으면 먹지 말고 불사를 것이라 그 고기는 깨끗한 자만 먹을 것이니"(19)하고, "먹을 자와 먹지 못할 자"가 있다는 말씀에 나타납니다.

㉠ 또한 "만일 몸이 부정한 자가 여호와께 속한 화목제물의 고기를 먹으면 그 사람은 자기 백성 중에서 끊어질 것이라"(20)하시는데 이는 두려운 말씀으로 교제가 끊어지게 된다는 것은 영적인 죽음을 뜻하기 때문입니다.

㉡ 이 경계가 신약의 성도들에게는, "그러므로 누구든지 주의 떡이나 잔을 합당하지 않게 먹고 마시는 자는 주의 몸과 피에 대하여 죄를 짓는 것이니라 사람이 자기를 살피고 그 후에야 이 떡을 먹고 이 잔을 마실지니 주의 몸을 분별하지 못하고 먹고 마시는 자는 자기의 죄를 먹고 마시는 것이니라 그러므로 너희 중에 약한 자와 병든 자가 많고 잠자는 자도 적지 아니하니"(고전 11:27-30)한 말씀으로 적용이 된다 하겠습니다. 21절에서는 "만일 누구든지 부정한 것 곧 사람의 부정이나 부정한 짐승이나 부정하고 가증한 무슨 물건을 만지고 여호와께 속한 화목제물의 고기를 먹으면 그 사람도 자기 백성 중에서 끊어지리라"고 거듭 강조하십니다.

피와 기름은 먹지 말라

⑥ 이점에서 주목할 점은 화목제물을 먹으라고 말씀하는 중간(23–27)에 두 가지 "먹지 말라"고 금하시는 것이 있다는 점입니다.

㉠ 첫째는 "이스라엘 자손에게 말하여 이르라 너희는 소나 양이나 염소의 기름을 먹지 말 것이요"(23)하고 "기름을 먹지 말라"하십니다. "스스로 죽은 것의 기름이나 짐승에게 찢긴 것의 기름은 다른 데는 쓰려니와 결단코 먹지는 말지니라 사람이 여호와께 화제로 드리는 제물의 기름을 먹으면 그 먹는 자는 자기 백성 중에서 끊어지리라"(24–25) 하십니다.

㉡ 둘째는, "너희가 사는 모든 곳에서 새나 짐승의 피나 무슨 피든지 먹지 말라 무슨 피든지 먹는 사람이 있으면 그 사람은 다 자기 백성 중에서 끊어지리라"(26–27)고, "피"를 먹지 말라 하십니다. 3:17절에서도 "너희는 기름과 피를 먹지 말라"고 말씀하셨습니다. 만일 먹으면 그는 "백성 중에서 끊어지리라"는 사형선고나 다를 바가 없는 극형에 처하게 됩니다. 왜 그런가?

이에 대한 답변이 17:11절에 나옵니다. "육체의 생명은 피에 있음이라 내가 이 피를 너희에게 주어 제단에 뿌려 너희의 생명을 위하여 속죄하게 하였나니 생명이 피에 있으므로 피가 죄를 속하느니라"하십니다. "이 피를 너희에게 주어", 우리의 죄를 속하는데 사용하기 위해서 피를 신성불가침(神聖不可侵)으로 간직해 두신다는 것입니다. 구약시대는 짐승의 피를 주셨으나 이는 그림자에 불과했습니다. 하나님의 의도는 "내가 진실로 진실로 너희에게 이르노니 인자의 살을 먹지 아니하고 인자의 피를 마시지 아니하면 너희 속에 생명이 없느니라"(요 6:53)하신 자기 아들의 피를 주시려는 것입니다. 그리하여 "영생"을 얻게 하시려는 것입니다. 또한 "기름"은 생명을 유지시키는 힘의 근원으로 여겼는데 우리에게는 성령으로 부어주신 것입니다.

⑦ "여호와께서 모세에게 말씀하여 이르시되"(28),

㉠ "이스라엘 자손에게 말하여 이르라 화목제물을 여호와께 드리려는 자는 그 화목제물 중에서 그의 예물을 여호와께 가져오되 여호와의 화제물은 그 사람이 자기 손으로 가져올지니 곧 그 제물의 기름과 가슴을 가져올 것이요"(29-30상),

㉡ "제사장은 그 가슴을 여호와 앞에 흔들어 요제를 삼고 그 기름은 제단 위에서 불사를 것이며 가슴은 아론과 그의 자손에게 돌릴 것이며 또 너희는 그 화목제물의 오른쪽 뒷다리를 제사장에게 주어 거제를 삼을지니"(30하-32)하십니다. "요제"는 흔들어 드리는 것이고, "거제"는 들어서 드리는 제사 방식입니다.

그렇게 한 후에 "가슴과, 뒷다리"를 제사장에게 돌리라는 말씀입니다. "내가 이스라엘 자손의 화목제물 중에서 그 흔든 가슴과 든 뒷다리를 가져다가 제사장 아론과 그의 자손에게 주었나니 이는 이스라엘 자손에게서 받을 영원한 소득이니라"(34)하십니다. 이는 "성전의 일을 하는 이들, 제단에서 섬기는 이들"(고전 9:13)에 대한 극진하신 돌보심입니다. "이는 번제와 소제와 속죄제와 속건제와 위임식과 화목제의 규례라 여호와께서 시내 광야에서 이스라엘 자손에게 그 예물을 여호와께 드리라 명령하신 날에 시내 산에서 이같이 모세에게 명령하셨더라"(37-38)고 제사제도에 대한 규례를 마치십니다.

1장부터 시작된 5대 제사제도를 마치기 전에 다시 상기할 점은, "그들이 섬기는 것은 하늘에 있는 것의 모형과 그림자라 모세가 장막을 지으려 할 때에 지시하심을 얻음과 같으니 이르시되 삼가 모든 것을 산에서 네게 보이던 본을 따라 지으라 하셨느니라"(히 8:5)한 "모형과 그림자"라는 점입니다. 그리하여 "이런 것은 먹고 마시는 것과 여러 가지 씻는 것과 함께 육체의 예법일 뿐이며 개혁(改革)할 때까지 맡겨 둔 것이니라"(히 9:10)는 점입니다.

그렇습니다. 죄는 사람이 범했는데 생축이 대신 죽는다고 죄를 속할 수 있었던 것은 아닙니다. 사도 바울은 해설하기를 구약시대의 모든 죄를 "하나님께서 길이 참으시는 중에 전에 지은 죄를 간과(看過)하셨다"고 말씀합니다. 제사제도는 "참으시고 간과"하시는 방편으로 주어진 것이라는 뜻입니다. 언제까지인가? "곧 이 때에 자기의 의로우심을 나타내사 자기도 의로우시며 또한 예수 믿는 자를 의롭다하려 하심이니라"(롬 3:25-26)한 자기 아들을 대속 제물로 세우실 때까지입니다. 그러므로 "그(그리스도)는 새 언약의 중보시니 이는 첫 언약(구약시대)때에 범한 죄에서 속량하려고 죽으사"(히 9:15), 즉 구약시대에 범한 모든 죄도 그리스도의 대속을 통해서 비로소 완결이 되었다는 것입니다.

이처럼 그리스도께서 담당하신 십자가에는 "번제, 화목제, 속죄제, 속건제" 등의 의미가 함의 되어 있는 것입니다. 이를 성취하기 위해서 주님은 대제사장이 되시어서 자신을 단번에 제물로 드려주셨던 것입니다. 그리고 "내 살을 먹으러, 내 피를 마셔라"고 말씀하십니다. 이제는 예수 그리스도의 속량으로 말미암아 우리가 제사장이 되어, "속건제, 속죄제, 화목제, 소제, 번제"의 삶을 살아야 한다는 점을 명심해야 하겠습니다.

묵상해 봅시다

㉠ 화목제 규례에 강조점이 주어진 의도에 대해서

㉡ 화목제물의 고기는 그 날에 먹으라 하신 의도에 대해서

㉢ 제사장 몫에 강조점이 주어진 의도에 대해서

The Book of Revelation

레위기 8장 개관도표

주제 : 여호와의 명대로 제사장 위임식을 행함

옷을 입히고 관유를 부음

1-13

1 여호와께서 모세에게 말씀하여 이르시되
2 ① **너는 아론과 그 아들들과 함께 그 의복과 관유와 속죄제의 수송아지와 숫양 두마리와**
3 **무교병 한 광주리를 가지고 온 회중을 회막문에 모으라**
4 모세가 여호와께서 자기에게 명하신대로 하매 회중이 회막 문에 모인지라
5 모세가 회중에게 이르되 **여호와께서 행하라고 명하신 것이 이러하니라**
6 ② **모세가 아론과 그의 아들들을 데려다가 물로 그들을 씻기고**
7 아론에게 **속옷**을 입히며 띠를 띠우고 **겉옷**을 입히며 **에봇**을 걸쳐입히고
에봇의 장식 **띠를 띠워서** 에봇을 몸에 매고 8 **흉패를 붙이고 흉패에 우림과 둠밈을 넣고**
9 그의 머리에 **관을 씌우고** 그 관 위 전면에 금패를 붙이니 곧 거룩한 관이라 **여호와께서 모세에게 명하심과 같았더라**
10 ③ 모세가 **관유를 가져다가** 성막과 그 안에 있는 모든 것에 발라 거룩하게 하고
11 또 제단에 일곱번 뿌리고 또 그 제단과 그 모든 기구와 물두멍과 그 받침에 발라 거룩하게 하고
12 **또 관유를 아론의 머리에 붓고 그에게 발라 거룩하게 하고**
13 모세가 또 아론의 아들들을 데려다가 그들에게 속옷을 입히고 띠를 띠우며 관을 씌웠으니
여호와께서 모세에게 명하심과 같았더라

속죄제와 번제를 드림

14-21

14 ④ **모세가 또 속죄제의 수송아지를 끌어오니** 아론과 그의 아들들이 그 속죄제 수송아지 머리에 안수하매
15 모세가 잡고 그 피를 가져다가 손가락으로 그 피를 제단의 네 귀퉁이 뿔에 발라 제단을 깨끗하게 하고
그 피는 제단 밑에 쏟아 제단을 속하여 거룩하게 하고
16 또 내장에 덮인 모든 기름과 간 꺼풀과 두 콩팥과 그 기름을 가져다가 제단 위에 불사르고
17 그 수송아지 곧 그 가죽과 고기와 똥은 진영 밖에 불살랐으니 **여호와께서 모세에게 명하심과 같았더라**
18 ⑤ **또 번제의 수양을 드릴 새** 아론과 그의 아들들이 그 수양의 머리에 안수하매
19 모세가 잡아 그 피를 제단 사방에 뿌리고
20 그 수양의 각을 뜨고 모세가 그 머리와 각뜬 것과 기름을 불사르고
21 물로 내장과 정강이들을 씻고 그 수양의 전부를 제단 위에 불사르니 향기로운 냄새를 위하여 드리는 번제로
여호와께 드리는 화제라 **여호와께서 모세에게 명하심과 같았더라**

위임식의 숫양을 드림

22-36

22 또 다른 수양 곧 ⑥ **위임식의 숫양을 드릴 새 아론과 그의 아들들이 그 숫양의 머리에 안수하매**
23 모세가 잡고 그 피를 가져다가 **아론의 오른 귓부리와 오른쪽 엄지손가락과 그의 오른쪽 엄지발가락에 바르고**
24 **아론의 아들들을 데려다가 그 오른쪽 귓부리와 오른쪽 엄지손가락과 오른쪽 엄지발가락에 그 피를 바르고**
또 모세가 그 피를 제단 사방에 뿌리고
25 또 그 기름과 기름진 꼬리와 내장에 덮인 모든 기름과 간 꺼풀과 두 콩팥과 그 기름과 우편 뒷다리를 떼어내고
26 여호와 앞 무교병 광주리에서 무교병 한 개와 기름 섞은 떡 한 개와 전병 한 개를 가져다가
그 기름 위에와 오른쪽 뒷다리 위에 놓아
27 그 전부를 아론의 손과 그 아들들의 손에 두어 여호와 앞에 흔들어 요제를 삼게 하고
28 모세가 그것을 그들의 손에서 가져다가 제단 위에 있는 번제물 위에 불사르니
이는 향기로운 냄새를 위하여 드리는
위임식 제사로 여호와께 드리는 화제라
29 이에 모세가 그 가슴을 가져다가 여호와 앞에 흔들어 요제를 삼았으니 위임식에서 잡은 숫양중 모세의 몫이라
여호와께서 모세에게 명하심과 같았더라
30 모세가 **관유와 제단 위의 피를 가져다가** 아론과 그의 옷과 그의 아들들과 그의 아들들의 **옷에 뿌려서**
아론과 그의 옷과 그의 아들들과 그의 아들들의 옷을 거룩하게 하고
31 모세가 아론과 그 아들들에게 이르되 내게 이미 명하시기를 ⑦ **아론과 그의 아들들은 먹으라 하셨은즉**
너희는 회막 문에서 그 고기를 삶아 위임식 광주리 안의 **떡과 아울러 그곳에서 먹고**
32 고기와 떡의 나머지는 불사를지며
33 위임식은 이레 동안 행하나니 위임식이 끝나는 날까지 이레 동안은 회막문에 나가지 말라
34 오늘 행한 것은 여호와께서 너희를 위하여 속하게 하시려고 명하신 것이니
35 너희는 칠 주야를 회막 문에 머물면서 여호와의 지키라고 하신 것을 지키라 그리하면 사망을 면하리라
내가 이같이 명령을 받았느니라
36 아론과 그 아들들이 ⑧ **여호와께서 모세로 명하신 모든 일을 준행하니라**

8장

여호와의 명대로 제사장 위임식을 행함

28 모세가 그것을 그들의 손에서 가져다가 제단 위
에 있는 번제물 위에 불사르니 이는 향기로운 냄
새를 위하여 드리는 위임식 제사로 여호와께 드리
는 화제라

8장은 여호와의 명을 좇아 제사장의 위임식을 거행하는 내용입니다. 이를 문맥적(文脈的)으로 보면, 1–7장에서 먼저 5대 제사와 그 규례를 말씀한 다음에 제사를 관장할 제사장을 위임(委任)하는 문맥입니다. 제사장에 관한 내용이 10장까지 이어집니다.

도표를 보시면 "위임식 제사"를 중심으로, ① "너는 아론과 그의 아들들과 함께 그 의복과 관유와 속죄제의 수송아지와 숫양 두 마리와 무교병 한 광주리를 가지고"(2) 위임식을 위해서 온 회중을 회막문에 모으라 하십니다. ② "아론과 그의 아들들을 데려다가 물로 그들을 씻기고"(6), 제사장 복장을 갖추게 하고, ③ "관유를 아론의 머리에 붓고"(12), ④ "속죄제"(14)와,

⑤ "번제"(18)를 드린 후에, ⑥ "위임식 숫양"(22)을 드립니다. 그리고 그 "피"를 귀, 손, 발에 바릅니다. ⑦ 그리고 위임식 숫양의 고기를 떡과 아울러 먹으라(31)합니다. ⑧ 그리고 8장은 이처럼 "여호와께서 모세를 통하여 명령하신 모든 일을 준행하니라"(36)하고 마칩니다. "명하심"이라는 말이 7번이나 강조되어 있습니다. 이에 대한 구속사적 의미가 무엇인가? 이를 세 단원으로 나누어 상고하겠습니다.

주제(主題) : 여호와의 명령대로 제사장 위임식을 행함

㉠ 죄로 말미암아 하나님 존전에서 추방을 당한 아담의 후예들은, ㉮ 대속제물과, ㉯ 이를 드려줄 제사장을 필요로 하게 되었습니다. 그러므로 드려지는 제물은 물론, 대제사장으로 위임을 받는 아론도 참대제사장 되시는 그리스도의 예표인 것입니다. 위임식을 거행하기 위해서 "수송아지" 한 마리와, "숫양" 두 마리를 준비하라 하십니다. "수송아지"로는 위임을 받는 제사장을 위한 속죄제를 드리고, 한 마리 "숫양"은 번제로, 다른 한 마리는 위임식 양으로 드려지게 됩니다.

㉡ 거행하는 순서가 중요한데 최우선적으로 "속죄제"입니다. 예표의 인물들은 자신도 "죄인"이기 때문에 먼저 "속죄제"를 드려야만 했던 것입니다. 이점을 제사장 직무를 수행하는 다음 장에서도 보게 될 것입니다. "속죄제"가 중요하다는 점이 속죄제 제물만이 "수송아지"이고 다른 제물은 "숫양"이라는 데서도 드러납니다. 이점이 참대제사장과 예표의 인물의 차이점인데 히브리서는 해설하기를, "그는 저 대제사장들이 먼저 자기 죄를 위하고 다음에 백성의 죄를 위하여 날마다 제사 드리는 것과 같이 할 필요

가 없으니"(히 7:27)라고 말씀합니다.

㉢ 다음에 헌신을 상징하는 "번제"를 드리고, 그 후에 "위임식 숫양"을 드리는 순서입니다. 위임식의 핵심(核心)은 위임을 받는 대제사장의 머리에 "관유"를 붓는 순서입니다. 이처럼 기름 부음을 받은 자란 뜻이 "메시아, 그리스도"인 것입니다.

첫째 단원(1-13) **제사장 옷을 입히고 관유를 부음**

둘째 단원(14-21) **속죄제와 번제를 드림**

셋째 단원(22-36) **위임식의 수양을 드림**

첫째 단원(1-13) 제사장 옷을 입히고 관유를 부음

"여호와께서 모세에게 말씀하여 이르시되"(1),

① "너는 아론과 그의 아들들과 함께 그 의복과 관유와 속죄제의 수송아지와 숫양 두 마리와 무교병 한 광주리를 가지고"(2),

㉠ "온 회중을 회막 문에 모으라"(3)하십니다. 온 회중이 보는 앞에서 백성들과 하나님 사이를 중보 할 대제사장의 위임식을 거행하게 하시려는 것입니다. "모세가 여호와께서 자기에게 명하신대로 하매 회중이 회막 문에 모인지라"(4), 도표 오른 편에 표시되어 있는 대로 8장에는 "여호와께서 모세에게 명하신 대로" 행했다는 말이 7번이나 강조되어 있습니다.

㉡ 9:6절에서도, "이는 여호와께서 너희에게 하라고 명하신 것이니 여호

와의 영광이 너희에게 나타나리라"합니다. 성막을 만들고 세우는 출애굽기 39–40장에도 "여호와께서 모세에게 명하신 대로 되니라"는 말씀이 무려 18번이나 강조되어 있습니다. 그런 후에 "구름이 회막에 덮이고 여호와의 영광이 성막에 충만하매"(출 40:34)합니다. 명하신 대로 하지 않았어도 영광이 충만했겠는가를 생각하시기를 바랍니다.

ⓒ "모세가 회중에게 이르되 여호와께서 행하라고 명하신 것이 이러하니라"(5)합니다. 모세는 더하거나 덜함이 없이 모든 일을 여호와의 명하신 대로 행하고 있는 것입니다. 제사장 직분과 위임에 관한 명령이 출애굽기 28–29장에 자세히 기록되어 있는데 레위기 8장과 함께 명심해야 할 말씀입니다.

② 6–12절은 대제사장으로 위임을 받을 아론을 단장시키는 내용인데 위임식의 초점이 대제사장에게 맞춰져 있습니다. 왜냐하면 그리스도를 예표하는 인물이기 때문입니다. 이를 요약하면,

㉠ "물로 씻기고"(6),

㉡ "속옷을 입히고"(7),

㉢ "겉옷을 입히고",

㉣ 그 위에 "에봇을 더하고",

㉤ "흉패를 붙이고"(8),

㉥ "흉패에 우림과 둠밈을 넣고",

㉦ "머리에 관을 씌우고"(9),

㉧ "그 관 위 전면에 금패를 붙이니 곧 거룩한 관이라 여호와께서 모세에게 명하신 것과 같았더라"(9)합니다.

③ 이렇게 대제사장을 단장시킨 후에 "모세가 관유를 가져다가 성막과

그 안에 있는 모든 것에 발라 거룩하게 하고"(10),

㉠ "또 제단에 일곱 번 뿌리고 또 그 제단과 그 모든 기구와 물두멍과 그 받침에 발라 거룩하게 하고"(11)합니다. "관유"를 모든 것에 발라 거룩하게 했다고 말씀하는데 이점이 중요합니다. "성막"과 백성들이 거하는 "천막"의 결정적인 다른 점이 무엇인가? "관유"가 발라졌느냐 여부에 있는 것입니다. "관유"는 거룩한 기름으로 성령을 상징합니다. 관유가 발라지고 뿌려지기 전에는, "모든 기구"는 속(俗)된 것과 다를 바가 없었던 것입니다. 관유, 곧 성령에 의하여 비로소 거룩하게 구별이 되는 것입니다. 같은 원리로 그리스도인과 불신자의 결정적인 구별이 무엇인가? 성경은 "누구든지 그리스도의 영이 없으면 그리스도의 사람이 아니니라"(롬 8:9)고 단언합니다. 그리스도인들을 거룩한 무리, 즉 성도(聖徒)라 부르는 이유도 여기에 있는 것입니다.

㉡ "또 관유를 아론의 머리에 붓고 그에게 발라 거룩하게 하라"(12)하십니다. 앞에서 말씀한 "속옷, 겉옷, 에봇, 흉패, 관" 등을 갖췄다하여도 머리에 "관유가 부어지기" 전에는 대제사장이 아닌 것입니다. 그러므로 21:11–12절에 보면 대제사장은 심지어 부모가 죽어도 그로 말미암아 부정하게 되지 않게 하라 하십니다. 왜냐하면 "이는 하나님께서 성별하신 관유가 그 위에 있음이니라"하십니다.

성령께서는 머리에 관유를 붓는 장면을 통해서 교회의 아름다움을 계시하셨는데,

"보라 형제가 연합하여 동거함(교회)이 어찌 그리 선하고 아름다운고 머리에 있는 보배로운 기름이 수염 곧 아론의 수염에 흘러서 그의 옷깃까지 내림 같고(시 133:2)" 합니다.

대제사장의 "머리"에 관유를 붓습니다. 그 관유가 수염으로 흘러서 그의 옷깃까지 흘러내린다는 것입니다. 무슨 뜻인가? 그리스도는 교회의 머리이십니다. 머리에 부어진 기름이 그에게 속한 모든 지체인 그리스도인들(옷깃)에게까지 흘러내린다는 것입니다. 그래서 "그리스도인"이라 하는 것입니다. 이점을 사도 바울은, "그 안에는 신성의 모든 충만이 육체로 거하시고 너희도 그 안에서 충만하여졌다"(골 2:9-10)고 말씀합니다. 그래서 "이제 한 말에 요점(중요한)은 이러한 대제사장이 우리에게 있는 것이라"(히 8:1)하는 것입니다.

ⓒ "모세가 또 아론의 아들들(나답, 아비후, 엘르아살, 이다말)을 데려다가 그들에게 속옷을 입히고 띠를 띠우며 관을 씌웠으니 여호와께서 모세에게 명하신 것과 같았더라"(13)합니다. 13절은 아론의 아들들인 "제사장들"을 단장시키는 내용인데 대제사장과 제사장들의 다른 점이 무엇인가? 첫째로 "성의"(聖衣)가 다른데 이점이 "아론의 성의(聖衣)는 후에 아론의 아들들에게 돌릴지니 그들이 그것을 입고 기름 부음으로 위임을 받을 것이며"(출 29:29)합니다. 아론이 죽게 되자, "아론의 옷을 벗겨 그의 아들 엘르아살에게 입히라 아론은 거기서 죽어 그 조상에게로 돌아가리라"(민 20:26)하신 말씀에 분명히 나타납니다. 둘째로 "기름부음"이 다릅니다. 제사장들에게도 기름은 부어졌으나(출 28:41), 본문 12절에서는 "또 관유를 아론의 머리에 붓고 그에게 발라 거룩하게 하라"고 말씀할 뿐 제사장들에 대한 언급이 없습니다. 왜냐하면 그리스도를 예표하여 지성소에 들어갈 수 있는 머리는 하나이지 여럿이 될 수가 없기 때문입니다. 이것이 "제사장 옷을 입히고 관유를 부음"입니다.

둘째 단원(14-21) 속죄제와 번제를 드림

④ 대제사장과 제사장들을 단장한 다음에 행해야 할 일이 무엇인가? "모세가 또 속죄제의 수송아지를 끌어오니 아론과 그 아들들이 그 속죄제 수송아지 머리에 안수하매"(14)하고 우선적으로, "속죄제"를 드리는 일입니다. 왜냐하면 백성들만이 아니라 아론과 그의 아들들도 하나님 앞에는 죄인들이기 때문입니다. 이점을 히브리서 7:27절에서는 "그는 저 대제사장들이 먼저 자기 죄를 위하고 다음에 백성의 죄를 위하여 날마다 제사 드리는 것과 같이 할 필요가 없으니 이는 그가 단번에 자기를 드려 이루셨음이라"고 말씀합니다.

㉠ 위임식은 모세가 주관하는데 "모세가 잡고 그 피를 가져다가 손가락으로 그 피를 제단의 네 귀퉁이 뿔에 발라 제단을 깨끗하게 하고 그 피는 제단 밑에 쏟아 제단을 속하여 거룩하게 하고"(15),

㉡ "또 내장에 덮인 모든 기름과 간 꺼풀과 두 콩팥과 그 기름을 가져다가 모세가 제단 위에 불사르고 그 수송아지 곧 그 가죽과 고기와 똥은 진영 밖에서 불살랐으니 여호와께서 모세에게 명령하심과 같았더라"(16-17)합니다.

⑤ 속죄제를 드린 후에야 "또 번제의 숫양을 드릴새 아론과 그의 아들들이 그 숫양의 머리에 안수하매"(18)하고 헌신을 상징하는 "번제"를 드립니다.

㉠ "모세가 잡아 그 피를 제단 사방에 뿌리고 그 숫양의 각을 뜨고 모세가 그 머리와 각 뜬 것과 기름을 불사르고 물로 내장과 정강이들을 씻고 모세가 그 숫양의 전부를 제단 위에서 불사르니 이는 향기로운 냄새를 위하여 드리는 번제로 여호와께 드리는 화제라 여호와께서 모

세에게 명령하심과 같았더라"(19–21)합니다. 이점에서 "속죄제"를 드린 후에야 "번제"를 드릴 수가 있고, 번제를 드린 후에야 위임 제물을 드리게 된다는 순서에 유념해야 합니다.

ⓛ 이점은 우리들에게도 적용이 되는 순서인데 이점을 히브리서 10:22절에서는 "우리가 마음에 뿌림을 받아 악한 양심으로부터 벗어나고 몸은 맑은 물로 씻음을 받았으니(속죄제) 참 마음과 온전한 믿음으로 하나님께 나아가자"(번제)합니다. 이것이 "속죄제와 번제를 드림"입니다.

셋째 단원(22–36) 위임식의 수양을 드림

⑥ "또 다른 숫양 곧 위임식의 숫양을 드릴새 아론과 그 아들들이 그 숫양의 머리에 안수하매"(22),

ⓖ "모세가 잡고 그 피를 가져다가 아론의 오른쪽 귓부리와 그의 오른쪽 엄지손가락과 오른쪽 엄지발가락에 바르고"(23),

ⓛ "아론의 아들들을 데려다가 모세가 그 오른쪽 귓부리와 그들의 손의 오른쪽 엄지손가락과 그들의 발의 오른쪽 엄지발가락에 그 피를 바르고 또 모세가 그 피를 제단 사방에 뿌리고"(24)합니다. 하나님의 명령하심이 얼마나 자상하고 충족된 계시인가를 보십시오. ㉮ "피"를 귀에 바른 것은 하나님의 말씀을 바르게 알아듣기 위해서요, ㉯ 손에 바른 것은 하나님을 바르게 시종(侍從)들기 위함이요, ㉰ 발에 바른 것은 하나님의 말씀을 바로 준행하기 위해서입니다.

ⓒ 그러므로 우리들은, "섬기는 일이면 섬기는 일로, 혹 가르치는 자면

가르치는 일로, 혹 위로하는 자면 위로하는 일로, 구제하는 자는 성실함으로, 다스리는 자는 부지런함으로, 긍휼을 베푸는 자는 즐거움으로"(롬 12:7-8)행해야 하는 것입니다.

ㄹ "그가 또 그 기름과 기름진 꼬리와 내장에 덮인 모든 기름과 간 꺼풀과 두 콩팥과 그 기름과 오른쪽 뒷다리를 떼어내고 여호와 앞 무교병 광주리에서 무교병 한 개와 기름 섞은 떡 한 개와 전병 한 개를 가져다가 그 기름 위에와 오른쪽 뒷다리 위에 놓아 그 전부를 아론의 손과 그의 아들들의 손에 두어 여호와 앞에 흔들어 요제를 삼게 하고"(25-27)합니다. "요제"란 제물을 흔들어 드리는 방식인데 주목할 점은 모세 자신이 하지 않고, "아론의 손과 그 아들들의 손에 두어" 행하게 했다는 점입니다. 이는 위임을 받는 "대제사장과 제사장들"을 하나님 앞에 온전히 드림을 나타냅니다.

ㅁ 그런 후에 "모세가 그것을 그들의 손에서 가져다가 제단 위에 있는 번제물 위에 불사르니 이는 향기로운 냄새를 위하여 드리는 위임식 제사로 여호와께 드리는 화제라, 여호와께서 모세에게 명령하심과 같았더라"(28, 29)합니다. "흔들어 요제"로 드린 후에 "번제물 위에 불살랐다"는 것은 바울의 표현대로 하면 "그런즉 이제는 내가 사는 것이 아니요 오직 내 안에 그리스도께서 사시는 것이라"(갈 2:20)는 뜻이 되는 것입니다. 그래서 "이는 향기로운 냄새"라 하는 것입니다.

ㅂ 그런 후에 "모세가 관유와 제단 위의 피를 가져다가 아론과 그의 옷과 그의 아들들과 그의 아들들의 옷에 뿌려서 아론과 그의 옷과 그의 아들들과 그의 아들들의 옷을 거룩하게 하고"(30)합니다. "피"를 뿌렸다는 것이 얼마나 엄청난 의미입니까? 그러니까 대제사장과 제사장들

은 "관유와 피 뿌린 옷"을 입고 있는 셈입니다. 명심하십시다. 새 언약의 일꾼들도 "기름" 곧 성령이 내주해계시고 "예수 그리스도의 피 뿌림을 받은 자들"(벧전 1:2)이라는 점입니다.

⑦ "모세가 아론과 그의 아들들에게 이르되 내게 이미 명령하시기를 아론과 그의 아들들은 먹으라 하셨은즉 너희는 회막 문에서 그 고기를 삶아 위임식 광주리 안의 떡과 아울러 그 곳에서 먹고"(31)합니다.

㉠ 이는 시장할 터이니 먹으라는 그런 뜻이 아니라 위임식의 한 순서임을 유념해야만 합니다. 그러면 어떤 의미가 되는가? 주의 종이 하나님을 섬기기 위해서는 자신이 먼저 먹어야만 하는 것입니다. 에스겔 선지자에게도 "너 인자야 내가 네게 이르는 말을 듣고 그 패역한 족속같이 패역하지 말고 네 입을 벌리고 내가 네게 주는 것을 먹으라"(겔 2:8)하시고, 사도 요한에게도 "갖다 먹어 버리라 네 배에는 쓰나 네 입에는 꿀 같이 달리라"(계 10:9)하십니다.

㉡ "위임식은 이레 동안 행하나니 위임식이 끝나는 날까지 이레 동안은 회막 문에 나가지 말라 오늘 행한 것은 여호와께서 너희를 위하여 속죄하게 하시려고 명령하신 것이니 너희는 칠 주야를 회막 문에 머물면서 여호와께서 지키라고 하신 것을 지키라 그리하면 사망을 면하리라 내가 이같이 명령을 받았느니라"(33-35)합니다. 명심할 점은 "여호와께서 지키라고 하신 것을 지키라 그리하면 사망을 면하리라"는 말씀인데 10장에서는 제사장들이 "여호와께서 명령하시지 아니하신 다른 불을 담아 여호와 앞에 분향하다가" 죽임을 당하는 것을 대하게 됩니다. 이것이 옛날이야기만은 아닌 것입니다.

⑧ 8장은 "아론과 그의 아들들이 여호와께서 모세를 통하여 명령하신 모

든 일을 준행하니라"(36)는 말씀으로 끝나고 있습니다. 이것이 "여호와의 명대로 제사장 위임식을 행함"입니다.

묵상해 봅시다

㉠ 위임식 순서와 우리에게 적용되는 바에 대해서

㉡ 대제사장 머리에 부어진 관유와 지체에 대해서

㉢ 피를 제사장들의 귀, 손, 발에 바름에 대해서

㉣ 관유와 피를 제사장 옷에 바른 구속사적 의미에 대해서

레위기 9장 개관도표

주제 : 첫 예배와 여호와의 영광과 축복

제사장을 위한 속죄제와 번제

1-14

1 ① **여덟째 날에 모세가** 아론과 그 아들들과 이스라엘 장로들을 불러다가
2 **아론에게 이르되** 흠 없는 송아지를 **속죄제를** 위하여 가져오고
번제를 위하여 흠 없는 숫양을 여호와 앞에 가져다 드리고
3 이스라엘 자손에게 말하여 이르기를 너희는 **속죄제를** 위하여 숫염소를 가져오고
또 번제를 위하여 일년 되고 흠 없는 송아지와 어린 양을 가져오고
4 **또 화목제를 위하여** 여호와 앞에 드릴 수소와 숫양을 가져오고
또 기름 섞은 **소제물을** 가져오라 하라 **② 오늘 여호와께서 너희에게 나타나실 것임이니라**
5 **그들이 모세의 명령한 모든 것을 회막 앞으로 가져 오고**
온 회중이 나아와 여호와 앞에 선지라
6 ③ 모세가 이르되 **이는 여호와께서 너희에게 하라고 명하신 것이니**
여호와의 영광이 너희에게 나타나리라
7 모세가 또 아론에게 이르되 너는 제단에 나아가 **네 속죄제와 네 번제를 드려서** 너를 위하여,
백성을 위하여 속죄하고 또 백성의 예물을 드려서 그들을 위하여 속죄하되 **여호와의 명대로 하라**
8 이에 아론이 제단에 나아가 **④ 자기를 위한 속죄제 송아지를 잡으매**
9 아론의 아들들이 그 피를 아론에게 가져오니
아론이 손가락으로 그 피를 찍어 제단 뿔들에 바르고 그 피는 제단 밑에 쏟고
10 그 속죄제물의 기름과 콩팥과 간 꺼풀을 제단 위에서 불사르니 **여호와께서 모세에게 명하심과 같았고**
11 그 고기와 가죽은 진영 밖에서 불사르니라
12 **⑤ 아론이 또 번제물을 잡으매** 아론의 아들들이 그 피를 그에게로 가져오니
그가 그 피를 제단 주위에 뿌리고
13 그들이 또 번제의 제물 곧 그 각과 머리를 그에게로 가져오매 그가 제단 위에서 불사르고
14 또 내장과 정강이는 씻어서 단 위에 있는 번제물 위에서 불사르니라

백성을 위한 제사

15-21

15 그가 또 백성의 예물을 드리되 곧 **⑥ 백성을 위한 속죄제의 염소를 가져다가** 잡아
전과 같이 죄를 위하여 드리고
16 **또 번제물을 드리되** 규례대로 드리고
17 **또 소제를 드리되** 그 중에서 그의 손에한 움큼을 채워서
아침 번제물에 더하여 제단 위에서 불사르고
18 또 백성을 위하는 **화목제물의** 수소와 숫양을 잡으매
아론의 아들들이 그 피를 그에게로 가져오니 그가 제단 사방에 뿌리고
19 그들이 또 수소와 숫양의 기름과 기름진 꼬리와 내장에 덮인 것과 콩팥과 간 꺼풀을
아론에게로 가져다가
20 그 기름을 가슴들 위에 놓으매 아론이 그 기름을 제단 위에서 불사르고
21 가슴들과 오른쪽 뒷다리를 그가 여호와 앞에 요제로 흔드니 **모세의 명령한 것과 같았더라**

여호와의 영광

22-24

22 **⑦ 아론이 백성을 향하여 손을 들어 축복함으로** 속죄제와 번제와 화목제를 필하고 내려 오니라
23 모세와 아론이 회막에 들어갔다가 나와서
백성에게 축복하매
⑧ 여호와의 영광이 온 백성에게 나타나며
24 **불이 여호와 앞에서 나와 제단 위의 번제물과 기름을 사른지라**
온 백성이 이를 보고 소리 지르며 엎드렸더라

9장

첫 예배와 여호와의 영광과 축복

6 모세가 이르되 이는 여호와께서 너희에게 하라 고 명령하신 것이니 여호와의 영광이 너희에게 나타나리라

9장은 8장에서 7일 동안 위임식을 행한 아론과 그의 아들들이 "여덟째 날"(1)에 첫 제사(예배)를 집전하는 내용입니다. 중심점은 명하신 대로 행하면 "여호와의 영광이 너희에게 나타나리라"(6)한 대로, "백성에게 축복하매 여호와의 영광이 온 백성에게 나타났다"(23)는데 있습니다. 그러므로 9장에도 "여호와의 명하신 대로"했다는 말씀이 4번이나 등장한다는 점을 명심해야만 합니다. 구약의 하나님과 신약의 하나님은 동일하신 하나님이십니다. 우리의 예배도 "여호와의 명하신 대로" 섬기기만 하면 "자기 앞에 영광스러운 교회"(엡 5:27)로 세우신다는 점입니다.

도표를 보시면 "여호와의 영광이 너희에게 나타나리라"를 중심으로, ①

"여덟째 날에" 모세는 아론에게 제사장 자신을 위한 "속죄제와 번제", 그리고 백성들을 위한 "속죄제, 번제, 화목제, 소제"를 드리라. ② 그리하면 "여호와께서 나타나실 것이라"합니다. ③ "온 회중이 여호와 앞에 서니라"하고, ④ 먼저 제사장 자신을 위한 "속죄제"와, ⑤ "번제"를 드리고, ⑥ "백성을 위한 속죄제, 번제, 소제, 화목제"를 드립니다. ⑦ 그런 후에 "아론이 백성을 향하여 손을 들어 축복"을 하니, ⑧ 말씀한 대로 "여호와의 영광이 나타나고, 불이 여호와 앞에서 나와 제물을 사르자, 온 백성이 소리를 지르며 엎드렸더라"합니다. 이것이 예배의 영광스러움입니다. 이를 세 단원으로 나누어 상고하겠습니다.

주제(主題) : 첫 예배와 여호와의 영광과 축복

㉠ 목회자나 성도들을 막론하고 가장 사모하고 갈망하는 것이 "여호와의 영광이 너희에게 나타나리라"는 점일 것입니다. 우리가 예배를 드릴 때에 여호와의 영광으로 충만하게 임재하시기만 한다면 무엇을 더 바랄 것이 있겠습니까?

㉡ 하나님께서 이스라엘을 구속하여 자기 백성으로 삼으신 목적은 시내산에 거하시려는 것이 아닙니다. "그들은 내가 그들의 하나님 여호와로서 그들 중에 거하려고 그들을 애굽 땅에서 인도하여 낸 줄을 알리라"(출 29:46) 하십니다. 그리하여 "내가 그들 중에 거할 성소를 그들이 나를 위하여 지으라"(출 25: 8)고 명하셨습니다. 그리고 여호와의 명하신 대로 성막이 완성되었을 때에, "구름이 회막에 덮이고 여호와의 영광이 성막에 충만하매"(출 40:34)했습니다.

㉢ 솔로몬이 성전을 봉헌하였을 때도, "여호와의 영광이 그 성전에 가득하니"(대하 7:1)합니다. 이 예표가 "말씀이 육신이 되어 우리 가운데 거하시매 우리가 그의 영광을 보니 아버지의 독생자의 영광이요 은혜와 진리가 충만하더라"(요 1:14)고 실체(實體)로 성취가 되었던 것입니다. 그런데 여기서 멈춰서는 아니 되고 그리스도의 구속으로 말미암아 "너희가 하나님의 성전인 것과 하나님의 성령이 너희 안에 거하시는 것을 알지 못하느냐"(고전 3:16)고 교회(敎會)로 충만하여졌다는데 까지 나아가야만 하는 것입니다.

㉣ 그리스도는 교회의 머리이신데 머리에만 충만한 것이 아닙니다. "너희도 그 안에서 충만하여졌다"(골 2:10)고 "몸 된 교회"에도 충만하다고 말씀하십니다. 이 말씀에 근거하여 우리의 예배에도 여호와의 영광으로 충만할 것을 확신할 수가 있는 것입니다. 문제는, ㉮ 교회를 하나님의 명령(성경)하신 대로 섬겨야 한다는 것과, ㉯ "내가 거룩하니 너희도 거룩할 지니라"하신 성화의 삶을 살고 있느냐가 문제인 것입니다.

첫째 단원(1-14) **제사장을 위한 속죄제와 번제**

둘째 단원(15-21) **백성들을 위한 속죄제, 번제, 소제, 화목제**

셋째 단원(22-24) **불이 여호와 앞에서 나와 제물을 사르다**

첫째 단원(1-14) 제사장을 위한 속죄제와 번제

① "여덟째 날에 모세가 아론과 그 아들들과 이스라엘 장로들을 불러다가"(1),

㉠ "아론에게 이르되 속죄제를 위하여 흠 없는 송아지를 가져오고 번제를 위하여 흠 없는 숫양을 여호와 앞에 가져다 드리라"(2)합니다. 이는 백성을 위한 제물을 드리기에 앞서 제사장 자신을 위한 제물입니다.

㉡ 그리고 이스라엘 자손에게 이르기를 "너희는 속죄제를 위하여 숫염소를 가져오고 또 번제를 위하여 일 년 되고 흠 없는 송아지와 어린 양을 가져오고 또 화목제를 위하여 여호와 앞에 드릴 수소와 숫양을 가져오고 또 기름 섞은 소제물을 가져오라 하라"(3-4상)합니다. 이는 백성들을 위한 제물들입니다.

② 그리고 하는 말이 중요한데, "오늘 여호와께서 너희에게 나타나실 것임이니라"(4하)고 말씀합니다. 6절에서도 "여호와의 영광이 너희에게 나타나리라"합니다.

㉠ 그러면 여호와가 나타나시고 여호와의 영광이 나타나리라는 "오늘"이 언제인가? "여덟째 날"(1)인 것입니다. 즉 위임식을 7일 동안 행하고난 제 8일입니다. 이점에서 8:33절에서 "위임식을 마치는 날까지 이레 동안은 회막 문에 나가지 말고" 회막에 거하라 하신 의도를 생각하게 합니다. 그러니까 백성들은 자신들의 중보자인 대제사장을 7일 동안 볼 수가 없었던 것입니다. 그런데 대제사장이 나타나는 8째 날에 "여호와의 영광"도 나타나리라고 말씀한다는 점입니다. 이 예표가 무엇에 대한 그림자인가? 이점을 셋째 단원(22-24)에 가서 살펴보기로 하겠습니다.

③ "그들이 모세가 명령한 모든 것을 회막 앞으로 가져오고 온 회중이 나아와 여호와 앞에 선지라"(5)합니다. 모세 앞에 선 것이 아니라 "여호와 앞에 섰다"는 점이 중요합니다.

㉠ 모세가 "이는 여호와께서 너희에게 하라고 명령하신 것이니 여호와의 영광이 너희에게 나타나리라"하면서 아론에게 "너는 제단에 나아가 네 속죄제와 네 번제를 드려서 너를 위하여, 백성을 위하여 속죄하고 또 백성의 예물을 드려서 그들을 위하여 속죄하되 여호와의 명령대로 하라"(6–7)고, 아론 자신과 백성들을 위한 제사를 드리라고 말합니다. 다시 강조합니다만 "명령하신 것이니, 명령대로 하라"합니다.

④ "이에 아론이 제단에 나아가 자기를 위한 속죄제 송아지를 잡으매"(8), 이는 대제사장 자신을 위한 속죄제입니다. 위임식을 거행할 때에도 먼저 자신을 위한 "속죄제"(8:14)를 드렸습니다. 아론은 참대제사장에 대한 예표이기 때문에, "그러므로 백성을 위하여 속죄제를 드림과 같이 또한 자신을 위하여도 드리는 것이 마땅하기"(히 5:3) 때문입니다.

⑤ "아론이 또 번제 희생을 잡으매"(12상), 속죄제를 드린 후에야 헌신을 의미하는 "번제"를 드릴 수가 있는 것입니다. "아론의 아들들이 그 피를 그에게로 가져오니 그가 그 피를 제단 사방에 뿌리고 그들이 또 번제의 제물 곧 그의 각과 머리를 그에게로 가져오매 그가 제단 위에서 불사르고 또 내장과 정강이는 씻어서 단 위에 있는 번제물 위에서 불사르니라"(12하–14)고, "불사르고, 불사르니라"합니다.

㉠ 명심하십시다. 하나님께서 이렇게 명하심은 이 그림자를 통해서 장차 자기 아들을 대속제물로 내어주실 것과 고난당하실 것에 대한 계시라는 사실을! 이점을 히브리서에서는 "옛적에 선지자들을 통하여 여러 부분과 여러 모양으로 우리 조상들에게 말씀하신 하나님이 이 모든 날 마지막에는 아들을 통하여 우리에게 말씀하셨으니"(히 1:1–2)라고 증언합니다. 이것이 "제사장을 위한 속죄제와 번제"입니다.

둘째 단원(15-21) 백성들을 위한 속죄제, 번제, 소제, 화목제

⑥ 둘째 단원은 백성들을 위한 제사를 드리는 내용입니다. "그가 또 백성의 예물을 드리되 곧 백성을 위한 속죄제의 염소를 가져다가 잡아 전과 같이 죄를 위하여 드리고"(15),

㉠ "또 번제물을 드리되 규례대로 드리고"(16),

㉡ "또 소제를 드리되"(17상),

㉢ "또 백성을 위하는 화목제물의 수소와 수양을 잡으매"(18상)합니다. 이점에서 "속죄제 →번제 →소제 →화목제"의 순서로 드렸다는 점을 유념해야합니다. 왜냐하면 이 예표가 신약의 성도들에게도 적용이 되기 때문입니다.

㉣ "그들이 또 수소와 숫양의 기름과 기름진 꼬리와 내장에 덮인 것과 콩팥과 간 꺼풀을 아론에게로 가져다가 그 기름을 가슴들 위에 놓으매 아론이 그 기름을 제단 위에서 불사르고 가슴들과 오른쪽 뒷다리를 그가 여호와 앞에 요제로 흔드니 모세가 명령한 것과 같았더라"(19-21)합니다. "명령한 것과 같았더라"는 점을 마음에 담아두시기를 바랍니다. 왜냐하면 다음 장에서 "여호와께서 명령하시지 아니하신"(10:1) 다른 불로 분향하려다가 죽임을 당하는 사건이 일어나기 때문입니다. 이것이 "백성들을 위한 속죄제, 번제, 소제, 화목제"입니다.

셋째 단원(22-24) 불이 여호와 앞에서 나와 제물을 사르다

⑦ "아론이 백성을 향하여 손을 들어 축복함으로 속죄제와 번제와 화목제를 마치고 내려 오니라"(22).

㉠ 이점에서 문맥을 염두에 두어야 하는데 8장의 위임식은 이레 동안 행해졌습니다. 그리고 "위임식이 끝나는 날까지 이레 동안은 회막 문에 나가지 말라"(8:33)고 명했습니다. 그런데 9장은 "여덟째 날에"(1)하고 시작이 되는 문맥입니다. 7일 동안 성소 안에 있던 대제사장이 팔일만에 나타나 자신과 백성을 위한 제물(예배)을 드린 후에 손을 들어 백성을 축복하는 것이 9장의 장면인 것입니다. 아론과 백성들의 감격이 어떠했을 것인가?

㉡ 이때에 "여호와의 영광이 온 백성에게 나타났다"(23)고 말씀합니다.

⑧ 그리고 "불이 여호와 앞에서 나와 제단 위의 번제물과 기름을 사른지라"(24상)합니다.

㉠ 불이 "번제물과 기름"을 살랐다는 것은 1차적으로는 예배를 기쁘게 받으셨다는 징표입니다. 그런데 이를 구속사라는 맥락으로 보면 어떤 의미가 있는가? "불이 여호와 앞에서 나와 제단 위의 번제물과 기름을 사른지라"한 "불"은 백성의 죄에 대한 진노를 제물에게 대신 쏟으신 "불"이라는 점도 놓쳐서는 아니 됩니다.

이런 맥락에서, "제단의 불이 그 위에서 꺼지지 않게 할 것이요"(6:9)라고 명하신 번제단의 불은 여호와 앞에서 나온 불을 염두에 두고 하신 말씀이라는 점을 깨닫게 됩니다. 그리고 이 예표가 신약의 성도들에게는, "오순절 날이 이미 이르매 그들이 다 같이 한 곳에 모였더니 홀연히 하늘로부터 급하고 강한 바람 같은 소리가 있어 그들이 앉은 온 집에 가득하며 마치 불의 혀처럼 갈라지는 것들이 그들에게 보여 각 사람 위에 하나씩 임하여 있더니"(행 2:1-3)한 성령강림(불)으로 적용이 된다 하겠습니다. 그래서 바울은 "성령을 소멸하지 말라"(살전 5:19)고 말씀한 것입니다.

ⓛ "온 백성이 이를 보고 소리 지르며 엎드렸더라"(24하)합니다. "이레 동안은 회막 문에 나가지 말라"(8:33)한 대제사장이 여덟째 날에 나타나 "손을 들어 축복하자, 여호와의 영광이 온 백성에게 나타났다"는 예표를 통해서 주님의 재림을 연상하게 됩니다.

여러분은 1500년 동안 막혔던 휘장이 열리자 제1차로 들어가신 분이 누군지 아십니까? 히브리서 9:11-12절은 "그리스도께서는 장래 좋은 일의 대제사장으로 오사 손으로 짓지 아니한 것 곧 이 창조에 속하지 아니한 더 크고 온전한 장막으로 말미암아 염소와 송아지의 피로 하지 아니하고 오직 자기의 피로 영원한 속죄를 이루사 단번에 성소에 들어가셨느니라"고, "들어가셨다"고 말씀합니다.

그리스도께서 하늘 성소에 들어가신 후(승천)로는 신약의 성도들도 대제사장을 볼 수가 없게 된 것입니다. 며칠 동안입니까? "7일 동안"이라고 말할 수가 있는 것입니다. 그러니까 우리는 지금 주님께서 부활 승천하셔서 성소에 들어가신 후 재림하시기까지의 상징적인 기간인 7일, 즉 "영광이 나타나기를" 기다리는 기간을 살아가고 있는 셈입니다.

그러면 하늘 성소에 들어가신 우리의 대제사장은 언제 나타나실 것입니까? "여덟째 날"(1)입니다. 23:36절에 보면 7일 동안 초막절을 지킨 후에 "여덟째 날에도 너희는 성회로 모이라"고 "여덟째 날"을 또 말씀하십니다. 그리고 민수기 29:35절에서는 "여덟째 날에는 장엄한 대회로 모일 것이라"고 말씀합니다. 그러니까 "여덟째 날에, 여호와의 영광이 너희에게 나타나리라"(6)하심은 주님의 재림을 예표하는 것이 아니겠는가?

ⓜ 성경 역사를 보면 이처럼 왕이 나타나지 않고 성전에 거한 때가 있었습니다. 아합의 딸 아달랴가 유다왕국의 5대 왕 여호람의 아내가 되었는데, "그의 아들(6대 아하시아)이 죽자 왕의 자손(씨)을 멸절"(왕하 11:1)하고 6년 동안 유다의 왕 노릇을 한 시기입니다. 아합의 딸이 메시아왕국의 예표인 다윗왕국의 왕이 되다니! 이는 왕위를 찬탈하려는 사탄의 음모라 할 것입니다. 그런데 하나님께서는 섭리 중에 한 살 난 다윗의 씨 요아스를 남겨두시어 성전에 6년을 숨어있게 하셨습니다. 때가 차매 "왕자를 인도하여 내어 왕관을 씌우며 율법 책을 주고 기름을 부어 왕을 삼으매 무리가 박수하며 왕의 만세를 부르니라"(왕하 11:12)합니다. 지금 성소에 계신 우리 왕께서 나타나시는(재림) 날에도 "박수하며 왕의 만세"를 부르게 될 것입니다.

묵상해 봅시다

㉠ 9장에 나타난 제사 드리는 순서에 대해서

㉡ 오늘, "여호와의 영광이 너희에게 나타나리라"한 오늘에 대해서

㉢ 불이 여호와 앞에서 나와 제물을 살랐다는 두 가지 의미에 대해서

㉣ 대제사장이 "회막 안에 있는 7일과, 나타나는 8일"에 대해서

레위기 10장 개관도표

주제 : 번제단의 불, 다른 불, 소멸하는 불

번제단의 불과 다른 불

1-11

1 **아론의 아들 나답과 아비후가 각기 향로를 가져다가**
여호와께서 명하시지 아니하신 다른 불을 담아 여호와 앞에 분향하였더니
2 **불이 여호와 앞에서 나와 그들을 삼키매 그들이 여호와 앞에서 죽은지라**

3 모세가 아론에게 이르되 이는 여호와의 말씀이라 이르시기를
① **나는 나를 가까이 하는 자 중에서 내가 거룩하다 함을 나타내겠고**
온 백성 앞에서 내 영광을 나타내리라 하셨느니라 아론이 잠잠하니

4 모세가 아론의 삼촌 웃시엘의 아들 미사엘과 엘사반을 불러 그들에게 이르되
나아와 너희 형제들을 성소 앞에서 진영 밖으로 메고 가가라 하매
5 그들이 나와 모세가 말한 대로 그들을 옷 입은채 진영 밖으로 메어 내니
6 모세가 아론과 그의 아들 엘르아살과 이다말에게 이르되
② **너희는 머리를 풀거나 옷을 찢지 말라 그리하여 너희가 죽음을 면하고**
여호와의 진노가 온 회중에게 미침을 면하게 하라 오직 너희 형제 이스라엘 온 족속은
여호와께서 치신 불로 말미암아 슬퍼할 것이니라
7 ③ **여호와의 관유가 너희에게 있은즉** 너희는 회막문에 나가지 말라 그리하면 죽음을 면할 지니라
그들이 모세의 말대로 하니라

8 여호와께서 아론에게 말씀하여 이르시되
9 ④ **너나 네 자손들이 회막에 들어갈 때에는 포도주나 독주를 마시지 말라**
그리하여 너희 죽음을 면하라 이는 너희 대대로 지킬 영영한 규례라
10 그리하여야 너희가 **거룩하고 속된 것을 분별하며 부정하고 정한 것을 분별하고**
11 또 나 여호와가 모세를 통하여 **모든 규례를 이스라엘 자손에게 가르치리라**

하나님이 주시는 소득

12-20

12 모세가 아론과 그 남은 아들 엘르아살에게와 이다말에게 이르되 여호와께 드린 화제 중
소제의 남은 것은 지극히 거룩하니 너희는 그것을 취하여 누룩을 넣지 말고 제**단 곁에서 먹되**

13 ⑤ **이는 여호와의 화제물 중 네 소득과** 네 아들들의 소득**인즉**
너희는 그것을 거룩한 곳에서 **먹으라** 내가 명령을 받았느니라

14 흔든 가슴과 들어올린 뒷다리는 너와 네 자녀가 너와 함께 정결한 곳에서 **먹을지니**
이는 이스라엘 자손의 화목제물 중에서 네 소득**과** 네 아들들의 소득**으로** 주신 것임이니라
15 그 들어올린 뒷다리와 흔든 가슴을 화제물 기름과 함께 가져다가 여호와 앞에 흔들어
요제를 삼을지니 이는 여호와의 명령대로 너와 네 자손의 영원한 소득**이니라**
16 **모세가 속죄제 드린 염소를 찾은즉 이미 불살랐는지라**
그가 아론의 남은 아들 엘르아살과 이다말에게 노하여 이르되
17 ⑥ **이 속죄제물은 지극히 거룩하거늘 너희가 어찌하여 거룩한 곳에서 먹지 아니 하였느뇨 이는**
너희로 회중의 죄를 담당하여 그들을 위하여 여호와 앞에 속죄하게 하려고, 주신 것이니라
18 그 피는 성소에 들여오지 아니하였으니 그 제물은 너희가 내가 명령한 대로
거룩한 곳에서 **먹었어야** 했을 것이니라

19 아론이 모세에게 이르되 오늘 그들이 그 속죄제와 번제를 여호와께 드렸어도 이런 일이
내게 임하였거늘 ⑦ **오늘 내가 속죄 제물을 먹었더라면** 여호와께서 어찌 좋게 여기셨으리요
20 모세가 그 말을 듣고 좋게 여겼더라

10장

번제단의 불, 다른 불, 소멸하는 불

3 모세가 아론에게 이르되 이는 여호와의 말씀이
라 이르시기를 나는 나를 가까이 하는 자 중에서
내 거룩함을 나타내겠고 온 백성 앞에 내 영광을
나타내리라 하셨느니라 아론이 잠잠하니

10장에는 ㉠ 하나님이 명하신 불, ㉡ 다른 불, ㉢ 소멸하는 불, 이렇게 세 종류의 불이 있습니다. 10장은 9장과는 상반(相反)되는 장입니다. 9장에서는 "여호와의 영광이 너희에게 나타나리라"(9:6) 했는데, 10장에서는 여호와의 진노가 나타나고, 9장에는 "여호와의 불이 제단 위의 번제물과 기름을 살랐는데"(9:24), 10장에서는 여호와의 불이 제사장 나답과 아비후를 삼켰던 것입니다. 그 원인은 오직 한 가지, 9장에서는 "여호와의 명령하신 대로"했고, 10장에서는 "여호와의 명령하신 대로 하지 않았기" 때문입니다. 왜 그렇게 행했는가? 하나님의 말씀을 무시했기 때문입니다. 우리가 믿는 하나님은 "나는 나를 가까이 하는 자 중에서 내 거룩함을 나타내겠고 온 백성 앞에서 내 영광을 나타내리라", 즉 불신자들은 멸시한다하여도 믿는 자들이 무시하는 것은 용납하시지 않으신다는 뜻입니다. 이 말씀은 즉각적으로, "우리는 주님의 피로 사신 하나님의 교회를 명령하신 대로 섬기고 있는가?" 고 자문하게 합니다.

도표를 보시면 첫째 단원의 "여호와의 명령하시지 않은 다른 불"을 중심으로, ① 두 명의 제사장이 직사하자, "나는 나를 가까이 하는 자 중에서 내 거룩함을 나타내겠고"하십니다. ② 모세는 아론에게 "너희는 머리를 풀거나 옷을 찢지 말라" 그리하여 여호와의 진노가 온 회중에게 미치지 않게 하라 합니다. ③ 왜냐하면 "여호와의 관유가 너희에게 있기" 때문이라는 것입니다. ④ 하나님은 아론에게 "회막에 들어갈 때에는 포도주나 독주를 마시지 말라" 하십니다. 둘째 단원은 제사장의 소득인 "속죄제 염소를 찾은즉 불살랐는지라"를 중심으로, ⑤ "이는 여호와의 화제 중 네 소득이라", ⑥ 이를 먹으라 하신 것은 "너희로 회중의 죄를 담당하라"고 주신 것인데 어찌하여 먹지 않았느냐고 책망합니다. ⑦ 오늘은 "속죄제 제물을 먹을 수 없었다"는 아론의 변명을 듣고 좋게 여겼다 합니다. 이를 두 단원으로 나누어 상고하겠습니다.

주제(主題) : 번제단의 불, 다른 불, 소멸하는 불

㉠ 우선적으로 유념할 점은 성막 계시 중 영광스러운 곳은 지성소이지만 그 영광(지성소)에 이르는 것을 가능하게 하는 것은 "번제단"이라는 점입니다. 왜냐하면 번제단에서 드려지는 대속제물을 통해서만 하나님 앞으로 나아가는 것이 가능하기 때문입니다. 에스라서에 보면 바벨론 포로에

서 귀환한 후 최우선적으로 한 것은 번제단을 만들어, “그 터 위에 세우고 그 위에 조석으로 여호와께 번제”(스 3:3)를 드린 일이었습니다. 성전 건물도, 법궤도 없었습니다. 그러나 번제단에서 대신 죽임을 당하는 대속제물로 말미암아 하나님과의 교제가 유지될 수가 있었기 때문입니다.

㉡ 그러므로 분향할 때에는, “향로를 가져다가 여호와 앞 제단 위에서 피운 불을 그것에 채우고 또 곱게 간 향기로운 향을 두 손에 채워 가지고 휘장 안에 들어가서 여호와 앞에서 분향하여 향연으로 증거궤 위 속죄소를 가리게 할지니 그리하면 그가 죽지 아니할 것이라”(16:12-13)하십니다. 그런데 나답과 아비후가 “여호와께서 명령하시지 아니하신 다른 불을 담아 분향”을 했다는 것입니다. 이는 여호와의 명령하심을 몰랐기 때문이 아니라, “어찌하여 네가 여호와의 말씀을 업신여기고”(삼하 12:9)한, 말씀에 대한 “업신여김”이라고 밖에는 달리는 변명할 여지가 없는 것입니다. 이를 묵과하실 수가 있단 말인가? 하나님께서 모세에게 명령하신 성막의 식양은 구속교리에 대한 모형입니다. 이는 의문에 가려있는 복음입니다. 그러므로 이를 변경한다면 “다른 복음”이 되기 때문에 용납하실 수가 없는 것입니다.

㉢ 10장에는 제사장들이 범한 두 가지 잘못이 있습니다. 첫째는 “다른 불”로 분향한 것이고, 둘째는 먹어야 할 속죄제물을 먹지 않은 일입니다. 그런데 두 번째 잘못에 대해서는 “모세가 그 말을 듣고 좋게 여겼더라”(20) 할 뿐 하나님의 징벌이 임하지 않았습니다. 그러나 “다른 불”은 용납하실 수가 없으셨던 것입니다. 왜냐하면 이는 성막 계시를 통해서 보여주시려는 복음을 변하게 하는 행위였기 때문입니다. 이점을 신약성경에서는, “그러나 우리나 혹은 하늘로부터 온 천사라도 우리가 너희에게 전한 복음 외에 다른 복음을 전하면 저주를 받을 지어다”(갈 1:8)합니다.

㉣ 이점에서 상기하게 되는 점은 4장에서, "만일 기름 부음을 받은 제사장이 범죄하여 백성의 허물이 되었으면"(4:3), 속죄제를 드리라 하신 말씀입니다. 그러나 이는 육신의 연약으로 말미암아 부지중(不知中)에 죄를 범한 경우입니다. 그런데 나답과 아비후가 범한 죄는 윤리적인 죄가 아니라, 그리스도의 대속을 상징하는 "번제단의 불"을 부정(否定)한 고의로 범한(고범죄) 죄였던 것입니다. 이를 신약성경에서는, "하물며 하나님의 아들을 짓밟고 자기를 거룩하게 한 언약의 피를 부정한 것으로 여기고 은혜의 성령을 욕되게 하는 자가 당연히 받을 형벌은 얼마나 더 무겁겠느냐 너희는 생각하라"(히 10:29)고 경고합니다.

㉤ 10장의 사건을 문맥적으로 볼 때 더욱 분명해지는데 9장에서 첫 예배를 드렸을 때에 여호와의 영광이 나타나고, "불이 여호와 앞에서 나와 제단 위의 번제물과 기름을 사른지라"(9:24)한 그 "불"을 분명히 목격한 제사장들이라는 점입니다. 그런데 나답과 아비후가 "여호와께서 명령하시지 아니하신 다른 불을 담아" 분향을 하다니!

㉥ 그러므로 계시록에서는, "천사가 향로를 가지고 제단의 불을 담아다가 땅에 쏟으매 우레와 음성과 번개와 지진이 나더라"(계 8:5)합니다. 어찌하여 번제단의 불이 진노로 임하게 되는가? 번제단의 불은 우리 죄로 말미암아 우리 대신 진노를 당하신 그리스도의 고난을 상징하기 때문입니다. 그런데 이 복음을 거부하고 믿지 않는다면 죄에 대한 진노를 자신들이 받을 수밖에는 다른 방도가 없기 때문입니다.

㉦ 나답과 아비후가 죽자 모세는 "이는 여호와의 말씀이라 이르시기를 나는 나를 가까이 하는 자 중에서 내 거룩함을 나타내겠고 온 백성 앞에서 내 영광을 나타내리라 하셨느니라"(3)고 말합니다. 주님은 십자가를 앞에

놓고, "내가 이를 위하여 이때에 왔나이다 아버지여 아버지의 이름을 영광스럽게 하옵소서"(요 12:27-28)하셨습니다. 주님은 우리 죄에 대한 하나님의 의로우심과 영광을 위해서 죽으셨으나, "다른 불"을 드린 나답과 아비후는 자신이 범한 죄에 대한 하나님의 거룩하심과 영광을 드러내기 위해서 죽어야만 했던 것입니다.

첫째 단원(1-11) **번제단의 불과 다른 불**

둘째 단원(12-20) **먹어야 할 속죄제물**

첫째 단원(1-11) 번제단의 불과 다른 불

① "아론의 아들 나답과 아비후가 각기 향로를 가져다가 여호와의 명하시지 아니하신 다른 불을 담아 여호와 앞에 분향하였더니"(1),

㉠ "불이 여호와 앞에서 나와 그들을 삼키매 그들이 여호와 앞에서 죽은지라"(2)합니다. 우리는 8장을 상고하면서 "명령"이 11번이나 등장하면서 "아론과 그의 아들들이 여호와께서 모세를 통하여 명령하신 모든 일을 준행하니라"(8:36)고 마치는 것을 보았습니다. 9장도 "명령"을 5번이나 강조하면서 "모세가 명령한 것과 같이"(9:21)행함으로 "불이 여호와 앞에서 나와 제단 위의 번제물과 기름을 사른지라"(9:24)고 마치는 것을 보았습니다. 그런데 10장에 와서 "여호와께서 명령하시지 아니하신 다른 불을 담아" 분향을 하다니? 이를 용납하실 수가 있으시겠습니까?

㉡ 그러면 "여호와께서 명령하신 불"은 어떤 불인가 하는 점입니다. 본문은 말씀하고 있지 아니합니다. 왜 그런가? 하나님께서 명령하신 불이 어떤 불인가 하는 점은 능히 분별할 수 있으리라고 여기셨기 때문일 것입니다. 명령하신 불은 9장 마지막 절에서 "불이 여호와 앞에서 나와 제단 위의 번제물과 기름을 사른지라"(9:24)한 불이었음이 분명합니다. 16:12-13절에서 하나님은 "향로를 가져다가 여호와 앞 (번)제단 위에서 피운 불을 그것에 채우고 또 곱게 간 향기로운 향을 두 손에 채워 가지고 휘장 안에 들어가서 분향하면 그가 죽지 아니할 것이라"하십니다.

㉢ 나답과 아비후는 거짓 제사장이 아닙니다. 8장에서 영광스럽게 위임을 받고, 9장에서 첫 예배를 집전한 아론의 아들들이요, 제사장들입니다. 그들이 파렴치한 죄를 범한 것도 아닙니다. 예배를 드리지 않은 것이 아니라 예배를 드리다가 죽은 것입니다. 이유는 오직 하나 "여호와의 명령하시지 아니하신 다른 불을 담아 여호와 앞에 분향"했기 때문입니다. 그러면 이것이 어째서 죽어 마땅한 죄인지 아십니까?

㉣ "불이 여호와 앞에서 나와 제단 위의 번제물과 기름을 살랐다"(9:24)는 것은 우리 죄로 말미암아 우리 대신 진노를 받으실 "대속제물"에 대한 모형이었던 것입니다. 그런데 이를 거부한다면 자신의 죄에 대한 진노를 자신이 받을 수밖 없기 때문입니다. 사도 바울이 "다른 복음"을 전하는 자들을 향해서 "그러나 우리나 혹은 하늘로부터 온 천사라도 우리가 너희에게 전한 복음 외에 다른 복음을 전하면 저주를 받을지어다"(갈 1:8)한 것은 다른 복음에 대한 분노만이 아닌 것입니다. "그

리스도께서 우리를 위하여 저주를 받은바 되사 율법의 저주에서 우리를 속량하신"(갈 3:13) 복음을 변개하려 한다면 "너희가 저주를 받게 되리라"는 경고였던 것입니다. 그러므로 계시록 16:7절에서는 "(번)제단이 말하기를 그러하다 주 하나님 곧 전능하신 이시여 심판하시는 것이 참되시고 의로우시도다"고 선언하는 것을 대하게 됩니다. 우리 대신 자기 아들을 심판하시고 오래 참고 기다리신 복음을 끝내 거부하는 자들을 심판하신다면 "참되시고 의로우신" 행위라는 것입니다. 이런 맥락에서 다른 불을 담아 분향하는 나답과 아비후에게 "불이 여호와 앞에서 나와 그들을 삼키매 그들이 여호와 앞에서 죽었다"는 것은 하나님의 의로우심을 나타내신 또 다른 사건이었던 것입니다.

ⓓ 이런 맥락에서 "나는 나를 가까이 하는 자 중에서 내 거룩함을 나타내겠고 온 백성 앞에서 내 영광을 나타내리라"(3)하신 말씀은 목회자들이 명심, 또 명심해야 할 좌우명인 것입니다. 제사장이나 목회자로 세움을 받는다는 것은 영광스러운 일입니다. 그러나 그와 정비례한 책임과 "더 큰 심판"이 따른다는 점을 명심해야만합니다. 만일 하나님께서 "명하시지 아니하신 다른 불로 분향한" 나답과 아비후를 묵과하셨다면, 하나님의 거룩하심과, 성막계시는 시작부터 손상을 입게 되었을 것입니다.

성경 역사상 이런 일이 반복되었습니다. "하나님이 그 지으신 모든 것을 보시니 보시기에 심히 좋았더라"(창 1:31)하신 첫 창조의 초기도 3장에 이르러 "땅은 너로 인하여 저주를 받고"(창 3:17)한 저주와 사망이 침투합니다. 대망하던 약속의 땅에 입성하자마자, 구약교회를 부패시키려는 누룩이 아간을 통해서 침투합니다. 유무상통하는 사랑의 공동체인 신약교회가 세워지자마자 이를 부패시키려는 누룩은 아나니아와 삽비라를 통해서 침투합니다. 하나님은 이를 적발해내셨습니다. 하나님을 "가까이 하는 자"가 만홀히 여기는 것을 묵과하신다면 하나님의 엄위는 업신여김을 받게 될 것이며 백성들도 자행자지하게 될 것입니다. "아론이 잠잠하니"!

ⓑ "모세가 아론의 삼촌 웃시엘의 아들 미사엘과 엘사반을 불러 그들에게 이르되 나아와 너희 형제들을 성소 앞에서 진영 밖으로 메고 나가라 하매 그들이 나와 모세가 말한 대로 그들을 옷 입은 채 진영 밖으로 메어 내니"(4–5), 역설적인 말 같지만 나답과 아비후는 하나님의 영광을 드러내기 위해서 죽어야 했고, "진영 밖으로 메어 내어" 백성들 앞에 증거가 되어야만 했습니다. 훗날 여호수아는 아간에게 "내 아들아 청하노니 이스라엘의 하나님 여호와께 영광을 돌려 그 앞에 자복하고 네가 행한 일을 내게 알게 하라 그 일을 내게 숨기지 말라"(수 7:19)고 말합니다. 그리하여 아간은 하나님의 영광을 드러내기 위해서 죽었습니다. 이들은 자신들의 죄로 말미암아 죽었으나 그리스도는 우리들의 죄로 말미암아 하나님의 의로우심을 드러내기 위해서 진영 밖에서 죽으셔야만 했습니다.

지금 우리는 구약시대 이야기를 하고 있는 것이 아닙니다. 주님은 "그 때에 내가 그들에게 밝히 말하되 내가 너희를 도무지 알지 못하니 불법(不法)을 행하는 자들아 내게서 떠나가라 하리라"(마 7:23)고 말씀하십니다. 그러면 하나님께서 용납하실 수 없는 불법이 무엇인지 아십니까? "화 있을진저 너희 율법교사여 너희가 지식의 열쇠를 가져가서 너희도 들어가지 않고 또 들어가고자 하는 자도 막았느니라"(눅 11:52)하신 복음진리에 대한 오류입니다. 나답과 아비후가 범한 잘못이 바로 이것이었던 것입니다. 이점이 "그리하여야 너희가 거룩하고 속된 것을 분별하며 부정하고 정한 것을 분별하리라"(10)는 말씀에 나타납니다. 사도 바울은 목회서신에서, "너는 진리의 말씀을 옳게 분별하며 부끄러울 것이 없는 일꾼으로 인정된 자로 자신을 하나님 앞에 드리기를 힘쓰라"(딤후 2:15)고 말씀합니다. "진리의 말씀을 옳게 분변하느냐" 여부에 참과 거짓, "여호와의 명하신 불과 다른 불"이 갈라지는 것입니다.

② "모세가 아론과 그의 아들 엘르아살과 이다말에게 이르되 너희는 머리를 풀거나 옷을 찢지 말라 그리하여 너희가 죽음을 면하고 여호와의 진노가 온 회중에게 미침을 면하게 하라 오직 너희 형제 이스라엘 온 족속은 여호와께서 치신 불로 말미암아 슬퍼할 것이니라"(6)합니다.

㉠ 참으로 중요한 말씀입니다. "머리를 풀거나 옷을 찢는" 행위는 극도의 비통과 절망을 나타냅니다. 옷을 찢는 절망(絕望)이 하나님을 불신하는 일이라면 하나님이 징벌하신 것에 대해 애통(哀痛)해 한다는 것은 하나님의 "의로우신 심판"에 대한 반항(反抗)과 같은 것입니다. 제사장은 더 이상 개인이 아니라 백성을 대표하여 하나님을 섬기는 자입니다. 그래서 그 "허물"(4:3)이 백성에게 미치게 되는 것입니다.

㉡ 그래서 하나님은, "자기의 형제 중 관유로 부음을 받고 위임되어 그 예복을 입은 대제사장은 그의 머리를 풀지 말며 그의 옷을 찢지 말라"(21:10)하십니다. 이점을 얼마나 중요시 했느냐하면 대제사장의 옷을 만들 때에, "두 어깨 사이에 머리 들어갈 구멍을 내고 그 주위에 갑옷 깃같이 깃을 짜서 찢어지지 않게 하고"(출 28:32), 즉 입고 벗을 때에 실수로라도 찢어지지 않게 하라고 명하셨던 것입니다.

③ "여호와의 관유가 너희에게 있은즉 너희는 회막 문에 나가지 말라 그리하면 죽음을 면하리라 그들이 모세의 말대로 하니라"(7).

㉠ 제사장들이 다른 사람들과 인격적으로 다른 점이 많이 있을 것입니다만 결정적인 구별은 "관유"로 부음을 받았다는 점입니다. 성도들이 불신자들과 다른 점이 무엇입니까? 찬송을 부르고 기도할 줄을 안다는 것인가? 아닙니다. "누구든지 그리스도의 영이 없으면 그리스도의 사람이 아니라"(롬 8:9)하십니다. "너희가 하나님의 성전인 것과 하나님의 성령이 너희 안에 거하시는 것을 알지 못하느냐(고전 3:16), 너희 몸은 너희가 하나님께로부터 받은바 너희 가운데 계신 성령의 전인 줄을 알지 못하느냐"(고전 6:19)한 "성령"이 내주하신다는 점이 결정적으로 다른 점입니다.

④ "여호와께서 아론에게 말씀하여 이르시되"(8),

㉠ "너와 네 자손들이 회막에 들어갈 때에는 포도주나 독주를 마시지 말라 그리하여 너희 죽음을 면하라 이는 너희 대대로 지킬 영영한 규례라"(9)하십니다. 왜냐하면, "그리하여야 너희가 거룩하고 속된 것을 분별하며 부정하고 정한 것을 분별하고 또 나 여호와가 모세를 통하여 모든 규례를 이스라엘 자손에게 가르치리라"(10–11)하십니다. 이로보건데 나답과 아비후가 포도주나 독주에 취하여 분별력을 상실함으로 이런 실수를 범한 것이 아닌가 하는 추론이 가능합니다.

㉡ 이사야 선지자는, "제사장과 선지자도 독주로 말미암아 옆 걸음 치며 포도주에 빠지며 독주로 말미암아 비틀거리며 환상을 잘못 풀며 재판할 때에 실수하나니"(사 28:7)합니다. 그런데 이사야 29:9절에서는 "너희는 놀라고 놀라라 너희는 맹인이 되고 맹인이 되라 그들의 취함

이 포도주로 말미암음이 아니며 그들의 비틀거림이 독주로 말미암음이 아니니라"고 말씀합니다. 예루살렘이 바벨론에 의하여 멸망을 당한 원인이 무엇인가? 이점을 예레미야 선지자는 "네 선지자들이 네게 대하여 헛되고 어리석은 묵시를 보았으므로 네 죄악을 드러내어서 네가 사로잡힌 것을 돌이키지 못하였도다 그들이 거짓 경고와 미혹하게 할 것만 보았도다"(애 2:14)고 말하고, 에스겔 선지자는 "그 제사장들은 내 율법을 범하였으며 나의 성물을 더럽혔으며 거룩함과 속된 것을 구별하지 아니하였으며 부정함과 정한 것을 사람이 구별하게 하지 아니하였으며"(겔 22:26)하고, 지도자들이 "분별력"을 상실했기 때문이라고 말씀합니다.

㉢ 이는 무엇을 말씀해주고 있느냐 하면 설교자가 입에 술 한 방울을 대지 않았어도 분별력을 상실하게 되면 영적인 맹인이 되고 술 취한 자가 되어 비틀거림을 칠 수가 있다는 것입니다. "독주"보다 치명적인 것이 "엘리의 눈이 점점 어두워 가서 잘 보지 못하는 그 때에"(삼사 3:2) 한 영적인 혼미(昏迷)인 것입니다. 나 자신은 하나님의 말씀을 옳게 분별하여 가르치고 있는가 하는 경각심을 갖게 합니다.

둘째 단원(12-20) 하나님이 주시는 소득

첫째 단원이 해서는 아니 될 일을 행한 것이라면, 둘째 단원은 행해야 할 일을 하지 않은 실수입니다.

⑤ "모세가 아론과 그 남은 아들 엘르아살에게와 이다말에게 이르되 여

호와께 드린 화제중 소제의 남은 것은 지극히 거룩하니 너희는 그것을 취하여 누룩을 넣지 말고 단 곁에서 먹되"(12),

㉠ 둘째 단원에는 "소득"이라는 말과, "먹으라"는 말이 자주 등장합니다. 제사장의 "소득"이라 함은 하나님이 지정해주신 음식이라는 뜻인데, "먹지 말라"는 금령이면 몰라도, "먹으라"고 독려할 필요가 있단 말인가?

㉡ 하나님께서 "먹으라"하신 것을 먹어야 한다는 중요성을 문맥적으로 보면 나답과 아비후의 실수도 결국은 하나님의 말씀을 받아(렘 15:16) 먹지 않았기 때문이라는 것이 되는 것입니다. 그래서 "이는 여호와의 화제물 중 네 소득과 네 아들의 소득인즉 너희는 그것을 거룩한 곳에서 먹으라 내가 명령을 받았느니라"(13)고 하는 것입니다.

㉢ "흔든 가슴과 들어올린 뒷다리는 너와 네 자녀가 너와 함께 정결한 곳에서 먹을지니 이는 이스라엘 자손의 화목제물 중에서 네 소득과 네 아들들의 소득으로 주신 것임이니라 그 들어올린 뒷다리와 흔든 가슴을 화제물의 기름과 함께 가져다가 여호와 앞에 흔들어 요제를 삼을지니 이는 여호와의 명령대로 너와 네 자손의 영원한 소득이니라"(14–15)하십니다. "가슴과, 뒷다리"를 먹으라는 말씀을 반복해서 강조하시는데, "가슴"을 먹음으로 마음으로 하나님을 사랑하고, "뒷다리"를 먹음으로 능력 있게 활동하라는 격려일 수도 있습니다. 12–16절 안에는 "소득"이라는 말이 5번, "먹으라"는 말을 3번이나 강조하고 있습니다.

㉣ 그런데 "모세가 속죄제 드린 염소를 찾은즉 이미 불살랐는지라"(16상) 합니다. 이는 9:15절에서 행한 "백성을 위한 속죄제 염소"를 가리킵니

다. 4:13절의 "온 회중"을 위한 속죄제는 피를 가지고 성소에 들어가서 휘장에 뿌린 것이기 때문에 먹을 수가 없었으나, 여기서 먹으라 하시는 것은 "그 피는 성소에 들여오지 아니하는 것이었으니 그 제물은 너희가 내가 명령한 대로 거룩한 곳에서 먹었어야 했을 것이니라"(18) 합니다. 그런데 이를 먹지 않고 불살라 버린 것입니다. 그래서 모세가 노하여 "이 속죄제물은 지극히 거룩하거늘 너희가 어찌하여 거룩한 곳에서 먹지 아니하였느냐"(16하-17상)고 책망을 합니다.

⑥ 이처럼 속죄제 제물을 제사장에게 먹으라 명령하시는 데는 중요한 의미가 있기 때문인데 "이는 너희로 회중의 죄를 담당하여 그들을 위하여 여호와 앞에 속죄하게 하려고 너희에게 주신 것이니라"(17하)고 말씀합니다. 하나님께서 제사장에게 속죄제 제물을 "소득"으로 주셔서 "먹으라"하심은 음식을 위해서만이 아닙니다. "너희로 회중의 죄를 담당하게"하기 위해서라는 것입니다. 얼마나 중요한 의미입니까? 그래서 "너희가 어찌하여 거룩한 곳에서 먹지 아니하였느냐"고 책망했던 것입니다. "회중의 죄를 담당"하기 위해서라는 점이 신약의 성도들에게는 어떤 의미가 되는가? "너희를 인도하는 자들에게 순종하고 복종하라 그들은 너희 영혼을 위하여 경성하기를 자신들이 청산(회개)할 자인 것 같이 하느니라 그들로 하여금 즐거움으로 이것을 하게하고 근심으로 하게 하지 말라 그렇지 않으면 너희에게 유익이 없느니라"(히 13:17)하십니다. 설교자는 자신의 죄만이 아니라 성도들이 저지른 죄까지를 담당해야 한다는 점에 마음이 숙연해집니다.

⑦ "아론이 모세에게 이르되 오늘 그들이 그 속죄제와 번제를 여호와께 드렸어도 이런 일이 내게 임하였거늘 오늘 내가 속죄제물을 먹었더라면 여호와께서 어찌 좋게 여기셨으리요"하니 "모세가 그 말을 듣고 좋게 여겼더

라”(19–20), 즉 수긍했다는 뜻입니다. 그러나 명심하십시다. “명령하시지 아니하신 다른 불”을 드린 것은 “좋게 여길 수가” 없으신 것입니다. 왜냐하면 “다른 이로서는 구원을 얻을 수 없나니 천하 인간에 구원을 얻을 만한 다른 이름을 우리에게 주신 일이 없기”(행 4:12)때문입니다.

10장을 마치기 전에 “먹으라”하신 주제가 신약의 성도들에게는 어떤 의미가 있는가 하는 점입니다. 히브리서 5:12–14절에서는 “때가 오래 되었으므로 너희가 마땅히 선생이 되었을 터인데 너희가 다시 하나님의 말씀의 초보에 대하여 누구에게서 가르침을 받아야 할 처지이니 단단한 음식은 못 먹고 젖이나 먹어야 할 자가 되었도다”합니다. 그리고 “젖을 먹는 자마다 어린 아이니 의의 말씀을 경험하지 못한 자요 단단한 음식은 장성한 자의 것이니 그들은 지각을 사용함으로 연단을 받아 선악을 분별하는 자들이니라”고 말씀합니다. 하나님께서 받아 “먹으라”하신 것을 먹지 않는다면 성장이 멈추고 “분별력”을 상실하게 된다는 것입니다. 한국교회가 어찌하여 영적 수준이 저급한가? 주님께서 드려주신 속죄제물(복음)을 먹지 않아 “젖이나 먹고 단단한 식물은 못 먹을 자가 되었기”때문입니다.

묵상해 봅시다

㉠ “다른 불과 다른 복음”에 대해서

㉡ 어찌하여 제사장은 옷을 찢어서는 아니 되는지에 대해서

㉢ “소득”으로 주신 제물을 먹어야 하는 점이 왜 중요한가에 대해서

The Book of Revelation

레위기 11장 개관도표

주제 : 내가 거룩하니 너희도 분별하여 거룩하라

짐승 중 먹을 것과 부정한 것 (부정, 5번)	**1-8** 1 여호와께서 모세와 아론에게 말씀하여 이르시되 2 이스라엘 자손에게 말하여 이르라 **① 육지의 모든 짐승 중 너희가 먹을 만한 생물은 이러하니** 3 짐승 중 **굽이 갈라져 쪽발이 되고 새김질하는 것**은 너희가 먹되
어류 중 먹을 것과 가증한 것 (혐오, 4번)	**9-2** 9 **② 물에 있는 모든 것 중에서 너희가 먹을 만한 것은 이것이니** 강과 바다와 다른 물에 있는 모든 것 중에서 **지느러미와 비늘 있는 것**은 너희가 먹되 10 물에서 움직이는 모든 것과 물에서 사는 모든 것 곧 강과 바다에 있는 것으로서 지느러미와 비늘 없는 것은 너희에게 가증한 것이라 11 이들은 너희에게 가증한 것이니 너희는 그 고기를 먹지 말고 그 주검을 가증히 여기라 12 수중 생물에 지느러미와 비늘 없는 것은 너희가 혐오할 것이니라
조류 중 혐오할 것 (가증, 2번)	**13-19** 13 **③ 새 중에 너희가 가증히 여길 것은 이것이라** 이것들이 가증한즉 먹지 말지니 곧 독수리와 솔개와 물수리와
곤충 중 먹을 것과 혐오할 것 (가증, 2번)	**20-23** 20 **④ 날개가 있고 네 발로 기어 다니는 곤충은 너희가 혐오할 것이로되** 21 다만 날개가 있고 네 발로 기어 다니는 모든 곤충 중에 그 발에 뛰는 다리가 있어서 땅에서 뛰는 것은 너희가 먹을지니 22 곧 그중에 메뚜기 종류와 베짱이 종류와 귀뚜라미 종류와 팟종이 종류는 너희가 먹으려니와 23 오직 날개가 있고 기어 다니는 곤충은 다 너희가 혐오할 것이니라
부정케 하는 주검 (부정, 9번)	**24-28** 24 이런 것은 부정하게 하나니, **⑤ 이것들의 주검을 만지면 저녁까지 부정할 것이며** 25 그 주검을 옮기는 모든 자는 그 옷을 빨지니 저녁까지 부정하리라 26 굽이 갈라진 모든 짐승 중에 쪽발이 아닌 것이나 새김질 아니 하는 것의 주검은 다 네게 부정하니 만지는 자는 부정할 것이요
여러 가지 부정케 하는 것 (부정, 18번, 가증, 3번)	**29-43** 29 **⑥ 땅에 기는 길짐승 중에 부정한 것은 이러하니** 곧 두더지와 쥐와 큰도마뱀 종류와 30 도마뱀붙이와 육지 악어와 사막 도마뱀과 카멜레온이라 31 모든 기는 것 중 이것들은 네게 부정하니 그 주검을 만지는 자는 저녁까지 부정할 것이며
결론적인 말씀 (거룩, 4번) **구별과 분별하라** (44, 47)	**44-47** 44 **⑦ 나는 여호와 너희 하나님이라** 내가 거룩하니 너희도 몸을 구별하여 거룩하게 하고 땅에 기는 길짐승으로 말미암아 스스로 더럽히지 말라 45 **나는 너희의 하나님이 되려고 너희를 애굽 땅에서 인도하여 낸 여호와라 내가 거룩하니 너희도 거룩할 지어다** 46 이는 짐승과 새와 물에서 움직이는 모든 생물과 땅에 기는 모든 길짐승에 대한 규례니 47 **⑧ 부정하고 정한 것과 먹을 생물과 먹지 못할 생물을 분별한 것이니라**

11장

내가 거룩하니 너희도 분별하여 거룩하라

45 나는 너희의 하나님이 되려고 너희를 애굽 땅에서 인도하여 낸 여호와라 내가 거룩하니 너희도 거룩할 지어다

11장은 "정한 짐승과 부정한 짐승, 먹을 것과 먹지 말아야 할 것, 접촉해서는 아니 될 것" 등을 말씀하는 내용입니다. 이를 말씀하는 의도가 결론부분에 분명히 나타나 있는데, "나는 너희의 하나님이 되려고 너희를 애굽 땅에서 인도하여 낸 여호와라 내가 거룩하니 너희도 거룩할 지어다"(45), 즉 "너희 하나님이 거룩하니, 백성 된 너희도 거룩해야 한다"는 말씀입니다. 그러므로 거룩하기 위해서는 "먹을 생물과 먹지 못할 생물을 분별한 것이니라"(47)한 "분별력이 있어야 한다는 점입니다.

이를 문맥적으로 보면 제사장 나답과 아비후가 분별력을 행사하지 못하다가 죽임을 당한 사건(事件)에 뒤이어 나오고 있다는 점입니다. 나답의 사

건이 일어나자 하나님은, "그리하여야 너희가 거룩하고 속된 것을 분별(分別)하며 부정하고 정한 것을 분별(分別)하고 또 여호와가 모세를 통하여 명령한 모든 규례를 이스라엘 자손에게 가르치리라"(10:10-11)고, "분별력"을 행사해야 할 것을 말씀하셨는데, 11장의 결론도 "부정하고 정한 것과 먹을 생물과 먹지 못할 생물을 분별한 것이니라"(47)고 "분별"로 마치고 있습니다.

그러므로 11장부터 15장까지의 내용은 하나님의 백성답게 성별된 삶을 살도록 분별력(分別力)을 행사하라는 말씀인 것입니다. "분별"이라는 주제를 원론(原論)으로 끝이는 것이 아니라 백성들의 눈높이에서 생활에 적용하도록 구체적으로 제시(提示)를 하시는 것이 11장의 내용입니다. 그래서 본문에는 "혐오할 것과, 부정하다"는 말씀이 자주 등장합니다.

도표를 보시면 "내가 거룩하니 너희도 거룩할 지어다"를 중심으로, ① "육지 모든 짐승 중" 먹을 만한 것과 부정한 것, ② "물에 있는 것 중" 먹을 만한 것과 혐오할 것, ③ "새 중에 혐오할 것과", ④ "네 발로 기어 다니는 것은 혐오하라"하시고, ⑤ "주검을 만지만 부정하다" 하시고, ⑥ "땅에 기는 길짐승 중 부정한 것"을 말씀한 후에, ⑦ "나는 여호와 너희 하나님이라 내가 거룩하니 너희도 몸을 구별하여 거룩하게 하고 땅에 기는 길짐승으로 말미암아 스스로 더럽히지 말라"하십니다. ⑧ 그리고 이는 하나님의 백성들이 "부정하고 정한 것과 먹을 생물과 먹지 못할 생물을 분별한 것이니라" 고 말씀을 마치십니다.

주제(主題) : 내가 거룩하니 너희도 분별하여 거룩하라

① 먼저 11장이 놓여 있는 위치와 문맥적인 의미를 살펴보아야만합니다. 1장부터 7장까지에서 5대 제사와, 이에 대한 규례를 말씀하고, 8–9장에서 제사장을 위임하여 세우셔서 직무를 수행하게 하십니다. 그런데 10장에서 제사장 두 명이 죽임을 당하는 불상사가 일어납니다. 원인은 "분별력"을 행사하지 못했기 때문입니다. 이것이 11장이 놓여 있는 위치(位置)와 문맥입니다. 그래서 11장은 결론에서, "나는 여호와 너희 하나님이라 내가 거룩하니 너희도 몸을 구별(區別)하여 거룩하게 하라"(44)고 말씀하시면서 "부정하고 정한 것과 먹을 생물과 먹지 못할 생물을 분별한 것이니라"(47)하십니다.

② 다음은 11장을 구속사라는 넓은 지평(地平)으로 바라보아야만 하나님의 의도를 깨달을 수가 있습니다. 지금 하나님의 백성들은 약속의 땅을 향하여 행진해 나아가고 있는 중입니다. 그 약속의 땅이 1차적으로는 가나안 땅이라 하여도 그것은 상징일 뿐 하나님이 인도하시려는 약속의 땅은 메시아왕국임을 잊어서는 아니 됩니다. 그러므로 "성막, 제물, 제사장" 등은 모두가 말씀이 육신이 되어서 자신의 몸을 단번에 드려주실 참대제사장이신 그리스도에 대한 예표입니다. 왜냐하면 구원의 방도는 신구약시대를 막론하고 오직 그리스도의 대속 외에 다른 방도가 없기 때문입니다. 다만 구약시대 성도들은 앞으로 오실 그리스도를 바라보고 구원을 얻었고, 신약의 성도들은 이미 오신 그리스도를 바라보며 구원을 얻는다는 차이뿐입니다.

㉠ 그러면 이런 소망이 있는 자들에게 기대하시는 바가 무엇인가? 11장 안에는 "부정(不淨)하다"는 말이 무려 33번이나 등장하고, "가증하다"

는 말도 11번이나 나옵니다. 그러니까 이런 것들로 자신을 더럽히거나 오염시키지 말라는 경계입니다. 하나님은 성민 이스라엘에게 고도의 성별을 요구하십니다.

ⓛ 그러므로 레위기에 등장하는 "정결규례"들은, "이는 구원이 유대인에게서 남이니라"(요 4:22)하신 구속사의 맥락에서 그 의미를 구해야만 이해할 수가 있는 것입니다. 그런데 확고해야 할 점은 이런 규례들을 지켜야 비로소 하나님의 백성들이 되는 것이 아니라, "나는 너희 하나님이 되려고 너희를 애굽 땅에서 인도하여 낸 여호와라"(45상)하신 이미 하나님의 백성들이 되었기 때문에 성별된 삶을 살라 하신다는 점입니다.

ⓒ 그러면 천하 만민 중에서 "이스라엘"을 선민으로 택하신 목적이 무엇인가 하는 점입니다. 첫째로 꼽을 수 있는 것은 이스라엘 민족을 통해서 그리스도를 보내시기 위해서입니다. 그러므로 하나님은 부정한 음식만을 먹지 말라 하신 것이 아니라, 우상을 숭배하는 이방인들과, "어떤 언약도 하지 말 것이요 그들을 불쌍히 여기지도 말 것이며 또 그들과 혼인하지도 말라"(신 7:2–4)고 이방인과 섞이는 것을 엄격하게 금하셨던 것입니다.

이스라엘을 선민으로 택하신 두 번째 의도는 "하나님의 말씀을 맡았음이니라"(롬 3:2)한 성경을 기록하게 하시고 보전하여 전해주는 사명을 위해서였습니다. 그래서 "성별"을 요구하신 것입니다.

ⓡ 그리스도가 오신 이제도 굽이 갈라지지 않고, 비늘이 없는 것은 먹으면 아니 됩니까? "이런 것은 먹고 마시는 것과 여러 가지 씻는 것과 함께 육체의 예법일 뿐이며 개혁할 때까지 맡겨 둔 것이니라"(히 9:10)

한 예법이었던 것입니다. 그리스도께서 구속사역을 "다 이루시고", 오순절 성령강림 후에는, "깨끗지 아니한 짐승과, 깨끗지 아니한 이방인"이 그리스도의 구속으로 말미암아 하나가 되고 깨끗함을 받게 되는 것을 보게 됩니다.

ⓑ 그러므로 바리새인으로서 유별나게 이런 규례들을 지켰던 바울은, "하나님께서 지으신 모든 것이 선하매 감사함으로 받으면 버릴 것이 없나니 하나님의 말씀과 기도로 거룩하여짐이라"(딤전 4:4–5), 즉 "그리스도께서 우리로 자유하게 하려고 자유를 주셨으니 그러므로 굳세게 서서 다시는 종의 멍에를 메지 말라"(갈 5:1)고 말씀했던 것입니다. 그러므로 신약의 성도들은 본문의 문자가 아니라, 신령한 의미, 즉 하나님의 자녀 된 자들에게 기대하시는 성별의 삶을 살아야 한다는 것이 중요하다 하겠습니다. 신약성경도 "오직 너희를 부르신 거룩한 이처럼 너희도 모든 행실에 거룩한 자가 되라 기록되었으되 내가 거룩하니 너희도 거룩할지어다 하셨느니라"(벧전 1:15–16)고 말씀합니다. 그러므로 11장은 주제별로 다루면서 신약의 성도들에게는 어떤 의미가 있는가를 구하는 것이 도움이 될 것입니다.

① 짐승 중 먹을 것과 부정한 것(1–8)

㉠ "여호와께서 모세와 아론에게 말씀하여 이르시되"(1), 11장의 말씀이 모세에게만 임한 것이 아니라, "거룩하고 속된 것을 분별하며 부정하고 정한 것을 분별하고, 모든 규례를 이스라엘 자손에게 가르쳐야 할"(10:10–11) 대제사장 아론에게도 함께 임한 것입니다.

㉡ "이스라엘 자손에게 말하여 이르라 육지의 모든 짐승 중 너희가 먹을 만한 생물은 이러하니 모든 짐승 중 굽이 갈라져 쪽발이 되고 새김질

하는 것은 너희가 먹되"(2-3), 1-8절 안에는 "부정하다"는 말이 5번이나 강조되어 있습니다. 하나님께서 부정하다 하신 것은 인간의 상식으로도 대체적으로 부정한 것으로 여기고 있는 것들입니다.

㉢ 그런데 부정과 정함을 구분하는 기준이 둘이 있는데 "새김질하고, 굽이 갈라졌느냐"하는 것입니다. 이 기준이 여덟 절 안에 각각 6번이나 강조되어 있습니다. 이를 통해서 깨닫게 되는 것은, ㉮ 새김질은 "말씀을 주야로 묵상"하는 것으로, ㉯ 굽이 갈라졌다는 것은 "실천하는 삶"을 사는 것이라는 교훈을 받게 됩니다.

② 물고기 중 먹을 것과 가증한 것(9-12)

㉠ "물에 있는 모든 것 중에서 너희가 먹을 만한 것은 이것이니 강과 바다와 다른 물에 있는 모든 것 중에서 지느러미와 비늘 있는 것은 너희가 먹되 물에서 움직이는 모든 것과 물에서 사는 모든 것 곧 강과 바다에 있는 것으로서 지느러미와 비늘 없는 모든 것은 너희에게 가증한 것이라"(9), 9-12절 안에는 "가증하다"는 말이 네 절 안에 4번 등장합니다.

㉡ 여기서도 가증한 것과 아닌 것의 기준이 "지느러미와, 비늘"이 있느냐 여부입니다. 이를 교훈적으로 본다면, ㉮ "비늘"이 있는 물고기는 고등(高等)한 어족으로 성숙한 자를 가리키고, ㉯ "지느러미"는 등과 양쪽에 있어서 바르게 헤엄치게 하는 역할을 하는 것으로 바른 행실이라 할 수가 있습니다.

③ 새 종류 중 가증한 것(13-19)

㉠ "새 중에 너희가 가증히 여길 것은 이것이라 이것들이 가증한즉 먹지 말지니 곧 독수리와 솔개와 물수리와"(13), 여기서도 "가증"이란 말이

2번 강조되어 있습니다. 그리고 열거한 "독수리, 솔개"등은 육식조로 탐욕을 나타낸다 하겠습니다.

④ 곤충 중 먹을 것과 가증한 것(20-23)

㉠ "날개가 있고 네 발로 기어 다니는 곤충은 너희가 혐오할 것이로되"(20), 이런 것들은 "혐오", 즉 미워하라. 그런데 "다만 날개가 있고 네 발로 기어다니는 모든 곤충 중에 그 발에 뛰는 다리가 있어서 땅에서 뛰는 것은 너희가 먹을지니"(21)하십니다. 형제에게는 "뛰는 다리"가 있습니까? 라고 묻고 싶습니다.

⑤ 백성들을 부정하게 하는 주검(24-28)

㉠ "이런 것은 너희를 부정하게 하나니 누구든지 이것들의 주검을 만지면 저녁까지 부정할 것이며 그 주검을 옮기는 모든 자는 그 옷을 빨지니 저녁까지 부정하리라"(24-25), 이 대목에서도 "부정"하게 된다는 말이 9번이나 강조되어 있는데 "옷을 빨지니"하십니다.

⑥ 여러 가지 부정하게 하는 것들(29-43)

㉠ "땅에 기는 길짐승 중에 네게 부정한 것은 이러하니 곧 두더지와 쥐와 큰 도마뱀 종류와"(29), 29-43절 안에는 "부정하다"는 말이 무려 18번, "가증하다"는 말도 3번이나 강조되어 있습니다. 그리하여 "옷을 빨라"(40)하십니다. 우리도 부지중에 부정하게 됩니다. 자주 자주 예복을 빨아야 하겠습니다.

⑦ 결론적인 말씀(44-47)

㉠ 11장을 말씀하시는 하나님의 의중이 결론부분에 명백하게 나타나 있습니다. "나는 여호와 너희의 하나님이라 내가 거룩하니 너희도 몸을 구별하여 거룩하게 하고 땅에 기는 길짐승으로 말미암아 스스로 더

럽히지 말라"(44)하십니다. 이 말씀의 핵심은 "거룩"이고, 비결은 "구별"(區別)에 있고, 경계(警戒)는 "더럽히지 말라"는데 있습니다.

㉡ 이런 맥락에서 11장의 요절은, "나는 너희의 하나님이 되려고 너희를 애굽 땅에서 인도하여 낸 여호와라 내가 거룩하니 너희도 거룩할지어다"하신 45절이라 할 것입니다.

⑧ 그리고 레위기 11장은, "이는 짐승과 새와 물에서 움직이는 모든 생물과 땅에 기는 모든 길짐승에 대한 규례니 부정하고 정한 것과 먹을 생물과 먹지 못할 생물을 분별한 것이니라"(46–47)고 "분별"(分別)할 것을 강조함으로 마치고 있습니다.

㉠ 11장을 마치기 전에 생각해야 할 점은 구약시대란 신령(복음)한 의미가 의문(儀文)이라는 수건에 가려있던(고후 3:13–14) 시대라는 점입니다. 생축으로 드리는 여러 가지 제사제도가 그리스도께서 대속제물이 되실 것에 대한 그림자라면, 11장에서 말씀하는 "부정과, 가증, 혐오할 것"등도 성별의 삶에 대한 경계요, 이어지는 12장부터 15장까지의 정결규례가 또한 당시의 상황과 눈높이에서 하신 경계인 것입니다. 궁극적으로 "부정하고, 가증"한 것은 "죄의 오염"에 대한 상징입니다. 하나님은 이스라엘 민족을 그리스도를 보내실 선민으로 택하셨기에 외적(外的)인 분별을 통해서 내적인 정결을 유지하게 하셨던 것입니다.

㉡ 언약하신 대로 그리스도는 선민 이스라엘을 통해서 오셨으며 의문의 수건은 벗어졌고, 휘장은 열려졌습니다. 그러므로 신약의 성도들은 의문이라는 문자만을 볼 것이 아니라 신령한 의미를 붙잡아야만 할 것입니다. 주님은 말씀하십니다. "너희는 다 내 말을 듣고 깨달으

라 무엇이든지 밖에서 사람에게로 들어가는 것은 능히 사람을 더럽게 하지 못하되 사람 안에서 나오는 것이 사람을 더럽게 하는 것이니라"(막 7:14-16). 하나님은 400년 동안이나 바로의 노예였다가 하나님의 백성이 된 자들을, "신령한 자들을 대함과 같이 너희에게 말할 수 없어서 육신에 속한 자 곧 그리스도 안에서 어린 아이들을 대함과 같이"(고전 3:1), 그들의 눈높이에서 거룩한 삶을 살도록 경계하신 것입니다. 결론은 "내가 거룩하니 너희도 분별하여 거룩하라"는 말씀입니다.

묵상해 봅시다

㉠ 11장이 놓여 있는 문맥과 말씀하는 의도에 대해서

㉡ "부정, 가증, 혐오"가 몇 번이나 강조되어 있으며 궁극적인 "부정"은 무엇인가에 대해서

㉢ 11장이 신약의 성도들에게는 어떻게 적용이 되는지에 대해서

레위기 12장, 15장

주제 : 너희 가운데 있는 성소를 더럽히지 말라

해산한 여인에 대한 정결규례

12장

1 여호와께서 모세에게 말씀하여 이르시되
2 이스라엘 자손에게 말여 이르라 여인이 임신하여

① **남자를 낳으면 그는 이레 동안 부정하리니** 곧 월경할 때와 같이 부정할 것이며
3 여덟째 날에는 **그 아이의 포피를 벨 것이요**
4 그 여인은 아직도 삼십 삼일을 지내야 산혈이 깨끗하리니 정결하게 되는 기한이 차기 전에는
성물을 만지지도 말며 성소에 들어가지도 말 것이며

5 ② **여자를 낳으면 그는 두 이레 동안 부정하리니** 월경할 때와 같을 것이며
산혈이 깨끗하게 됨은 육십 육일을 지내야 하리라

6 아들이나 딸이나 정결케 되는 기한이 차면 ③ **번제를 위하여 일 년 된 어린 양을 가져가고**
속죄제를 위하여 집비둘기 새끼나 산비둘기를 회막문 제사장에게로 가져갈 것이요
7 제사장은 그것을 여호와 앞에 드려서 그 여인을 위하여 속죄할지니 그리하면 산혈이 깨끗하리라

이는 아들이나 딸을 생산한 여인에게 대한 규례니라

8 ④ **여인이 어린양을 바치기에 힘이 미치지 못하면** 산비둘기 둘이나 집비둘기 새끼 둘을 가져다가
하나는 번제물로, 하나는 속죄 제물로 삼을 것이요 제사장은 그를 위하여 속할지니 그가 정결하리라

유출병에 대한 정결규례

15장

1 여호와께서 모세와 아론에게 말씀하여 이르시되
2 이스라엘 자손에게 말하여 이르라 누구든지 몸에 ⑤ **유출병이 있으면 그 유출병을 인하여 부정한 자라**
3 그의 유출병으로 말미암아 부정함이 이러하니 곧 **몸에서 흘러나오든지 그것이 엉겼든지 부정한즉**

13 유출병 있는 자는 그 유출이 깨끗해지거든 그가 정결하게 되기 위하여 이레를 센 후에 옷을 빨고
⑥ **흐르는 물에 몸을 씻을 것이라 그리하면 정하리니**
14 여덟째 날에는 **산비둘기 두 마리나 집비둘기 새끼 두 마리를 자기를 위하여 가져다가**
회막문 여호와 앞으로 가서 제사장에게 줄 것이요
15 **제사장은 그 한마리는 속죄제로, 번제로 드려 유출병으로 말미암아 여호와 앞에 속죄할 지니라**

28 **그의 유출이 그치면** 이레를 후에야 정하리니
29 ⑦ 그는 여덟째 날에 **산비둘기 두 마리나 집비둘기 새끼 두 마리를 자기를 위하여 가져다가**
회막문 앞 제사장에게로 가져올 것이요
30 제사장은 그 한 마리는 **속죄제로, 다른 한 마리는 번제로 드려**
유출로 부정한 여인을 위하여 여호와 앞에 속죄할 지니라
31 ⑧ **너희는 이와 같이 이스라엘 자손이 그 부정에서 떠나게 하여**
그들 가운데에 있는 내 성막을 그들이 더럽히고 그들이 부정한 중에서 죽지 않도록 할지니라

32 이 규례는 **유출병이 있는 자와 설정함으로 부정하게 된 자와**

33 불결기의 앓는 여인과 유출병이 있는 남녀와, 불결한 여인과 동침한 자에 대한 것이니라

12장, 15장

너희 가운데 있는 성소를 더럽히지 말라

> **15:31** 너희는 이와 같이 이스라엘 자손이 그들의 부정에서 떠나게 하여 그들 가운데 있는 내 성막을 그들이 더럽히고 그들이 부정한 중에서 죽지 않도록 할지니라

12장은 산모의 정결 규례이고, 15장은 유출병에 대한 정결 규례입니다. 두 장의 공통점은 "산혈과, 유출", 즉 몸에서 흘러나온다는 공통점이 있습니다. 전적타락, 전적 부패한 죄인의 몸에서 나오는 것은 그것이 무엇이든지 근원적으로 부정하다 하는 것이 성경의 가르침입니다. 왜냐하면 원죄 아래 있기 때문입니다. 그러므로 핵심은 정결해야 하는 이유인데 그들 가운데에 있는 하나님의 "성막"을 더럽히다가 죽지 않도록(15:31)하기 위해서라 하십니다.

도표를 보시면 12장은 자녀를 "생산한 여인에게 대한 규례"인데, ① "남자를 낳으면 7일 동안 부정하고", ② "여자를 낳으면 두 이레 동안 부정하

리니", ③ "속죄제와, 번제"를 드리라, ④ 만일 힘이 어린 양에게 미치지 못하거든 "비둘기 두 마리"로 대신하라 하십니다. 15장은 "유출병"의 정결규례인데, ⑤ "유출병이 있으면 부정한 자라"하면서, ⑥ "유출병이 깨끗하여지거든, 속죄제와 번제를 드리라", ⑦ "그의 유출이 지나면, 속죄제와 번제를 드리라"고 말씀하면서, ⑧ "이와 같이 부정에서 떠나게 하여 그들 가운데 있는 내 성막을 더럽게" 말라 하십니다. "속죄제와, 번제"를 드리라고 말씀하시는 것을 볼 때 "산모와, 유출병의 부정"이 생리적인 부정이 아니라 영적인 부정에 대한 상징이라는 점을 깨닫게 됩니다. 그리고 구약의 정결규례는 예법일 뿐 궁극적으로 정결케 되는 방도는 예수 그리스도의 구속을 통해서뿐이라는 점을 인식해야만 하겠습니다.

주제(主題) : 너희 가운데 있는 하나님의 성소를 더럽게 말라

㉠ 15:31절은 11장으로부터 시작된 "정결규례"에 대한 총 결론(結論)이라 할 수가 있는데 어찌하여 "정결"해야 하는지, 그 이유를 말씀해줍니다. "그들의 부정에서 떠나게 하여 그들 가운데 있는 내 성막을 그들이 더럽히고 그들이 부정한 중에서 죽지 않도록"하기 위해서라 하십니다. 제사장 나답과 아비후가 "여호와께서 명령하시지 아니한 다른 불을 담아 여호와 앞에 분향"하다가 죽임을 당하였을 때에 하나님은, "나는 나를 가까이 하는 자 중에서 내 거룩함을 나타내겠고 온 백성 앞에서 내 영광을 나타내리라"(10:3)고 말씀하셨습니다. 그러므로 하나님은 이방인들에게 정결규례를 지키라 명하시는 것이 아니라 "그들 중에 거하시려고" 택하신 자기 백성들에게 요구하시는 것입니다. 한마디로 "내가 거룩하니 너희도 거룩할지어다"

(11:45)하십니다.

㉡ 정결규례를 이해하는데 도움이 되는 말씀이 신명기 23:12–14절에 있는데, “네 진영 밖에 변소를 마련하고 그리로 나가되 네 기구에 작은 삽을 더하여 밖에 나가서 대변을 볼 때에 그것으로 땅을 팔 것이요 몸을 돌려 그 배설물을 덮을지니 이는 네 하나님 여호와께서 너를 구원하시고 적군을 네게 넘기시려고 네 진영 중에 행하심이라 그러므로 네 진영을 거룩히 하라 그리하면 네게서 불결한 것을 보시지 않으므로 너를 떠나지 아니하시리라”하십니다. 이는 육적인 의미가 아닌 것입니다. 이제 막 출애굽한 자들이 영적으로 어리기 때문에 마치 어린아이에게 경계하듯 하시는 것입니다.

㉢ 그러므로 자녀를 생산하는 것이나, 유출병 자체가 부정하다는 위생학적인 말씀이 아니라, “누가 깨끗한 것을 더러운 것 가운데서 낼 수 있으리이까 하나도 없나이다”(욥 14:4)함과 같이 아담 안에서 전적타락, 전적부패 한 죄 덩어리 안에서 유출되는 것은 부정할 수밖에 없다는 점을 나타냅니다.

㉣ 다윗은 “내가 죄악 중에서 출생하였음이여 어머니가 죄 중에서 나를 잉태하였나이다, 우슬초로 나를 정결하게 (속죄제의 피를 묻혀 뿌림으로)하소서 내가 정하리이다 나의 죄를 씻어 주소서 내가 눈보다 희리이다”(시 51:5, 7)고 탄원합니다. 본문에는 “산혈”(産血)이라는 말이 자주 나오는데(4, 5, 7) 해산의 고통과 그에 수반하는 산혈은 범죄로 말미암은 결과(창 3:16)임을 유념해야만 합니다. 우리는 밖에서 안으로 들어가는 것이 더럽게 하는 것으로 여기고 관심을 기울이고 있지만, 성경은 사람 속에서 나오는 것이 부정하고 더럽힌다고 말씀합니다.

첫째 단원(12:1–8) **해산한 여인에 대한 정결규례**

둘째 단원(15:1–33) **유출병에 대한 정결규례**

첫째 단원(12:1–8) 해산한 여인에 대한 정결규례

"여호와께서 모세에게 말씀하여 이르시되"(1),

① "이스라엘 자손에게 말하여 이르라 여인이 임신하여 남자를 낳으면 그는 이레 동안 부정하리니 곧 월경할 때와 같이 부정할 것이며"(2),

㉠ "여인이 임신하여 남자를 낳으면"하신 말씀을 대하면서 생각나는 장면이 있습니다. 계시록 12장에 "여자가 아들을 낳으니 이는 장차 철장으로 만국을 다스릴 남자라 그 아이를 하나님 앞과 그 보좌 앞으로 올려가더라"(계 12:5)한 장면입니다. ㉮ "철장으로 만국을 다스릴 남자"란 그리스도가 분명한데 그렇다면 그를 해산하는 ㉯ "여인"은 누구란 말인가? 구속사의 맥락으로 보면 "구약교회"로 보아야만 할 것입니다 (계시록 파노라마 참고). "구약교회"가 그리스도를 해산해야 할 여인과 같기 때문에 이처럼 엄격한 정결규례를 명하시는 것입니다.

㉡ "여덟째 날에는 그 아이의 포피를 벨 것이요"(3)하십니다. "포피를 베라"하심은 하나님께서 아브라함에게, "너희 중 남자는 다 할례를 받으라 이것이 나와 너희와 너희 후손 사이에 지킬 내 언약이니라"하신 할례인데 "이것이 나와 너희 사이의 언약의 표징이니라"(창 17:10–11), 즉 언약백성이라는 증표라는 말씀입니다. 동일하게 해산한 여인에 대한 "정결규례"도 언약백성들에게 주어진 규례임을 유념해야만 합

니다.

㉢ "그 여인은 아직도 삼십 삼일을 지내야 산혈이 깨끗하리니 정결하게 되는 기한이 차기 전에는 성물을 만지지도 말며 성소에 들어가지도 말 것이며"⑷하십니다. 그러니까 2절에서 말씀한 7일+33일=40일이 부정한 기간인 셈입니다. 구속사의 맥락에서 볼 때에 40이라는 숫자는 타락한 죄인이 통과해야 할 연단의 기간을 상징합니다.

② "여자를 낳으면 그는 두 이레 동안 부정하리니", 즉 7×2=14일 동안 부정하고, "산혈이 깨끗하게 됨은 육십 육일을 지내야 하리라"⑸하십니다. 그러니까 남자를 낳았을 때의 곱이 됩니다. 이는 "아담이 속은 것이 아니고 여자가 속아 죄에 빠졌음이니라"(딤전 2:14)한 반영으로 여겨집니다.

③ 중요한 것은, "아들이나 딸이나 정결하게 되는 기한이 차면 그 여인은 번제를 위하여 일 년 된 어린 양을 가져가고 속죄제를 위하여 집비둘기 새끼나 산비둘기를 회막 문 제사장에게로 가져갈 것이요"⑹한 말씀입니다. 정결규례의 핵심도 기한(期限)만 지나면 깨끗해지는 것이 아니라 "번제와, 속죄제"를 드려서 정결하게 된다는 점을 주목하게 합니다. 이는 모든 부정(不淨)의 근본적인 원인은 "죄"요, 죄는 그리스도의 대속적인 죽음을 통해서만 해결이 될 수 있다는 점을 나타내기 때문입니다.

④ "그 여인이 어린 양을 바치기에 힘이 미치지 못하면 산비둘기 두 마리나 집비둘기 새끼 두 마리를 가져다가 하나는 번제물로, 하나는 속죄제물로 삼을 것이요 제사장은 그를 위하여 속죄할지니 그가 정결하리라"⑻하십니다.

㉠ 두 가지 뜻이 있는데 첫째는 가난한 자를 생각하시는 하나님의 긍휼이요, 둘째는 정결하게 하는 능력이, 양 또는 비둘기라는 제물 자체

에 있는 것이 아니라 이는 상징일 뿐 오직 "한 몸"의 대속을 통해서만 이 가능하여진다는 점을 말씀해줍니다.

㉡ 12장을 마치기 전에 생각할 점은, "아담 안에서 모든 사람이 죽은 것 같이 그리스도 안에서 모든 사람이 삶을 얻으리라"(고전 15:22)하신 말씀입니다. 여인이 자녀를 해산한 행위는 아담 안에서 이루어진 일입니다. 그러므로 그 자녀는 다윗의 고백대로 하나님과 분리된 "죄악 중에" 태어나고 있다는 점입니다. 산모와 자녀는 "속죄제와, 번제"를 통해서 아담 안에서 그리스도 안으로 옮겨지게 되고 할례를 받음으로 언약백성이 되었다는 증표를 받게 된다는 점을 명심해야만 합니다.

㉢ 이를 알고 믿는 그리스도인이라면 자녀가 태어났다고 좋아만 할 것이 아니라, 이 자식도 원죄 하에서 태어나 예수 그리스도의 구속을 의지할 것 밖에는 달리는 소망이 없음을 고백하는 경건한 마음과, 하나님께 바친다는 번제의 정신이 필요하고, 언약백성으로 키우고자 하는 할례의 표징을 마음에 간직해야함이 마땅하다 하겠습니다.

둘째 단원(15:1-33) 유출병에 대한 정결규례

15장은 "유출병"으로 인한 부정과 이를 정결하게 하는 규례입니다. 그 사이에 있는 13-14장은 "나병"에 대한 정결규례입니다. 레위기의 정결규례가 1차 독자들에게는 집단생활(集團生活)을 하는 위생적인 면이 고려되었을 것입니다만 궁극적인 문제는 어떻게 하면 죄의 오염으로부터 정결해질 수

가 있는가 하는 문제입니다. "여호와께서 모세와 아론에게 말씀하여 이르시되"(1),

⑤ "이스라엘 자손에게 말하여 이르라 누구든지 그의 몸에 유출병이 있으면 그 유출병으로 말미암아 부정한 자라"(2).

㉠ 15장에는 "유출(流出) 또는 유출병"이라는 말이 23번이나 등장합니다. "유출병"은 몸에서 더러운 것이 흘러나오는 병인데 그러므로 "불결"하다는 말도 8번, "부정"(不淨)하다는 말은 무려 33번이나 나옵니다. "그의 유출병으로 말미암아 부정함이 이러하니 곧 그의 몸에서 흘러나오든지 그의 몸에서 흘러나오는 것이 막혔든지 부정한즉"(3) 합니다.

⑥ "유출병이 있는 자는 그의 유출이 깨끗해지거든 그가 정결하게 되기 위하여 이레를 센 후에 옷을 빨고 흐르는 물에 그의 몸을 씻을 것이라 그러면 그가 정하리니"(13),

㉠ 또한 본문에는 "몸을 씻고, 옷을 빨라"는 말도 23번이나 나옵니다. 이것이 구약의 성도들이 할 수 있는 방법이었을 것입니다. 그러나 궁극적으로는, "여덟째 날에 산비둘기 두 마리나 집비둘기 새끼 두 마리를 자기를 위하여 가져다가 회막 문 여호와 앞으로 가서 제사장에게 줄 것이요 제사장은 그 한 마리는 속죄제로, 다른 한 마리는 번제로 드려 그의 유출병으로 말미암아 여호와 앞에서 속죄할지니라"(14-15)고, 동일하게 "속죄제와 번제"를 통해서 깨끗함을 얻을 수 있다고 말씀합니다.

㉡ 이점을 히브리서는 해설해주기를, "이런 것은 먹고 마시는 것과 여러 가지 씻는 것과 함께 육체의 예법일 뿐이며 개혁할 때까지 맡겨 둔 것

이니라"(히 9:10)합니다. 그리고 언급하기를 "염소와 황소의 피와 및 암송아지의 재를 부정한 자에게 뿌려 그 육체를 정결하게 하여 거룩하게 하거든 하물며 영원하신 성령으로 말미암아 흠 없는 자기를 하나님께 드린 그리스도의 피가 어찌 너희 양심을 죽은 행실에서 깨끗하게 하고 살아 계신 하나님을 섬기게 하지 못하겠느냐"(히 9:13-14)고 그리스도에게로 인도해줍니다.

⑦ "그의 유출이 그치면 이레를 센 후에야 정하리니"(28),

㉠ "그는 여덟째 날에 산비둘기 두 마리나 집비둘기 새끼 두 마리를 자기를 위하여 가져다가 회막 문 앞 제사장에게로 가져갈 것이요 제사장은 그 한 마리는 속죄제로, 다른 한 마리는 번제로 드려 유출로 부정한 여인을 위하여 여호와 앞에서 속죄(贖罪)할지니라"(29-30)고, "유출병"을 "죄"의 상징으로 여기고 있습니다.

15장의 정결규례가 신약교회에는 어떻게 적용이 되는가? 첫째는 우리가 "택하신 족속이요 왕 같은 제사장들이요 거룩한 나라요 그의 소유가 된 백성이기"(벧전 2:9)때문에 정결규례를 지키라 명하신다는 점입니다. 둘째로 주님은 "사람에게서 나오는 그것이 사람을 더럽게 하느니라 속에서 곧 사람의 마음에서 나오는 것은 악한 생각 곧 음란과 도둑질과 살인과 간음과 탐욕과 악독과 속임과 음탕과 질투와 비방과 교만과 우매함이니 이 모든 악한 것이 다 속에서 나와서 사람을 더럽게 하느니라"(막 7:20-23)고 말씀하십니다. 이런 것들이 사람을 더럽게 하는 유출병이라 할 수가 있습니다.

⑧ 정결규례의 총 결론은, "너희는 이와 같이 이스라엘 자손이 그들의 부정에서 떠나게 하여 그들 가운데에 있는 내 성막을 그들이 더럽히고 그들이 부정한 중에서 죽지 않도록 할지니라"(31)하십니다.

㉠ "죽지 않도록 하라"하십니다. 유출병으로 죽은 것이 아니라 "죄의 값은 사망"입니다. 하나님은 죽지 않고 살 수 있는 해결책을 마련해주시기 위해서 제사제도와 정결규례를 베푸신 것입니다. 그리고 "죽지 않게"하는 방도는 양이나 염소나 비둘기의 피로 되는 것이 아니라 오직 그리스도의 대속을 통해서만이 가능하여질 수가 있다는 점에 확고해야만 합니다. 이점이 모든 정결규례가 "속죄제와 번제를 드리라"고 말씀하는데서 분명히 드러납니다.

㉡ 그리고 명심할 점은 "그 가운데 있는 내 성막"(聖幕)이라 하신 말씀입니다. 이 "성막"이 임마누엘로 임하였고, 그리스도께서 우리 대신 죽으심으로 말미암아 이제는 교회와 그리스도인의 몸이 성전(성막)이 된 것입니다. 그러므로 명심할 점은 "누구든지 하나님의 성전을 더럽히면 하나님이 그 사람을 멸하시리라 하나님의 성전은 거룩하니 너희도 그러하니라"(고전 3:17)하신 경계입니다.

묵상해 봅시다

㉠ 산모의 정결규례의 신령한 의미에 대해서

㉡ 유출병의 정결규례에 대한 영적 의미에 대해서

㉢ 내 속에서는 어떤 유출병들이 흘러나오고 있는가에 대해서

레위기 13장, 14장 개관도표

주제 : 나병의 진단과 정결규례

<table>
<tr>
<td>나병의 진단규례</td>
<td>

13:1-59

1 여호와께서 모세와 아론에게 말씀하여 이르시되
2 ① **사람이 그의 피부에 무엇이 돋거나 뾰르지가 나거나 색점이 생겨서 그 피부에 나병같은 것이** 생기거든 그를 제사장 아론에게나 그 아들 중 한 제사장에게로 데리고 갈 것이요
3 **제사장은 그 피부의 병을 진찰할지니**
② 이는 나병의 환부라 **제사장이 진단하여 그를 부정하다 할 것이요**
12 ③ **제사장의 보기에 나병이, 그 환자의 머리부터 발까지 퍼졌으면**
13 그가 진찰할 것이요 나병이 **과연 그의 전신에 퍼졌으면 그 환자를 정하다 할지니** 다 희어진 자인즉 정하거니와
45 ④ **나병 환자는 옷을 찢고 머리를 풀며** 윗입술을 가리우고 외치기를 부정하다 부정하다 할 것이요
46 병 있는 날 동안은 늘 부정할 것이라 **그가 부정한즉 혼자 살되 진영 밖에서 살지니라**
59 이는 털옷에나 베옷에나 그 날에나 씨에나 가죽으로 만든 모든 것에 발생한 **나병 색점의 정하고 부정한 것을 단정하는 규례니라**

</td>
</tr>
<tr>
<td>나병의 정결규례</td>
<td>

14:1-57

1 여호와께서 모세에게 말씀하여 이르시되
2 **나병 환자가 정결하게 되는 날의 규례는 이러하니**
3 ⑤ **제사장은 진영에서 나가서 진찰할지니** 그 환자에게 있던 나병 환부가 나았으면
4 제사장은, 그를 위하여 명령하여 ⑥ **새 두마리와 백향목** 과 홍색실과 우슬초를 가져오게 하고
5 제사장은 또 명령하여 **새 하나는 흐르는 물 위 질그릇 안에서 잡게 하고**
6 ⑦ **잡은 새의 피를 찍어**
7 정결함을 받을 자에게 일곱 번 뿌려 정하다 하고 **살아 있는 새는 들에 놓을지며**
10 ⑧ 여덟째 날에 그는 **흠 없는 어린 숫양 두 마리와 일년 된 흠 없는 어린 암양 한 마리와 또 고운 가루 십분의 삼 에바에 기름 섞은 소제물과 기름 한 록을 취할 것이요**
14 ⑨ **제사장은 그 속건제물의 피를 취하여 정결함을 받을 자의 오른쪽 귓부리와** 오른쪽 **엄지손가락과 오른쪽 엄지발가락에 바를 것이요**
15 제사장은 또 그 한 록의 **기름을 취하여** 자기 왼쪽 손바닥에 따르고
16 그것을 여호와 앞에 일곱번 뿌릴 것이요
17 ⑩ 손에 남은 기름은 제사장이 **정결함을 받을 자의 오른쪽 귓부리와 오른쪽 손 엄지가락과** 오른쪽 **엄지발가락 곧 속건제물의 피 위에 바를 것이며**
18 **머리에 바르고 제사장은 여호와 앞에서 그를 위하여 속죄하고**
19 또 제사장은 속죄제를 드려 그 부정함으로 말미암아 정결함을 받을 자를 위하여 속죄하고 **그 후에 번제물을 잡을 것이요**
20 제사장은 그 번제와 소제를 제단에 드려 그를 위하여 속죄할 것이라 그리하면 그가 정결하리라
57 ⑪ 어느 **때는 부정하고 어느 때는 정함을 가르치는 것이니 나병의 규례가 이러하니라**

</td>
</tr>
</table>

13장, 14장

나병의 진단과 정결규례

14:14 제사장은 그 속건제물의 피를 취하여 정결함을 받을 자의 오른 쪽 귀뿌리와 오른 쪽 엄지손가락과 오른 쪽 엄지발가락에 바를 것이요

13장은 나병에 대한 진단(診斷)규례이고, 14장은 나병이 완치된 자를 정결(淨潔)하게 하는 규례입니다. 그러니까 13장에서 진찰하여 나병이라는 진단을 받은 자가, 14장에서 완치되어 정결하게 되는 내용입니다. 그러므로 이 대목에서 사활적으로 중요한 것은 13장의 요점은, "그가 부정한즉 혼자 살되, 진영(陣營)밖에서 살지니라"(13:46)한 "진영 밖"으로의 추방이요, 14장의 요점은 "그리하면 정하리니 그 후에 진영(陣營)에 들어올 것이라"(14:8)한 "들어옴"입니다. 어찌하여 아담 하와가 진영 밖으로 추방되었으며, 추방을 당한 자가 진영 안으로 들어오는 것이 어떻게 해서 가능하여 지는가? 여기에 13장–14장이 우리에게 적용이 되는 바가 있는 것입니다.

도표를 보시면 "제사장은 그 피부병을 진찰할지니"를 중심으로, ① "피부에 색점이 생겨서 나병같이 되거든" 제사장에게로 데려갈 것이요, ② "제

사장이 진단하여 그를 부정하다 할 것이요", ③ "나병이 전신에 퍼졌으면 정하다 할 것이요", ④ 나병 환자는 "부정하다, 부정하다" 외치고, "진영 밖에 살지니라"합니다.

15장은 나병이 완치된 자의 정결규례인데 "나병 환자의 정결하게 되는 규례"를 중심으로, ⑤ "제사장은 진에서 나가서 진찰할 것이요", ⑥ "살아 있는 새 두 마리"를 준비하여, ⑦ "잡은 새의 피를 일곱 번 뿌리고" 한 마리는 "놓을 지며", ⑧ 숫양과 암양으로 "속건제"를 드리라 합니다. ⑨ 그 피를 "엄지손과 엄지발가락과 귀뿌리에" 바를 것이요, ⑩ 기름을 "귀뿌리와 엄지손가락, 엄지발가락"에 바른 피 위에 바르라 하시고, ⑪ 이것이 "부정하고 정함을 가르치는 나병규례라"하십니다.

주제(主題) : 나병의 진단과 정결규례

㉠ 먼저 생각할 점은 이 규례를 명하시는 대상이 누구들인가 하는 점입니다. 바로의 노예였다가 유월절 어린양의 피로 구속함을 얻어 신분(身分)이 하루아침에 하나님의 백성으로 바뀐 자들입니다. 그러나 첫째로, 그들은 옛 행실을 온전히 벗어버리지 못한 상태요, 둘째는 영적으로는 어린아이와 같은 단계이고, 셋째는 약속의 땅에 들어가기 전까지는 열악한 환경에서 집단생활을 해야 하는 처지이고, 넷째는 복음이 밝히 나타나기 이전, 즉 의문이라는 수건에 가려있던 시대에 주어진 규례라는 점입니다. 이런 상황 하에서 그들에게 주어진 규례의 목적은 1차적으로는 백성의 건강을 염두에 두었을 것이나 궁극적인 의도는 하나님의 백성답게 거룩한 삶을 살게 하시려는데 있는 것입니다. 이점을 백성들이 이해하기 쉽도록 "나병"을

들어서 경계하시려는 것입니다.

㉡ 왜냐하면 나병은 죄의 특성을 가장 잘 나타내는 질병이기 때문입니다. ㉮ 잠복하고 있을 때는 알기가 어렵고, ㉯ 잠복 기간이 길고, ㉰ 전염성이 강하고, ㉱ 일단 드러나게 되면 비참한 결과를 가져오게 되어, ㉲ 가족과 분리를 가져오게 된다는 점 등이 죄의 특성과 유사합니다. 그러므로 "혼자 살되, 진 밖에 살지니라"(46)하고 격리시키라 하시는 것입니다.

㉢ 그러므로 본문 안에는 "진찰하여"라는 말이 16번, "진단하라"는 말도 9번이나 등장합니다. 진찰(診察)하여 진단(診斷)하는 일은 "제사장"이 담당해야 한다고 말씀합니다. 이는 전문의와 같은 분별력이 있어야 하는 직무였을 것입니다. 그러므로 분명치 않을 때에는 7일 동안 격리시켜놓고 살펴보라고 말씀합니다.

㉣ 이처럼 구약교회의 성별을 지켜야 할 책임이 제사장들에게 있었던 것입니다. 이 성결규례가 신약의 성도들에게는 "너희가 자랑하는 것이 옳지 아니하도다 적은 누룩이 온 덩어리에 퍼지는 것을 알지 못하느냐 너희는 누룩 없는 자인데 새 덩어리가 되기 위하여 묵은 누룩을 내버리라 우리의 유월절 양 곧 그리스도께서 희생되셨느니라 이러므로 우리가 명절을 지키되 묵은 누룩으로도 말고 악하고 악의에 찬 누룩으로도 말고 누룩이 없이 오직 순전함과 진실함의 떡으로 하자"(고전 5:6–8)고 말씀합니다. 이런 맥락에서 본문에는 "부정하다"는 말이 22번, "정하다"는 말도 17번이나 나옵니다.

첫째 단원(13:1–59) **나병의 진단규례**

둘째 단원(14:1–57) **나병의 정결규례**

"여호와께서 모세와 아론에게 말씀하여 이르시되"(1),

① "만일 사람이 그의 피부에 무엇이 돋거나 뾰루지가 나거나 색점이 생겨서 그의 피부에 나병 같은 것이 생기거든 그를 곧 제사장 아론에게나 그의 아들 중 한 제사장에게로 데리고 갈 것이요"(2),

② "제사장은 그 피부의 병을 진찰할지니 환부의 털이 희어졌고 환부가 피부보다 우묵하여졌으면 이는 나병의 환부라 제사장이 그를 진찰하여 그를 부정하다 할 것이요"(3),

㉠ "피부에 색점이 희나 우묵하지 아니하고 그 털이 희지 아니하면 제사장은 그 환자를 이레 동안 가두어둘 것이며 이레 만에 제사장이 그를 진찰할지니 그가 보기에 그 환부가 변하지 아니하고 병색이 피부에 퍼지지 아니하였으면 제사장이 그를 또 이레 동안을 가두어둘 것이며 이레 만에 제사장이 또 진찰할지니 그 환부가 엷어졌고 병색이 피부에 퍼지지 아니하였으면 피부병이라 제사장이 그를 정하다 할 것이요 그의 옷을 빨 것이라 그리하면 정하리라"(4–6)하십니다.

앞에서 언급한 대로 성경이 말씀하는 나병은 죄를 상징하는 경우가 많습니다. 그래서 전염성이 있는 나병과 단순한 피부병을 분별하기 위해서 얼마나 신중을 기하고 있는가를 보게 됩니다. 우리는 주님의 피로 사신 교회의 성결을 지키기 위해서 이만한 통찰력을 행사하고 있는가 하고 돌아보게 합니다.

㉡ "그러나 그가 정결한지를 제사장에게 보인 후에 병이 피부에 퍼지면 제사장에게 다시 보일 것이요 제사장은 진찰할지니 그 병이 피부에

퍼졌으면 그를 부정하다 할지니라 이는 나병임이니라"(7–8)합니다. 분별하는 요점은 "퍼졌느냐" 여부에 있습니다. 감독자로 세움을 입은 자가 "삼가고, 일깨어"(행 20:28–31) 있어야함은 죄의 오염과, 비 진리의 이단사상이 온 교회에 퍼지지 않게 하기 위해서입니다.

③ "제사장이 보기에 나병이 그 피부에 크게 발생하였으되 그 환자의 머리부터 발끝까지 퍼졌으면"(12),

㉠ "그가 진찰할 것이요 나병이 과연 그의 전신에 퍼졌으면 그 환자를 정하다 할지니 다 희어진 자인즉 정하거니와"(13)합니다. 이점에서 나병이 온 몸에 퍼졌으면 "정하다"니 이상하지 않습니까? 이 말씀이 의학적으로는 어떤 의미가 있는지 모르겠으나 영적인 의미는 분명하다 하겠습니다. 죄의 심각성은, "내가 입을 열지 아니할 때에 종일 신음하므로 내 뼈가 쇠하였도다"한 잠복(潛伏)하고 있을 때입니다.

그러나 "내가 이르기를 내 허물을 여호와께 자복하리라 하고 주께 내 죄를 아뢰고 내 죄악을 숨기지 아니하였더니", 즉 "전신에 퍼져" 다 드러났으면 알려져 퍼질 염려가 없기 때문에 "정하다, 즉 곧 주께서 내 죄악을 사하셨나이다"(시 32:3–5)하는 것이 아니겠습니까?

㉡ 그러나 "아무 때든지 그에게 생살이 보이면 그는 부정한즉" (14), 즉 그 죄를 되풀이 범한다면 "부정"한 자가 되어서 나병자로 취급하여 격리되어야 한다는 것입니다. 그러므로 진찰하여 진단을 내리는 요점은 환처가 "퍼졌느냐, 퍼지지 않았느냐"를 지켜보는 일입니다. 이 말이 17번이나 등장합니다. 이점을 목회서신에서는, "범죄한 자들을 모든 사람 앞에서 꾸짖어 나머지 사람들로 두려워하게 하라"(딤전 5:20)고 말씀합니다. 그러나 이 일은 신중에 신중을 기해야 할 사안입니다.

④ 그러므로 "나병 환자는 옷을 찢고 머리를 풀며 윗입술을 가리고 외치기를 부정하다 부정하다 할 것이요"(45), 즉 다른 사람에게 경각심을 갖게 하면서,

㉠ "병 있는 날 동안은 늘 부정할 것이라 그가 부정한즉 혼자 살되 진영 밖에서 살지니라"(46)합니다. 왜냐하면 접촉을 피하게 하여 다른 사람에게 전염이 되지 않게 하기 위해서입니다. 다시 상기시킵니다만 "진영 밖에 살라"는 13:46절과, "진영에 들어올 것이나" 한 14:8절의 결부를 놓치지 마시기를 바랍니다. 이점을 신약성경에서는 "밖에 있는 사람들은 하나님이 심판하시려니와 이 악한 사람은 너희 중에서 내쫓으라"(고전 5:13)고 말씀하고, 그가 회개하면 "그런즉 너희는 차라리 그를 용서하고 위로할 것이니 그가 너무 많은 근심에 잠길까 두려워하노라"(고후 2:7)고 회개한 자를 받아주라고 권면합니다.

㉡ "이는, 정하고 부정한 것을 진단하는 규례니라"(59)하십니다.

둘째 단원(14:1–57) 나병의 정결규례

14장은 나병을 치유 받은 사람에 대한 "정결규례"입니다. 하나님은 진단하여 "진영 밖"에 살도록 추방만 하시는 것이 아닙니다. 그것은 율법이 하는 일입니다. 복음은 그를 정결하게 하여 진영 안으로 맞아드려서 함께 살게 하시려는 것입니다. "여호와께서 모세에게 말씀하여 이르시되"(1),

⑤ "나병 환자가 정결하게 되는 날의 규례는 이러하니 곧 그 사람을 제사장에게로 데려갈 것이요"(2),

㉠ "제사장은 진영에서 나가 진찰할지니 그 환자에게 있던 나병 환부가 나았으면"(3), 예를 들어 이단사상에 물들었던 사람이 잘못을 깨닫고 돌아오면 어떻게 할 것인가? 먼저는 "진영에서 나가 진찰하라"하십니다. 이는 그의 회개가 진실한 것인지 검증하라는 뜻으로 여겨집니다.

⑥ "제사장은 그 정결함을 받을 자를 위하여 명령하여 살아 있는 정결한 새 두 마리와 백향목과 홍색 실과 우슬초를 가져오게 하고"(4),

㉠ "제사장은 또 명령하여 그 새 하나는 흐르는 물 위 질그릇 안에서 잡게 하고"(5)하십니다. 이는 이해할 수 없는 이상한 말씀이 아닙니다. 어린이들에게 실물(實物)교육을 하듯이 그들의 인식수준에서 하신 말씀인 것입니다. 그러므로 복음이 밝히 드러난 신약의 성도들은 "율법 조문"만 볼 것이 아니라 이를 통해서 영적인 의미(고후 3:6)를 깨달아야 하는 것입니다.

㉡ 요점은 "흐르는 물에서 제물을 잡으라"는데 있습니다. 이에 대한 신령한 의미는 분명합니다. 부정하여 진영 밖으로 추방되었던 그를 정결하게 하여 받아주기 위해서는 대속적인 "죽음"과, 그를 씻어줄 "흐르는 물"이 있어야 한다는 점입니다.

⑦ 그러면 "다른 새"는 어떻게 하라 하시는가? 먼저 "흐르는 물 위에서 잡은 새의 피를 찍어 나병에서 정결함을 받을 자에게 일곱 번 뿌려 정하다" 한 후에 "살아 있는 새는 들에 놓을지며"(6-7)하십니다. 얼마나 분명한 계시입니까?

㉠ 살아있는 새 두 마리를 준비하여 한 마리는 "죽임을 당하고, 다른 한 마리는 들에 놓으라"는 뜻은 새삼스럽게 설명이 필요가 없을 것입니

다. 그러므로 우리로 놀라게 하고 감격하게 하는 것은 속죄제물로 양이나 염소를 말씀하지 않고 "산 새"를 준비하라 하신 하나님의 의도를 깨닫게 되기 때문입니다. 그 점을 다른 한 마리 "새는 들에 놓으라"(7하)하시는 데서 하나님의 의도를 분명히 깨닫게 됩니다. 붙들려 있던 새가 놓임을 받게 되자 창공을 날아가는 광경을 상상해보시기를 바랍니다. 이를 통해서 나병에 곧 죄에 사로잡혔던 형제가 창공을 향하여 날아가는 새같이 자유하게 될 것을 계시하신 것입니다. 이점을 시편 124:7절에서는, "우리의 영혼이 사냥꾼의 올무에서 벗어난 새 같이 되었나니 올무가 끊어지므로 우리가 벗어났도다"고 찬양합니다.

㉡ 이를 위해서 우리의 대제사장 되시는 그리스도는 "진영에서 나가서 진찰할지니"(3상), 즉 영광의 보좌를 떠나야만 하셨고, 그 능욕을 지고 영문 밖으로 나가셔야만 했던 것입니다. 깨끗하게 하신 "그 후에 진영에 들어오라"(8중)하시는데, 무엇을 주저하고 있단 말입니까?

⑧ "여덟째 날에 그는 흠 없는 어린 숫양 두 마리와 일 년 된 흠 없는 어린 암양 한 마리와 또 고운 가루 십분의 삼 에바에 기름 섞은 소제물과 기름 한 록을 취할 것이요"(10), 즉 "숫양 둘과, 암양 하나와, 소제물"을 준비하라 하십니다. 무엇을 위해서입니까?

㉠ "놓임을 받은 새"를 들어서 계시하신 하나님은 이번에는 "어린 양"을 통해서 계시하시려는 것입니다. 구속교리는 한 번 말씀하고 지나쳐도 되는 것이 아닙니다. 확고하게 세워주기 위해서 "여러 부분과 여러 모양"(히 1:1)으로 얼마나 반복적으로 강조하고 있는가를 명심하시기를 바랍니다.

⑨ “그 어린 숫양은 거룩한 장소 곧 속죄제와 번제물 잡는 곳에서 잡을 것이며”(13)하십니다. 대속제물은 피를 흘리고 죽어야만 하는 것입니다. 왜냐하면 “피 흘림이 없은즉 사함이 없기”(히 9:22) 때문입니다.

㉠ 우리를 정결하게 하기 위해서 하나님의 어린 양이 죽임을 당하셨습니다. 그리고 흘리신 피가 우리들의 “오른쪽 귓부리와 오른쪽 엄지손가락과 오른쪽 엄지발가락”(14)에 발라졌다는 점을 잊지 마시기를 바랍니다. 하나님의 명령하심이 얼마나 자상하고 충족된 계시인가를 보십시오. “피”를 귀에 바른 것은 하나님의 말씀을 바르게 알아듣기 위해서요, 손에 바른 것은 하나님을 바르게 섬기기 위함이요, 발에 바른 것은 하나님의 말씀을 바로 행하기 위해서인 것입니다.

㉡ 이는 8:23–24절에서 아론과 아들들을 제사장으로 위임할 때에 행한 일입니다. 그러니까 나병환자와 같은 우리들을 “왕같은 제사장”으로 삼아주신 셈입니다. 그러므로 우리들은, “섬기는 일이면 섬기는 일로, 혹 가르치는 자면 가르치는 일로, 혹 위로하는 자면 위로하는 일로, 구제하는 자는 성실함으로, 다스리는 자는 부지런함으로, 긍휼을 베푸는 자는 즐거움으로”(롬 12:7–8)행해야 마땅한 것입니다.

㉢ 그런데 우리를 정결하게 하는 규례는 여기가 끝이 아닙니다. 14:17절입니다. 기름을 “정결함을 받을 자의 오른쪽 귓부리와 오른쪽 엄지손가락과 오른쪽 엄지발가락 곧 속건제물의 피 위에 바를 것이며”하십니다. 주목해보셨습니까? 우리는 이미 대속제물의 피가 “오른쪽 귓부리와 오른쪽 엄지손가락과 오른쪽 엄지발가락”에 발라진 자들입니다.

그런데 성령을 상징하는 “기름”을 피가 발라진 “오른쪽 귓부리와 오른쪽 엄지손가락과 오른쪽 엄지발가락, 피 위에 바르라”하시는 것입니다. 얼마나 놀랍고도 명백한 계시입니까! 우리는 대속제물의 피로 죄 사함을 받고 성령의 기름으로 거룩함을 받은 성도들인 것입니다.

㉣ 그런데 우리를 정결하게 하는 규례는 여기가 끝이 아니라는 점입니다. 14:18절입니다. "기름을, 정결함을 받는 자의 머리에 바르라"하신다는 점입니다. "머리에 기름을 바르라"는 말씀을 구속사라는 맥락으로 보면 구약시대는 대제사장에게 베푸신 것이요, 신약시대는 참 대제사장인신 그리스도를 가리키는 것으로 얼마나 엄청난 말씀인지요!!

죄의 상징인 나병에 사로잡힌 자에게 베푸시는 은총이 너무나 영광스럽기에 이를 다시 한 번 정리해보도록 하겠습니다.

㉮ 그에게 먼저는 "피를 귀, 손, 발"에 바름으로 죄 사함을 받게 하고,

㉯ 그 위에 "기름"으로 "귀, 손, 발"에 바름으로 지체들이 의의 병기가 되게 하고,

㉰ 기름으로 "머리"에 부음을 받아 "그리스도인"이 된 것입니다. 얼마나 영광스러운 계시입니까!

나병에 걸렸던 그에게 이럴만한 자격이나 공로가 있는 것이 아닙니다. 이는 마치 탕자가 돌아왔을 때에, "제일 좋은 옷을 내어다가 입히고 손에 가락지를 끼우고 발에 신을 신기라 그리고 살진 송아지를 끌어다가 잡으라 우리가 먹고 즐기자 이 내 아들은 죽었다가 다시 살아났으며 내가 잃었다가 다시 얻었노라 하니 그들이 즐거워하더라"(눅 15:22-24)하심과 같은 무가치한 자들에게 베푸시는 은혜인 것입니다.

⑩ 그런데 증언할 말씀이 아직 남았습니다. 그것은 19-20절입니다.

㉠ 19절에서는 "속죄제를 드리라"하십니다.

㉡ 그리고 20절에서는 "번제를 드리고",

㉢ "소제를 드리라"하십니다.

㉤ 12절에서는 "속건제를 드리라"하셨습니다.

여기 "속건제, 속죄제, 번제, 소제"가 등장합니다. 나병(죄)에 사로잡혔던 자는 하나님의 이름에 손해를 끼친 자입니다. 그가 "속건제"를 통해서 사함을 얻게 되었고, "속죄제"를 통하여 죄의 오염으로부터도 자유하게 되었으며, "번제"를 통하여 당당히 하나님께 헌신(獻身)하게 되었고, "소제"를 드림으로 책임(責任)있는 하나님의 백성으로 살아가게 된 것입니다.

복음서에는 주님께서 "나병"을 고쳐주신 기사와 언급이 많이 등장합니다. 우리는 실로 "나병환자"와 같은 자들이었습니다. 그런 우리들을 "왕 같은 제사장"의 위에 오르게 해주신 것입니다.

⑪ 그리고 57절은 결론인데, "어느 때는 부정하고 어느 때는 정함을 가르치는 것이니 나병의 규례가 이러하니라"(57)하십니다. 주님은 말씀하십니다. "이와 같이 죄인 한 사람이 회개하면 하늘에서는 회개할 것 없는 의인 아흔아홉으로 말미암아 기뻐하는 것보다 더하리라"(눅 15:7).

묵상해 봅시다

㉠ 새 두마리가 상징하는 구속사적 의미에 대해서

㉡ 귀, 손, 발에 피와 기름을 바르라 하심에 대해서

㉢ "진영 밖에 살지니라와, 진영에 들어올 것"이라는 구속사적인 의미에 대해서

레위기 16장 개관도표

주제 : 대 속죄일의 규례

지성소에 들어오려면

1–10

1 ① **아론의 두 아들이 여호와 앞에 나아가다가 죽은 후에** 여호와께서 모세에게 말씀하시니라
2 여호와께서 모세에게 이르시되 네 형 아론에게 이르라
성소의 휘장 안 법궤 위 속죄소 앞에 아무 때나 들어오지 말라 그리하여 죽지 않도록하라
내가 구름 가운데서 속죄소 위에 나타남이니라

3 ② 아론이 **성소에 들어오려면 수송아지로 속죄 제물을 삼고 숫양으로 번제물을 삼고**
4 **거룩한 세마포 속옷을 입으며 세마포 속바지를 몸에 입고 세마포 띠를 띠며 세마포 관을 쓸지니**
이것들은 거룩한 옷이라 물로 몸을 씻고 입을 것이며
5 ③ **이스라엘 자손의 회중에게서 속죄제물로 삼기 위하여**
숫염소 두 마리와 번제물로 위하여 숫양 하나를 가져올지니라
6 **아론은 자기를 위한 속죄제의 수송아지를 드리되** 자기와 집안을 위하여 속죄하고
7 또 그 두 염소를 가지고 회막문 여호와 앞에 두고 8 **두 염소를 위하여 제비 뽑되 한 제비는 여호와를 위하고**
한 제비는 아사셀을 위하여 할지며 9 아론은 여호와를 위하여 제비 뽑은 염소를 속죄제로 드리고
10 아사셀을 위하여
제비 뽑은 염소는 산채로 여호와 앞에 두었다가 그것으로 속죄하고 **아사셀을 위하여 광야로 보낼 지니라**

피를 속죄소 위에 뿌리라

11–28

11 ④ 아론은 **자기를 위한 속죄제의 수송아지를 드리되** 자기와 집안을 위하여 속죄하고
자기를 위한 그 속죄제 수송아지를 잡고
12 ⑤ **향로를 가져다가 여호와 앞 제단 위에서 피운 불을 그것에 채우고** 또 곱게 간 향기로운 향을 두 손에 채워
휘장 안에 들어가서 13, 여호와 앞에서 분향하여 향연으로 증거궤 위 속죄소를 가리우게 할지니
그리하면 그가 죽지 아니할 것이며
14 그는 또 수송아지의 피를 가져다가 손가락으로 속죄소 동쪽에 뿌리고
또 손가락으로 그 피를 속죄소 앞에 일곱 번 뿌릴 것이며
15 ⑥ **또 백성을 위한 속죄제 염소를 잡아 그 피를 가지고 휘장 안에 들어가서**
그 피로 행하여 속죄소 위와 속죄소 앞에 뿌릴지니
16 곧 이스라엘 자손의 부정과 그들이 범한 모든 죄로 말미암아 지성소를 위하여 속죄하고
또 그들의 부정한 중에 있는 회막을 위하여 그같이 할 것이요
17 그가 지성소에 속죄하러 들어가서 자기와 그 집안과 ⑦ **이스라엘 온 회중을 위하여 속죄하고 나오기까지는**
누구든지 회막에 있지 못할 것이며
18 그는 여호와 앞 제단으로 나와서 그것을 위하여 속죄할지니 곧 그 수송아지의 피와 염소의 피를 가져다가
제단 귀퉁이 뿔들에 바르고
19 또 손가락으로 그 피를 그 위에 일곱 번 뿌려 이스라엘 자손의 부정에서 제단을 성결하게 할 것이요
20 그 지성소와 회막과 제단을 위하여 속죄하기를 마친 후에 살아 있는 **염소를 드리되**
21 ⑧ **아론은 그의 두 손으로 살아 있는 염소의 머리에 안수하여 이스라엘 자손의 모든 불의와 그 범한**
모든 죄를 고하고 그 죄를 염소의 머리에 두어 미리 정한 사람에게 맡겨 광야로 보낼지니
22 염소가 그들의 모든 불의를 지고 접근하기 어려운 따에 이르거든 그는 **그 염소를 광야에 놓을 지니라**
23 아론은 회막에 들어가서 지성소에 들어갈 때에 입었던 세마포 옷을 벗어 거기 두고
24 거룩한 곳에서 물로 몸을 씻고 자기 옷을 입고 나와서 ⑨ **자기의 번제와 백성의 번제를 드려**
자기와 백성을 위하여 속죄하고 25 속죄제물의 기름을 제단에 불사를 것이요
26 염소를 아사셀에게 보낸 자는 옷을 빨고 물로 몸을 씻은 후에 진영에 들어올 것이며 27 속죄제 수송아지와
속죄제 염소의 피를 성소로 들여다가 속죄하였은즉 그 가죽과 고기와 똥을 밖으로 내어다가 불사를 것이요
28 불사른 자는 옷을 빨고 물로 그의 몸을 씻은 후에 진영에 들어올 지니라

대속죄일 큰안식일

29–34

29 너희는 영원히 이 규례를 지킬지니라 ⑩ 일곱째 달 **곧 그 달 십일에 너희는 스스로 괴롭게 하고** 아무 일도 하지 말되
본토인이든지 너희 중에 거류하는 거류민이든지 그리하라
30 **이 날에 너희를 위하여 속죄하여** 너희를 정결하게 하리니 너희 모든 죄에서 너희가 여호와 앞에 정결하리라
31 ⑪ **이는 너희에게 안식일 중의 안식일인즉** 너희는 스스로 괴롭게 할지니 영원히 지킬 규례라
32 그 기름 부음을 받고 위임되어 자기의 아버지를 대신하여 제사장의 직분을 행하는 제사장은 속죄하되
세마포 옷 곧 거룩한 옷을 입고
33 지성소를 속죄하며 회막과 제단을 속죄하고 또 제사장들과 백성의 회중을 위하여 속죄할지니
34 이는 너희의 영원히 지킬 규례라 이스라엘 자손의 모든 죄를 위하여 일 년 한 번 속죄할 것이니라
아론이 여호와께서 모세에게 명하신대로 행하니라

16장
대 속죄일의 규례

15 또 백성을 위한 속죄제 염소를 잡아 그 피를 가
지고 휘장 안에 들어가서 그 수송아지 피로 행함
같이 그 피로 행하여 속죄소 위와 속죄소 앞에 뿌
릴지니

16장은 레위기의 중심장이라 할 수가 있습니다. 왜냐하면 대제사장이 1년에 1차 지성소에 들어갈 수 있는 "대 속죄일"(29)에 대한 규례요, 이로 말미암아 백성이 범한 "모든 죄와 모든 불의"(21, 22)가 사함을 받는 날이기 때문입니다. 이는 창세기 3장에서 추방당한 아담의 후예들이 하나님 보좌 앞으로 "들어가는 것"이 어떻게 가능하게 되는가를 계시하시는 내용입니다. 그래서 대속죄일을 "안식일 중의 안식일"(31)이라 하는 것입니다.

도표를 보시면 "성소의 휘장 안 법궤 위 속죄소 앞에 아무 때나 들어오지 말라 그리하여 죽지 않도록 하라"는 말씀을 중심으로, ① "아론의 두 아들이 여호와 앞에 나아가다가 죽은 후에", ② "성소에 들어오려면, 대속제물과 세마포를 입어야" 가능함을 말씀하면서, ③ 온 백성을 위한 속죄 제물로

숫염소 둘과 숫양 한 마리를 가져오라 하십니다. ④ 대제사장은 자기를 위한 속죄제와, ⑤ 향을 피운 후에, ⑥ 한 염소로 백성을 위한 속죄제를 드리게 되는데, ⑦ 그 때에는 아무도 장안에 있지 못하리라 하십니다. ⑧ 다른 한 염소에게 백성의 모든 죄를 짊어지게 하여 광야로 보내고, ⑨ 자기의 번제와 백성의 번제를 드리라. ⑩ 이 날은 7월 10일이요, ⑪ 이는 "안식일 중에 안식일"이라 하십니다. 이를 세 단원으로 나누어 상고하겠습니다.

주제(主題) : 하나님 보좌 앞에 나아갈 수 있는 방도

㉠ 16장은, "아론의 두 아들이 여호와 앞에 나아가다가 죽은 후에⑴, 이렇게 시작이 됩니다. 이를 구속사라는 맥락으로 보면, "먹는 날에는 반드시 죽으리라, 이같이 하나님이 그 사람을 쫓아내신"(창 3:24) 후에 라는 뜻이 됩니다. 하나님의 구원계획이란 "반드시 죽게 되고 추방당한 자들"을 살게 하고 돌아오게 하시려는 것입니다. 그래서 "아무 때나 들어오지 말라"⑵고 끝이신 것이 아니라 이어지는 말씀은, "아론이 성소에 들어오려면"⑶하고 "들어갈"수 있는 방도를 말씀하시는 것입니다. 그러면 하나님 존전에서 추방을 당한 죄인이 하나님 앞에 나아가는 것이 어떻게 가능하여지는가?

㉡ 원죄 하에 있는 아담의 후예들의 가장 절박한 소원이 무엇입니까? 그것은 "내가 어느 때에 나아가서 하나님 앞에 뵈올꼬"(시 42:2)한 하나님 앞에 "들어감"인 것입니다. 그런데 "아론의 두 아들"은 여호와 앞에 나아가다가 죽임을 당한 것입니다. 하나님이 시내산에 강림하셨을 때에도, "주위에 경계를 정하고, 그 경계를 침범하지 말지니, 침범하는 자는 반드시 죽임을 당할 것이라"(출 19:12)고 경고하셨습니다. 하나님이 시내산에 강림하신 것은

그곳에 자기 백성들이 있기 때문인데 찾아오셨으면서도 어찌하여 가까이 오지 말라 하시는가? 어둠이 빛 앞에, 불의한 자가 의로우신 하나님 앞에 설 수가 없기 때문입니다. 여기에 해결해야 할 난제(難題)가 있는 것입니다.

㉢ 그런데 출애굽기 19장에서는, "범하면 죽는다"고 끝이고 있지만 레위기 16장에서는, "성소에 들어오려면"(3)하고, 들어 갈 수 있는 방도를 말씀해주고 있는 것입니다. 이는 시내산의 율법(律法)으로는 불가능하고 성막, 즉 복음(福音)만이 할 수 있는 것입니다. 이점에서 다시 한 번 율법의 돌비만을 주시지 않고 성막을 주신 하나님을 찬양해야만 합니다.

㉣ 하나님은 이미 앞부분에서 그리스도께서 단번에 이루어주실 "번제, 소제, 화목제, 속죄제, 속건제"에 대해서 충분하리만치 말씀하셨습니다. 그런데 16장에서 또다시 "대 속죄일"을 통해서 말씀하시는 것입니다. 이는 인간의 성실치 못함과 불신앙을 아시기 때문에 "여러 부분과 여러 모양으로"(히 1:1) 2중 3중으로 말씀하시는 것입니다.

㉤ 그러므로 본문이 반복적(反復的)으로 말씀하기 때문에 복잡한 것 같으나 이를 간추리면 속죄일에는 백성을 위한 제물로 "숫염소 둘과 숫양 한 마리"(5), 대제사장 자신을 위한 "수송아지 하나와 숫양 한 마리"(3)등, 모두 5마리의 제물을 준비하라 하십니다. 이 제물들이 어떻게 사용되는가를 염두에 두고 상고하면 이해에 도움이 될 것입니다.

㉥ 신약성경은 해설하기를 "그리스도께서도 단번에 죄를 위하여 죽으사 의인으로서 불의한 자를 대신하셨으니 이는 우리를 하나님 앞으로 인도하려 하심이라"(벧전 3:18)고 말씀합니다. 16장은 이를 예표를 통해서 보여주고 있는 것입니다. 우리는 예수 믿으면 "구원, 영생, 천당, 축복" 등을 받게 된다고 말합니다. 이는 맞는 말이면서도 자기중심적인 말입니다. 그리

하여 예배의 참뜻, 기도의 의미를 곡해하게 되는 것입니다. 구원이란 예수 그리스도의 구속으로 말미암아 하나님 보좌 앞에 나아가는 것이 가능하게 되었고, 하나님과의 관계가 회복이 되었다는 차원에 강조점을 두어야만 합니다. 본문을 통해서 이점에 확고해지기를 바랍니다.

첫째 단원(1-10) **지성소에 들어오려면**

둘째 단원(11-28) **피를 속죄소 위와 앞에 뿌리라**

셋째 단원(29-34) **대속죄 일, 안식일 중에 안식일**

첫째 단원(1-10) 지성소에 들어오려면

① "아론의 두 아들이 여호와 앞에 나아가다가 죽은 후에 여호와께서 모세에게 말씀하시니라"(1).

㉠ 이는 10장에서 일어난 사건인데 16장에서 또다시 상기시키는 의도가 무엇인가? 이는 16장의 주제가 무엇인가를 제시해주고 있는데 그것은 "하나님 보좌 앞에 나아가는 것이 어떻게 가능하여지는가?" 하는 점입니다. 나답과 아비후가 죽임을 당한 것은 하나님이 명하시지 않은 다른 방법, 즉 "다른 복음"으로 여호와 앞에 나아가려다가 죽임을 당한 것입니다.

㉡ 하나님은 본문을 통해서 하나님께 나아가는 바른 방법, 유일한 방도를 계시하시려는 것입니다. 이는 시대를 초월하여 모든 하나님의 백성들에게 사활적으로 중요한 주제인 것입니다. "여호와께서 모세에

게 이르시되 네 형 아론에게 이르라 성소의 휘장 안 법궤 위 속죄소 앞에 아무 때나 들어오지 말라 그리하여 죽지 않도록 하라 이는 내가 구름 가운데에서 속죄소 위에 나타남이니라"(2)하십니다. 성막 양식을 말씀하실 때에 성소와 지성소 사이를 "휘장"으로 막으라 하셨습니다. 이는 "오직 너희 죄악이 너희와 너희 하나님 사이를 갈라 놓았다"(사 59:2)는 점을 나타냅니다. 그런데 대제사장에게 1년 1차 허용이 된 것도 그에게 자격이 있어서가 아니라 참대제사장 되시는 그리스도를 예표하는 인물이기 때문이요, 이를 통해서 그리스도의 구속사역을 계시하기 위해서 허용하신 것뿐입니다.

㉢ 구약시대란 원칙적(原則的)으로, "(지)성소에 들어가는 길이 아직 나타나지 아니한"(히 9:8)때였던 것입니다. 만일 구약시대에도 지성소에 들어가는 길이 있었다고 말한다면 십자가상에서 "다 이루었다"고 선언하셨을 때에야 휘장이 찢어진 것과, "나로 말미암지 않고는 아버지께로 올 자가 없다"하신 주님의 말씀을 부정하는 것이 됩니다. 그러므로 "아무 때나 들어오지 말라"하신 구약시대와는 반대로 신약의 성도들에게는, "모든 기도와 간구로 하되 항상(無時로) 성령 안에서 기도하고"(엡 6:18), 즉 1주일에 한번 주일만이 아닙니다. 하루 한 번도 아닙니다. 열 번도, 백번도 들어와도 좋다고 말씀하시는 것입니다. 휘장을 활짝 열어놓으시고 기다리신다는 뜻입니다. 이보다 더한 영광스러움과 특권(特權)과 축복이 무엇이란 말인가?

② 그러면 "아론이 성소에 들어오려면"(3상), 어떻게 해야만 가능한가? 16장은 이에 대한 해답입니다.

㉠ 첫째로 "수송아지를 속죄 제물로 삼고 숫양을 번제물로 삼고"(3하), 즉

대속제물이 필요하고,

㉡ 둘째로, "거룩한 세마포 속옷을 입으며 세마포 속바지를 몸에 입고 세마포 띠를 띠며 세마포 관을 쓸지니 이것들은 거룩한 옷이라 물로 그의 몸을 씻고 입을 것이며"(4), 즉 예복이 필요하다는 것입니다. 이 점에서 유념할 점은 대제사장이 지성소에 들어갈 때에는 위임식 때에 입은 화려한 정복(正服)을 입고 들어가는 것이 아니라는 점입니다. "세마포 속옷, 세마포 속바지, 세마포 띠, 세마포 관", 전체가 세마포(細麻布)로 된 옷을 입고 들어오라 하십니다. 이는 첫째로, 우리의 대제사장 되시는 그리스도께서 "그는 근본 하나님의 본체시나 하나님과 동등 됨을 취할 것으로 여기지 아니하시고 오히려 자기를 비워 종의 형체"(빌 2:6-7)를 가지실 비하(卑下)를 나타낸다 하겠습니다.

㉢ 그런데 이 "세마포" 옷이 그리스도인들에게는 어떻게 적용이 되는가? 그리스도의 구속으로 말미암아 의롭다함을 얻은 칭의(稱義)로 적용이 되는 것입니다. 이점을 히브리서는 "그러므로 형제들아 우리가 예수의 피를 힘입어 성소에 들어갈 담력을 얻었나니"(히 10:19)라고 말씀합니다. "예수의 피를 힘입어"라는 말은 구약적인 표현이고 신약적으로는 "이제 우리가 그의 피로 말미암아 의롭다 하심을 얻었다"(롬 5:9)는 "의롭다함"입니다. 율법의 행위로는 하나님 앞에 의롭다 하심을 얻을 수가 없기 때문에 들어갈 수가 없는 것입니다. 그러므로 누구를 막론하고 "예수의 피를 힘입어, 즉 칭의"를 힘입지 않고는 하나님 존전(尊前)에 들어갈 수가 없는 것입니다. 이점을 본문에서는 "세마포"로 표현을 하고 있는 것입니다.

㉣ 그런데 오늘날은 칭의 교리가 외면(外面)을 당하고 있습니다. 그러므

로 칭의(稱義)교리에 확고하기 위해서 좀 더 말씀을 드려야만 하겠습니다. 그리스도의 대속적인 죽음은 우리의 죄만을 사해주신 것이 아닙니다. 여기서 멈춰서는 아니 됩니다. 왜냐하면 죄 사함을 받았다는 것은 더러운 옷을 벗긴 것에 불과하기 때문입니다.

ⓜ 이점이 스가랴 3장에 명백하게 나타나는데 대제사장 여호수아가 더러운 옷을 입고 있었습니다. 그리하여 사탄은 자격이 없다고 대적을 합니다. 하나님은 "그 더러운 옷을 벗기라 하시고 또 여호수아에게 이르시되 내가 네 죄과(罪過)를 제거하여 버렸으니 네게 아름다운 옷을 입히리라"(슥 3:1-4)하십니다. "아름다운 옷", 이것이 "의롭다함" 곧 칭의입니다. 하나님께서는 "벗었으므로 두려워하여 숨었나이다"한 아담 하와에게도 "가죽옷을 지어 입히시니라"(창 3:21)고 입혀주셨다고 말씀합니다.

ⓑ 이점을 사도 바울은, "그들의 죄를 그들에게 돌리지 아니하시고, 하나님이 죄를 알지도 못하신 이를 우리를 대신하여 죄로 삼으신 것은" 합니다. 그런데 여기가 끝이 아니라 "우리로 하여금 그 안에서 하나님의 의가 되게 하려 하심이라"(고후 5:19, 21), 즉 의롭다고 여겨주시기 위해서라고 말씀합니다. 이점이 본문에서는 "거룩한 세마포 속옷을 입으며 세마포 속바지를 몸에 입고 세마포 띠를 띠며 세마포 관을 쓸지니"(4)라고 "세마포"로 표현이 되어 있는 것입니다.

ⓢ 의롭다함을 얻어야만 의로우신 하나님 앞에 나아가 의로우신 하나님과 화목할 수가 있는데 인간의 행위로는 의롭다함을 얻는다는 것이 불가능함을 아시고 하나님이 마련해주신 것입니다. 그러므로 명심해야 할 점은 그냥 마련해주신 것이 아니라 대속적인 죽음을 통해서 마

련해주셨다는 점입니다. 그래서 "가죽옷"이라고 특정적으로 말씀한 것입니다. 그러므로 우리가 은혜의 보좌 앞에 담대히 나아갈 수 있는 것은 "물로 몸을 씻고, 거룩한 세마포 옷을 입었기"때문임을 확신하시기를 바랍니다.

③ "이스라엘 자손의 회중에게서 속죄제물로 삼기 위하여 숫염소 두 마리와 번제물로 삼기 위하여 숫양 한 마리를 가져갈지니라"(5), 이는 백성들을 위한 속죄제물과 번제제물이요,

㉠ "아론은 자기를 위한 속죄제의 수송아지를 드리되 자기와 집안을 위하여 속죄하고"(6), 즉 대제사장인 자신을 위한 속죄제물과 번제물도 준비하라 하십니다. 7-10절은 둘째 단원에서 함께 다루기로 하고 이렇게 하여 "대 속제일"에 드릴 제물이 준비가 된 것입니다. 이를 달리 표현하면 "지성소에 들어갈 준비"요, "하나님 보좌 앞에 나아갈 수 있는 방도"인 것입니다.

둘째 단원(11-28) 피를 속죄소 위에 뿌리라

둘째 단원은 첫째 단원에서 준비한 제물들을 드리는 내용입니다. 그리하여 반복적이면서 구체적으로 말씀하십니다.

④ 먼저 "아론은 자기를 위한 속죄제의 수송아지를 드리되 자기와 집안을 위하여 속죄하고 자기를 위한 그 속죄제 수송아지를 잡으라"(11)하십니다.

㉠ 아론은 백성을 위한 속죄제를 드리기에 앞서서 먼저 자신을 위한 속

죄제를 드려야만 했습니다. 그러나 우리의 대제사장은, "그는 저 대제사장들이 먼저 자기 죄를 위하고 다음에 백성의 죄를 위하여 날마다 제사 드리는 것과 같이 할 필요가 없으니 이는 그가 단번에 자기를 드려 이루셨음이라 율법은 약점을 가진 사람들을 제사장으로 세웠거니와 율법 후에 하신 맹세의 말씀은 영원히 온전하게 되신 아들을 세우셨느니라"(히 7:27-28)고 말씀합니다.

⑤ 다음으로 "향로를 가져다가 여호와 앞 제단 위에서 피운 불을 그것에 채우고" (12상), 즉 번제단의 불을 향로에 채우라 하십니다. 나답과 아비후는 이렇게 하지 않고 다른 불을 담아 분향을 하다가 죽임을 당한 것입니다.

㉠ "또 곱게 간 향기로운 향을 두 손에 채워 가지고 휘장 안에 들어가서" (12하), 평상시에는 휘장 밖에서 향을 살랐으나 대 속죄일에는 지성소(至聖所)로 가지고 들어가라 하십니다. 이는 첫째로, "그리스도께서는 참 것의 그림자인 손으로 만든 성소에 들어가지 아니하시고 바로 그 하늘에 들어가사 이제 우리를 위하여 하나님 앞에 나타나시고(히 9:24), 그가 항상 살아 계셔서 그들을 위하여 간구(懇求)하심이니라"(히 7:25)한 주님의 중보기도에 대한 상징입니다.

㉡ 이 예표가 우리에게는, "또 다른 천사가 와서 제단 곁에 서서 금 향로를 가지고 많은 향을 받았으니 이는 모든 성도의 기도와 합하여 보좌 앞 금 제단에 드리고자 함이라 향연이 성도의 기도와 함께 천사의 손으로부터 하나님 앞으로 올라가는지라"(계 8:3-4)한 성도들의 기도(祈禱)로 적용이 됩니다. 이처럼, "여호와 앞에서 분향하여 향연으로 증거궤 위 속죄소를 가리게 할지니 그리하면 그가 죽지 아니할 것이며" (13)하십니다.

㉢ "그는 또 수송아지(자신의 속죄제)의 피를 가져다가 손가락으로 속죄소 동쪽에 뿌리고 또 손가락으로 그 피를 속죄소 앞에 일곱 번 뿌릴 것이며"(14)하십니다. 흘린 피는 뿌려져야만 효험이 있기 때문입니다.

⑥ 이처럼 자신의 속죄제를 마치고, "또 백성을 위한 속죄제 염소를 잡아"(15상), 즉 백성들을 위한 속죄제를 드리게 되는데 준비한 제물이 숫염소 두 마리(5)입니다. 두 염소 중, ㉮ 한 염소는 잡아서 속제 제물로 드리고, ㉯ 다른 하나는 "아사셀"을 위하여 광야로 내어 보내게(9-10)됩니다.

㉠ 이점에서 중요한 점이 등장하는데 "백성을 위한 속죄제 염소를 잡아 그 피를 가지고 휘장 안에 들어가서 그 수송아지 피로 행함 같이 그 피로 행하여 속죄소 위와 속죄소 앞에 뿌리라"(15하)고 명하신다는 점입니다. 본문에는 "속죄소"라는 말이 자주 등장하는데 이를 은혜를 베푸시는 곳이라 하여 시은소(施恩所)라고도 말합니다. 그러면 "속죄소", 즉 은혜를 베푸시는 시은소의 위치가 어디인가부터 확고해야만 하겠습니다.

성막 설계도를 말씀하시는 출애굽기 25:21절에 보면 "속죄소를 궤 위에 얹고 내가 네게 줄 증거판을 궤 속에 넣으라"고 명하십니다. 그러니까 법궤 안에는 십계명을 기록한 증거판이 있고 "속죄소"는 법궤의 뚜껑에 해당하는 부분입니다. 어찌하여 중요한 속죄소를 법궤 뚜껑이 되게 하셨는가? 속죄소가 법궤 안에 있는 "증거판", 즉 율법을 덮고 있는 구조로 계시하셨다는 점을 유념하시기 바랍니다.

㉡ 그런데 대제사장이 가지고 들어간 백성을 위한 속죄의 피를 〈속죄소 위에〉 뿌리라고 명하신다는 점을 주목하시기를 바랍니다. 하나님께서는 이 모형을 통해서 우리를 보실 때에 돌비, 즉 율법을 통해서 보

시는 것이 아니라 "속죄 피"를 통해서 보시겠다는 대속교리를 계시하셨던 것입니다. 이점이 레위기의 핵심이요, 의문이라는 베일에 감춰진 복음의 비밀인 것입니다.

ⓒ 유월절 어린 양의 피도 대문 밖에 뿌려졌음을 상기하시기를 바랍니다. 그리고 "내가 피를 볼 때에 너희를 넘어가리니"(출 12:13), 즉 하나님께서 대문 안에 있는 백성들을 보실 때에 피를 통해서 보심으로 "넘어가실 수"가 있으셨던 것입니다. 그래서 하나님의 의로우심도 만족히 여기심을 받으시고 우리도 의롭다함을 얻을 수가 있었던 것입니다. 참으로 하나님의 계시는 자상하시고 부족함이 없습니다.

ⓓ 이 계시를 바울은 로마서에서 4번의 "아래"라는 말로 설명을 하고 있습니다. 먼저, ㉮ "율법 아래"(롬 3:19)가 있습니다. 하나님께서 법궤 안에 있는 율법을 통하여 보시기 되면 어떻게 되는가? ㉯ "죄 아래"(롬 3:9) 있게 되어, ㉰ "심판 아래"(롬 3:19) 있게 되는 것입니다. 그런데 그리스도인들은, ㉱ "법 아래 있지 아니하고 은혜 아래"(롬 6:14) 있다고 말씀하십니다. 즉 율법을 통해서 보시는 것이 아니라 속죄소에 뿌려진 대속의 피를 통해서 보신다는 말씀입니다. 속죄소 위와 앞에 뿌려진 피는 명백하게 이를 증언해주고 있는 것입니다.

그런데 "피"를 통해서 "보시는 것"만이 아닙니다. "거기서 내가 너와 만나고", 즉 대속의 피가 뿌려진 속죄소에서 〈만나주시겠다〉하십니다. 그리고 "속죄소 위 곧 증거궤 위에 있는 두 그룹 사이에서 내가 이스라엘 자손을 위하여 네게 명령할 모든 일을 네게 이르리라"(출25:22)고 "말씀하시겠다"하십니다. 이 예표가 신약의 성도들에게는 "우리가 예수의 피를 힘입어 성소에 들어갈 담력을 얻었나니"(히 10:19)한 기도를 드릴 때로 적용이 되는 것입니다. 이제 "기도"가 얼마나 큰 은혜요, 영광스런 특권인지 깨닫게 되었습니까? 이를 가능하게 한 것은 속죄제물이 죽임을 당하여 피를 흘리고 흘린 피가 속죄소 위와 앞에 뿌려짐으로 가능해진다는 점을 잊지 마시기를 바랍니다. 바울은 본문인 레위기 16장을 통해서 "그것을 읽으면 내가 그리스도의 비밀을 깨달은 것을 너희가 알 수 있으리라"(엡 3:4)고 "그리스도의 비밀, 복음의 비밀"을 깨닫고는 이를 증언하는데 목숨을 걸었던 것입니다.

⑦ "그리스도의 비밀"이 "그가 지성소에 속죄하러 들어가서 자기와 그의 집안과 이스라엘 온 회중을 위하여 속죄하고 나오기까지는 누구든지 회막에 있지 못할 것이며"(17)라는 언급에도 나타납니다. 왜냐하면 속죄사역은 그리스도의 단독적(單獨的)인 사역이기 때문에 "속죄하고 나오기까지는 누구든지 회막에 있지 못할 것이라"하시는 것입니다.

㉠ 주님은 잡히시던 날 밤에 주를 위하여 목숨을 버리겠노라 하는 베드로에게, "네가 지금은 따라 올 수 없으나 후에는 따라 오리라"(요 13:36)고 하셨습니다. 주님의 구속사역을 도와드린 자도 없고, 보태야하는 것도 아니요, 우리가 먼저 드려서 갚으심을 받게 한 것도 아닌 선수적인 사랑이요, 전적인 은혜인 것입니다.

㉡ "그는 여호와 앞 제단으로 나와서 그것을 위하여 속죄할지니 곧 그 수송아지의 피와 염소의 피를 가져다가 제단 귀퉁이 뿔들에 바르고 또 손가락으로 그 피를 그 위에 일곱 번 뿌려 이스라엘 자손의 부정에서 제단을 성결하게 할 것이요 그 지성소와 회막과 제단을 위하여 속죄하기를 마친 후에"(18-20상), 다음은 아사셀을 위하여 제비 뽑은(8) 염소를 드릴 차례입니다.

⑧ "살아 있는 염소를 드리되 아론은 그의 두 손으로 살아 있는 염소의 머리에 안수하여 이스라엘 자손의 모든 불의와 그 범한 모든 죄를 아뢰고 그 죄를 염소의 머리에 두어 미리 정한 사람에게 맡겨 광야로 보낼지니"(20하-21)하십니다.

㉠ 속죄의 원리는 변함이 없이, ㉮ "안수함"으로 제물과 일체를 이루고, ㉯ "모든 불의와 모든 죄"를 전가(轉嫁)를 시키어, ㉰ 죽임을 당하게 되는데 본문은 특이하게 "광야로 보내라"하십니다. 14:7절에서는 "살아 있는 새는 들에 놓으라" 하셨습니다. 이 예표를 통해서 무엇을 계시하시려는 것인가?

㉡ "염소가 그들의 모든 불의를 지고 접근하기 어려운 땅(無人之境)에 이르거든 그는 그 염소를 광야에 놓을지니라"(22)하십니다. 백성의 모든 불의와 모든 죄를 짊어진 염소는 무인지경으로 가게 되는데 멀리 멀리 살아지다가 죽고 말 것입니다. 세례 요한이 "예수께서 자기에게 나아오심을 보고 이르되 보라 세상 죄를 지고 가는 하나님의 어린 양이로다"(요 1:29)라고 증언한 것은 모든 불의와 죄를 지고 가는 "아사셀 염소"를 염두에 두고 한 말인 것입니다. 주님은 분명 세례 요한에게 나아오고 계셨습니다. 그런데 요한은 "세상 죄를 지고 가는" 어린 양이라고 말하고 있는 것입니다.

㉢ 이점을 시편에서는, "동이 서에서 먼 것같이 우리 죄과(罪過)를 우리에게서 멀리 옮기셨으며"(시 102:12)라고 증언하고, 이사야서에서는 "주께서 내 영혼을 사랑하사 멸망의 구덩이에서 건지셨고 내 모든 죄를

주의 등 뒤에 던지셨나이다"(사 38:17)고 말씀하고, 미가 선지자는 "주와 같은 신이 어디 있으리이까 주께서는 죄악과 그 기업에 남은 자의 허물을 사유하시며 인애를 기뻐하시므로 진노를 오래 품지 아니하시나이다 다시 우리를 불쌍히 여기셔서 우리의 죄악을 발로 밟으시고 우리의 모든 죄를 깊은 바다에 던지시리이다"(미 7:18–19)고 감격해 합니다.

⑨ 이렇게 한 후에, "아론은 회막에 들어가서 지성소에 들어갈 때에 입었던 세마포 옷을 벗어 거기 두고 거룩한 곳에서 물로 그의 몸을 씻고 자기 옷을 입고 나와서"(23–24상),

㉠ "자기의 번제와 백성의 번제를 드려 자기와 백성을 위하여 속죄하고"(24하)합니다. "속죄제"를 드린 후에는 반드시 헌신을 다짐하는 "번제"가 드려지고 있다는 점을 명심해야만합니다. 이점을 신약성경에서는, "그가 모든 사람을 대신하여 죽으심은 살아 있는 자들로 하여금 다시는 그들 자신을 위하여 살지 않고 오직 그들을 대신하여 죽었다가 다시 살아나신 이를 위하여 살게 하려 함이라"(고후 5:15)고 말씀합니다.

㉡ 이처럼 둘째 단원에는 구속의 은총을 확신시키기 위한 2중장치가 마련되어 있는데, 첫째는 대속제물이 죽어서 그 피가 속죄소 위와 앞에 뿌려진 것이고, 둘째는 "세상 죄를 지고 가는 하나님의 어린 양"입니다. 이는 둘이 아니라 유일한 그리스도의 구속사역을 두 방면으로 계시하신 것입니다.

⑩ "너희는 영원히 이 규례를 지킬지니라 일곱째 달 곧 그 달 십일에 너희는 스스로 괴롭게 하고 아무 일도 하지 말되 본토인이든지 너희 중에 거류하는 거류민이든지 그리하라"(29)하십니다.

㉠ 이스라엘에는 민간력과 종교력이 있었는데 그 유래는 하나님께서 "출애굽"하던 달을 "이 달을 너희에게 달의 시작 곧 해의 첫 달이 되게 하라"(출 12:2)고 명하셨기 때문입니다. 대 속죄일은 종교력으로 7월 10일인데 이것이 민간력으로는 정월(正月)에 해당이 됩니다. 정월에는 중요한 절기가 많이 있는데, 1일은 "나팔절"이고, 10일은 대 속죄일이요, 15일부터 한 주간은 초막절(장막절)입니다. 이 의미를 23장에서 보게 될 것입니다만 이는 모두가 그리스도께서 이루실 구속사역과 결부되는 절기들입니다.

⑪ 대 속죄일을 가리켜서, "이는 너희에게 안식일 중의 안식일인즉 너희는 스스로 괴롭게 할지니 영원히 지킬 규례라"(31)하십니다. 그리스도의 고난을 기념하는 날이기 때문에 "스스로 괴롭게 하라"하시는 것입니다.

㉠ 그런데 "괴롭게 하라"고만 말씀하시는 것이 아니라 "안식일 중의 안식일"이라고 말씀하신다는 점도 놓쳐서는 아니 됩니다. 왜냐하면 주님의 고난으로 말미암아 우리는 "내가 너희를 쉬게 하리라"(마 11:28) 하신 안식을 누리게 되었기 때문입니다.

4장에서 속죄제 규례를 말씀하신 하나님은 16장에서 온 백성의 죄를 사함을 받을 수 있는 "대 속죄일"을 주셨습니다. "일곱째 날에 안식"(창 2:2)하신 하나님은, 대 속죄일을 통해서 우리에게 "안식일 중의 안식일"을 주신 것입니다. 그래서 "아무 일도 하지 말라"(29)하십니다. 주님이 이루실 구속사역에 우리가 보태야 할 것은 아무 것도 없다는 뜻입니다. 다만, "너희는 스스로 괴롭게 할지니라"(31, 29)하십니다. 이는 우리 대신 죽임을 당하실 그리스도의 고난을 잊지 말라는 뜻에서입니다. 그러므로 "대 속죄일과, 안식일 중 안식일과, 스스로 괴롭게 함"의 의미를 깊이 묵상해야 할 것입니다.

㉡ "대 속죄일을, 너희는 영원히 이 규례를 지킬 지니라"(29) 하시고, "안식일 중 안식일도, 영원히 지킬 규례라"(31)하십니다. 이 규례가 구약의 성도들에게는 참대제사장이 오셔서 성취하여주실 것을 바라보면서 지켜야 할 규례요, 신약의 성도들은 이미 성취하여 주심을 감사하며 찬양하면서, 재림하심으로 완성하여주실 것을 바라보면서 지켜야 할 규례인 것입니다.

㉢ "규례를 지키라, 지킬 규례니라"하심은 무거운 짐이 아니라 인간의 거짓됨을 아시기에 그리스도를 통해서 주시려는 은혜를 잊지 않게 하기 위해서입니다. 신약성경은 16장을 해설해주기를, "그러므로 형제들아 우리가 예수의 피를 힘입어 성소에 들어갈 담력을 얻었나니 그 길은 우리를 위하여 휘장 가운데로 열어 놓으신 새로운 살 길이요 휘장은 곧 그의 육체니라 또 하나님의 집 다스리는 큰 제사장이 계시매 우리가 마음에 뿌림을 받아 악한 양심으로부터 벗어나고 몸은 맑은 물로 씻음을 받았으니 참 마음과 온전한 믿음으로 하나님께 나아가자"(히 10:19–22)고 말씀하십니다. 영광스러움으로 가득 찬 16장을 잊지 마시고, 자주자주 묵상하면서 "긍휼하심을 받고 때를 따라 돕는 은혜를 얻기 위하여 은혜의 보좌 앞에 담대히 나아가게"(히 4:16)되시

기를 기원합니다.

묵상해 봅시다

㉠ 하나님 앞에 나아가기 위해서는 세마포 옷을 입으라 하심에 대해서

㉡ 대 속죄일에 드려지는 제사의 절차에 대해서

㉢ 속죄제물의 피를 속죄소 위와 앞에 뿌리라 하신 구속사적 의미에 대해서

㉣ 대 속죄일이 안식일 중 안식일이 되는 의미에 대해서

레위기 17장 개관도표

주제 : 화목제를 드리고 피를 먹지 말라

먼저 하나님께 화목제로 드리라

1-9

1 여호와께서 모세에게 말씀하여 이르시되
2 아론과 그의 아들들과 이스라엘 모든 자손에게 말하여 그들에게 이르기를
여호와의 명령이 이러하시다 하라
3 이스라엘 집의 모든 사람이 **① 소나 어린 양이나 염소를** 진영 안에서 잡든지 진영 밖에서 잡든지
4 **먼저 회막문으로 끌고 가서**
여호와의 성막 앞에서 **여호와께 예물로 드리지 아니하는 자는 피 흘린 자로**
여길 것이라 그가 피를 흘렸은즉 자기 백성 중에서 끊어지리라

5 그런즉 이스라엘 자손이 **② 들에서 잡던 그들의 제물을 회막문 여호와께로 끌고 가서**

제사장에게 주어 화목제로 여호와께 드려야 할 것이요

6 제사장은 **그 피를 회막문 여호와의 제단에 뿌리고**
그 기름을 불살라 여호와께 향기로운 냄새가 되게 할 것이라
7 **③ 그들은 전에 음란하게 섬기던 숫염소에게 다시 제사하지 말 것이니라**
이는 그들이 대대로 지킬 영원한 규례니라
8 너는 또 그들에게 이르라 이스라엘 집 사람이나
혹은 그들 중에 거류하는 거류민이 번제나 제물을 드리되
9 **회막문으로 가져다가 여호와께 드리지 아니하면 그는 백성 중에서 끊어지리라**

피를 너희에게 주어 죄를 속하려 함

10-16

10 이스라엘 집 사람이나 그들 중에 거류하는 거류민 중에 **무슨 피든지 먹는 자가 있으면**
④ 내가 그 피 먹는 그 사람에게는 내 얼굴을 대하여 그를 백성 중에서 끊으리니
11 육체의 생명은 피에 있음이라

내가 이 피를 너희에게 주어 제단에 뿌려 너희의 생명을 위하여 속죄하게 하였나니

⑤ 생명이 피에 있으므로 피가 죄를 속하느니라
12 그러므로 내가 이스라엘 자손에게 말하기를 너희 중에 **아무도 피를 먹지 말며**
너희 중에 거류하는 거류민이라도 **피를 먹지 말라 하였나니**
13 모든이스라엘 자손이나 그들 중에 거류하는 거류민이
먹을 만한 짐승이나 새를 사냥하여 잡거든
⑥ 그것의 피를 흘리고 흙으로 덮을 지니라
14 모든 생물은 **그 피가 생명과 일체라**
그러므로 내가 이스라엘 자손에게 이르기를 너희는 **어떤 피든지 먹지 말라 하였나니**
모든 육체의 생명은 그것의 피인즉
그 피를 먹는 모든 자는 끊쳐지리라

15 또 스스로 죽은 것이나 들짐승에게 찢겨 죽은 것을 먹은 모든 자는 본토인이나 거류민인이나
그의 옷을 빨고 물로 몸을 씻을 것이며 저녁까지 부정하고 그 후에 정하려니와

16 **⑦ 그가 빨지 아니하거나 그의 몸을 물로 씻지 아니하면 그가 죄를 담당하리라**

17장

화목제를 드리고 피를 먹지 말라

11 육체의 생명은 피에 있음이라 내가 이 피를 너
희에게 주어 제단에 뿌려 너희의 생명을 위하여
속죄하게 하였나니 생명이 피에 있으므로 피가 죄
를 속하느니라

17장은 두 가지 주제(主題)로 되어 있습니다. 첫째는 가축을 잡을 때에는 회막문 앞에 와서 잡으라는 것입니다. 왜냐하면 우상숭배를 미연에 방지하기 위해서입니다. 그래서 먹기 전에 먼저 하나님께 "화목제로 드리라"는 것이고 둘째는, "피를 먹지 말라"는 말씀입니다. 왜냐하면 "이 피를 너희에게 주어 죄를 속죄하기" 위해서라 하십니다. 그러므로 "화목제를 드리라, 피를 먹지 말라"하시는 것은 우리를 괴롭게 하시려는 금령이 아니라 우리를 사랑하사 자기 아들의 피를 통하여 화목하게 하시려는 계시임이 명백해지는 것입니다.

도표를 보시면 "화목제로 여호와께 드려야 할 것이요"를 중심으로, ①

"소, 양, 염소" 등을 잡을 때에는, ② "들에서 잡던 것을 회막문 앞에서 잡아", ③ 전에 하던 습관처럼 우상에게 드리지 말고, 먹기 전에 먼저 하나님께 화목제를 드리라 하십니다. 둘째 단원은 "피가 죄를 속하느니라"를 중심으로, ④ "피를 먹는 자는 끊어지리라" 하시면서, ⑤ "생명이 피에 있으므로 이 피를 너희에게 주어 죄를 속하게 하려 한다"하시고, ⑥ "피를 흘리고 흙으로 덮으라", ⑦ 부정해진 "몸을 씻지 아니하면 죄를 당하리라"하십니다. 이를 두 단원으로 나누어 상고하겠습니다.

주제(主題) : 화목제를 드리고 피를 먹지 말라

㉠ 17장의 주제는 16장의 연속입니다. 공통점은 "피와, 속죄"입니다. "피"라는 말이 16장에는 9번, 17장에는 16번이나 등장하는데 16장에서는 "피를 가지고 휘장 안에 들어가서 속죄소 위와 속죄소 앞에 뿌리라"(16:15) 말씀하고, 17장에서는, "내가 이 피를 너희에게 주어 제단에 뿌려 너희의 생명을 위하여 속죄하게 하였나니 생명이 피에 있으므로 피가 죄를 속(贖)하느니라"(11)하십니다.

㉡ 이점에서 분별력이 필요하게 되는데 16장은 전적으로 하나님께서 자기 아들을 통해서 행해주실 일입니다. 그러므로 백성들이 행해야 할 일이라고는 "아무 일도 하지 않고, 스스로 괴롭게"하는 것뿐이었습니다. 그런데 17장은 백성들이 행해야 할 일들입니다. 두 가지를 명하시는데 가축을 잡을 때에는 회막문으로 끌고 와서 잡으라는 것과, 피를 먹지 말라는 것입니다. "피를 먹지 말라"는 말씀이 5번(10, 12, 12, 14, 14)이나 강조되어 있습니다. 그런데 "먹지 말라"고 금하시는 것만이 아니라 "이 피를 너희에게 주어"

죄를 속하게 하시겠다 하신다는 점을 잊지 말아야만합니다.

㉢ 어찌하여 가축을 회막문 앞에서 잡으라 하시는가? 첫째로 그들은 애굽의 우상숭배(7) 문화가 몸에 배어(겔 23:3, 19, 27) 있기 때문에 가축을 잡을 때에 우상에게 드리던 옛 행실이 되살아날 염려가 있기 때문입니다. 둘째는, "화목제로 여호와께 드려야 할 것이요"(5)한 말씀에 나타나는데 화목제란 기름 등 극히 일부만을 드리는 것이고 고기는 드리는 자들이 먹게 하시는 제사입니다. 이는 하나님이 그들과 교제하기를 얼마나 원하시는가를 나타내는 것입니다.

㉣ 본문에는 "생명이 피에 있다는 말과, 피가 죄를 속한다"는 점이 강조되어 있는데 여기서 분별해야 할 것은 "생명이 피에 있다"한 것은 살아 있는 생축을 가리키는 말이고, "피가 죄를 속한다"는 말은 "흘린 피", 즉 죽음을 의미한다는 점입니다. 그래서 "피 흘림이 없은즉 사함이 없느니라"(히 9:22)하는 것입니다. 왜냐하면 죄의 값은 사망이기 때문입니다. 그러므로 전반부(1-9)의 "화목"과, 후반부(10-16)의 "피"는 밀접한 연관이 있는 것입니다. 즉 하나님과 화목하기 위해서는 "피 흘림"이 있어야 하기 때문입니다.

㉤ 그러면 의미는 분명해지는데 죄인이 하나님과 화목하기 위해서는 죄값을 대신 지불하는 대속적인 죽음이 선행이 되어야만 가능하여 진다는 것입니다. 이를 명심하게 하기 위해서 "회막 문 앞에서 잡으라, 피는 먹지 말라"하시는 것입니다.

첫째 단원(1-9) **먼저 하나님께 화목제로 드리라**

둘째 단원(10-16) 피를 **너희에게 주어 죄를 속하려함**

첫째 단원(1–9) 먼저 하나님께 화목제로 드리라

"여호와께서 모세에게 말씀하여 이르시되 아론과 그의 아들들과 이스라엘의 모든 자손에게 말하여 그들에게 이르기를 여호와의 명령이 이러하시다 하라"(1–2).

① "이스라엘 집의 모든 사람이 소나 어린 양이나 염소를 진영 안에서 잡든지 진영 밖에서 잡든지"(3), 이는 식용(食用)으로 가축을 도살하는 경우를 가리킵니다.

㉠ "먼저 회막 문으로 끌고 가서 여호와의 성막 앞에서 여호와께 예물로 드리지 아니하는 자는 피 흘린 자로 여길 것이라"(4상)하십니다. 그러면 어떻게 하라 하시는가?

② "그런즉 이스라엘 자손이 들에서 잡던 그들의 제물을 회막 문 여호와께로 끌고 가서 제사장에게 주어 화목제로 여호와께 드려야 할 것이요"(5) 하십니다.

㉠ 이렇게 말씀하시는 의도가 7절에 나타나는데, "그들은 전에 음란하게 섬기던 숫염소에게 다시 제사하지 말 것이니라"하십니다. 레위기를 말씀하는 시점은 출애굽한지 1년 정도 지난 어린아이와 같은 때입니다. 그들이 애굽에 있을 때의 영적 상태가 어떠했는가?

③ 이점을 에스겔 23장에서는 "그들이 애굽에서 행음하되 어렸을 때에 행음하여"(겔 23:3, 19, 27), 즉 우상숭배에 빠져있었다고 말씀합니다. 애굽의 우상중에는 "숫염소" 우상도 있었던 모양입니다. 그래서 "음란하게 섬기던 숫염소"라 하는 것입니다.

㉠ 이처럼 우상을 섬기던 그들이 양이나 염소를 잡을 때에 이전에 행하

던 음란한 행실이 생각나지 않겠는가? 그래서 "너는 또 그들에게 이르라 이스라엘 집 사람이나 혹은 그들 중에 거류하는 거류민이 번제나 제물을 드리되 회막 문으로 가져다가 여호와께 드리지 아니하면 그는 백성 중에서 끊어지리라"(8–9)고 재차 경고를 하시는 것입니다.

㉢ 신앙생활에 중립(中立)은 없습니다. 회막 문 앞에 와서 잡아 먼저 하나님께 화목제로 드리지 않는 자는, 우상을 숭배하는 자와 같다는 것입니다. 그래서 "그는 백성 중에서 끊어지리라"고 엄하게 경고하시는 것입니다. 도표에 표시된 대로 "끊어지리라"는 말씀이 4번(4, 9, 10, 12)이나 강조되어 있습니다. "이는 그들이 대대로 지킬 영원한 규례니라"(7하), 즉 하나님중심의 사상은 오늘날에도 유효한 것입니다.

㉣ 회막 문 앞에 와서 드리라 하신 "화목제"는 기름과 내장의 일부만을 드리고 고기는 드리는 자들이 먹도록 허락하신 제도입니다. 그러니까 이상의 규례를 이해하기 쉽게 말씀을 드린다면 먼저 하나님께 "감사합니다"하는 감사기도를 드린 후에 먹으라는 뜻입니다. 이런 의도가 성막이라 하지 않고 만남의 장소라는 뜻인 "회막"(會幕 4, 5, 6, 9)이라고 말씀하는 데서도 드러납니다. 이것이 하나님중심의 삶이기 때문입니다.

㉤ 부언할 점은 이 규례가 광야교회 당시는 시행이 될 수가 있었으나 가나안 땅에 들어가서 땅을 분배받아 정착한 후에는 "만일 네 하나님 여호와께서 자기 이름을 두시려고 택하신 곳이 네게서 멀거든 내가 네게 명령한 대로 너는 여호와께서 주신 소와 양을 잡아 네 각 성에서 네가 마음에 원하는 모든 것을 먹으라"(신 12:21)고, 완화가 된 것을 보게 됩니다.

둘째 단원(10-16) 피를 너희에게 주어 죄를 속하려함

④ "이스라엘 집 사람이나 그들 중에 거류하는 거류민 중에 무슨 피든지 먹는 자가 있으면 내가 그 피를 먹는 그 사람에게는 내 얼굴을 대하여 그를 백성 중에서 끊으리니"(10)하고 "피"를 먹지 말라고 금하십니다.

㉠ "피를 먹지 말라"는 말씀을 대하면서 어떤 마음이 드십니까? 혹시 좋은 것은 하나님만 잡수시려는 것이구나, 아니면 하나님은 우리를 사랑하지 않는가보다 하는 생각이 들지 않습니까? 그렇게 생각한 적이 있었습니다. 먼저는 아담 하와입니다. 그래서 하나님의 사랑을 의심하고 사탄의 달콤한 유혹에 현혹이 되었던 것입니다. 그리고 이스라엘 백성들입니다. "여호와께서 이르시되 내가 너희를 사랑하였노라" 하시자 그들은 "주께서 어떻게 우리를 사랑하셨나이까"(말 1:2)하고 항변을 했던 것입니다. 포로에서 귀환 후에 시련이 닥치자 하나님이 사랑하시는 것이 이 모양 이 꼴입니까 하고 생각했던 것입니다. 또한 우리들입니다. "자기 아들을 아끼지 아니하시고 우리 모든 사람을 위하여 내주신"(롬 8:32) 하나님의 사랑을 불신하는 것보다 하나님을 슬프시게 하는 일이란 달리는 없습니다.

⑤ 보십시오. 하나님은 "내가 이 피를 너희에게 주어 제단에 뿌려 너희의 생명을 위하여 속죄하게 하였나니 육체의 생명은 피에 있음이라"(11상)고 말씀하십니다.

㉠ "너희에게 주기" 위해서 "먹지 말라" 하신다는 것입니다. 우리의 죄를 "속죄하게"하기 위해서라고 말씀하십니다. 16장에서 대제사장이 "피"를 가지고 지성소에 들어가서 속죄소 위와 앞에 뿌리는 것을 보았습

니다. 하나님께서 주셨기 때문입니다. 그런데 하나님의 의도는 짐승의 피를 주시려는 것이 아닙니다. 왜냐하면 "황소와 염소의 피가 능히 죄를 없이 하지 못하기"(히 10:4)때문입니다. 자기 아들의 피를 우리에게 주셔서 죄를 속하게 하시려는 것입니다.

ㄴ 하나님은 그리스도께서 우리 죄를 속하기 위하여 흘리실 "피"의 의미와 귀중성을 훼손하지 못하게 하기 위해서 "먹지 말라"고 금하신 것입니다. 이점을 신약성경에서는, "하물며 하나님의 아들을 짓밟고 자기를 거룩하게 한 언약의 피를 부정한 것으로 여기고 은혜의 성령을 욕되게 하는 자가 당연히 받을 형벌은 얼마나 더 무겁겠느냐 너희는 생각하라"(히 10:29)고 경고합니다.

짐승의 피를 아끼셔서 먹지 말라 하신 하나님은 자기 아들의 피를 흘리게 하셔서, "이 피를 마셔라 그래야 생명이 있다"고 말씀하시려는 것입니다. 그래도 하나님은 나를 사랑하시지 않는가보다 라고 말하겠습니까?

ㄷ 16장–17장 안에는 ㉮ "피"(17:11)가 있습니다. 이는 생명을 의미합니다. ㉯ "흘린 피"(17:13)가 있습니다. 이는 죽음을 의미합니다. 그리고 흘린 피는 ㉰ "뿌린 피"(16:15)가 되어 질 때에 내게 효험이 있게 되는 것입니다. 이를 알았기에 베드로는 그리스도인들을 가리켜, "예수 그리스도의 피 뿌림을 얻기 위하여 택하심을 입은 자들"(벧전 1:2)이라고 말씀합니다. 이런 맥락에서 "그러므로 내가 이스라엘 자손에게 말하기를 너희 중에 아무도 피를 먹지 말며 너희 중에 거류하는 거류민이라도 피를 먹지 말라 하였나니"(12)하시는 것입니다.

⑥ "모든 이스라엘 자손이나 그들 중에 거류하는 거류민이 먹을 만한 짐

승이나 새를 사냥하여 잡거든 그것의 피를 흘리고 흙으로 덮을지니라"(13) 하십니다.

㉠ 여기 또 중요한 요점이 있는데 흘린 피를 먹지 말고, "흙으로 덮으라"는 말씀입니다. 질문을 드려보겠습니다. 그러면 주님께서 흘리신 피도 덮어야합니까? 아니면 증언하여 드러내서 마시게 해야 합니까? "덮으라" 하심은 장례를 지내는 것과 같은 의미가 있습니다. 에스겔서에 보면, "내가 그 피를 맨 바위 위에 두고 덮이지 아니하게 함은 분노를 나타내어 보응하려 함이로라"(겔 24:8)하십니다. 무슨 뜻인가? 그들이 흘린 피가 덮이지 않게 하고 "맨 바위" 위에 있게 하신다는 것은 그들이 범한 죄를 백일하에 드러내어 보응하시겠다는 뜻입니다.

㉡ 그러나 주님께서 흘리신 피는 덮이지도 않을 뿐만이 아니라, 덮이게 해서도 아니 되는 것입니다. 히브리서에서는, "새 언약의 중보자이신 예수와 및 아벨의 피보다 더 나은 것을 말하는 뿌린 피니라"(히 12:24) 합니다. 주님이 흘리신 피는 "호소하는 피, 증언하는 피, 역사하는 피"인 것입니다. 단 "내 증인이 되리라"하신 형제의 입을 통해서 증언하게 하심으로 덮이지 않게 하신다는 점을 잊지 마시기 바랍니다. 그런데 오늘날은 주님이 흘리신 피가 말하지 못하도록 덮으려하고 있는 것입니다.

⑦ 17장은 "그가 빨지 아니하거나 그의 몸을 물로 씻지 아니하면 그가 죄를 담당하리라"(16)는 말씀으로 마치고 있습니다.

㉠ "빨고, 씻을 수 있는" 물을 준비하여 주셨는데도 "빨지 아니하거나, 씻지 아니하면" 죄를 자신이 담당하게 된다는 말씀입니다. 스가랴 13:1절을 보십시오. "그 날에 죄와 더러움을 씻는 샘이, 열리리라"하십니

다. 하나님의 어린 양은 죽임을 당하여 피를 흘려주셨고, 반석은 치심을 당하여 "죄와 더러움을 씨는 샘"은 열려졌습니다. 그런데도 그 부정한 몸을 씻지 않는다면 "죄를 담당"할 수밖에는 두 번째 구원의 길은 없는 것입니다.

㉡ 17장을 마치기 전에 다시 상기시킵니다만 하나님은 "내가 이 피를 너희에게 주기 위해서"라고 말씀하시고 우리 주님은 "받아서 먹으라 이것은 내 몸이니라, 너희가 다 이것을 마시라 이것은 죄 사함을 얻게 하려고 많은 사람을 위하여 흘리는바 나의 피 곧 언약의 피니라"(마 26:26-28)고 자신을 주셨습니다. 그리고 "진실로 진실로 너희에게 이르노니 인자의 살을 먹지 아니하고 인자의 피를 마시지 아니하면 너희 속에 생명이 없느니라"(요 6:53)하십니다. 이제 분명합니까? 확신하는데 거하게 되었습니까?

묵상해 봅시다

㉠ 가축을 잡을 때에 먼저 회막에 와서 화목제로 드리라 하신 의도에 대해서

㉡ "피를 너희에게 주어"라는 구속사적 의미에 대해서

㉢ 피를 흙으로 덮으라 하심과, 증언하여 드러내야 하는 점에 대해서

레위기 18장 개관도표

주제 : 너희 하나님 여호와의 이름을 욕되게 하지 말라

애굽과 가나안의 풍속을 행치말라

1-23

1 여호와께서 모세에게 말씀하여 이르시되 2 **너는 이스라엘 자손에게 말하여 이르라**
나는 여호와 너희 하나님이라

3 ① **너희는 너희가 거주하던 애굽 땅의 풍속을 다르지 말며 내가**
너희를 인도할 가나안 땅의 풍속과 규례도 행하지 말고
4 ② **너희는 내 법도를 따르며**
내 규례를 지켜 그대로 행하라
나는 너희의 하나님 여호와니라

5 ③ **너희는 내 규례와 법도를 지키라 사람이 이를 행하면 그로 말미암아 살리라**
나는 여호와니라
6 ④ 각 사람은 자기의 살붙이를 **가까이하여 그의 하체를 범하지 말라** **나는 여호와니라**
7 네 어머니의 **하체는** 곧 네 아버지의 **하체니** 너는 범하지 말라
그는 네 어머니인즉 너는 그의 **하체를** 범하지 말지니라
8 너는 네 아버지의 아내의 **하체를** 범하지 말라 이는 네 아버지의 **하체니라**
9 **너는** 네 자매 곧 네 아버지의 딸이나 네 어머니의 딸이나 집에서나 다른 곳에서 출생하였음을 막론하고
그들의 **하체를** 범하지 말지니라
10 네 손녀나 네 외손녀의 **하체를** 범하지 말라 이는 네 **하체니라**
11 네 아버지의 아내가 네 아버지에게 낳은 딸은 네 누이니 너는 그 **하체를** 범하지 말지니라
12 너는 네 고모의 **하체를** 범하지 말라 그는 네 아버지의 살붙이니라
13 **너는** 네 이모의 **하체를** 범하지 말라 그는 네 어머니의 살붙이니라
14 너는 네 아버지 형제의 아내를 가까이하여 그 **하체를** 범하지 말라 그는 네 숙모니라
15 **너는** 며느리의 **하체를** 범하지 말라 그는 네 아들의 아내니 그의 **하체를** 범하지 말지니라
16 너는 네 형제의 아내의 **하체를** 범하지 말라 이는 네 형제의 **하체니라**
17 **너는** 여인과 그 여인의 딸의 **하체를** 아울러 범하지 말며 또 그 여인의 손녀나 외손녀를 아울러 데려다가
그의 **하체를** 범하지 말라 그들은 그의 살붙이이니 이는 악행이니라
18 **너는** 아내가 생존할 동안에 그의 형제를 데려다가 그의 **하체를** 범하여 그로 질투하게 하지 말지니라
19 **너는** 여인이 월경으로 불결할 동안에 그에게 가까이하여 그의 **하체를** 범하지 말지니라
20 **너는** 네 이웃의 아내와 동침**하여** 설정하므로 그 여자와 함께 자기를 더럽히지 말지니라

21 ⑤ **너는 결단코 자녀를 몰렉에게 주어 불로 통과하게 함으로**
네 하나님의 이름을 욕되게 하지 말라 **나는 여호와니라**
22 **너는** 여자와 동침함 같이 남자와 동침하지 말라 **이는 가증한 일이니라**
23 **너는** 짐승과 교합하여 자기를 더럽히지 말며 여자는 짐승 앞에 서서 그것과 교접하지 말라
이는 문란한 일이니라

너희를 토할까 하노라

24-30

24 ⑥ **너희는 이 모든 일로 스스로 더럽히지 말라**
내가 너희 앞에서 쫓아내는 족속들이 이 모든 일로 말미암아 **더러워졌고**
25 그 땅도 **더러워졌으므로** 내가 그 악을 말미암아 벌하고 그 땅도 스스로 그 주민을 **토하여 내느니라**

26 그러므로 너희 곧 너희의 동족이나 혹은 너희 중에 거류하는 거류민이나 내 **규례와 법도를 지키고**
이런 가증한 일의 하나도 행하지 말라
27 **너희가 전에 있던 그 땅 주민이 이 모든 가증한 일을 행하였고 그 땅도 더러워졌느니라**

28 ⑦ **너희도 더럽히면 그 땅이 너희가 있기 전 주민을 토함 같이 너희를 토할까 하노라**
29 **이 가증한 모든 일을 행하는 자는 그 백성 중에서 끊어지리라**
30 그러므로 **너희는 내 명령을 지키고**
너희가 들어가기 전에 행하던 가증한 풍속을 하나라도 따름으로 스스로 **더럽히지 말라**
나는 너희의 하나님 여호와니라

18장

너희 하나님 여호와의 이름을 욕되게 하지 말라

3 너희는 너희가 거하던 애굽 땅의 풍속을 따르지
말며 내가 너희를 인도할 가나안 땅의 풍속과 규
례도 행하지 말고

18장은 명확한 구분은 아니어도 레위기의 분기점(分岐點)이 되는 장(章)입니다. 레위기는 크게 두 부분으로 나눌 수가 있는데 1장부터 17장까지는, "하나님께 나아가는 것이 어떻게 가능하여지는가?"에 대한 규례이고, 18장부터 27장까지는 하나님과의 교제를 지속해나가는 방도를 말씀하시는 내용입니다. 이를 달리 표현하면 앞부분은 하나님이 행해주실 일이고, 뒷부분은 사람이 준행해야 할 일입니다. 하나님은 시내산에서 모세에게 십계명이 기록된 "돌비와, 성막 양식"을 주셨습니다. 레위기는 1장부터 17장을 통해서 성막, 즉 그리스도께서 인간의 장막을 입으시고 이 땅에 오셔서 이루어주실 5대 제사, 즉 구속사역에 관해서 말씀하셨는데, 18장–20장은 "돌

비", 즉 십계명과 결부되는 계명들로 되어 있습니다. 십계명의 서문은, "나는 너를 애굽 땅, 종 되었던 집에서 인도하여 낸 네 하나님 여호와니라"(출 20:2)로 되어있는데, 18장의 서문도 "나는 여호와 너희의 하나님이라"(2)고 시작이 됩니다. 즉 나는 너희의 하나님이고, 너희는 나의 백성들이기 때문에 계명과 법도를 지키라고 명하시는 것입니다.

도표를 보시면 "나는 여호와 너희의 하나님"을 중심으로, ① "너희는 너희가 거주하던 애굽 땅의 풍속을 따르지 말며 내가 너희를 인도할 가나안 땅의 풍속과 규례도 행하지 말고", ② "너희는 내 법도를 따르며 내 규례를 지켜 그대로 행하라", ③ "이를 행하면 살리라"하십니다. ④ 그런 후에, "자기의 살붙이를 가까이 하여 그의 하체를 범하지 말라"고 성적인 범죄에 대해서 구체적인 예를 들어 경계하십니다. ⑤ 그리고 경고하시기를, "너희는 이 모든 일로 더럽히지 말라", ⑥ 가나안 족속들이 이런 가증한 일을 행하기 때문에 쫓아내신다, ⑦ "너희도 더럽히면 땅이 토할까 하노라"하십니다. 그러나 슬프게도 이 경고를 명심하지 않은 구약교회는 바벨론으로 토함을 받고야 말았던 것입니다. 이를 두 단원으로 나누어 상고하겠습니다.

주제(主題) : 너희 하나님 여호와의 이름을 욕되게 하지 말라

㉠ 18장의 중심점은 성적인 문란을 경계하는 내용입니다. 왜냐하면 그들이 나온 애굽이 그러했고 이제 들어갈 가나안이 성적으로 문란한 곳이기 때문에 그럴 가능성이 있기 때문입니다. 그리고 오늘 우리의 시대가 그러한 것입니다. 그런데 제목을, "너희 하나님 여호와의 이름을 욕되게 하지 말라"로 정하게 된 것은 2절의 "나는 여호와 너희 하나님이라"는 말씀과, 21

절의 “네 하나님의 이름을 욕되게 하지 말라”하신 두 말씀의 결합(結合)입니다. 그리고 이것이 18장의 중심주제입니다. 그러므로 레위기에는 “나는 너희의 하나님이니라”는 언급이 26번이나 등장합니다. 그러므로 본론에 들어가기 전에, “나는 여호와 너희의 하나님이라”(2)하신 의미를 놓치지 말아야만합니다. 바로의 종노릇하던 그들, 사탄의 노예였던 우리가 어떻게 해서 하나님의 백성이 되어서 하나님을 “나의 하나님, 나의 아버지”라 부르는 것이 가능하여졌는가?

ⓛ 이를 가능하게 한 것이 앞부분에서 말씀하신 “5대 제사, 대 속죄일”에 흠 없는 가축이 죽어 피를 흘리고, 흘려진 “피”가 속죄소 위에 뿌려졌기 때문에 가능하여진 것입니다. 또한 우리의 모든 불의와 죄를 제물에게 대신 담당케 하여 무인지경으로 멀리 멀리 옮기셨기 때문에 가능해진 것입니다. 이는 모두가 대속제물이 되어주실 하나님의 아들 그리스도에 대한 예표였고, 하나님이 행해주실 선수적인 은혜인 것입니다. 이를 구약에서는 모형과 그림자로 보여주셨고, 신약에서는 실체(實體)로 성취하여주셨던 것입니다.

ⓒ 모든 행동에는 결과도 중요하지만 보다 더 동기(動機)가 중요합니다. 어찌하여 18장의 경계들을 지켜야만 하는가? 벌을 받을까 두려워서입니까? 축복을 받기 위해서입니까? 그러나 올바른 동기는 “나를 사랑하시고 구속하여 자녀로 삼아주신 하나님 아버지의 이름을 욕되게 할까” 두려워서입니다.

ⓔ 그러므로 레위기의 구조도 먼저 하나님께서 자기 아들을 통해서 행해주실 구속사역, 즉 제사제도(1장–17장)를 말씀하신 후에 하나님의 백성답게 살아야 할 규례를 말씀하시는 순서로 되어 있습니다. 이렇게 행해주신

"네 하나님의 이름"(21)을 어찌 욕되게 할 수가 있단 말입니까? 이를 생각할 때에 거룩한 삶을 살지 않을 수가 없다는 것입니다. 이점을 호세아서에서는, "사랑의 줄로 그들을 이끌었다"(호 11: 4)고 말씀하고, 사도 바울은 "그리스도의 사랑이 우리를 강권하시는도다"(고후 5:14), 즉 잡아당긴다고 말씀합니다. 기독교윤리는 "사랑의 강권, 복음이 이끄는 삶"인 것입니다.

ⓜ 앞에서 언급한 대로 18장부터 20장까지는 주로 백성 된 우리가 행해야 할 윤리입니다. 지금 이스라엘 백성들은 애굽에서 종살이 하다가 유월절 양의 피로 구속함을 받아 하나님의 백성들이 되었고, 약속의 땅 가나안을 향해서 행진해나가는 중입니다. 가나안은 비어 있는 땅이 아니라 전염병이 유행하는 땅과 같은 곳입니다. 선민 이스라엘은 두 가지 위험성(危險性)이 있는데 첫째는, "너희는 너희가 거주하던 애굽 땅의 풍속을 따르지 말며", 즉 지금까지 행하던 애굽의 풍습대로 행할 위험성이 있고 둘째는, "내가 너희를 인도할 가나안 땅의 풍속과 규례도 행하지 말라"(3)하신 위험입니다. 애굽과 가나안의 특성은 크게 두 가지인데 성적인 타락과, "너는 결단코 자녀를 몰렉에게 주어 불로 통과하게 말라"(21)한 우상숭배입니다. 이는 하나님이 미워하시는 2대 가증한 일입니다.

ⓑ 특히 본문에 열거한 말하기도 부끄러운 성적인 문란은 애굽과 가나안 땅에서 성행하던 것들이었습니다. 그리고 바울이 로마서에서 "이 때문에 하나님께서 그들을 부끄러운 욕심에 내버려 두셨으니 곧 그들의 여자들도 순리대로 쓸 것을 바꾸어 역리로 쓰며 그와 같이 남자들도 순리대로 여자 쓰기를 버리고 서로 향하여 음욕이 불 일듯 하매 남자가 남자와 더불어 부끄러운 일을 행하여 그들의 그릇됨에 상당한 보응을 그들 자신이 받았느니라"(롬 1:26-27)한 로마시대의 특성이기도 했습니다. 그리고 오늘날 유행

하는 "게이"는 종말적인 풍조인 것입니다. 그러므로 18장은 오늘의 그리스도인들에게도 더더욱 적실성이 있는 경계입니다.

첫째 단원(1-23) **애굽과 가나안의 풍속을 행하지 말라**

둘째 단원(24-30) **너희를 토할까 하노라**

첫째 단원(1-23) 애굽과 가나안의 풍속을 행치 말라

"여호와께서 모세에게 말씀하여 이르시되 너는 이스라엘 자손에게 말하여 이르라 나는 여호와 너희의 하나님이니라"(1-2). "나는 여호와"라 하심은 "나는 너희를 구속하여 내 백성으로 삼은" 언약, 구원과 결부되는 호칭입니다. 하나님의 백성들이기 때문에 "내가 거룩하니 너희도 거룩한"(11:45) 삶을 살아야 한다는 말씀입니다.

① "너희는 너희가 거하던 애굽 땅의 풍속을 따르지 말라"(3상)하십니다.

㉠ "풍속을 따르지 말라"하심은 전에는 애굽의 풍속을 행하고 있었다는 것이 됩니다. 이스라엘 백성들은 애굽에서 태어나고 자라서 종살이를 한 사람들입니다. 그러므로 애굽의 풍속에 깊이 영향을 받고 있었을 터인데 그런 중에서도 특히 우상숭배와 성적인 타락을 경계하는 말씀입니다. 그래서 "전에 음란하게 섬기던 수염소(우상)에게 다시 제사하지 말 것이니라"(17:7)하시는 것입니다. 하나님의 백성이 된 이제부터는 전에 행하던 생활방식대로 살아서는 안 된다는 말씀입니다. 만일 "애굽의 풍속"을 계속 행한다면 몸은 출애굽하였으나 영은 그대

로 종노릇 하는 것과 같은 것입니다.

㉡ 그리고 "내가 너희를 인도할 가나안 땅의 풍속과 규례도 행하지 말라"(3하)하십니다. 지금 하나님의 백성들은 전염병이 창궐하는 지역으로 들어가고 있는 것과 같습니다. 그러므로 이에 감염이 될 위험과 가능성이 있기 때문에 경계하시는 것입니다. 만일 가나안의 풍속을 좇는다면 육적으로는 가나안을 정복을 할 것이나 영적으로는 정복을 당하는 것이 되고 마는 것입니다. 그런데 역사서나 선지서들을 보면 하나님의 백성들이 가나안 땅의 풍속을 좇다가 바벨론에 의하여 멸망당하는 것을 보게 됩니다. 그러므로 이 말씀은 말세를 만난 우리의 경계가 됩니다.

② "너희는 내 법도를 따르며 나의 규례를 지켜 그대로 행하라 나는 너희의 하나님 여호와니라"(4).

㉠ 신앙이란 무엇인가? 세계관(世界觀), 인생관(人生觀), 가치관(價値觀), 즉 삶의 목적(目的)이 바뀐 것을 의미합니다. 이점을 사도 바울은, "우리 중에 누구든지 자기를 위하여 사는 자가 없고 자기를 위하여 죽는 자도 없도다 우리가 살아도 주를 위하여 살고 죽어도 주를 위하여 죽나니 그러므로 사나 죽으나 우리가 주의 것이로다"(롬 14:7–8)고 고백을 합니다. 사도 베드로는, "그 후로는 다시 사람의 정욕을 따르지 않고 하나님의 뜻을 따라 육체의 남은 때를 살게 하려 함이라 너희가 음란과 정욕과 술취함과 방탕과 향락과 무법한 우상 숭배를 하여 이방인의 뜻을 따라 행한 것은 지나간 때로 족하도다"(벧전 4:2–3)합니다. 우리의 인생관, 가치관도 관연 거듭났는가고 묻게 됩니다.

③ "너희는 내 규례와 법도를 지키라 사람이 이를 행하면 그로 말미암아

살리라 나는 여호와이니라"(5)하십니다. 이점에서 "그로 말미암아 살리라" 하신 "규례와 법도"가 무엇인가를 통찰력을 가지고 살펴보아야만 합니다. 왜냐하면 사활(死活)이 걸려있는 말씀이기 때문입니다. 그러면 "반드시 죽으리라"는 선고를 받은 자들을 살게 하는 "규례와 법도"가 무엇인가?

㉠ 결론부터 말씀을 드리면 "규례"는 성막, 즉 제사의식이요, "법도"는 돌비라 할 수가 있습니다. 보십시오. 5대 제사를 "번제의 규례(6:9), 소제의 규례(6:14), 속죄제 규례(6:25), 속건제 규례(7:1), 화목제 규례"(7:11)라고 말씀하십니다. 7:37절에서는 "이는 번제와 소제와 속죄제와 속건제와 위임식과 화목제의 규례라"하십니다. 대(大) 속죄일도, "이는 너희가 영원히 지킬 규례라 이스라엘 자손의 모든 죄를 위하여 일 년에 한 번 속죄할 것이니라"(16:34)고 "규례"라고 말씀하십니다. 이 규례, 즉 그리스도께서 담당하실 예표인 제사제도를 바르게 지키면 살리라 하시는 것입니다.

㉡ 그러므로 성막의 규례가 "믿음"이라면, 법도는 "행함"인 것입니다. 그러므로 "이를 행하면 그로 말미암아 살리라"하심은 결국 그리스도께서 행해주신 구속을 믿는 "믿음으로 살리라"(갈 3:11)는 뜻이 되는 것입니다. 만일 이에 분명하지 못하다면 1장으로 되돌아가야만 합니다. 지켜야 할 규례는 1장-17장을 통해서 이미 말씀하셨고, 18장-20장을 통해서는 행해야 할 법도를 구체적인 예를 들어 말씀하십니다. 왜냐하면 그들의 영성이 어린아이와 같기 때문입니다.

④ 첫 경계가 "각 사람은 자기의 살붙이를 가까이 하여 그의 하체를 범하지 말라 나는 여호와이니라"(6)하신 "음란"입니다.

㉠ 6-20절 안에는 "하체"라는 말이 도표에 표시된 대로 21번이나 나오는

데 읽기에도 민망한 내용들입니다. 이는 성적인 문란을 얼마나 미워하시는가를 나타내는 단적인 증거입니다. 이런 것들을 구체적으로 적시(摘示)하시는 의도가 무엇인가? "만물보다 거짓되고 심히 부패한 것은 마음이라"(렘 17:9)한, 인간의 전적부패를 아시기 때문입니다. 왜냐하면 음란은 "겨우 피한 자들을 유혹하는"(벧후 2:18) 사탄의 최후 전술(민 31:16, 민수기 파노라마 참고)이기 때문입니다.

⑤ 이처럼 "음란"을 경계하시는 문맥에서 "너는 결단코 자녀를 몰렉에게 주어 불로 통과하게 함으로 네 하나님의 이름을 욕되게 하지 말라 나는 여호와이니라"(21)고 "몰렉"을 언급하시는 의도가 무엇인가?

㉠ 우상숭배가 하나님께 대한 영적인 음행이기 때문입니다. 그리고 우상숭배와 음란은 한 뿌리에서 나오는 두 싹이라 할 수가 있습니다. 이 점을 신약성경에서는 "그러므로 땅에 있는 지체를 죽이라 곧 음란과 부정과 사욕과 악한 정욕과 탐심이니 탐심은 우상 숭배니라"(골 3:5)고 말씀합니다. 이 한 절 안에는 "음란, 부정, 사욕, 정욕, 탐심" 등이 있는데 이는 같은 뿌리에서 나오는 것들입니다. "음란과 우상숭배"가 "하나님의 이름을 욕되게 하는" 대표적인 특성이라는 점을 명심하십시다.

둘째 단원(24-30) 너희를 토할까 하노라

둘째 단원의 중심점은 "더럽힘"인데 6번(24, 24, 25, 27, 28, 30)이나 경계하고 있습니다.

⑥ "너희는 이 모든 일로 스스로 더럽히지 말라 내가 너희 앞에서 쫓아내는 족속들이 이 모든 일로 말미암아 더러워졌고"(24),

㉠ "그 땅도 더러워졌으므로 내가 그 악으로 말미암아 벌하고 그 땅도 스스로 그 주민을 토하여 내느니라"(25)하십니다. 이를 말씀하는 의도는 하나님의 백성들도 약속의 땅을 더럽힐 가능성이 있기 때문이요, 더럽히면 쫓아냄을 당하게 된다는 것을 경고하기 위해서입니다. 모세도 죽기 전에 행한 마지막 설교에서, "네가 만일 이 책에 기록한 이 율법의 모든 말씀을 지켜 행하지 아니하고 네 하나님 여호와라 하는 영화롭고 두려운 이름을 경외하지 아니하면, 여호와께서 너를 땅 이 끝에서 저 끝까지 만민 중에 흩으시리라"(신 28:58, 64)고 경고했습니다.

"토하여 내리라"는 말씀을 대하면서 계시록에 등장하는 7교회 중 어느 교회에 하신 말씀이 생각나십니까? "나는 부자라 부요하여 부족한 것이 없다"고 자부하는 라오디게아교회에게 "내 입에서 너를 토하여 버리리라"(계 3:16)하신 말씀입니다. 그러므로 이는 현대교회에도 경계가 되는 말씀입니다.

㉡ "그러므로 너희 곧 너희의 동족이나 혹은 너희 중에 거류하는 거류민이나 내 규례와 내 법도를 지키고 이런 가증한 일의 하나라도 행하지 말라 너희가 전에 있던 그 땅 주민이 이 모든 가증한 일을 행하였고 그 땅도 더러워졌느니라"(26-27),

⑦ "너희도 더럽히면 그 땅이 너희가 있기 전 주민을 토함 같이 너희를 토할까 하노라 이 가증한 모든 일을 행하는 자는 그 백성 중에서 끊어지리라"(28-29)하십니다.

㉠ 구약교회는 이 경고를 무시하고 가증한 일을 행하다가 바벨론으로

토해냄을 당하였고, "이스라엘이여 네 백성이 바다의 모래 같을지라도 남은 자만 돌아오리니"(사 10:22)한 대로 많은 사람들이 백성 중에서 "끊어짐"을 당하고 소수만이 돌아올 수가 있었던 것입니다.

ⓛ 18장의 결론은 "그러므로 너희는 내 명령을 지키고 너희가 들어가기 전에 행하던 가증한 풍속을 하나라도 따름으로 스스로 더럽히지 말라 나는 너희의 하나님 여호와이니라"(30)고 맺고 있습니다. 여기서 말씀하는 "너희"가, 1차적으로는 출애굽 한 이스라엘 백성들이라 하여도 이제는 "너희"가, "하나님 여호와의 이름을 욕되게 하고" 있는 현대교회 성도들이요, 나 자신이라는 각성이 있어야만 하는 것입니다. 이것이 "너희 하나님 여호와의 이름을 욕되게 하지 말라"는 뜻입니다.

묵상해 봅시다

㉠ 하나님 앞에 2대 가증한 죄악이 무엇인지에 대해서

ⓛ 지키면 살리라 하신 하나님의 "규례와 법도"에 대해서

ⓒ 우리들이 어떤 면에서 하나님의 이름을 욕되게 하고 있는지에 대해서

The Book of Revelation

레위기 19장 개관도표

주제 : 애굽 땅에서 나오게 한 너희 하나님 여호와라

하나님을 사랑하라

1–8

1 여호와께서 모세에게 말씀하여 이르시되 2 **너는 이스라엘 자손의 온 회중에게 말하여 이르라**
너희는 거룩하라 이는 나 여호와 너희 하나님이 거룩함이니라

3 너희 각 사람은 **부모를 경외하고 ① 나의 안식일을 지키라** **나는 너희의 하나님 여호와니라**
4 너희는 헛된 것들에게로 향하지 말며 너희를 위하여 **② 신상들을 부어 만들지 말라 나는 너희 하나님 여호와니라**

5 **③ 너희는 화목제물을 여호와께 드릴 때에** 기쁘게 받으시도록 드리고
6 그 제물은 드리는 날과 이튿날에 먹고 셋째 날까지 남았거든 불사르라
7 셋째 날에 조금이라도 먹으면 가증한 것이 되어 기쁘게 받으신이 되지 못하고
8 그것을 먹는 자는 여호와의 성물을 더럽힘으로 말미암아 죄를 당하리니 **그가 그의 백성 중에서 끊어지리라**

이웃을 사랑하라

9–18

9 **④ 너희의 땅에서 곡식을 거둘 때에** 너는 **밭모퉁이까지 다 거두지 말고** 네 떨어진 **이삭도 줍지 말며**
10 **네 포도원의 열매를 다 따지 말며** 네 포도원에 떨어진 열매도 줍지 말고
가난한 사람과 거류민을 위하여 버려두라 **나는 너희 하나님 여호와니라**
11 너희는 **도적질하지 말며 속이지 말며 서로 거짓말 하지 말며**
12 너희는 내 이름으로 **거짓 맹세함으로 네 하나님의 이름을 욕되게 하지 말라** **나는 여호와니라**
13 **⑤ 너는 네 이웃을 억압하지 말며** 착취하지 말며 품꾼의 삯을 아침까지 밤새도록 네게 두지 말며
14 **너는 귀먹은 자를 저주하지 말며**
맹인 앞에 장애물을 놓지 말고 네 하나님을 경외하라 **나는 여호와니라**
15 **너희는 재판할 때에 불의를 행하지 말며** 가난한 자의 편을 들지 말며 세력 있는 자라고 두둔하지 말고
공의로 사람을 재판할지며
16 너는 네 백성 중에 돌아다니며 사람을 비방하지 말며 네 이웃을 피를 흘려 이익을 도모하지 말라
나는 여호와니라
17 **⑥ 너는 네 형제를 마음으로 미워하지 말며** **네 이웃을 반드시 견책하라**
그러면 네가 그에 대하여 **죄를 담당하지 아니 하리라**
18 **원수를 갚지 말며 동포를 원망하지 말며** **네 이웃 사랑하기를 네 몸과 같이 사랑하라** **나는 여호와니라**

너도 애굽에서 객이었다

19–37

19 너희는 **내 규례를 지킬지어다** 네 가축을 다른 종류와 교미시키지 말며
⑦ 네 밭에 두 종자를 섞어 뿌리지 말며 두 재료로 직조한 옷을 입지 말지며
20 만일 다른 사람과 정혼한 여종 곧 아직 속량되거나 해방되지 못한 여인과 동침하여 설정하면 그것은
책망을 받을 일이니라 그러나 그들은 죽임을 당하지는 아니 하리니 그 여인이 해방되지 못하였기 때문이니라
21 그 남자는 그 속건제물 곧 속건제 숫양을 회막문 여호와께로 끌어올 것이요
22 제사장은 그가 범한 죄를 위하여 그 속건제의 숫양으로 여호와 앞에 속죄할 것이요
그리하면 그가 범한 죄를 사함을 받으리라
23 **⑧ 너희가 그 땅에 들어가 각종 과목을 심거든** 그 열매는 아직 할례 받지 못한 것으로 여기되
곧 삼년 동안 너희는 그것을 할례 받지 못한 것으로 여겨 먹지 말 것이요
24 넷째 해에는 그 모든 과실이 거룩하니 여호와께 드려 찬송할 것이며
25 다섯째 해에는 그 열매를 먹을지니 그리하면 너희에게 그 소산이 풍성하리라 **나는 너희 하나님 여호와니라**
26 너희는 무엇이든지 **피째 먹지 말며 점을 치지 말며** 술법을 행하지 말며 27 머리 가를 둥글게 깎지 말며
수염 끝을 손상하지 말며 28, 죽은 자 때문에 너희의 살에 문신을 하지 말며 무늬를 놓지 말라 **나는 여호와니라**
29 네 딸을 더럽혀 창녀가 되게 하지 말라 음행이 전국에 퍼져 죄악이 가득할까 하노라
30 내 **안식일을 지키고** 내 성소를 귀히 여기라 **나는 여호와니라**
31 너희는 **신접한 자와 박수를 믿지 말며** 그들을 추종하여 스스로 더럽히지 말라 **나는 너희 하나님 여호와니라**
32 **⑨ 너는 센 머리 앞에 일어서고 노인의 얼굴을 공경하며 네 하나님을 경외하라** **나는 여호와니라**
33 거류민이 너희의 땅에 거류하여 함께 있거든 너희는 그를 학대하지 말고
34 **⑩ 너희와 함께 있는 거류민을** 너희 중에서 낳은 자 같이 여기며 **자기 같이 사랑하라**

너희도 애굽 땅에서 거류민이 되었었느니라 **나는 너희 하나님 여호와니라**

35 너희는 재판할 때나 길이나 무게나 양을 잴 때 불의를 행하지 말고 36 공평한 저울과 공평한 추와
공평한 에바와 공평한 힌을 사용하라 나는 너희를 인도하여 **애굽 땅에서 나오게 한 너희 하나님 여호와니라**
37 **너희는 내 모든 규례와 내 모든 법도를 지켜 행하라** **나는 여호와니라**

19장

애굽 땅에서 나오게 한 너희 하나님 여호와라

32 너는 센 머리 앞에 일어서고 노인의 얼굴을 공
경하며 네 하나님을 경외하라 나는 여호와니라

19장도 하나님의 백성들인 우리가 행해야 할 규례와 법도를 강조하시는 내용입니다. 결론에서 "나는 너희를 인도하여 애굽 땅에서 나오게 한 너희 하나님 여호와니라"(36), 그러므로 "너희는 내 모든 규례와 내 모든 법도를 지켜 행하라"하십니다.

19장은 크게 "하나님 사랑과, 이웃 사랑"으로 되어 있습니다. 이는 십계명의 요약이요, 주님께서, "이 두 계명이 온 율법과 선지자의 강령이니라"(마 22:40)하신 성경의 두 기둥과 같은 주제입니다. 문제는 몰라서 못하는 것이 아니라, 이렇게 사랑할 수 있는 원동력이 어디서 나오는가? 그 동기가 "애굽 땅에서 나오게 한 너희의 하나님 여호와니라"는 말씀 속에 들어 있는 것입니다. 나 같은 죄인을 구원하여 하나님의 백성으로, 하나님의 자녀로 삼아주셔서 아바 아빠라 부르게 해주신 "하나님의 사랑이 우리 마음에 부은바 되었기"(롬 5:5) 때문에 행하지 않을 수가 없는 것입니다.

도표를 보시면 첫째 단원의 "너희는 거룩하라 나 여호와 너희 하나님이 거룩함이니라"를 중심으로, ① "나의 안식일을 지키라", ② "신상들을 부어 만들지 말라", ③ "화목제를 받으시도록 드려라"하십니다. 이것이 하나님 사랑입니다. 둘째 단원의 "이웃 사랑하기를 네 몸과 같이 하라"를 중심으로, ④ "가난한 사람과 거류민"을 위하여 이삭을 남겨두라, ⑤ "이웃을 압제하지 말며", ⑥ "형제를 미워하지 말고 견책하라", 이것이 형제 사랑입니다. 셋째 단원의 "너희도 애굽 땅에서 거류민이 되었었다"는 말씀을 중심으로, ⑦ "섞이지 말라", ⑧ "과일은 5년 만에 먹으라", ⑨ "노인의 얼굴을 공경하며 네 하나님을 경외하라", ⑩ "거류민을 자기 같이 사랑하라"하시면서, "너희도 애굽에서 거류민이 되었었느니라"하십니다. 이를 세 단원으로 나누어 상고하겠습니다.

주제(主題) : 애굽 땅에서 나오게 한 너희 하나님 여호와라

㉠ 19장은 "너희도 애굽 땅에서 거류민이 되었었느니라(34), 너희를 인도하여 애굽 땅에서 나오게 한 너희 하나님"(36)하고, "애굽에서 종노릇하다가 하나님의 은혜로 구원 얻게 된 것"을 상기시키고 있습니다. 이는 하나님과 이스라엘의 관계성에 대한 원리요, 구약교회의 근본과 뿌리를 일깨우는 중요한 말씀입니다. 구약성경을 상고하노라면 그들이 은혜를 저버렸을 때, 하나님을 배신하고 우상숭배를 행했을 때, 때로는 어려운 시련을 만났을 때마다 하나님께서 애굽에서 인도하여 내신 "출애굽 사건"을 상기시키

고 있는 것을 대하게 됩니다.

ⓛ 신명기는 모세가 죽기 전에 행한 3편의 설교로 되어 있는데, "너는 기억하라 네가 애굽 땅에서 종이 되었더니 네 하나님 여호와가 강한 손과 편 팔로 거기서 너를 인도하여 내었나니 그러므로 네 하나님 여호와가 네게 명령하여 안식일을 지키라 하느니라"(신 5:15)고 "출애굽의 구원"에 근거하여 권면을 하는데 이런 대목이 신명기에만 5번(5:15, 7:19, 9:29, 11:2, 26:8)이나 강조되어 있습니다.

ⓒ 이점은 신약의 성도들도 동일하게 기억해야 할 원리입니다. 바울은 우리의 "이전과, 이제"의 처지를 "그러므로 생각하라"고 생각에 호소합니다. "너희는 그 때에 육체로는 이방인이요 손으로 육체에 행한 할례를 받은 무리라 칭하는 자들로부터 할례를 받지 않은 무리라 칭함을 받는 자들이라 그 때에 너희는 그리스도 밖에 있었고 이스라엘 나라 밖의 사람이라 약속의 언약들에 대하여는 외인이요 세상에서 소망이 없고 하나님도 없는 자이더니"(엡 2:11-12), 이것이 우리의 이전 상태였습니다. 그러했던 우리가 "이제는 전에 멀리 있던 너희가 그리스도 예수 안에서 그리스도의 피로 가까워졌느니라, 그러므로 이제부터 너희는 외인도 아니요 나그네도 아니요 오직 성도들과 동일한 시민이요 하나님의 권속이라"(엡 2:13, 19)고 말씀합니다. 이를 생각할 때에 하나님의 자녀답게 살아갈 수가 있는 것입니다.

ⓔ 그러므로 도표를 보시면 오른 편에 "나는 너희 하나님 여호와라"는 말씀을 15번 정도나 반복적으로 강조하십니다. 여기에 19장의 핵심이 있고, 실천하는 원동력이 되는 것입니다.

첫째 단원(1–8) **하나님을 사랑하라**

둘째 단원(9–18) **이웃을 사랑하라**

셋째 단원(19–37) **너희도 애굽에서 거류민이었다**

첫째 단원(1–8) 하나님을 사랑하라

"여호와께서 모세에게 말씀하여 이르시되"(1),

㉠ "너는 이스라엘 자손의 온 회중에게 말하여 이르라 너희는 거룩하라 이는 나 여호와 너희 하나님이 거룩함이니라"(2)하십니다. 이는 19장의 모든 명령을 행해야 할 동기를 부여하는 명제(命題)와 같은 말씀입니다.

① 이렇게 말씀하신 후에 구체적으로, "너희 각 사람은 부모를 경외하고 나의 안식일을 지키라 나는 너희의 하나님 여호와이니라"(3)하십니다.

㉠ 구약성경은 "안식일을 지키라"고 엄히 경계하고 있습니다. 레위기에서 만도 안식일을 지키라고 5번(19:3, 30, 23:3, 32, 26:2)이나 강조하고 있습니다. 이점에서 "안식일을 지키라"하신 구속사적인 의미가 무엇인가를 말씀드려야만 하겠습니다. 안식일 준수를 창세기 2:1–3절의 창조(創造)사역과 결부시키는 것은 구속사를 모르기 때문입니다. 왜냐하면 하나님께서 "하시던 모든 일을 그치고 일곱째 날에 안식하시니라"(창 2:2)한 안식은 "한 사람으로 말미암아 죄가 세상에 들어오고 죄로 말미암아 사망이 들어옴"(롬 5:12)으로 깨지고 말았기 때문입니다. 그러면 안식일 준수를 구속사(救贖史)적으로 보게 되면 어떤 의미가

되는가? "죄, 사망, 저주"가 들어오자 하나님은 "내가--할 것이라"(창 3:15)고 선언하시고 재창조의 일을 시작하셨습니다. 그래서 주님은 "내 아버지께서 이제까지 일하시니 나도 일한다"(요 5:17)고 말씀하신 것입니다.

ⓛ 하나님은 "나는 나를 위하며 나를 위하여 이를 이룰 것이라 어찌 내 이름을 욕되게 하리요 내 영광을 다른 자에게 주지 아니하리라"(사 48:11)고 구원계획을 이루어나가고 계시는데 백성들은 안식하고 있단 말인가? 또한 "죽기를 무서워하므로 한평생 매여 종노릇 하는 모든 자들"(히 2:15)에게 안식(安息)이 있단 말입니까? 그러므로 "안식일을 지키라"하신 하나님의 의도는 창조사역과 결부되는 것이 아니라 구속사적인 맥락에서 하신 명령인 것입니다. 이점이 약속의 땅 가나안에 정착하게 된 것을 "여호와께서 그들의 주위에 안식을 주셨다"(수 21:44)고 말씀하고, 신약성경은 여호수아가 안식을 준 것이 아니라, 즉 가나안 정복이 안식이 아니라, "안식할 때가 하나님의 백성에게 남아 있도다"(히 4:9)고 해설해주고 있는 것입니다. 그리면 우리에게 누가 "안식"을 줄 것인가? 주님은 "인자는 안식일에도 주인이니라"(막 2:28), 즉 안식을 주기 위해서 오셨다고 말씀하십니다. 그러므로 안식일 준수도 메시아언약을 잊지 않고 바라고 기다리게 하기 위해서 "지키라" 명하신 것입니다.

② 이점이 "안식일을 지키라" 하신 후에 이어서 "너희는 헛된 것들에게로 향하지 말며 너희를 위하여 신상들을 부어 만들지 말라 나는 너희의 하나님 여호와이니라"(4)하신 경계에도 나타나는데 이는 우상숭배를 하지 말라는 단순한 의미가 아닙니다.

㉠ 하나님은 아브라함에게 "네 자손으로 말미암아 천하 만민이 복(福)을 받으리라"고 그리스도를 통해서 복을 주시려 하는데 그들은 메시아 언약을 버리고 우상(偶像)을 통해서 복을 받으려다가 멸망을 한 것입니다. 그러므로 "신상들을 부어 만들지 말라"는 경계는 속죄제, 번제, 대 속죄일 등으로 예표 된 메시아언약을 배신하지 말라는 뜻이 되는 것입니다.

③ 그러므로 "너희는 화목제물을 여호와께 드릴 때에 기쁘게 받으시도록 드리라"(5)하십니다.

㉠ "그 제물은 드리는 날과 이튿날에 먹고 셋째 날까지 남았거든 불사르라 셋째 날에 조금이라도 먹으면 가증한 것이 되어 기쁘게 받으심이 되지 못하고 그것을 먹는 자는 여호와의 성물을 더럽힘으로 말미암아 죄를 담당하리니 그가 그의 백성 중에서 끊어지리라"(6–8)하십니다. 왜 "끊어지리라"하시는가? 핵심은 "여호와의 성물을 더럽힘"에 있는데, 삼일이 지난 후에 먹게 되면 화목제의 감격 없이 먹음으로 속(俗)된 것으로 여길 염려가 있기 때문일 것입니다. 이점을 신약성경에서는, "그러므로 누구든지 주의 떡이나 잔을 합당하지 않게 먹고 마시는 자는 주의 몸과 피에 대하여 죄를 짓는 것이니라"(고전 11:27)고 경계합니다.

㉡ "안식일을 지키라, 신상을 만들지 말라, 화목제를 기쁘게 받으시도록 드리라"하신 경계는 메시아언약과 결부되는 것이요, 이를 지키는 것이 곧 하나님을 기쁘시게 해드리는 것이요, 복음을 보수하는 것입니다.

둘째 단원(9–18) 이웃을 사랑하라

둘째 단원의 중심점은 "이웃 사랑하기를 네 자신과 같이 하라"(18)는 말씀에 있습니다.

④ "너희가 너희의 땅에서 곡식을 거둘 때에 너는 밭모퉁이까지 다 거두지 말고 네 떨어진 이삭도 줍지 말며"(9),

㉠ "네 포도원의 열매를 다 따지 말며 네 포도원에 떨어진 열매도 줍지 말라"(10상)하십니다. 왜 이렇게 하라 하시는가? "가난한 사람과 거류민을 위하여 버려두라 나는 너희 하나님 여호와니라"(10하)하십니다.

㉡ 이렇게 행한 사람이 있습니다. 룻기서에 보면 보아스는 모압에서 온 여인 룻을 배려하여, "룻이 이삭을 주우러 일어날 때에 보아스가 자기 소년들에게 명령하여 이르되 그에게 곡식 단 사이에서 줍게 하고 책망하지 말며 또 그를 위하여 곡식 다발에서 조금씩 뽑아 버려서 그에게 줍게 하고 꾸짖지 말라"(룻 2:15–16)고 지시를 합니다. 이것이 하나님의 마음을 닮은 자입니다. 그는 그리스도의 조상이 되는 복을 받았습니다.

㉢ "너희는 도둑질하지 말며 속이지 말며 서로 거짓말하지 말며 너희는 내 이름으로 거짓 맹세함으로 네 하나님의 이름을 욕되게 하지 말라 나는 여호와이니라"(11–12)하십니다.

⑤ "너는 네 이웃을 억압하지 말며 착취하지 말며 품꾼의 삯을 아침까지 밤새도록 네게 두지 말며"(13),

㉠ "너는 귀먹은 자를 저주하지 말며 맹인 앞에 장애물을 놓지 말고 네 하나님을 경외하라 나는 여호와이니라 너희는 재판할 때에 불의를

행하지 말며 가난한 자의 편을 들지 말며 세력 있는 자라고 두둔하지 말고 공의로 사람을 재판할지며 너는 네 백성 중에 돌아다니며 사람을 비방하지 말며 네 이웃의 피를 흘려 이익을 도모하지 말라 나는 여호와이니라"(14–16)하십니다.

㉡ 이상의 말씀들을 실천하는 것이 "이웃 사랑"인데 다 아는 말씀이면서도 이를 실천하지 못하고 있는 형편입니다. 왜 그런가? "나는 너희를 인도하여 애굽 땅에서 나오게 한 너희의 하나님 여호와이니라"(36)하신 원리, 즉 유월절 어린양의 피로 구속하여 주신 은혜를 망각하기 때문입니다.

⑥ "너는 네 형제를 마음으로 미워하지 말며 네 이웃을 반드시 견책하라 그러면 네가 그에 대하여 죄를 담당하지 아니하리라"(17) 하십니다.

㉠ 여기 "견책(責善)하라"는 말씀이 있는데 견책이란 "책망하여 바로잡아 주라"는 뜻입니다. 이는 16절의 "돌아다니며 사람을 비방하지 말며" 한 것과는 다른 의미입니다. "비방"은 뒤에서 수군거리며 판단하고 정죄하는 것인데, 견책은 그 형제와 만나서 타이르는 것입니다. 주님은 "네 형제가 죄를 범하거든 가서 너와 그 사람과만 상대하여 권고하라 만일 들으면 네가 네 형제를 얻은 것이요"(마 18:15)하십니다. "견책"은 중요하고도 어려운 일입니다. "비방"은 미워하는 사람이 하는 것이요, "견책"은 사랑하는 사람만이 할 수 있기 때문입니다. "논단"은 분쟁을 일으키나, "견책"은 사랑의 공동체를 만듭니다. 교회는 한 몸이요, 구성원들은 같은 지체들이기 때문입니다.

㉡ 그러므로 "만일 한 지체가 고통을 받으면 모든 지체가 함께 고통을 받고 한 지체가 영광을 얻으면 모든 지체가 함께 즐거워하게"(고전 12:26)

되는 것입니다. 이점을 여호수아서에 등장하는 아간의 예에서 보게 됩니다. 오늘날은 공동체 의식이 희박해져가고 있습니다. 그리하여 사랑의 견책도 없고, 견책을 한다 해도 받아들이지를 못합니다. 원인은 "사랑"이 없기 때문입니다.

㉢ 이는 교회라는 공동체만이 아니라, "너희는 세상의 소금이라, 너희는 세상의 빛이라"하신 사회참여를 위한 견책의 책임도 있음을 인식해야만 합니다. 5:1절에서, "만일 누구든지 저주하는 소리를 듣고서도 증인이 되어 그가 본 것이나 알고 있는 것을 알리지 아니하면 그는 자기의 죄를 져야 할 것이요"라고 말씀하셨습니다. 이는 바른 말을 하지 못하고 비겁하게 침묵하는 죄입니다.

㉣ 그리고 둘째 단원의 결론은, "원수를 갚지 말며 동포를 원망하지 말며 네 이웃 사랑하기를 네 자신과 같이 사랑하라 나는 여호와이니라"(18)는 말씀입니다. 이것이 이웃을 자신의 몸같이 사랑하는 것입니다.

셋째 단원(19–37) 너도 애굽에서 객이었다

19장 전체가 그러합니다만 특히 셋째 단원은 서두에서 "너희는 거룩하라 이는 나 여호와 너희 하나님이 거룩함이니라"(2)하신 "성별"(聖別)에 의하여 해석이 되어야 합니다.

⑦ 이점이 "너희는 내 규례를 지킬지어다 네 가축을 다른 종류와 교미시키지 말며 네 밭에 두 종자를 섞어 뿌리지 말며 두 재료로 직조한 옷을 입지 말지며"(19)하신 경계에 나타납니다.

㉠ 이 법도는 농사나, 직조하는 법을 가르치시려는 것이 아닙니다. 거룩하신 하나님께서 가장 경계하시는 바가 무엇인가? 가나안 땅에 들어가서 선민의 순수성을 잃어버리고 가증한 그들과 섞여 혼잡(混雜)되는 것입니다. 만일 더러워진 저들과 섞이는 것은, "네 가축을 다른 종류와 교미시키는 것이 되고, 밭에 두 종자(種子)를 섞어 뿌리는 것이 되고, 두 재료(材料)로 직조한 옷을 입는" 것과 같다는 경계입니다.

㉡ 이는 우려가 아니라 사사기에 보면, "그러므로 이스라엘 자손은 가나안 족속과 헷 족속과 아모리 족속과 브리스 족속과 히위 족속과 여부스 족속 가운데에 거주하면서 그들의 딸들을 맞아 아내로 삼으며 자기 딸들을 그들의 아들들에게 주고 또 그들의 신들을 섬겼더라"(삿 3:5-6)고 섞이고 말았던 것입니다. 이점을 이사야 선지자는, "땅을 파서 돌을 제하고 극상품 포도나무를 심었도다 그 중에 망대를 세웠고 또 그 안에 술틀을 팠도다 좋은 포도 맺기를 바랐더니 들포도를 맺었도다"(사 5:2), 즉 잡종(雜種)이 되고 말았다고 탄식합니다.

⑧ 이점이 "너희가 그 땅에 들어가 각종 과목을 심거든 그 열매는 아직 할례 받지 못한 것으로 여기되 곧 삼 년 동안 너희는 그것을 할례 받지 못한 것으로 여겨 먹지 말 것이요"(23)하신 경계에도 나타납니다.

㉠ "할례 받지 못한 것으로 여기라"고 거듭 강조하십니다. 할례 받지 못한 자란 이방인들을 가리키는 말인데 그 땅이 산출한 "과일"까지도 3년이 지나서 "넷째 해에는 그 모든 과실이 거룩하니 여호와께 드려 찬송할 것이며 다섯째 해에는 그 열매를 먹을지니"(24-25)하시는 데서 섞이는 것을 방지하시려는 의도를 깨닫게 됩니다.

㉡ 먹음직한 과일을 보면서도, "저 과일은 할례 받지 않은 것이다"고 물

리치라는 것입니다. 이는 과일이 부정하다는 뜻이기보다는 우상을 볼 때에, 이방 여인을 볼 때에, 세속문화를 볼 때에 "할례 받지 못한 것으로 여기라"는 그런 뜻이라 하겠습니다. 3년 동안을 그렇게 하다가 4년에 먼저 하나님께 드리고, 5년 만에 먹으라 하시니 얼마나 철저한 경계입니까? "그리하면 너희에게 그 소산이 풍성하리라 나는 너희의 하나님 여호와이니라"(25하)고 복을 주신다하십니다.

㉢ 그래서 계속해서 말씀하시기를, "너희는 무엇이든지 피째 먹지 말며 점을 치지 말며 술법을 행하지 말며 머리 가를 둥글게 깎지 말며 수염 끝을 손상하지 말며 죽은 자 때문에 너희의 살에 문신을 하지 말며 무늬를 놓지 말라 나는 여호와이니라 네 딸을 더럽혀 창녀가 되게 하지 말라 음행이 전국에 퍼져 죄악이 가득할까 하노라 내 안식일을 지키고 내 성소를 귀히 여기라 나는 여호와이니라 너희는 신접한 자와 박수를 믿지 말며 그들을 추종하여 스스로 더럽히지 말라 나는 너희 하나님 여호와이니라"(26–31)하십니다. 이는 한마디로 가나안의 풍속에 물들지 말라는 경계인 것입니다.

⑨ "너는 센 머리 앞에 일어서고 노인의 얼굴을 공경하며 네 하나님을 경외하라 나는 여호와니라"(32)하십니다.

㉠ 3절에서도 "너희 각 사람은 부모를 경외하라"하셨는데 여기서 함께 다루기 위해서 그냥 지나쳤습니다. 성경은, "하나님 경외와, 부모 공경"을 같은 반열(班列)로 말씀하고 있다는 점입니다. 왜냐하면 부모는 한 가정에 있어서 하나님의 대리자 역할을 하고 있기 때문입니다.

㉡ 그러므로 성경은 "하나님 사랑과, 이웃 사랑"을 둘로 보고 있는 것이 아니라 하나로 여기고 있다는 점입니다. "보는 바 그 형제를 사랑하

지 아니하는 자는 보지 못하는바 하나님을 사랑할 수 없느니라"(요일 4:20)합니다. 말세의 특성을 "사람들이 자기를 사랑하며 돈을 사랑하며 자랑하며 교만하며 비방하며 부모를 거역하며 감사하지 아니하며 거룩하지 아니하며"(딤후 3:2)를 들고 있는데 부모를 거역하게 되면 하나님도 경외하지를 못하게 되는데 오늘날이 그러합니다.

⑩ 그래서 "거류민이 너희 땅에 거류하여 함께 있거든 너희는 그를 학대하지 말고"(33),

㉠ "너희와 함께 있는 거류민을 너희 중에서 낳은 자 같이 여기며 자기 같이 사랑하라 너희도 애굽 땅에서 거류민이 되었더니라 나는 너희의 하나님 여호와니라"(33-34)하십니다. "너희도 애굽 땅에서 거류민이 되었더니라"는 말씀은 "나 같은 죄인 살리신 주 은혜 고마워"의 찬송가를 작사한 존 뉴톤이 좌우명으로 삼은 구절이라 합니다. 배부른 자가 배고팠던 시절, 권세 자가 억압받던 시절, 구원 얻은 자가 구원 얻기 이전(以前) 상태를 잊지 않는다는 것이, 이웃 사랑의 비결이라는 뜻입니다. 그러므로 19장은 "나는 너희를 인도하여 애굽 땅에서 나오게 한 너희의 하나님 여호와이니라 너희는 내 모든 규례와 내 모든 법도를 지켜 행하라 나는 여호와이니라"(36하-37)는 말씀으로 마치고 있습니다. 도표에 나타난 대로 "나는 여호와니라"는 말씀을 무려 15번이나 반복적으로 강조하시는데 그래도 자신의 신분이 하나님의 백성, 하나님의 자녀라는 정체성을 잊을 수가 있단 말입니까!

묵상해 봅시다

㉠ 하나님 사랑과 이웃 사랑에 대해서

㉡ 너도 애굽에서 거류민이었었다는 이전 상태에 대해서

㉢ "두 종자를 섞어 뿌리지 말라"는 신령한 의미에 대해서

레위기 20장 개관도표

주제 : 너희는 택하신 족속 거룩한 나라 소유된 백성

하나님을 반역하는 죄

1-9

1 여호와께서 모세에게 말씀하여 이르시되
2 너는 이스라엘 자손에게 또 이르라 그가 이스라엘 자손이든지 이스라엘에 거류하는 거류민이든지
① **그의 자식을 몰렉에게 주면 반드시 죽이되** **그 지방 사람들이 돌로 칠 것이요**
3 **나도 그 사람에게 진노하여 그를 그의 백성 중에서 끊으리니** 이는 그가 그의 자식을 몰렉에게 주어서
내 성소를 더럽히고 **내 성호를 욕되게 하였음이라**
4 그가 그의 자식을 몰렉에게 주는 것을 ② **그 지방 사람이 못 본 체하고 그를 죽이지 아니하면**
5 내가 그 사람과 그 권속에게 진노하여 그와 그를 본받아 몰렉을 음란하게 섬기는
모든 사람을 그 백성 중에서 끊으리라
6 접신한 자와 박수무당을 음란하게 따르는 자에게는 내가 진노하여 **그를 그 백성 중에서 끊으리니**
7 너희는 스스로 깨끗하게 하여 거룩할 지어다 **나는 너희의 하나님 여호와니라**
8 **너희는 내 규례를 지켜 행하라 나는 너희를 거룩하게 하는 여호와니라**
9 ③ **누구든지 자기의 아버지나 어머니를 저주하는 자는 반드시 죽일지니**
그가 자기의 아버지나 어머니를 저주하였은즉 그의 피가 자기에게로 돌아가리라

거룩을 파괴하는 가증한 죄

10-21

10 ④ **누구든지 남의 아내와 간음하는 자**
곧 그 이웃의 아내와 간음하는 자는 그 간부와 음부를 **반드시 죽일지니라**
11 누구든지 아버지의 아내와 동침하는 자는 그의 아버지의 하체를 범하였은즉 둘 다 **반드시 죽일지니**
그 피가 자기에게로 돌아가리라
12 누구든지 그의 며느리와 동침하거든 둘 다 **반드시 죽일지니**
그들이 가증한 일을 행하였음이라 그 피가 자기에게로 돌아가리라
13 누구든지 여인과 동침하듯 남자와 동침하면 둘 다 **가증한 일을 행함인즉** **반드시 죽일지니**
그 피가 자기에게로 돌아가리라
14 누구든지 아내와 장모를 함께 데리고 살면 악행인즉 그와 **그들을** **함께 불사를지니**
이는 너희 중에 악행이 없게 하려 함이니라
15 남자가 짐승과 교합하면 반드시 **죽이고** 너희는 그 짐승도 **죽일 것이며**
16 여자가 짐승에게 가까이 하여 교합하면 너는 여자와 짐승을 **죽이되** 이들을 **반드시 죽일지니**
그 피가 자기에게로 돌아가리라

17 누구든지 그의 자매 곧 아버지의 딸이나 어머니의 딸을 데려다가 그 여자의 하체를 보고 여자는 그 남자의 하체를 보면
부끄러운 일이라 그들의 민족 앞에서 그들이 끊어질지니 그가 자기의 자매의 하체를 범하였은즉 그 죄를 당하리라
18 누구든지 월경 중의 여인과 동침하여 그의 하체를 범하면 남자는 그 여인의 근원을 드러냈고
여인은 자기의 피 근원을 드러내었음인즉 둘 다 백성 중에서 끊어지리라
19 네 이모나 고모의 하체를 범하지 말지니 이는 살붙이의 하체인즉 그들이 그들의 죄를 당하리라
20 누구든지 그의 숙모와 동침하면 그의 숙부의 하체를 범함이니 그들의 죄를 담당하여 자식이 없이 죽으리라
21 누구든지 그의 형제의 아내를 데리고 살면 더러운 일이라 그가 그의 형제의 하체를 범함이니 그들이 무자하리라

택함받은 자의 구별된 삶

22-27

22 ⑤ **너희는 나의 모든 규례와 법도를 지켜 행하라**
그리하여야 내가 너희를 인도하여 거주하게 하는 땅이 너희를 토하지 아니하리라
23 ⑥ **너희는 내가 너희 앞에서 쫓아내는 족속의 풍속을 따르지 말라**
그들이 이 모든 일을 행하므로 내가 그들을 가증히 여기노라
24 내가 전에 너희에게 이르기를 너희가 그들의 땅을 기업으로 받을 것이라 내가 그 땅 곧 젖과 꿀이 흐르는 땅으로
너희에게 주어 유업을 삼게 하리라 하였노라 ⑦ **나는 너희를 만민 중에서 구별한 너희 하나님 여호와니라**
25 너희는 짐승의 정하고 부정함과 새가 정하고 부정함을 **구별하고** 내가 너희를 위하여 부정한 것으로 **구별한**
짐승이나 새나 땅에 기는 것들로 **너희 몸을 더럽히지 말라**
26 **너희는 나에게 거룩할 지어다 이는 나 여호와가 거룩하고**
내가 또 너희를 나의 소유로 삼으려고 너희를 만민 중에서 구별하였음이니라
27 남자나 여자가 신접하거나 박수무당이 되거든 반드시 죽일지니 곧 돌로 그를 치라 그 피가 자기에게로 돌아가리라

20장

너희는 택하신 족속 거룩한 나라 소유된 백성

26 너희는 나에게 거룩할 지어다 이는 나 여호와가
거룩하고 내가 또 너희를 나의 소유로 삼으려고
너희를 만민 중에서 구별하였음이니라

20장은, "너희는 나에게 거룩할지어다 이는 나 여호와가 거룩하고 내가 또 너희를 나의 소유로 삼으려고 너희를 만민 중에서 구별하였음이니라" 하신 26절에 의하여 해석이 되어야 합니다. 왜냐하면 본문에는 "죽이라"는 말이 강조되어 있는데 이렇게 명하시는 하나님의 마음을 곡해할 우려가 있기 때문입니다. 하나님은 18장에서도, "너희는 내 법도를 따르며 내 규례를 지켜 그대로 행하라"(18:4)하셨는데 19장에서도, "너희는 내 모든 규례와 내 모든 법도를 지켜 행하라"(19:37)하시고, 20장에서도 "너희는 내 규례를 지켜 행하라(8), 너희는 나의 모든 규례와 법도를 지켜 행하라"(22)고 거듭 거듭 말씀하십니다. 여기에는 교훈적인 의미만이 있는 것이 아니라 구속사

라는 맥락에서 하신 신학적인 의도가 있기 때문입니다. 하나님께서 이스라엘을 선민으로 택하실 때는 목적이 있으셨기 때문인데 "육신으로 하면 그리스도가 그들에게서 나셨다"(롬 9:5)한 그리스도를 보내시기 위해서였던 것입니다. 이런 사명이 있기에 성민(聖民)에 합당한 고도의 윤리가 요구되었던 것입니다. 그러므로 18장-19장이 지켜야 할 법도(法度)라면 20장은 그에 대한 벌칙(罰則)인 것입니다. 그래서 "반드시 죽일 지니라"는 말씀이 자주 등장합니다. 이는 하나님의 계획을 대적하는 사탄을 염두에 두고 하신 말씀인 것입니다.

도표를 보시면 "너희는 내게 거룩할 지어다"를 중심으로, ① "그 자식을 몰렉에게 주는 자는 반드시 죽이라", ② "못 본 체 하고 죽이지 아니하면" 백성 중에서 끊으리라 하시고, ③ "아버지나 어머니를 저주하는 자는 죽이라"하십니다. 둘째 단원에서는 ④ 음란한 죄를 범하는 자는 죽이라 하시고 셋째 단원에서는, ⑤ "나의 모든 규례와 법도를 지켜야만 토하지 않으리라", ⑥ "너희는 너희 앞에서 쫓아낼 가나안 족속의 풍속을 따르지 말라"하시면서, ⑦ "나는 너희를 만민 중에서 구별한 너희 하나님 여호와니라"하십니다. 이를 세 단원으로 나누어 상고하겠습니다.

주제(主題) : 택하신 족속, 거룩한 나라, 소유된 백성

㉠ 20장에는 도표에 표시된 대로 "죽이라"는 언급이 6번이나 등장합니다. 이에 대한 오해가 없기 위해서 십계명(율법)을 주시고, 성막을 주신 목적(目的)과, 그 기능을 상기할 필요가 있습니다. 십계명과 성막 계시는 대조적(對照的)이면서 불가분(不可分)의 관계입니다. 율법은 "행하라"하고 성막

계시는 "믿으라"합니다. 율법은 "죽이라"하는데 성막에는 "대속제물"이 대신 죽음으로 살리는 기능이 있습니다.

㉡ 그러므로 성막은 장막 같은 육신을 입고 임마누엘 하실 그리스도의 모형입니다. "번제단, 물두멍, 속죄소" 등 성막의 양식들은 모두가 그리스도께서 성취하실 구속사역을 예표해주고 있습니다.

㉢ 그래서 레위기 앞부분에서, "번제, 속죄제, 속건제, 화목제, 대 속죄일" 등을 계시해주신 것입니다. 이는 모두 다 "성막"에서 드려지는 것인데, 반드시 죽어야 할 자들을 위해서 대신 죽는 것입니다. 왜냐하면 피를 흘려야만 사함을 받을 수가 있기 때문입니다.

㉣ 그런데 도표 우측을 보시면 "반드시 죽일 지니라"는 말씀이 반복적으로 강조되어 있습니다. 어찌하여 이처럼 "죽이라"하시는가? 하나님은 그리스도를 아브라함과 다윗의 자손으로 보내셔서 천하 만민을 구원하시려고 이스라엘을 제사장 나라로 택하신 것입니다. 그리스도가 탄생할 민족이기에 혼잡 됨이 없이 거룩함을 지켜야만 했던 것입니다.

㉤ 그런데 각성해야 할 점은 모든 범죄의 배후에는 하나님의 구원계획을 대적하는 사탄의 음모가 숨어 있다는 점입니다. 이점이 첫째로 "그의 자식을 몰렉에게 주면 반드시 죽이라"(2)한 우상숭배요, 둘째는 "이웃의 아내와 간음하는 자는 그 간부와 음부를 반드시 죽일지니라"(10)한 음행입니다. 그러므로 "죽이라"는 궁극적인 의미는 "그들을 미혹하는 마귀가 불과 유황 못에 던져지니 거기는 그 짐승과 거짓 선지자도 있어 세세토록 밤낮 괴로움을 받으리라"(계 20:10)한 사탄과 그 앞잡이들을 염두에 둔 말씀이라는 점을 인식해야만 합니다.

이런 의미가 "너희는 나에게 거룩할지어다 이는 나 여호와가 거룩하고 내가 또 너희를 나의 소유로 삼으려고 너희를 만민 중에서 구별하였음이니라"(26)하신 언급에 들어 있는 것입니다. 이제는 그리스도의 구속으로 말미암아 신약의 성도들이, "오직 너희는 택하신 족속이요 왕 같은 제사장들이요 거룩한 나라요 그의 소유된 백성"(벧전 2:9)이 되었습니다. 그러면 우리는 어떤 사람이 되어야 마땅합니까? 그렇다면 "오직 너희를 부르신 거룩한 자처럼 너희도 모든 행실에 거룩한 자가 되라"(벧전 1:15)하신 성별의 삶을 살아야 마땅한 것입니다.

첫째 단원(1–9) **우상숭배는 반역죄다**

둘째 단원(10–21) **거룩을 파괴하는 가증한 죄**

셋째 단원(22–27) **택함 받은 자의 구별된 삶**

첫째 단원(1–9) 우상숭배는 반역죄다

"여호와께서 모세에게 말씀하여 이르시되"(1), 첫째 단원은 우상숭배를 경계하는 내용입니다.

① "너는 이스라엘 자손에게 또 이르라 그가 이스라엘 자손이든지 이스라엘에 거류하는 거류민이든지 그의 자식을 몰렉에게 주면 반드시 죽이되 그 지방 사람이 돌로 칠 것이요"(2)하십니다.

㉠ 18:21절에서도 "너는 결단코 자녀를 몰렉에 주어 불로 통과하게 말라"고 경계하셨습니다. "몰렉"은 암몬의 우상인데 훗날 성전을 건축한 솔로몬이 섬긴 우상이요(왕상 11:7), 이사야 선지자(사 57:9)와, 예레미

야 선지자(렘 32:35)도 경고하는 것은 이처럼 경고하셨음에도 불구하고 구약교회에 몰렉 우상이 깊숙이 침투하였다는 증거입니다. 인간은 이토록 거짓된 것입니다.

㉡ "나도 그 사람에게 진노하여 그를 그의 백성 중에서 끊으리니 이는 그가 그의 자식을 몰렉에게 주어서 내 성소를 더럽히고 내 성호를 욕되게 하였음이라"(3)하십니다. 여기 중요한 요점이 있는데 이방인들이 몰렉을 섬기는 것은 단순한 우상숭배일 수가 있으나 선민 이스라엘이 몰렉을 섬기는 것은 하나님의 "성소(聖所)를 더럽히고 성호(聖號)를 욕되게 하는"것이라는 점입니다.

㉮ 첫째로 하나님의 거룩하신 이름을 욕되게 했다는 것은, "썩어지지 아니하는 하나님의 영광을 썩어질 사람과 새와 짐승과 기어 다니는 동물 모양의 우상으로 바꿔치기"(롬 1:23)를 했기 때문입니다. 하나님은 "나는 내 영광을 다른 자에게, 내 찬송을 우상에게 주지 아니하리라"(사 42:8)하십니다.

㉯ 그러면 둘째로 "성소(聖所)를 더럽혔다"는 것은 무슨 뜻이 됩니까? 이는 성소가 누구에 대한 모형(히 8:5)이며, 성소의 기능이 무엇인가를 생각할 때에 그 뜻은 분명해지는 것입니다. 성막은 "말씀이 육신이 되어 우리 가운데 거하시매"(요 1:14)한 임마누엘에 대한 모형이요, 성소에서 행해지는 "번제, 화목제, 속죄제"의 제물은 "하나님의 어린 양"이 담당하실 대속에 대한 예표인 것입니다. 이런 맥락에서 성소를 더럽혔다는 것은 그리스도께서 이루실 구속사역을 더럽히는 것이 되는 것입니다. 그러므로 하나님은 우상숭배를 가리켜, "유대인과 예루살렘 거민 중에 반역이 있도다"(렘 11:9, 겔 17:20), 즉 메사언약에 대한 "반역"이라고 말씀하십니다.

㉢ 그런데 참으로 답답한 것은 우상숭배가 아브라함과 다윗에게 세워주

신 메시아언약에 대한 반역이었다는 점을 모르고 교훈적으로만 생각하고 있다는 점입니다. 구약교회는 메시아언약을 우상과 바꿔치기를 했다가 멸망을 한 것입니다. 그리고 성경이 "탐심은 우상숭배니라"(골 3:5)고 경고하고 있다면 현대교회도 복음을 기복신앙과 바꿔치기하는 반역죄를 범하고 있다는 각성이 필요한 것입니다.

② 4–5절은 우상숭배를 묵과하는 자들에 대한 처벌 규정인데 "그가 그의 자식을 몰렉에게 주는 것을 그 지방 사람이 못 본 체하고 그를 죽이지 아니하면"(4), 어떻게 되는가?

㉠ "내가 그 사람과 그의 권속에게 진노하여 그와 그를 본받아 몰렉을 음란하게 섬기는 모든 사람을 그들의 백성 중에서 끊으리라"(5)하십니다. 그러면 "그 백성 중에서 끊으리라"(3, 5, 6)하신 "끊음과, 반드시 죽이라"한 "죽음"이 어떻게 다르며 어느 것이 더 중한 벌인가? "죽으리라"한 것이 육신의 죽음을 가리킨다면 "끊으리라"하심은 영육간의 죽음을 의미한다고 볼 수가 있습니다. 주님은, "마땅히 두려워할 자를 내가 너희에게 보이리니 곧 죽인 후에 또한 지옥에 던져 넣는 권세 있는 그를 두려워하라 내가 참으로 너희에게 이르노니 그를 두려워하라"(눅 12:5)하십니다.

㉡ "접신한 자와 박수무당을 음란하게 따르는 자에게는 내가 진노하여 그를 그의 백성 중에서 끊으리니"(6)하시면서, "너희는 스스로 깨끗하게 하여 거룩할지어다 나는 너희의 하나님 여호와이니라 너희는 내 규례를 지켜 행하라 나는 너희를 거룩하게 하는 여호와이니라"(7–8)하십니다. 몰렉을 섬기지 말라는 경계가 소극적이고 부정적으로 하신 말씀이라면, "너희는 스스로 깨끗하게 하여 거룩할지어다"하심은

적극적이고 긍정적으로 하시는 말씀입니다.

③ "만일 누구든지 자기의 아버지나 어머니를 저주하는 자는 반드시 죽일지니 그가 자기의 아버지나 어머니를 저주하였은즉 그의 피가 자기에게로 돌아가리라"(9)하십니다.

㉠ 이 경계도 교훈적으로만 볼 것이 아니라 구속사라는 맥락에서 이해되어야만 합니다. 아버지와 어머니의 권위를 짓밟게 되면 머지않아서 하나님의 권위에 도발하게 될 것이기 때문입니다. 이런 맥락에서 부모를 저주하는 자는 반드시 죽이라 하시는 것입니다. 그런데 말세의 특성을 보십시오. "사람들이 자기를 사랑하며 돈을 사랑하며 자랑하며 교만하며 비방하며 부모를 거역하며 감사하지 아니하며 거룩하지 아니하며, 쾌락을 사랑하기를 하나님 사랑하는 것보다 더하며"(딤후 3:2, 4)합니다. 오늘의 세태가 이와 같지 않습니까? "우상숭배, 접신한 자를 추종하는 것, 부모를 저주하는 것" 등이 "하나님을 반역하는 죄"인 것입니다.

㉡ 첫째 단원을 마치기 전에 다시 한 번 명심할 점은, "자식을 몰렉에게 주는 것을 그 지방 사람이 못 본 체하고 그를 죽이지 아니하면"(4)한 경계입니다. 그런데 오늘날은 이보다 더한 주님의 구속교리를 도살장의 신학이라고 비웃으면서 종교다원주의를 주장하고 있는데도 못 본체 하고 있는 것은 아닙니까? "만일 누구든지 저주하는 소리를 듣고서도 증인이 되어 그가 본 것이나 알고 있는 것을 알리지 아니하면 그는 자기의 죄를 져야 할 것이요 그 허물이 그에게로 돌아갈 것이며"(5:1)한 말씀을 유념해야만 할 것입니다. 사도 바울은 "그러나 우리나 혹은 하늘로부터 온 천사라도 우리가 너희에게 전한 복음 외에 다른

복음을 전하면 저주를 받을지어다"(갈 1:8)고 격분해합니다. 복음전도자는 또한 복음을 변증하는 자인 것입니다. 우리들의 시대에 바울이 있었다면 어떻게 반응했을 것인가를 생각하게 합니다.

둘째 단원(10-21) 거룩을 파괴하는 가증한 죄

둘째 단원은 전체가 가증한 음란죄에 대한 처벌규정입니다. 그래서 "죽이라"는 말이 8번이나 나옵니다. 이는 그만큼 공동체에 끼치는 해독이 크기 때문입니다.

④ "누구든지 남의 아내와 간음하는 자 곧 그의 이웃의 아내와 간음하는 자는 그 간부와 음부를 반드시 죽일지니라"(10)한, "남의 아내와 간음하는 자"(10)로 시작하여, "누구든지 그의 형제의 아내를 데리고 살면 더러운 일이라"(21)는 것으로 마치는 11-21절까지는 모두가 부적절한 성관계에 대한 처벌규정입니다.

㉠ 그러니까 첫째 단원(1-9)에서 언급한 "우상숭배"와, 둘째 단원의 "음란죄"는 모두 극형에 처하라는 말씀입니다. 왜냐하면 이 두 가지가 "애굽과, 가나안의 풍속"이요, 교회를 부패시키는 주원인이기 때문입니다. 그러므로 인식해야 할 점은 영적 논리로 하면 "우상숭배와, 음행"은 동일한 반역행위라는 점입니다.

㉡ 이점을 신약성경에서는, "그러므로 땅에 있는 지체를 죽이라 곧 음란과 부정과 사욕과 악한 정욕과 탐심이니 탐심은 우상 숭배니라"(골 3:5)고, "음란과 우상숭배"를 하나로 묶어서 경계합니다. 야고보서에

서도 "간음한 여인들아"하고 책망을 하는데 이는 육적인 간음을 가리키는 말이 아니라 "세상과 벗된 것이 하나님과 원수 됨을 알지 못하느냐"(약 4:4)고 세속화된 영적인 간음을 책망하는 말인 것입니다. 그러므로 현대교회가 "우상숭배와, 음행"에 오염이 되어 있지 아니 한가 경성해야 할 점입니다. 이것이 "거룩을 파괴하는 죄"입니다.

셋째 단원(22–27) 택함 받은 자의 구별된 삶

18장–20장은 동일하게 "너는 이스라엘 자손에게 말하여 이르라"(18:2, 19:2, 20:2)는 말씀으로 시작이 되는데 셋째 단원은 18장–20장에 대한 결론적(結論的)인 말씀입니다.

⑤ "너희는 나의 모든 규례와 법도를 지켜 행하라"(22상) 하십니다.

㉠ 그러면 "나의 모든 규례와 법도"가 무엇인가 하는 점입니다. 다시 상기시키면서 강조합니다. 왜냐하면 이를 교훈적으로 보아 "십계명"(율법)을 지키라는 뜻으로만 여기기 때문입니다. 그렇게 여긴다면 레위기 1장으로 되돌아가야만 합니다. 구약의 성도들은 어떻게 구원을 얻었습니까? 율법을 준행했기 때문에 구원을 얻은 것입니까? 만일 그렇게 말한다면 그리스도의 죽음을 헛된 죽음으로 만드는 것(갈 2:21)이 되고 맙니다. 왜냐하면 구원을 얻을 수 있는 방도가 있는데 새삼스럽게 죽으실 필요가 없기 때문입니다. 아닙니다. 신구약을 막론하고 구원은 오직 그리스도의 구속으로 말미암을 뿐입니다. 이스라엘 백성들도 유월절 어린 양의 피로 구속함을 얻어 하나님의 백성들이 되

었습니다.

㉡ 그러므로 "너희는 나의 모든 규례와 법도를 지켜 행하라"하신 "규례"(規例)가 무엇을 의미하는지에 확고해야만합니다. 하나님은 "아론과 그의 자손에게 명령하여 이르라 번제의 규례는 이러하니라(6:9), 소제의 규례는 이러하니라(6:14), 속죄제의 규례는 이러하니라(6:25), 속건제의 규례는 이러하니라(7:1), 화목제 희생의 규례는 이러하니라(7:11), 이는 번제와 소제와 속죄제와 속건제와 위임식과 화목제의 규례라"(7:37)고 말씀하십니다. 제사제도를 "규례"라 하시는데 이는 모두가 그리스도의 구속사역에 대한 예표들입니다. 이 규례를 바르게 행하라는 말씀입니다.

그런데 시편 50:8절에서는 "나는 네 제물 때문에 너를 책망하지는 아니하리니 네 번제가 항상 내 앞에 있음이로다"하십니다. 구약교회는 메시아언약은 망각한 체 상번제만 부지런이 드렸다는 것입니다. 그래서 하나님은 "내가 수소의 고기를 먹으며 염소의 피를 마시겠느냐"(50:13)하시면서 "하나님을 잊어버린 너희여 이제 이를 생각하라 그렇지 아니하면 내가 너희를 찢으리니 건질 자 없으리라"(50:22)고 책망을 하십니다.

㉢ 이처럼 "규례"가 제사제도를 가리키는 것이라면 준행해야 할 "법도"(法度)는 무엇인가 하는 점입니다. "규례"가 성막계시라면 "법도"는 지켜야 할 돌비인 것입니다. 하나님은 이 둘을 함께 주신 것입니다. 이것이 신약에 이르러서는 "믿음과, 행함"으로 요약이 됩니다. "그리하여야 내가 너희를 인도하여 거주하게 하는 땅이 너희를 토하지 아니하리라"(22하)하십니다. 명심하십시다. 훗날 그들이 약속의 땅에서 바

벨론으로 토해냄을 당하게 된 결정적인 죄는 윤리(법도)가 아니라 우상을 숭배한 메시아언약을 망각한 "규례"를 범한 죄였던 것입니다. 하나님과의 관계가 바르지 못하면 이웃의 관계인 법도도 잘못되는 것입니다.

⑥ 그러므로 "너희는 내가 너희 앞에서 쫓아내는 족속의 풍속을 따르지 말라 그들이 이 모든 일을 행하므로 내가 그들을 가증히 여기노라"(23)하시는 것입니다. 이는 만일 너희도 그들의 풍속을 좇아 행하면 너희도 토하게 되리라는 경고의 말씀인 것입니다.

⑦ "내가 전에 너희에게 이르기를 너희가 그들의 땅을 기업으로 받을 것이라 내가 그 땅 곧 젖과 꿀이 흐르는 땅을 너희에게 주어 유업을 삼게 하리라 하였노라 나는 너희를 만민 중에서 구별한 너희의 하나님 여호와이니라"(24)하십니다.

㉠ 그리고 이어서, "너희는 짐승이 정하고 부정함과 새가 정하고 부정함을 구별(區別)하고 내가 너희를 위하여 부정한 것으로 구별한 짐승이나 새나 땅에 기는 것들로 너희의 몸을 더럽히지 말라"(25)하십니다. 이는 11장을 상기시키는 말씀인데 핵심은 "구별"에 있습니다. 하나님의 백성들이 "구별"된 삶을 살기를 얼마나 원하시는가를 깨닫게 하는 대목입니다. 매사에 분별력을 행사하여 거룩함을 훼손하지 않도록 하라는 말씀입니다.

㉡ 그리고 18장-20장까지의 총 결론은, "너희는 나에게 거룩할지어다 이는 나 여호와가 거룩하고 내가 또 너희를 나의 소유로 삼으려고 너희를 만민 중에서 구별하였음이니라"(26)는 말씀으로 마치고 있습니다. 하나님은 이 한 말씀을 하시기 위해서 18장-20장의 경계를 말씀

하셨다 해도 과언이 아닙니다.

㉢ 그러면 18장–20장의 문단이 우리에게는 어떻게 적용이 되는가? "너희가 하나님의 성전인 것과 하나님의 성령이 너희 안에 거하시는 것을 알지 못하느냐"(고전 3:16)한 정체성에 대한 각성(覺醒)입니다. 구약교회가 타락한 원인이 무엇이며, 신약교회인 고린도교회가 부패하게 된 원인이 무엇이며, 현대교회가 혼합종교화한 원인이 무엇인가? 복음을 상실한 나머지 교회의 영광스러움과, 자신의 정체성을 망각했기 때문입니다. 이를 알았기에 사도 바울은, "성도가 세상을 판단할 것을 알지 못하느냐? 우리가 천사를 판단할 것을 너희가 알지 못하느냐? 불의한 자가 하나님의 나라를 유업으로 받지 못할 줄을 알지 못하느냐? 너희 몸이 그리스도의 지체인 줄을 알지 못하느냐? 창녀와 합하는 자는 그와 한 몸인 줄을 알지 못하느냐? 너희 몸은 너희가 하나님께로부터 받은바 성령의 전인 줄을 알지 못하느냐"(고전 6:2, 3, 9, 15, 16, 19)고, "알지 못하느냐" 하는 말을 6번이나 반복하면서 거듭 거듭 일깨워주고 있는 것입니다.

형제는 자신의 정체성을 망각하고 있지 않습니까? 자신의 신분, 지위, 위치를 확신합니까? 이를 망각하지 않기를 바랍니다. 이것이 "택하신 족속 거룩한 나라 소유된 백성"답게 살아가는 비결입니다.

묵상해 봅시다

㉠ 우상숭배와 음행의 영적인 의미에 대해서

㉡ 반드시 죽어야 할 자가 살 수 있는 방도에 대해서

㉢ 규례와 법도를 지켜 행하라 하신 구속사적인 의미에 대해서

레위기 21장 개관도표

주제 : 관유로 부음 받은 제사장의 존귀와 책임

제사장은 더욱 거룩하라

1–9

1 여호와께서 모세에게 이르시되 아론의 자손 **제사장들에게 말하여 이르라**

① 그의 백성 중에서 죽은 자를 만짐으로 말미암아 스스로 더럽히지 말려니와
2 그의 살붙이인 그의 어머니나 그의 아버지 그의 아들이나 그의 딸이나 형제나
3 출가하지 아니한 처녀인 그의 자매로 말미암아서는 몸을 **더럽힐 수 있느니라**
4 **② 제사장은 그의 백성의 어른인즉 자신을 더럽혀 속되게 하지 말지니라**
5 제사장들은 머리털을 깎아 대머리 같게 하지 말며 자기의 수염 양쪽을 깎지 말며 살을 베지 말고
6 그들의 하나님께 대하여 거룩하고 그들의 하나님의 이름을 욕되게 하지 말 것이며
③ 그들은 여호와의 화제 곧 그들의 **하나님의 음식을 드리는 자인즉 거룩할 것이라**

7 그들은 부정한 창녀나 이혼 당한 여인을 취하지 말지니
④ 이는 그가 여호와 하나님께 거룩 함 이니라
8 **너는 그를 거룩하게 하라** 그는 네 하나님의 음물을 드림이니라
너는 그를 거룩히 여기라 너희를 거룩하게 하는 나 여호와는 거룩함이니라
9 어떤 제사장의 딸이든지 행음하여 자신을 속되게 하면 그의 아버지를 속되게 함이니 그를 불사를 지니라

대제사장은 더더욱 거룩하라

10–15

10 자기의 형제 중 **관유로 부음을 받고 위임되어 그 예복을 입은 대제사장은**

⑤ 그의 머리를 풀지 말며 그의 옷을 찢지 말며
11 어떤 시체에든지 가까이 말지니 부모로 말미암아서도 **더러워지게 하지 말며**
12 그 성소에서 나오지 말며 **그의 하나님의 성소를 속되게 하지 말라**
⑥ 이는 하나님께서 성별하신 관유가 그 위에 있음이니라 나는 여호와니라

13 그는 처녀를 데려다가 아내를 삼을지니
14 과부나 이혼 당한 여자나 창녀 짓을 하는 더러운 여인을 취하지 말고
자기 백성 중에서 처녀를 취하여 아내를 삼아
15 그의 자손이 그의 백성 중에서 속되게 하지 말지니 **나는 그를 거룩하게 하는 여호와임이니라**

제사장직무를 수행할 수 없는 자

16–24

16 여호와께서 모세에게 말씀하여 이르시되
17 아론에게 말하여 이르라 **누구든지 너의 대대 자손 중** 대대로

⑦ 육체에 흠이 있는 자는 그 하나님의 음식을 드리려고 가까이 오지 못할 것이니라
18 누구든지 **흠이 있는 자는 가까이 못할지니**
곧 맹인이나 다리 저는 자나 코가 불완전한 자나 지체가 더한 자나
19 발 부러진 자나 손 부러진 자나
20 등 굽은 자나 키 못자란 자나 눈에 백막이 있는 자나 습진이나 버짐이 있는 자나 고환 상한 자나
21 제사장 아론의 자손 중에 **흠이 있는 자는 나와 여호와께 화제를 드리지 못할지니**
그는 흠이 있은즉 나아서 그의 하나님께 음식을 드리지 못하느니라

22 **⑧ 그는 그의 하나님의 음식이 지성물이든지 성물이든지 먹을 것이나**
23 **휘장 안에 들어가지 못할 것이요 제단에 가까이 하지 못할지니 이는 그가 흠이 있음이라**
이와 같이 그가 내 성소를 더럽히지 못할 것은 **나는 그들을 거룩하게 하는 여호와임이니라**
24 이와 같이 모세가 아론과 그의 아들들과 온 이스라엘 자손에게 말하였더라

21장

관유로 부음 받은 제사장의 존귀와 책임

10 자기의 형제 중 관유로 부음을 받고 위임되어
그 예복을 입은 대제사장은 그의 머리를 풀지 말
며 그의 옷을 찢지 말며

21장–22장은 "제사장들"에 관한 규례입니다. 이를 문맥적으로 보면 18장–20장을 통해서 먼저 백성들을 경계하신 후에, 제사장들에게 경계하시는 문맥입니다. 백성(百姓)들에게 하신 경계를 한마디로 요약을 하면 "너희는 거룩하라"는 말씀입니다. 그러면 "대제사장, 제사장, 아론의 대대 자손"에게 하시는 경계가 무엇인가? "더욱 거룩이요", 대제사장에게 요청되는 바는 "더더욱 거룩하라"는 말씀입니다. 그러므로 21장에는 "거룩"이라는 말이 9번이나 강조되어 있습니다. 그래서 아론의 대대 자손, 즉 제사장 가문에 태어났을지라도 흠이 있는 자는 제사장 직무를 수행할 수 없다 하십니다. 백성에게 하신 말씀은 성도들에게 하시는 말씀으로, 제사장들에게

하시는 말씀은 목회자들에게 하시는 말씀으로 적용을 시킬 수가 있을 것입니다. 그리고 "너희도 산 돌 같이 신령한 집으로 세워지고 예수 그리스도로 말미암아 하나님이 기쁘게 받으실 신령한 제사를 드릴 거룩한 제사장이 될지니라"(벧전 2:5)한 "만인 제사장"이라는 점에서는 모든 그리스도인들에게 하시는 말씀이 됩니다. 그러므로 본문은 우리 자신을 점검하는 체크리스트라 할 것입니다.

도표를 보시면 첫째 단원은 "제사장들에게 말하여 이르라"를 중심으로, ① "스스로 더럽히지 말라", ② "제사장은 백성의 어른인즉 스스로 더럽혀 속되게 하지 말지니라", ③ "하나님의 음식을 드리는 자인즉 거룩할 지니라", ④ "이는 그가 여호와께 거룩함이니라"고, "거룩하라, 거룩하라" 하십니다. 둘째 단원은 "관유로 부음 받은 대제사장"을 중심으로, ⑤ 대제사장은 어떠한 경우에도 "머리를 풀지 말며 옷을 찢지 말라"하시면서, ⑥ "관유가 그 위에 있기 때문이라" 하십니다. 셋째 단원은 "너의 대대 자손 중"을 중심으로, ⑦ "흠이 있는 자는 가까이 오지 못할 것이라", ⑧ "성물을 먹을 수는 있으나 휘장 안에 들어오지 못할 지니라"하십니다. 이에 대한 구속사적 의미가 무엇인가?

주제(主題) : 관유로 부음 받은 제사장의 존귀와 책임

㉠ 우선적으로 확고해야 할 점은 죄로 말미암아 하나님 앞에서 추방을 당한 죄인은 "대속제물과, 이를 드려줄 제사장"을 필요로 하게 되었다는 점입니다. 그래서 하나님은 제사제도를 마련해주시고 제사장을 위임해주셨던 것입니다.

㉡ 그런데 제물과 제사장은 자신을 대속제물로 단번에 드려주실 그리스도에 대한 예표라는 점입니다. 그래서 제물도 흠이 없어야만 하고, 제사장도 "흠이 있는 자는 나와 여호와께 화제를 드리지 못할지니"(21)하시는 것입니다.

㉢ 그런데 구속사는 여기가 끝이 아니라 이제는 그리스도께서 대제사장이 되시어 자신을 제물로 드려주셔서 죄로 말미암아 막혔던 휘장을 열어주심으로 구약의 예표를 성취(成就)하여주신 것입니다. 그러므로 이를 믿는 자는 누구나 "예수 그리스도로 말미암아 하나님이 기쁘게 받으실 신령한 제사를 드릴 거룩한 제사장이 될지니라"(벧전 2:5)한 만인 제사장으로 적용이 된다는 점입니다. 그러므로 21장은 모든 그리스도인들에게 하시는 적실성이 있는 말씀인것입니다.

첫째 단원(1–9) **제사장은 더욱 거룩하라**

둘째 단원(10–15) **대제사장은 더욱더 거룩하라**

셋째 단원(16–24) **제사장 직무를 수행할 수 없는 자**

첫째 단원(1–9) 제사장은 더욱 거룩하라

21장은 "여호와께서 모세에게 이르시되 아론의 자손 제사장들에게 말하여 이르라"(1상)는 말씀으로 시작이 되는데 첫째 단원은 아론의 자손들인 "제사장들"이 지켜야 할 명령입니다.

① 첫째로 금하시기를 "그의 백성 중에서 죽은 자를 만짐으로 말미암아

스스로를 더럽히지 말려니와"(1하)하십니다. "죽음"은 죄로 말미암아 왔기 때문에 죽은 시신을 부정한 것으로 간주하는 것입니다.

㉠ "그의 살붙이인 그의 어머니나 그의 아버지나 그의 아들이나 그의 딸이나 그의 형제나 출가하지 아니한 처녀인 그의 자매로 말미암아서는 몸을 더럽힐 수 있느니라"(2-3)고 예외규정을 말씀하시면서도,

② "제사장은 그의 백성의 어른인즉 자신을 더럽혀 속되게 하지 말지니라"(4)고 명하십니다.

㉠ 2-4절에 나타난 하나님의 의중(意中)은, "가족"의 경우에는 몸을 더럽히는 것, 즉 장례에 참여하는 것을 허용을 하시면서도 원칙적으로는 어떤 경우에도 더럽혀서는 아니 된다는 것이 하나님의 뜻인 것입니다. 그러니까 가족의 경우에 참여하는 것을 허용하는 것은 잘하는 일이기 때문이 아니라 자비와 긍휼히 여기심인 것입니다.

㉡ "제사장들은 머리털을 깎아 대머리 같게 하지 말며 자기의 수염 양쪽을 깎지 말며 살을 베지 말라"(5)하십니다. 그런데 제사장만이 아니라 일반 백성들에게도, "머리 가를 둥글게 깎지 말며 수염 끝을 손상하지 말며 죽은 자 때문에 너희의 살에 문신을 하지 말며 무늬를 놓지 말라 나는 여호와이니라"(19:27-28)고 금하셨습니다. 이는 이방 풍속이기 때문에 그들과 구별하기 위해서인 것입니다.

㉢ 어찌하여 이렇게 행해야 하는가? 제사장은 "그들의 하나님께 대하여 거룩하고 그들의 하나님의 이름을 욕되게 하지 말 것이며 그들은 여호와의 화제 곧 그들의 하나님의 음식을 드리는 자"(6)이기 때문에 거룩하라 하십니다. "하나님의 음식을 드리는 자"란 조석으로 드리는 상번제를 가리키는데 신약의 성도들에게는 "너희 몸이 그리스도의

지체인 줄을 알지 못하느냐 내가 그리스도의 지체를 가지고 창녀의 지체를 만들겠느냐 결코 그럴 수 없느니라"(고전 6:15)로 적용이 됩니다. 기쁘게 받으시는 예배를 드리기 위해서는 거룩해야 하고, "거룩"을 지키기 위해서는 자신의 정체성을 망각하지 말아야만 한다는 것입니다.

③ 그러므로 "그들은 부정한 창녀나 이혼 당한 여인을 취하지 말지니 이는 그가 여호와 하나님께 거룩함이니라"⑺고, 결혼에 있어서도 성별되어야 한다고 말씀하십니다.

㉠ 그런데 8절에서는 "너는 그를 거룩히 여기라 그는 네 하나님의 음식을 드림이니라 너는 그를 거룩히 여기라 너희를 거룩하게 하는 나 여호와는 거룩함이니라"하십니다. 이는 ㉮ 제사장 자신이 거룩을 지켜야 할뿐만이 아니라, ㉯ 백성들도 제사장을 "거룩히 여기고" 거룩을 손상하지 않도록 지켜드리라 하십니다. 하나님을 섬기는 제사장이 얼마나 존귀한 직분이며 또한 책임이 막중한가를 생각하게 합니다.

㉡ 그러므로 제사장 자신은 물론, "어떤 제사장의 딸이든지 행음하여 자신을 속되게 하면 그의 아버지를 속되게 함이니 그를 불사를지니라"⑼합니다. 왜냐하면 자녀가 제사장 아버지의 거룩을 손상시켰기 때문입니다. 이점을 목회서신에서는, "자기 집을 잘 다스려 자녀들로 모든 공손함으로 복종하게 하는 자라야 할지며 (사람이 자기 집을 다스릴 줄 알지 못하면 어찌 하나님의 교회를 돌보리요)"(딤전 3:4-5)라고 말씀합니다. 이것이 백성들보다 "제사장은 더욱 거룩하라"는 의미입니다.

둘째 단원(10–15) 대제사장은 더욱더 거룩하라

둘째 단원은 "자기의 형제 중 관유로 부음을 받고 위임되어 그 예복을 입은 대제사장(大祭司長)은"(10상)한, 대제사장"에게 하시는 명령입니다.

④ "그의 머리를 풀지 말며 그의 옷을 찢지 말며"(10하)하십니다.

㉠ 이 경계는 아론의 두 아들 나답과 아비후가 다른 불을 담아 드리다가 즉사한 사건이 일어났을 때에 모세가 "너희는 머리를 풀거나 옷을 찢지 말라 그리하여 너희가 죽음을 면하고 여호와의 진노가 온 회중에게 미침을 면하게 하라"(10:6)고 경계한 바입니다. "머리를 풀고 옷을 찢는" 행위는 극도의 슬픔과 절망을 나타내는 것입니다. 제사장이 절망을 한다는 것은 하나님께 대한 불신앙인 것입니다. 결국 하나님께 욕을 돌리는 일인 것입니다.

㉡ 하나님과 백성들 사이에 중보자로 세움을 입은 대제사장이 머리를 풀고 옷을 찢는다면 백성들은 어떻게 하란 말인가? 더욱 절망할 것이 아닙니까? 그래서 모세가 "여호와의 진노가 온 회중에게 미침을 면하게 하라"(10:6하)한 것입니다. 이점을 본문에서는 "제사장은 백성의 어른"(4)이라고 말씀합니다. "어른"은 존귀한 것이지만 그에 상응하는 책임이 따른다는 것입니다. 그래서 "어떤 시체에든지 가까이 하지 말지니 그의 부모로 말미암아서도 더러워지게 하지 말라"(11)고 제사장에게는 허용이 되었던 부모의 장례에도 참여할 수가 없다 하십니다. 왜냐하면 제사장의 직무는 다른 제사장이 대신(代身) 할 수가 있어도 대제사장(大祭司長)은 오직 한 분이기 에 부정하게 되었을 경우 대신할 자가 없기 때문입니다. 이처럼 대제사장은 지성소에 들어가는 자

요, 그리스도에 대한 예표의 인물인 것입니다.

㉢ 그런데 우리의 대제사장이신 예수 그리스도께서는 죽은 자의 관에 손을 대셨습니다. 이는 "내가 네게 말하노니 일어나라(눅 7:14), 나사로야 나오라"(요 11:43)고 사망권세를 정복하러 오셨기 때문입니다. 그러므로 주님은 "두려워하지 말라 나는 처음이요 마지막이니 곧 살아 있는 자라 내가 전에 죽었었노라 볼지어다 이제 세세토록 살아 있어 사망과 음부의 열쇠를 가졌노니"(계 1: 17–18)하시는 것입니다. 그러므로 그리스도인들은 사망권세를 잡은 사탄도, 죽음도, 시체도 두려울 것이 없고 그런 것이 우리를 더럽힐 수가 없는 것입니다.

⑤ 그러나 구약의 대제사장은 부모의 상사 때도, "그 성소에서 나오지 말며 그의 하나님의 성소를 속되게 하지 말라 이는 하나님께서 성별하신 관유가 그 위에 있음이니라 나는 여호와이니라"(12) 하십니다.

㉠ 어찌하여 이토록 극도의 거룩이 요청이 되는가? "하나님께서 성별하신 관유가 그 위에" 있기 때문이라는 것입니다. "관유가 그 위에 있다"는 말씀은, "너는 기름 부음을 받은 메시아를 예표하는 인물이다 그래서 더럽혀서는 아니 된다 알겠느냐"라는 뜻인 것입니다. 이 말씀이 신약의 성도들에게는, "너희는 너희가 하나님의 성전인 것과 하나님의 성령이 너희 안에 계시는 것을 알지 못하느냐"고 영광스러움을 말씀한 후에, "누구든지 하나님의 성전을 더럽히면 하나님이 그 사람을 멸하시리라 하나님의 성전은 거룩하니 너희도 그러하니라"(고전 3:16– 17)는 엄한 경고를 하십니다.

㉡ 이점에서 어리석은 질문을 드려보겠습니다. "그러므로 형제들아 우리가 예수의 피를 힘입어 (지)성소에 들어갈 담력을 얻었나니 그 길

은 우리를 위하여 휘장 가운데로 열어 놓으신 새로운 살 길이요"(히 10:19-20)하시는데 그러면 신약의 성도들은 제사장인가? 대제사장인가 하는 점입니다. 우리는 예수의 피를 힘입어 휘장을 통과하여 지성소(至聖所)에 들어간다는 것입니다. 그렇다면 구약의 표현대로 하면 대제사장인 셈입니다. 그래서 히브리서 기자는 주님을 "그러므로 우리에게 큰 대제사장이 계시니 승천하신 이 곧 하나님의 아들 예수시라"(히 4:14)고 주님을 "큰 대제사장"이라고 말씀한 것입니다. 주님은 "왕 중 왕이시오, 대제사장 중 대제사장"이 되신다는 말씀입니다. 왜 이런 말씀을 드리느냐 하면 우리의 신분과 지위와 사명의 영광스러움을 망각하지 말고 그에 상응하는 고도의 거룩이 요청된다는 점을 강조하기 위해서입니다.

㉢ "그는 처녀를 데려다가 아내를 삼을지니 과부나 이혼 당한 여자나 창녀 짓을 하는 더러운 여인을 취하지 말고 자기 백성 중에서 처녀를 취하여 아내를 삼아 그의 자손이 그의 백성 중에서 속되게 하지 말지니 나는 그를 거룩하게 하는 여호와임이니라"(13-15) 하십니다. 이점은 "제사장"에게도 경계하신(7)점입니다. 이 경계의 핵심은 "그의 자손"(子孫)이라는 말씀에 있는데 구약의 제사장은 세습(世襲)에 의해서 계승이 되었기 때문입니다. 그러므로 경건한 자손을 얻기 위해서 배우자 선택에 신중을 기하라는 말씀입니다. 이는 그리스도인의 결혼관에도 적용이 된다 하겠습니다. 목회자 중에는 아내나 자녀로 인하여 어려움을 당하는 경우도 많이 있습니다.

㉣ 그리고 이 말씀은 궁극적으로 대제사장 되시는 그리스도의 신부(新婦)되는 우리 자신이, "어린 양의 혼인 기약이 이르렀고 그의 아내가

자신을 준비하였으므로 그에게 빛나고 깨끗한 세마포 옷을 입도록 허락하셨으니 이 세마포 옷은 성도들의 옳은 행실이로다"(계19:7-8)한 정결한 신부로 단장을 해야 한다는 각성을 하게 됩니다. 이것이 제사장보다 "대제사장은 더욱더 거룩하라"는 의미입니다.

ⓜ 둘째 단원을 마치면서 생각이 나는 말씀은 주님께서 어떤 사람에게 "나를 따르라 하시니 그가 이르되 나로 먼저 가서 내 아버지를 장사하게 허락하옵소서"한 말입니다. 그러나 주님은 "죽은 자들로 자기의 죽은 자들을 장사하게 하고 너는 가서 하나님의 나라를 전파하라"(눅9:59-60)하셨습니다. "병사로 복무하는 자는 자기 생활에 얽매이는 자가 하나도 없나니 이는 병사로 모집한 자를 기쁘게 하려 함이라"(딤후2:4)고 말씀합니다.

셋째 단원(16-24) 제사장 직무를 수행할 수 없는 자

셋째 단원은 아론의 "자손" 중 대대로 제사장 직무를 수행할 수 없는 자에 대한 경계입니다.

⑦ "여호와께서 모세에게 말씀하여 이르시되 아론에게 말하여 이르라 누구든지 너의 자손 중 대대로 육체에 흠이 있는 자는 그 하나님의 음식을 드리려고 가까이 오지 못할 것이니라"(16-17)하십니다.

㉠ 이점에서 유념해야 할 점은 레위기가 1차적으로는 지금으로부터 약 3500년 전, 애굽에서 종노릇하다가 이제 막 해방된 자들을 대상으로 한 말씀이라는 점입니다. 다시 말하면 영적으로 유치원 어린이

들이 인식할 수 있는 방도로 말씀하시는 것입니다. 그러므로 구약성경에는 신령한 의미가 의문(儀文)이라는 수건에 가려져 있는 것입니다. 그래서 사도 바울은 그가 또한 우리를 새 언약의 일꾼 되기에 만족하게 하셨으니 "율법 조문으로 하지 아니하고 오직 영으로 함이니 율법 조문은 죽이는 것이요 영은 살리는 것이니라"(고후 3:6)고 말씀한 것입니다.

그러므로 구약을 해석할 때에 신약성경을 통해서 밝히 드러난 복음의 빛을 받아서 해석해야만 하는 것입니다. 이런 맥락에서 셋째 단원도 제사장은, "거룩해야 한다"는 중심주제에 의해서 해석이 되어야 하는 것입니다.

ⓛ 그러면 "누구든지 흠이 있는 자는 가까이 하지 못할지니 곧 맹인이나 다리 저는 자나 코가 불완전한 자나 지체가 더한 자나 발 부러진 자나 손 부러진 자나 등 굽은 자나 키 못 자란 자나 눈에 백막이 있는 자나 습진이나 버짐이 있는 자나 고환 상한 자나 제사장 아론의 자손 중에 흠이 있는 자는 나와 여호와께 화제를 드리지 못할지니 그는 흠이 있은즉 나와서 그의 하나님께 음식을 드리지 못하느니라"(18-21)하신 신령한 의미는 무엇인가? 1차적으로는 구약의 제사장이 흠이 없으신 참 대제사장이신 그리스도를 예표하는 인물이라는 점입니다.

⑧ 그러면 이 경계가 우리에게는 어떻게 적용이 되는가? "그는 그의 하나님의 음식이 지성물이든지 성물이든지 먹을 것이나"(22)하십니다. 왜냐하면 그는 제사장의 가문에 태어났기 때문입니다. 이점을 22:12-13절에 가서 자세히 살펴보겠습니다만 "먹을 수 있다"는 것은 중요한 요점인 것입니다.

㉠ 그러나 "휘장 안에 들어가지 못할 것이요 제단에 가까이 하지 못할지니 이는 그가 흠이 있음이니라"(23상)하십니다. 이 말씀을 통해서 어떤 신령한 의미를 깨닫게 되는가? 육체적인 장애가 아닌 영적 불구자가 문제인 것입니다. 어떤 사람이 거듭나게 되면 그는 하나님의 자녀요, 제사장 가문에 태어나는 것입니다. 그래서 "그는 하나님의 지성물이든지 성물이든지 먹을 것이나"(22)하신 것입니다.

그러나 누구를 막론하고 태어날 때에는 어린아이로 태어난다는 점입니다. 문제는 어린아이와 같은 자가 바로 제사장 직무를 수행할 수는 없는 것입니다. 이점을 "휘장 안에 들어가지 못할 것이요 제단에 가까이 하지 못할지니"하는 것입니다. 그런데 문제는, "때가 오래 되었으므로 너희가 마땅히 선생이 되었을 터인데 너희가 다시 하나님의 말씀의 초보에 대하여 누구에게서 가르침을 받아야 할 처지이니 단단한 음식은 못 먹고 젖이나 먹어야 할 자가 되었도다"(히 5:12), 즉 신앙의 나이는 오래 된 자가 영적으로, "맹인, 발 부러진 자, 손 부러진 자"와 같은 불구상태로 있는 이것이 문제인 것입니다.

㉢ 이런 의미에서 베드로전서 2:2절과, 5절을 대조해보시기 바랍니다. 2절은 "갓난아기들 같이 순전하고 신령한 젖을 사모하라 이는 그로 말미암아 너희로 구원에 이르도록 자라게 하려 함이라 갓난아이들같이 순전하고 신령한 젖을 사모하여, 자라게 하려 함이라"고 말씀하고 5절에서는, "하나님이 기쁘게 받으실 신령한 제사를 드릴 거룩한 제사장이 될지니라"합니다. 즉 제사장 직무를 수행할 수 있도록 성숙해지라는 것입니다. 교회 내에는 제사장 가문에 태어났음에도 불구하고 제사장 직무를 수행하지 못하고 있는 자들이 너무나 많은 실정입니

다. 이유는 단 한 가지 자라지 못하는 소아마비와 같은 "영적 불구자" 이기 때문입니다.

㉣ 그런 자들도 "지성물이든지 성물이든지 먹을 것이나"(22), 즉 예배에 참석하여 은혜를 받을 수는 있다는 것입니다. 그러나 "휘장 안에 들어가지 못할 것이요 제단에 가까이 못할지니", 즉 하나님과의 은밀한 교제는 경험하지를 못하고, 그의 삶 가운데서 제사장 직무를 수행하지 못한다는 것입니다. 이 말씀은 한국교회의 실정과, 교회 구성원인 나 자신의 영적 상태를 점검하게 합니다. 이사야 선지자는 하나님의 임재 앞에 "입술이 부정한 자"(사 6:5)라고 고백을 했습니다. 형제가 제사장 직무를 수행하는데 가장 부정한 부분은 무엇입니까? 어느 지체가 불구(不具)인 것으로 여겨집니까? 맹인입니까? 벙어리입니까? 발 부러지고 손 부러진 자는 아닙니까?

묵상해 봅시다

㉠ 제사장에게 기대하시는 바가 무엇인가에 대해서

㉡ 대제사장에게 요청되는 바가 무엇인가에 대해서

㉢ 제사장 가문에 태어났으면서도 직무를 수행할 수 없는 자에 대해서

㉣ 관유가 네 위에 있다는 정체성에 대해서

The Book of Revelation

레위기 22장 개관도표

주제 : 성물과 헌물에 대한 정결 규례

성물을 먹을 자와 못 먹을 자

1-16

1 여호와께서 모세에게 말씀하여 이르시되
2 아론과 그의 아들들에게 말하여 그들로 이스라엘 자손이 내게 드리는

그 성물에 대하여 스스로 구별하여
내 성호를 욕되게 함이 없게 하라 **나는 여호와니라**

3 그들에게 이르라 네 자손 중에 대대로 그의 몸이 부정하면서도 이스라엘 자손이 구별하여 여호와께 드리는
① 성물에 가까이하는 자는 내 앞에서 끊어지리라 나는 여호와니라
4 아론의 자손 중 나병 환자나 유출병 자는 그가 정하기 전에는
② 성물을 먹지 말 것이요 시체의 부정에 접근된 자나 설정한 자나
5 사람을 부정하게 하는 벌레에 접촉된 모든 사람과 무슨 부정이든지 사람을 더럽힐만한 자에게 접촉된 자
6 곧 이런 것에 접촉된 자는 저녁까지 부정하니 그의 몸을 물로 씻지 아니하면 **성물을 먹지 못할지며**
7 해 질 때에야 정하리니 그 후에야 **성물을 먹을 것이니라 이는 자기의 음식이 됨이니라**
8 시체나 찢겨 죽은 짐승을 먹음으로 자기를 더럽히지 말라 **나는 여호와니라**
9 그들은 내 명령을 지킬 것이라 그것을 속되게 하면 그로 말미암아 죄를 짓고 그 가운데서 죽을까 하노라
나는 그들을 거룩하게 하는 여호와니라
10 **③ 일반인은 성물을 먹지 못할 것이며** 제사장의 객이나 **품꾼도 다 성물을 먹지 못할 것이니라**
11 그러나 제사장이 돈으로 어떤 사람을 샀으면 그는 그것을 **먹을 것이며**
그의 집에서 출생한 자도 그렇게 하여 그들이 제사장의 음식을 **먹을 것이며**
12 제사장의 딸이 일반인에게 출가하였으면 거제의 성물을 **먹지 못하되**
13 만일 그가 과부가 되든지 이혼을 당하든지 자식이 없이 친정에 돌아와서
젊었을 때와 같으면 그는 그의 아버지의 음식을 **먹을 것이나** 일반인은 **먹지 못할 것이니라**
14 만일 누가 **부지중에 성물을 먹으면 그 성물에 오분의 일을 더하여 제사장에게 줄지니라**
15 이스라엘 자손이 여호와께 드리는 **성물을 그들은 속되게 하지 말지니**
16 **④ 그들이 성물을 먹으면 그 죄로 인하여 형벌을 받게 할 것이니라 나는 그 음식을 거룩하게 하는 여호와니라**

받으으시시는 것과 받지 않는 것

17-33

17 여호와께서 모세에게 말씀하여 이르시되 18 아론과 그의 아들들과 이스라엘 온 족속에게 말하여 이르라
이스라엘 자손이나 거류하는 자가 **서원제문이나 자원제물로 번제와 더불어 여호와께 예물로 드리려거든**
19 기쁘시게 받으심이 되**도록 소나 양이나 염소의 흠 없는 수컷으로 드릴지니**
20 **흠 있는 것은 너희는 드리지 말 것은 ⑤ 그것이 기쁘게 받으심이 되지 못할 것임이니라**
21 만일 누구든지 서원한 것을 갚으려 하든지 자의로 **예물을 드리려 하여** 소나 양으로 화목제물을
여호와께 드리는 자는 기쁘시게 받으심이 되도록 아무 흠이 없는 온전한 것으로 할지니
22 눈먼 것이나 상한 것이나 지체에 베임을 당한 것이나 종기 있는 것이나 습진 있는 것이나 비루먹은 것을
여호와께 드리지 말며 제단 위에 화제물로 여호와께 드리지 말라
23 소나 양의 지체가 더하거나 덜하거나 한 것은 너희가 자원제물로는 쓰려니와
서원제물로 드리면 기쁘게 받으심이 되지 못하리라
24 너희는 고환이 상하였거나 치었거나 터졌거나 베임을 당한 것은 **여호와께 드리지 말며**
너희의 땅에서는 이런 일을 행하지도 말지며
25 너희는 외국인에게서도 이런 것을 받아 **너희의 하나님의 음식으로 드리지 말라**
이는 결점이 있고 흠이 있는 것인즉 너희를 위하여 기쁘게 받으심이 **되지 못할 것임이니라**
26 여호와께서 모세에게 말씀하여 이르시되
27 수소나 양이나 염소가 나거든 이레 동안 그 것의 어미와 함께 있게 하라
여덟째 날 이후로는 여호와께 화제로 **⑥ 예물을 드리면 기쁘게 받으심이 되리라**
28 암소나 암양을 막론하고 어미와 새끼를 같은 날에 잡지 말지니라
29 너희가 여호와께 감사제물을 드리려거든 너희가 기쁘게 받으심이 되도록 드릴지며
3 그 제물은 그날에 먹고 이튿날까지 두지 말라 **나는 여호와니라**
31 **너희는 내 계명을 지키며 행하라** **나는 여호와니라**
32 **너희는 내 성호를 속되게 하지 말라** 나는 이스라엘 자손 중에서 거룩하게 함을 받을 것이니라
나는 너희를 거룩하게 하는 여호와요
33 **⑦ 너희의 하나님이 되려고 너희를 애굽 땅에서 인도하여 낸 자니** **나는 여호와니라**

22장

성물(聖物)과 헌물(獻物)에 대한 정결 규례

32 너희는 내 성호를 속되게 하지 말라 나는 이스
라엘 자손 중에서 거룩하게 함을 받을 것이니라
나는 너희를 거룩하게 하는 여호와요

22장도 21장으로부터 시작된 "아론과 그 아들들에게 말하라"(2)하신 제사장들에게 하신 말씀입니다. 내용은 크게 두 부분으로 나누어지는데 앞부분(1–16)은 "성물"(聖物)을 먹을 자와 먹지 못할 자에 대한 분별이고, 뒷부분(18–33)은 기쁘시게 받으시는 것과 받지 않는 헌물(獻物)에 관한 말씀입니다. 이 규례도 아무 사람에게나 하신 말씀이 아니라, "너희의 하나님이 되려고 너희를 애굽 땅에서 인도하여 낸 자니 나는 여호와니라"(33)한 말씀에 근거한 명령이요, 이점이 본문을 해석하는 열쇠라는 점을 놓치지 말아야만 합니다.

도표를 보시면 첫째 단원은 "성물에 대하여 구별하여 내 성호를 속되게 함이 없게 하라"는 말씀을 중심으로, ① "성물에 가까이 못할 자"와, ② "성물을 먹지 못할 자", ③ "일반인은 성물을 먹지 못할 것이며", ④ "그들이 성물을 먹으면 형벌을 받게 할 것이니라"하십니다. 둘째 단원은 "여호와께 예물을 드리려거든"을 중심으로, ⑤ "기쁘게 받으시지 못하는 것"과, ⑥ "받으시는 것"을 말씀하면서, ⑦ "너희는 나의 계명을 지켜 행하라"하시면서 결론으로 "나는 너희를 거룩하게 하는 여호와요 너희의 하나님이 되려고 너희를 애굽 땅에서 인도하여 낸 자니 나는 여호와니라"하십니다.

주제(主題) : 성물과, 헌물에 대한 정결 규례

㉠ 첫째 단원에는 "성물"이라는 말이 12번이나 등장합니다. "성물"이란 백성들이 하나님께 드린 제물을 가리키는데 본문에서 말씀하는 "성물"은 거제로 드린 후에 제사장에게 하사(下賜) 하신 음식을 가리킵니다. 이점을 민수기 18:8절에서는 "내가 내 거제물 곧 이스라엘 자손이 거룩하게 한 모든 헌물을 네가 주관하게 하고 네가 기름 부음을 받았음으로 말미암아 그것을 너와 네 아들들에게 영구한 몫의 음식으로 주노라"(민 18:8)하십니다. 그런데 문제는 이 성물을 먹을 수 있는 자와, 먹을 수 없는 자가 있다는 점입니다.

㉡ 레위기에서는 "먹으라"는 말씀이 대단히 중요한 의미로 다루어지고 있습니다. 이를 구속사라는 맥락으로 보게 되면 "성물"은, "내 아버지께서 너희에게 하늘로부터 참 떡을 주시나니, 내가 진실로 진실로 너희에게 이르노니 인자의 살을 먹지 아니하고 인자의 피를 마시지 아니하면 너희 속에 생명이 없느니라"(요 6:32, 53)하신, 그리스도의 몸과 피에 참여하는 것과

결부되는 사활을 좌우하는 문제인 것입니다.

㉢ 그러므로 하나님이 베푸시는 성물, 즉 음식을 먹을 수 있는 자가 있고, 먹을 수 없는 자가 있다는 점은 대단히 중요한 문제인 것입니다. 그래서 "그 성물에 대하여 스스로 구별하여 내 성호를 욕되게 함이 없게 하라"(2)하십니다. 이점을 신약성경에서는, "그러므로 누구든지 주의 떡이나 잔을 합당하지 않게 먹고 마시는 자는 주의 몸과 피에 대하여 죄를 짓는 것이니라 사람이 자기를 살피고 그 후에야 이 떡을 먹고 이 잔을 마실지니 주의 몸을 분별하지 못하고 먹고 마시는 자는 자기의 죄를 먹고 마시는 것이니라"(고전 11:27-29)고 경계하고 있습니다.

㉣ 둘째 단원의 핵심어는 "드리라"는 말씀인데, 구약의 성도들은 제물을 드렸으나 신약의 성도들은 "예배"로 드리는 것입니다. 그런데 본문을 관찰해보면 "…으로 드리지 말라"고 금하시는 말이 5번이나 강조되어 있다는 점입니다. 그런 예배는 받지 않으신다고 말씀하는데 이는 그렇게 할 가능성이 있기 때문입니다. 그러므로 "기쁘게 받으심과, 기쁘게 받으심이 되지 못한다"는 말씀도 7번이나 강조되어 있습니다. 이는 오늘의 예배를 점검하게 합니다.

㉤ 거짓되고 미련한 인간은 드리기만 하면 받으시는 것으로 착각을 하고 있지만 성경은 이미 "가인과 아벨"을 들어서 이를 예시해주셨습니다. 문제는 기쁘게 받으시느냐? 받지 않으시느냐에 끝이는 것이 아니라, "내 성호를 욕되게 함이 없게 하라"(2, 32)는 하나님의 거룩하신 이름과 결부된다는 점입니다. 하나님의 백성들이 행해야 할 것을 말씀하는 18장-22장 안에는 하나님의 성호를 "욕되게 하지 말라"는 말씀을 6번(18:21, 19:12, 20:3, 21:6, 22:2, 32)이나 당부하십니다. "너희의 하나님이 되려고 너희를 애굽 땅에서

인도하여 낸 여호와(33), 세상을 이처럼 사랑하사 독생자를 보내주신 하나님"(요 3:16)의 이름을 영광스럽게 해야 할 자들이 "더럽힐 수가" 있단 말인가! 그러나 우리는 어떠합니까?

ⓑ "어리석고 지혜 없는 백성아 여호와께 이같이 보답하느냐 그는 네 아버지시요 너를 지으신 이가 아니시냐 그가 너를 만드시고 너를 세우셨도다 옛날을 기억하라 역대의 연대를 생각하라 네 아버지에게 물으라 그가 네게 설명할 것이요 네 어른들에게 물으라 그들이 네게 말하리로다"(신 32:6-7) 하십니다.

ⓢ 마지막으로 생각해야 할 점은 본문이 말씀하는 순서(順序)입니다. "드림"이 먼저가 아니라 하나님이 베푸시는 "음식을 먹으라"하심이 먼저라는 점입니다. "누가 주께 먼저 드려서 갚으심을 받겠느뇨"(롬 11: 35), 즉 "내가 --했으니 하나님도--해주셔야만합니다"할 자는 아무도 없습니다. 그러므로 베푸시는 은혜를 받는 것이 먼저입니다. 은혜를 입은 자의 입에서 나오는 "찬양, 감사"만이 기쁘게 받으시는 예배가 될 수가 있기 때문입니다.

첫째 단원(1-16) **성물을 먹을 자와 못 먹을 자**

둘째 단원(17-33) **받으시는 헌물과 받지 않는 것**

첫째 단원(1-16) 성물을 먹을 자와 못 먹을 자

"여호와께서 모세에게 말씀하여 이르시되"(1),

ⓐ "아론과 그의 아들들에게 말하여 그들로 이스라엘 자손이 내게 드리

는 그 성물에 대하여 스스로 구별하여 내 성호를 욕되게 함이 없게 하라 나는 여호와이니라"(2)하십니다. "나는 여호와니라"고 말씀하시는 의도를 잊지는 않으셨겠지요. "나는 바로의 종이었던 너희를 구원하여 내 백성으로 삼은 여호와"라는 뜻입니다.

① 그러므로 "그들에게 이르라 누구든지 네 자손 중에 대대로 그의 몸이 부정하면서도 이스라엘 자손이 구별하여 여호와께 드리는 성물에 가까이 하는 자는 내 앞에서 끊어지리라 나는 여호와이니라"(3)하십니다. 이렇게 말씀하신 후에 4절 이하에서는 어떤 자가 "몸이 부정한 자"인가를 구체적으로 제시하십니다.

② "아론의 자손 중 나병 환자나 유출병자는 그가 정결하기 전에는 그 성물을 먹지 말 것이요 시체의 부정에 접촉된 자나 설정한 자나"(4),

㉠ "무릇 사람을 부정하게 하는 벌레에 접촉된 모든 사람과 무슨 부정이든지 사람을 더럽힐 만한 것에게 접촉된 자 곧 이런 것에 접촉된 자는 저녁까지 부정하니 그의 몸을 물로 씻지 아니하면 그 성물을 먹지 못할지며 해 질 때에야 정하리니 그 후에야 그 성물을 먹을 것이니라 이는 자기의 음식이 됨이니라"(5–7)하십니다. 다시 상기시킵니다만 하나님은 지금 신령한 자에게 말씀하듯 하실 수가 없으셔서 그들의 눈높이에서 그들이 인식할 수 있는 방법으로 말씀하신다는 점입니다. 그러므로 문자만을 볼 것이 아니라 신령한 의미를 깨달을 수 있어야만 합니다.

㉡ "시체나 찢겨 죽은 짐승을 먹음으로 자기를 더럽히지 말라 나는 여호와이니라 그들은 내 명령을 지킬 것이니라 그것을 속되게 하면 그로 말미암아 죄를 짓고 그 가운데에서 죽을까 하노라 나는 그들을 거룩

하게 하는 여호와이니라"(8-9).

③ "일반인은 성물을 먹지 못할 것이며 제사장의 객이나 품꾼도 다 성물을 먹지 못할 것이니라"(10).

㉠ "일반인"이 개역본에는 "외국인"으로 되어 있는데 "외국인, 품꾼"은 언약 밖에 있는 자들을 가리킵니다. 이점이 "그러나 제사장이 그의 돈으로 어떤 사람을 샀으면 그는 그것을 먹을 것이며 그의 집에서 출생한 자도 그렇게 하여 그들이 제사장의 음식을 먹을 것이며"(11)하신 말씀에 나타나는데 "돈으로 산 사람, 그의 집에서 출생한 자"는 제사장의 소유(所有)된 자이기 때문에 성물을 먹을 수가 있다는 것입니다.

㉡ 더욱 분명한 것은 "제사장의 딸이 일반인(외국인)에게 출가하였으면 거제의 성물을 먹지 못하되"(12)합니다. "돈으로 산 자"는 먹을 수가 있으나 제사장의 딸이면서도 외국인(外國人)에게 출가했으면 언약 밖으로 나간 것이 되어서 먹을 수 없다는 것입니다. 그러나 "만일 그가 과부가 되든지 이혼을 당하든지 자식이 없이 그의 친정에 돌아와서 젊었을 때와 같으면 그는 그의 아버지 몫의 음식을 먹을 것이나", 즉 제사장 집안으로 돌아와 거하게 되면 "그는 그 아버지의 음식을 먹을 것이나"(13)하십니다.

㉢ "만일 누가 부지중에 성물을 먹으면 그 성물에 그것의 오분의 일을 더하여 제사장에게 줄지니라 이스라엘 자손이 여호와께 드리는 성물을 그들은 속되게 하지 말지니"(14-15),

④ "그들이 성물을 먹으면 그 죄로 인하여 형벌을 받게 할 것이니라 나는 그 음식을 거룩하게 하는 여호와이니라"(16). 이것이 "성물을 먹을 자와 못 먹을 자"에 대한 구별입니다.

㉠ 이상의 말씀을 적용을 시킨다면, "나병 환자나 유출병이 있는 자"(4)란 교회를 오염시키기 때문에 권징 하에 있는 자로 볼 수가 있겠고, 교회 내에는 "외국인(일반인)과 품꾼"과 같은 사람도 있는 것이며, 제사장의 자식이면서도 외국인과 연합했기 때문에 성물을 먹을 수가 없다는 것은 비극적인 일이라 하겠습니다.

그러므로 "만군의 하나님 여호와시여 나는 주의 이름으로 일컬음을 받는 자라 내가 주의 말씀을 얻어 먹었사오니 주의 말씀은 내게 기쁨과 내 마음의 즐거움이오나"(렘 15:16)하고 "성물을 먹을 수 있다는 것이 얼마나 귀중한 축복인가! 중요한 점은 "또 아는 것은 우리는 하나님께 속하고 온 세상은 악한 자 안에 처한 것이며"(요일 5:19)한 어느 진영에 속해 있느냐 하는 "소속"이 문제인 것입니다.

둘째 단원(17-33) 받으시는 헌물과 받지 않는 것

"여호와께서 모세에게 말씀하여 이르시되"(17), 둘째 단원은 우리가 드리는 예배, 즉 찬양, 기도, 예물 드림이 기쁘게 받으심이 되기도 하고 받지 않을 실수도 있다는 중요한 경계인 것입니다.

㉠ "아론과 그의 아들들과 이스라엘 온 족속에게 말하여 이르라 이스라엘 자손이나 그 중에 거류하는 자가 서원제물이나 자원제물로 번제와 더불어 여호와께 예물로 드리려거든 기쁘게 받으심이 되도록 소나 양이나 염소의 흠 없는 수컷으로 드릴지니"(18-19),

⑤ "흠 있는 것은 무엇이나 너희가 드리지 말 것은 그것이 기쁘게 받으심

이 되지 못할 것임이니라"(20)하십니다.

㉠ 제물이 그리스도의 예표임을 알고 믿는 자들에게는 무슨 설명이 더 필요하단 말인가? 그런데 구약성경의 마지막 책인 말라기 시대에는 어떠했는가? "내 이름을 멸시하는 제사장들아, 만군의 여호와가 이르노라 너희가 눈 먼 희생제물을 바치는 것이 어찌 악하지 아니하며 저는 것, 병든 것을 드리는 것이 어찌 악하지 아니하냐 이제 그것을 너희 총독에게 드려 보라 그가 너를 기뻐하겠으며 너를 받아 주겠느냐"(말 1:6, 8)하십니다. 이는 남의 이야기가 아니라 우리가 드리는 예배를 점검하게 합니다.

㉡ 그러면서도 그들은 "우리가 어떻게 주의 이름을 멸시하였나이까"(말 1:6)라고 항변을 했습니다. 그들은 부지런히 예배(제물)를 드렸습니다. 그런데 눈멀고 병든 것으로 드리면서도 모든 것이 정상적(正常的)이고, 옳은 것으로 여겼던 것입니다. 이는 구약시대 이야기가 아닙니다. 라오디게아 교회도, "눈먼 것, 벌거벗은"(계 3:18) 상태로 예배를 드리면서 깨닫지를 못하고 있었던 것입니다.

㉢ 이렇게 된 원인이 어디에 있는지 형제는 말해줄 수가 있습니까? 그것은 분명합니다. 자신이 드리는 제물이 아브라함과 다윗에게 세워주신 메시아언약에 대한 예표임을 망각했기 때문입니다. 현대교회 설교자들도 두 가지를 망각하고 있는 것이 아닌가 하고 반성하게 합니다. 첫째는 "예수가 누구신가?"하는 점이고, 둘째는 그가 우리에게 "무엇을 행해주셨는가?"하는 점입니다. 하나님의 아들이 우리 죄를 위하여 대신 죽으시고 다시 살아나셨다는 것을 진정으로 믿고 망각하지만 않는다면, "예수 그리스도와 그가 십자가에 못 박히신 것 외에는

아무 것도 알지 아니하기로 작정"(고전 2:2)하게 될 것이기 때문입니다.

㉣ "만일 누구든지 서원한 것을 갚으려 하든지 자의로 예물을 드리려 하여 소나 양으로 화목제물을 여호와께 드리는 자는 기쁘게 받으심이 되도록 아무 흠이 없는 온전한 것으로 할지니 너희는 눈 먼 것이나 상한 것이나 지체에 베임을 당한 것이나 종기 있는 것이나 습진 있는 것이나 비루먹은 것을 여호와께 드리지 말며 이런 것들은 제단 위에 화제물로 여호와께 드리지 말라"(21-22)하십니다.

⑥ "수소나 양이나 염소가 나거든 이레 동안 그것의 어미와 같이 있게 하라 여덟째 날 이후로는 여호와께 화제로 예물을 드리면 기쁘게 받으심이 되리라"(27)하십니다.

㉠ 태어난 지 "여덟째 날" 이후에 화제로 드리면 기쁘게 받으심이 되리라는 말씀을 연민(憐憫)으로만 여겨서는 부족합니다. 이를 구속사라는 맥락으로 보면 하나님께서 아브라함에게, "난 지 팔 일 만에 할례를 받을 것이라 너희 집에서 난 자든지 너희 돈으로 산 자든지 할례를 받아야 하리니 이에 내 언약이 너희 살에 있어 영원한 언약이 되려니와"(창 17:12-13)하신 말씀과 결부되기 때문입니다. 그러므로 이는 생축의 이야기가 아니라 태어난 지 8일이 지나 할례를 행한 언약 백성은 하나님께 드려진 자라는 각성을 하게 되는 것입니다.

㉡ 다시 강조합니다만 본문에는 "기쁘게 받으시도록 드리라(19, 21, 27, 29), 기쁘게 받으심이 되지 못하리라"(20, 23, 25)는 말씀이 도합 7번이나 나옵니다. 예배는 진리에 입각해서 드려져야만 받으심이 되는 것입니다. 드림은 우리에게 있으나 받으심은 하나님께 있다는 점을 잊지 마십시다. "그 제물은 그 날에 먹고 이튿날까지 두지 말라 나는 여

호와이니라 너희는 내 계명을 지키며 행하라 나는 여호와이니라"(30-31)고 거듭 거듭 경계하십니다.

⑦ 그리고 32-33절은 결론인데, "너희는 내 성호를 속되게 하지 말라 나는 이스라엘 자손 중에서 거룩하게 함을 받을 것이니라 나는 너희를 거룩하게 하는 여호와요 너희의 하나님이 되려고 너희를 애굽 땅에서 인도하여 낸 자니 나는 여호와이니라"는 말씀으로 마치고 있다는 점을 명심하십시.

㉠ 도표 오른쪽에 표시된 대로 "나는 여호와니라"는 점을 얼마나 강조하시는가를 보십시오. 우리들에게는 하나님의 거룩하신 이름이 걸려 있는 것입니다. 그러므로 나 하나가 잘못하면 교회라는 공동체에 해독을 끼치게 될 뿐만이 아니라, 거룩하신 하나님의 명예를 더럽히게 된다는 점을 명심 또 명심해야만 하겠습니다.

㉡ 22장을 마치기 전에 몇 가지 생각을 하게 합니다. 첫째로 말씀을 맡은 설교자는 먼저 하나님께서 베푸시는 "성물"을 받아먹고 성도들에게 생명의 성물을 나눠주고 있는가? 둘째로 성도들은 성물을 바르게 먹고 있는가? 셋째로 오늘의 예배는 하나님이 기쁘게 받으시도록 드려지고 있는가? 본문을 상고하고 난 형제의 대답은 무엇입니까?

묵상해 봅시다

㉠ 성물을 먹을 수 있는 자와 없는 자의 구별에 대해서

㉡ 어떻게 드리는 예배가 하나님께 기쁘게 받으심이 되는지에 대해서

㉢ "나의 성호를 욕되게 하지 말라"하심에 대한 자신의 대답에 대해서

The Book of Revelation

레위기 23장 1-22절 개관도표

주제 : 절기들에 나타난 하나님의 구원계획

안식일

1-3

1 여호와께서 모세에게 말씀하여 이르시되
2 이스라엘 자손에게 말하여 이르라 이것이 나의 절기들이니

너희가 성회로 공포할 여호와의 절기들이니라

3 엿새 동안은 일할 것이요 **① 일곱째 날은 쉴 안식일이니 성회의 날이라**
② 너희는 아무 일도 하지 말라 이는 너희 거주하는 각처에서 지킬 **여호와의 안식일이니라**

유월절과 무교절

4-8

4 이것이 너희가 그 정한 때에 성회로 공포할 **여호와의 절기들이니라**
5 **③ 첫째 달 십사일 저녁은 여호와의 유월절이요**
6 **④ 이 달 십오일은 여호와의 무교절이니**
이레 동안너희는 무교병을 먹을 것이요 7 그 첫날에는 너희가 성회로 모이고 **아무 노동도 하지 말지며**
8 너희는 이레 동안 여호와께 화제를 드릴 것이요
일곱째 날에도 성회로 모이고 **아무 노동도 하지 말지니라**

초실절

9-14

9 여호와께서 모세에게 말씀하여 이르시되
10 이스라엘 자손에게 말하여 이르라 너희는 내가 너희에게 주는 땅에 들어가서
너희의 곡물을 거둘 때에 너희의 곡물의 **⑤ 첫 이삭 한 단을 제사장에게로 가져갈 것이요**
11 제사장은, 그 단을 여호와 앞에 기쁘게 받으심이 되도록 흔들되 **안식일 이튿날에 흔들 것이며**
12 너희가 그 단을 흔드는 날에 일 년 되고 흠 없는 숫양을 여호와께 번제로 드리고
13 그 소제로는 기름 섞은 고운 가루 십분 이 에바를 여호와께 드려 화제를 삼아
향기로운 냄새가 되게 하고 전제로는 포도주 사분 일 힌을 쓸 것이며
14 너희는 너희 하나님께 예물을 가져오는 그날까지 떡이든지 볶은 곡식이든지 생 이삭이든지
⑥ 먹지 말지니 이는 너희가 그 거주하는 각처에서 대대로 지킬 영원한 규례니라

오순절

15-22

15 **⑦ 안식일 이튿날 곧 너희가** 요제로 곡식단을 가져온 날부터 세어서 **일곱 안식일의 수효를 채우고**
16 일곱 **안식일 이튿날까지 합하여 오십일을 계수하여** **새 소제를 여호와께 드리되**
17 너희의 처소에서 십분 이 에바로 만든 **떡 두개를 가져다가 흔들지니**
⑧ 이는 고운 가루에 누룩을 넣어서 구운 것이요 이는 첫 요제로 여호와께 드리는 것이며
18 너희는 또 이 떡과 함께 일 년 되고 흠 없는 어린 양 일곱 마리와 어린 수소 한 마리 수양 둘을 드리되
이것들을 그 소제와 그 전제물과 함께 여호와께 드려서 번제로 삼을지니
이는 화제라 여호와께 향기로운 냄새며
19 또 숫염소 하나로 속죄제를 드리며 일 년 된 어린 숫양 두 마리를 화목제물로 드릴 것이요
20 제사장은 그 첫 이삭의 떡과 함께 그 두 마리 어린 양을 여호와 앞에 흔들어 요제를 삼을 것이요
이것들은 여호와께 드리는 성물인즉 제사장에게 돌릴 것이며
21 이 날에 너희는 너희 중에 성회를 공포하고 **아무 노동도 하지 말지니**
이는 너희가 그 거주하는 각처에서 대대로 지킬 영원한 규례니라
22 **⑨ 너희 땅의 곡물을 벨 때에 밭모퉁이까지 다 베지 말며** 떨어진 것을 줍지 말고
그것을 가난한 자와 거류민을 위하여 남겨두라 **나는 너희의 하나님 여호와니라**

23장 1-22절

절기들에 나타난 하나님의 구원계획

4 이것이 너희가 그 정한 때에 성회로 공포할 여호와의 절기들이니라

23장 안에는 7가지 절기가 들어 있는데 이를 가리켜서 "여호와의 절기들"(2, 4, 44)이라 하십니다. 하나님의 구원계획을 이해하기 쉽게, 그리고 잊지 않게 하시려고 절기들을 통해서 계시하시고 이를 지키라 하시는 것입니다. 이 절기들은 모두가 여호와께서 우리들에게 행해주실 명절들입니다. 그런데 7개나 있으니 그야말로 "종합 선물 세트"라 할 수가 있습니다. 레위기를 기록하게 하신 성령께서는 이제 레위기를 마무리하시려는 것입니다. 그래서 하나님께서 우리들에게 베풀어주실 은혜들을 절기들을 지키게 하심으로 그리스도가 오시기까지 자손 대대로 잊지 않게 하시려는 것입니다. 영광스러움으로 가득하기 때문에 23장을 두 문단(1-22, 23-44)으로 나누어 상고하고자 합니다. 그러므로 여기에 함의 된 구속사적인 의미들을 통

찰력을 가지고 살펴보아야만 합니다.

도표를 보시면 "너희가 성회로 공포할 여호와의 절기들이니라"를 중심으로, ① "일곱째 날은 쉴 안식일이니 성회라", ② "무슨 일이든지 하지 말라"하십니다. ③ "정월 14일은 유월절이요", ④ "15일은 무교절이라", ⑤ 곡물을 거둘 때에 "첫 이삭 한 단을 제사장에게 가져갈 것이요"하시는데 이것이 초실절이고, ⑥ 초실절을 지키기 전에는 "먹지 말지니"하십니다. ⑦ 첫 이삭을 드린 후 50일을 계수하여 새 소제를 드리라 하시니 이는 "오순절"이요, ⑧ 오순절에는 "고운 가루에 누룩을 넣어서 만든 떡 두 개"를 드리라 하십니다. ⑨ 가난한 자와 거류민을 위해서 "곡물을 벨 때에" 조금 남겨두라. 이에 대한 구속사적 의미가 무엇인가?

주제(主題) : 절기들에 나타난 하나님의 구원계획

㉠ 23장에는 "안식일, 유월절, 무교절, 초실절, 오순절, 나팔절, 대 속죄일, 초막절" 등 지켜야 할 절기들이 있습니다. "안식일"이라는 주제는 모든 절기의 기본이 되는 것이고, 절기는 "유월절"로 시작하여 "초막절"로 마치는 순서입니다. 이 순서들이 무심한 일이 아니어서, "유월절"이라는 어린 양의 구속으로 시작하여 "초막절"이라는 그리스도의 재림으로 끝나고 있는 것입니다. 그러므로 23장의 절기를 통한 구원계시는 창세기로부터 계시록까지, 그리스도의 초림으로부터 재림까지, 하나님께서 이루시려는 하나님의 나라 건설의 프로젝트라 할 수가 있습니다.

㉡ 앞에서 살펴본 제사제도, 즉 "번제, 화목제, 속죄제" 등을 "드리라" 하심이 궁극적으로는 하나님께서 자기 아들을 대속제물로 "내어주실"것에

대한 예표이듯이, 이 절기들을 지키라 하심도 무엇을 받으시기 위해서가 아니라 "절기"들을 통해서 하나님의 구원계획을 "계시"하기 위해서요, 메시아 언약(言約)을 망각하지 않고 바라고 기다리게(待望)하기 위해서 "지키라"하시는 것입니다. 이를 신약성경에서는 "모형과 그림자"라 말씀하면서, "개혁(改革)할 때까지 맡겨둔 것이니라"(히 8:5, 9:10)고 말씀합니다. 그러면 이에 대한 구속사적인 의미가 무엇인가?

첫째 단원(1–3) **안식일을 지키라**

둘째 단원(4–8) **유월절과 무교절을 지키라**

셋째 단원(9–14) **초실절을 지키라**

넷째 단원(15–22) **오순절을 지키라**

첫째 단원(1–3) 안식일을 지키라

"여호와께서 모세에게 말씀하여 이르시되 이스라엘 자손에게 말하여 이르라 이것이 나의 절기들이니 너희가 성회로 공포할 여호와의 절기들이니라"(1–2).

① "엿새 동안은 일할 것이요 일곱째 날은 쉴 안식일이니 성회의 날이라 너희는 아무 일도 하지 말라 이는 너희가 거주하는 각처에서 지킬 여호와의 안식일이니라"(3)하십니다.

㉠ 첫째 단원은 "안식일"을 지키라는 명령입니다. 안식일을 지키라 하심은 이미 19:3절과 30절에서 명하신 바입니다. 안식일의 기원은 "하나

님이 그가 하시던 일을 일곱째 날에 마치시니 그가 하시던 모든 일을 그치고 일곱째 날에 안식하시니라"(창 2:2)한 창조사역과 결부가 되지만 "안식일을 지키라"고 계명으로 주어진 것은 "구속사역"과 결부된다는 점을 인식해야만합니다. 왜냐하면 첫 창조의 안식은 "죄"가 들어오고 "사망"이 옴으로 깨졌기 때문입니다. 이점이 주님께서 "내 아버지께서 이제까지 일하시니 나도 일 한다"(요 5:17)하신 말씀에 분명히 나타납니다. "죄"가 들어옴으로 하나님의 안식만이 아니라 인간이 누리던 안식도 깨지고 말았던 것입니다. 주님은 "안식일이 사람을 위하여 있는 것이요 사람이 안식일을 위하여 있는 것이 아니니 이러므로 인자는 안식일에도 주인이니라"(막 2:27-28)는 혁명적인 말씀을 하십니다. 이런 맥락에서 "안식일을 지키라" 하심도, "죽기를 무서워하므로 한평생 매여 종노릇 하는 모든 자들"(히 2:15)에게 안식일의 주인, 즉 안식을 주실 그리스도를 바라고 기다리게 하기 위해서 안식일을 지키라고 명하신 것입니다.

ⓛ 이점이 율법의 대명사인 모세의 증언에도 나타나는데 "너는 기억하라 네가 애굽 땅에서 종이 되었더니(안식이 없었다) 네 하나님 여호와가 강한 손과 편 팔로 거기서 너를 인도하여 내었나니(안식을 주시려고) 그러므로 네 하나님 여호와가 네게 명령하여 안식일을 지키라 하느니라"(신 5:15)고 안식일 성수에 대한 의미를 출애굽하게 하신 "구속"과 결부시켜서 재해석해주고 있는 것입니다.

ⓒ 그래서 대 속죄일을 "안식일 중의 안식일"(16:31)이라 하시는 것입니다. 인류의 시조가 죄를 범함으로 안식을 빼앗기고 도리어 사탄의 노예로 전락하고만 것입니다. 23:3절과 32절에서도 안식일을 "쉴 안식

일"이라 말씀하는데 이를 문자적으로 말하면 "안식일의 안식일"이라는 뜻입니다. 그러므로 모든 절기의 공통목표는 인류에게 안식을 주시기 위한 것입니다.

㉣ 그리스도인들은 그리스도의 구속으로 말미암아 자유하게 되어 영혼의 안식은 이미 얻었으나 온전한 안식은 그리스도의 재림의 날에 누리게 될 것입니다. 이처럼 "안식일"이 기본(基本)이 되고 원리가 되기 때문에 맨 먼저 말씀하는 것입니다. 이런 맥락에서 "안식일"의 온전한 성취는 "모든 눈물을 그 눈에서 닦아 주시니 다시는 사망이 없고 애통하는 것이나 곡하는 것이나 아픈 것이 다시 있지 아니하리니 처음 것들이 다 지나갔음이러라 보좌에 앉으신 이가 이르시되 보라 내가 만물을 새롭게 하노라 하시고 또 이르시되 이 말은 신실하고 참되니 기록하라 하시고 또 내게 말씀하시되 이루었도다 나는 알파와 오메가요 처음과 마지막이라 내가 생명수 샘물을 목마른 자에게 값없이 주리니 이기는 자는 이것들을 상속으로 받으리라 나는 그의 하나님이 되고 그는 내 아들이 되리라"(계 21:4-7)에서 완성이 되는 것입니다.

② 그러므로 본문을 관찰해보면 이상한 명령이 반복적으로 나오는데 그것은 "아무 일도 하지 말라"는 명령입니다. 이 말씀이 무려 10번(3, 7, 8, 21, 25, 28, 30, 31, 35, 36)이나 등장합니다.

㉠ 명령은 통상적으로 무엇을 "하라"는 것입니다. 그런데 하나님은 "아무 일(노동)도 하지 말라"고 명하십니다. 그리고 "안식"이라는 말도 11번(3, 3, 15, 15, 16, 24, 32, 32, 38, 39, 39)이나 나옵니다. 안식일에 일하다가 돌에 맞아 죽은 사람(민 15:35)도 있습니다.

㉡ 이는 중요한 요점이 되는데 하나님은 사람을 여섯째 날에 만드셨고, 일곱째 날에 안식하셨습니다. 그러면 어떻게 되는가? 사람은 태어나자 무슨 일부터 한 것이 아니라 우선적으로 안식부터 누린 것이 됩니다. 이것은 무엇을 의미하느냐 하면 인간은 하나님의 선수적인 사랑, 은혜를 입는 것이 먼저임을 나타냅니다. 창조사역만이 그런 것이 아니라 구속사역에 있어서도, "우리가 어떻게 하여야 하나님의 일을 하오리이까"고 묻는 자들에게 주님은 "하나님께서 보내신 이를 믿는 것이 하나님의 일이니라"(요 6:29)고 행함이 먼저가 아니라 "믿음", 즉 사랑과 은혜를 받는 것이 먼저임을 말씀하십니다. 오늘날 달력에 "주일"이 맨 앞에 나오는 것은 의미가 있다 하겠습니다.

㉢ 그래서 성막 계시인 레위기에는, "아무 노동도 하지 말라"는 말씀이 많이 강조되어 있는데 이는 무심한 말씀이 아닙니다. 하나님께서 자기 아들의 대속을 통하여 이루시려는 구원계획에는 인간이 보태야 할 것이라고는 아무 것도 없고, 오직 믿음으로 받기만 하면 된다는 것을 나타냅니다. 이점을 로마서에서는, "일하는 자에게는 그 삯이 은혜로 여겨지지 아니하고 보수로 여겨지거니와 일을 아니할지라도 경건하지 아니한 자를 의롭다 하시는 이를 믿는 자에게는 그의 믿음을 의로 여기시나니"(롬 4:4-5)라고 말씀합니다. 타락으로 말미암아 자기 중심적이 된 인간은 "복음"에다가 무엇인가를 보태려 하고 자신을 나타내고 자랑하려 하나 하나님은 이를 용납지 않으시는 것입니다.

㉣ 오늘날 "안식일과, 주일"을 혼동(混同)하여 주일성수를 율법적으로 강조하는 경향이 있습니다. 이는 성도들을 "안식일을 위해서 있게" 하는 복음을 의문(儀文)으로 만드는 잘못입니다. "주일 성수"는 십계명

에 근거한 두려워서가 아니라 "그리스도의 사랑이 우리를 강권하시는도다"(고후 5: 14)한 사랑에 이끌림을 받는 것이 되어야만 하는 것입니다.

둘째 단원(4–8) 유월절과 무교절을 지키라

"이것이 너희가 그 정한 때에 성회로 공포할 여호와의 절기들이니라"(4).

③ "첫째 달 열 나흗날 저녁은 여호와의 유월절이요"(5)합니다. "유월절"은, "너희를 속량하여 너희를 내 백성을 삼고"(출 6:6–7) 하신, 그리스도의 "구속"에 대한 예표입니다.

㉠ 그러므로 이스라엘 백성들에게 유월절은 광복절이요, 바로의 노예에서 자유를 얻게 된 해방 기념일인 것입니다. 그런데 어찌하여 해방기념일이라 하지 않고 "유월절"이라 하는가? 유월절이란 "건널 유(逾), 넘을 월"(越)이란 뜻입니다. "유월"이 어떻게 해서 가능해졌습니까? "내가 애굽 땅을 칠 때에 그 피가 너희가 사는 집에 있어서 너희를 위하여 표적이 될지라 내가 피를 볼 때에 너희를 넘어가리니 재앙이 너희에게 내려 멸하지 아니하리라"(출 12:13)하십니다. 이스라엘 집에서도 "죽음"은 있었습니다. 이를 뿌려진 "피"가 말해줍니다. 다만 유월절 양이 대신 죽은 것입니다. 하나님의 의로우심은 그냥 넘어가실 수가 없으셨던 것입니다. 대문에 뿌려진 피를 볼 때에 그 집을 건너고 넘어가는 것이 가능했던 것입니다. 그래서 인간중심의 "해방, 자유"보다 하나님중심으로 "유월절"이라 하는 것입니다. 이처럼 "유월절"

의 의미가 복음을 가장 잘 나타내주고 있는 것입니다.

㉡ 주님은, "내가 고난을 받기 전에 너희와 함께 이 유월절 먹기를 원하고 원하였노라"(눅 22:15)하셨습니다. 죽음을 앞에 두고 그토록 "원하고 원하신" 유월절 석상에서 무엇을 하셨는가? "이것은 너희를 위하여 주는 내 몸이라 너희가 이를 행하여 나를 기념하라 하시고, 이 잔은 내 피로 세우는 새 언약이니 곧 너희를 위하여 붓는 것이라"(눅 22:19-20)고 자신을 주신 것입니다. 그 밤은 그림자로 지켜오던 유월절이 참 것으로 개혁(改革)이 되는 마지막 유월절이요, 첫 성찬(聖餐)의 밤이었던 것입니다.

㉢ 구약의 성도들은 유월절을 지키면서 그리스도의 초림을 대망하고, 신약의 성도들은 성찬을 행하면서 그리스도의 죽으심을 상기하면서 재림을 기다리고 있는 것입니다. 이를 망각하지 않게 하시려고 유월절을 지키라, "이를 행하여 나를 기념하라"하신 것입니다. 유월절을 말씀하는 서두에 "정한 때"(4상)라는 말씀이 있는데 그렇습니다. 하나님은, "때가 차매 하나님이 그 아들을 보내사 여자에게서 나게"(갈 4:4)하셔서 "유월절 어린 양"이 되게 하셨던 것입니다. 하나님은 모든 일을 "때가 찬 경륜"(엡 1:9), 즉 "정한 때"에 이루십니다.

④ "이 달 열 닷샛날은 여호와의 무교절이니 이레 동안 너희는 무교병을 먹을 것이요"(6)하십니다.

㉠ 유월절은 14일 저녁의 한 순간뿐이고, 무교절로 이어지는데 7일 동안 지키라 하십니다. 그러므로 "유월절과, 무교절"을 하나로 묶어서 말씀하기도 합니다. "무교절"(無酵節)이란 글자 그대로 누룩 없는 떡을 먹는 날인데 "그(유월절의) 밤에 그 고기를 불에 구워 무교병과 쓴 나물

과 아울러 먹되"(출 12:8)하고 유월절부터 먹기 시작하는 것입니다. 그러므로 "유월절과 무교절"은 떼어놓을 수가 없는 것입니다.

㉡ 성경에서 "누룩"은 죄를 상징합니다. 그러므로 유월절의 양의 피로 구속함을 얻어 하나님의 백성이 된 자들은 누룩 없는 떡과 같은 삶을 살아야만 한다는 말씀입니다. 그래서 유월절은 정월 14일 하루 저녁뿐이었는데 이는 그리스도의 구속이 "단 번"에 성취될 것을 나타내고, "무교절"은 다음날부터 7일 동안 계속되는데 "7"은 완전을 뜻하는 것으로 주님 재림하시는 날까지 계속되어야 한다는 의미가 있습니다.

㉢ "그 첫 날에는 너희가 성회로 모이고 아무 노동도 하지 말지며 너희는 이레 동안 여호와께 화제를 드릴 것이요 일곱째 날에도 성회로 모이고 아무 노동도 하지 말지니라"(7–8)하십니다. "아무 노동도 하지 말라"고 거듭 거듭 강조하시는데 한 가지 행해야 할 일이 있습니다. 그것은 "화제(火祭)를 드릴 것이요"한 제물을 불살라 드리는 일입니다. 그런데 "화제"는 그리스도의 고난을 상징하는 것으로 우리가 행할 일이 아니라 주님께서 행해주실 일이라는 점을 잊지 않게 하시려는 것입니다. 우리는 이 모형과 그림자를 실체로 성취하여주신 유월절 어린양의 피로 구속함을 얻고 계속하여 "무교절"을 지키고 있는 중임을 명심하시기 바랍니다.

셋째 단원(9–14) 초실절을 지키라

"여호와께서 모세에게 말씀하여 이르시되"(9),

⑤ "이스라엘 자손에게 말하여 이르라 너희는 내가 너희에게 주는 땅에 들어가서 너희의 곡물을 거둘 때에 너희의 곡물의 첫 이삭 한 단을 제사장에게로 가져갈 것이요"(10)하십니다. 출애굽기 34:22절에서는 "칠칠절 곧 맥추의 초실절을 지키고 세말에는 수장절을 지키라"하십니다.

㉠ "첫 이삭이, 초실절"(初實節)인데 추수감사절의 유래가 된 근거입니다. 그 "첫 이삭"을 "제사장은 너희를 위하여 그 단을 여호와 앞에 기쁘게 받으심이 되도록 흔들되 안식일 이튿날에 흔들 것이며"(11)하십니다. 이스라엘 백성들이 약속의 땅 가나안에 들어가서 곡물을 거둘 때에 "첫 이삭"을 여호와 앞에 흔들어 드릴 때(요제)의 감격, 청교도들이 신앙의 자유를 찾아 천신만고 끝에 신대륙에 이르러 "첫 이삭"을 하나님 앞에 흔들며 감사하던 그 감격을 생각해보시기를 바랍니다.

㉡ 그런데 이것이 "초실절"을 통해서 계시하시려는 전부가 아니라는 것입니다. 히브리서 기자가 "이것들에 관하여는 이제 낱낱이 말할 수 없노라"(히 9:5)한 대로, 레위기의 모든 말씀들을 낱낱이 알 수는 없지만 결정적으로 중요한 의미는 깨달을 수 있도록 신약성경이 빛을 비춰주고 있는 것입니다. 그러면 이에 대한 신령한 의미가 무엇인가?

㉮ 사도 바울은 부활 장인 고린도전서 15장에서, "그러나 이제 그리스도께서 죽은 자 가운데서 다시 살아나사 잠자는 자들의 첫 열매가 되셨도다"(고전 15:20)고 증언합니다. 주님의 부활을 "첫 열매"라 한 것은 본문을 염두에 두었기 때문입니다.

㉯ 이점이 "첫 이삭을, 안식일 이튿날에 흔들라"(11하)고 명하신 데서 나타납니다. 우리 주님은 "안식일이 다 지나고 안식 후 첫날이 되려는 새벽"(마 28:1), 즉 "안식일 이튿날"에 죽은 자 가운데서 살아나심으로 "잠자는 자들의 첫 열매"가 되셨던 것입니다.

그러면 "잠자는 자들"이란 누구들입니까? 예수를 믿다가 죽은 신약의 성도들만을 가리키는 것이 아닙니다. "이 사람들은 다 믿음을 따라 죽었으며 약속을 받지 못하였으되 그것들을 멀리서 보고 환영하며 또 땅에서는 외국인과 나그네임을 증언하였다"(히 11:13)는 구약시대 죽은 아브라함, 이삭, 야곱, 모세 다윗 등 모든 성도들도 "잠자는 자들"인 것입니다. 그런데 만일 주님이 부활하셔서 "첫 열매"가 되시지 못했다면 어떻게 되는가? "또한 그리스도 안에서 잠자는 자도 망하였으리니"(고전 15:18)합니다. 신약시대만이 아니라 구약시대 잠자는 모든 자들도 부활의 소망이 없게 된다는 것입니다. 그러나 "그리스도께서 죽은 자 가운데서 다시 살아나사 잠자는 자들의 첫 열매가 되심으로" 부활소망을 확증하여주신 것입니다. 그리스도의 사역은 죽으심인 십자가만이 아니라 "그리스도께서 죽은 자 가운데서 다시 살아나사 잠자는 자들의 첫 열매가 되셨다"는 부활이 얼마나 엄청난 의미가 있는지 깨닫게 되셨습니까?

⑥ 그러므로 "너희는 너희 하나님께 예물을 가져오는 그 날까지 떡이든지 볶은 곡식이든지 생 이삭이든지 먹지 말지니"(14)하십니다.

㉠ 무슨 뜻이냐 하면 첫 이삭을 하나님께 흔들어 드리기 전에는 먹지 말라는 것입니다. 이 말씀에는 "하나님중심"이라는 교훈적인 의미도 있을 것입니다만 이를 구속사의 관점으로 본다면 그리스도께서, "첫 열매"가 되심으로 본격적인 추수가 시작되는 "먹고 영생에 이르는" 구

원의 문이 열리게 됨을 나타낸다 하겠습니다. 이처럼 그리스도의 부활은 우리들의 부활에 대한 보증이기도 합니다. 이점을 다음 단원에서 더욱 분명히 깨닫게 될 것입니다.

넷째 단원(15-22) 오순절을 지키라

"안식일 이튿날 곧 너희가 요제로 곡식단을 가져온 날부터 세어서 일곱 안식일의 수효를 채우고"(15),

⑦ "일곱 안식일 이튿날까지 합하여 오십 일을 계수하여 새 소제를 여호와께 드리라"(16)하십니다. "합하여 오십 일을 계수하여", 이것이 "오순절"입니다.

㉠ 본문을 통찰력을 가지고 하나님께서 친히 말씀하시는 숫자 계산과 의미를 깊이 생각해보시기를 바랍니다.

㉮ "너희가 요제로 곡식단(첫 이삭)을 가져온 날부터", 이는 주님이 부활하신 날부터라는 뜻이 됩니다.

㉯ "세어서 일곱 안식일의 수효를 채우고", 즉 7×7=49를 채우라는 것입니다.

㉰ 그리고 "일곱 안식일 이튿날까지 합하여 오십일을 계수하여"(16상), 즉 7×7+1=50일을 계수하라는 말씀입니다. 10이 5번이라 하여 오순절(五旬節)이라 합니다. "첫 이삭"이 그리스도의 부활을 상징함과 같이, 주님의 부활하심으로부터 50일이 되는 날이 오순절이었던 것입니다.

㉡ 오순절에, "새 소제를 여호와께 드리라"(16하)하십니다. 어찌하여 "새 소제"라 하시는가? 이는 오순절에 성령께서 강림하심으로 탄생하게

된 신약교회를 가리키는 것이 분명하다 하겠습니다. 사도행전 2:1절은, "오순절 날이 이미 이르매 그들이 다 같이 한 곳에 모였더니"합니다. 사도들은 주님께서 "예루살렘을 떠나지 말고 내게서 들은 바 아버지께서 약속하신 것을 기다리라"(행 1:4)하신 성령이 오순절에 임하시리라는 것을 알고 있었다는 것이 됩니다. "이미 이르매"라는 표현이 이를 말해 줍니다. 사도들은 바로 본문을 통해서 깨닫게 되었을 것입니다.

⑧ 그런데 오순절에는 "너희의 처소에서 십분의 이 에바로 만든 떡 두 개를 가져다가 흔들지니 이는 고운 가루에 누룩을 넣어서 구운 것이요 이는 첫 요제로 여호와께 드리는 것이며"(17)하고 "떡 두 개"를 드리라하십니다.

㉠ 앞에서 말씀드린 대로 낱낱이 알 길이 없다하여서 명백하게 드러난 계시까지 외면해서는 아니 될 것입니다. 구약시대는 12지파를 상징하는 떡 12개를 드렸는데 그러면 새 소제를 드리되, "떡 두 개"를 드리라 하신 의미가 무엇인가?

㉮ 이점을 신약성경은 "그는 우리의 화평이신지라 둘로 하나를 만드사 원수된 것 곧 중간에 막힌 담을 자기 육체로 허시고",

㉯ "법조문으로 된 계명의 율법을 폐하셨으니 이는 이 둘로 자기 안에서 한 새 사람을 지어 화평하게 하시고",

㉰ "또 십자가로 이 둘을 한 몸으로 하나님과 화목하게 하려 하심이라 원수된 것을 십자가로 소멸하시고",

㉱ "이는 그로 말미암아 우리 둘이 한 성령 안에서 아버지께 나아감을 얻게 하려 하심이라"(엡 2:14-16, 18)고 해설해주고 있습니다. "둘"이라는 말이 4번이나 강조되어 있는데 이는 유대인과 이방인을 가리키는 말입니다.

"우리의 화평"이신 예수 그리스도의 구속으로 말미암아 "떡 두 개"가 하나님께 함께 드려지게 되었던 것입니다. 이렇게 해서 "새 소제"라 하신 신약교회가 탄생하게 된 것입니다.

ⓛ 둘이 하나가 됨을 신약성경이 얼마나 중요시 하고 강조하고 있는가를 보십시오. "마음을 아시는 하나님이 우리에게와 같이 그들에게도 성령을 주어 증언하시고 믿음으로 그들의 마음을 깨끗이 하사 그들이나 우리나 차별하지 아니하셨느니라"(행 15:8–9), 즉 함께 드려지게 되었다는 것입니다. 그리하여 "이는 이방인들이 복음으로 말미암아 그리스도 예수 안에서 함께 상속자가 되고 함께 지체가 되고 함께 약속에 참여하는 자가 됨이라"(엡 3:6)는 놀라운 말씀을 대하게 됩니다. 이처럼 오순절 이후에 새 소제로 "떡 두 개"를 드리라 하신 예표가 놀랍도록 역사적으로 성취가 된 것입니다.

ⓒ 그런데 "이는 고운 가루에 누룩을 넣어서 구운 것이요"(17하)합니다. 참으로 이상한 것은 "누룩을 넣어서 구운 것"이라는 표현입니다. 이는 지상의 교회가 온전하지 못함을 나타내고 있는 것이라 하겠습니다. 그럼에도 불구하고 하나님께 드려질 수 있는 것은 이어지는 18절 때문인데, "너희는 또 이 떡(누룩을 넣어서 구운)과 함께 일 년 된 흠 없는 어린 양 일곱 마리와 어린 수소 한 마리와 숫양 두 마리를 드리되 이것들을 그 소제와 그 전제제물과 함께 여호와께 드려서 번제로 삼을지니"(18)하신 "속죄제물과 함께 드려지기" 때문임을 망각하지 말아야만 합니다.

ⓡ 이 자상함을 보십시오. 초실절의 제사 때에는 "번제와, 소제"(12–13)만 있을 뿐 "속죄제"가 없었습니다. 왜냐하면 "첫 이삭"은 죄 없으신

그리스도를 예표하기 때문입니다. 그러나 오순절에 드리는 제사에는 "흠 없는 어린양, 수소, 숫양" 등으로 드려지는 "번제, 속죄제, 화목제"(18-19) 등이 있습니다. 그렇습니다. "누룩이 섞인 떡" 자체는 받으실 수가 없지만 "흠 없는" 제물로 드리는 "속죄제, 화목제" 등과 함께 드려짐으로, 즉 오직 그리스도의 구속을 의지하고 드려지기 때문에 받으심이 된다는 점을 잊지 마시기 바랍니다. 그래서 "이는 화제라 여호와께 향기로운 냄새며"(18하)하시고, 사람이 보태야 할 것은 아무 것도 없음을 나타내기 위해서, "어떤 노동도 하지 말지니"(21)하시는 것입니다.

⑨ 그리고 하신 말씀이, "너희 땅의 곡물을 벨 때에 밭 모퉁이까지 다 베지 말며 떨어진 것을 줍지 말고 그것을 가난한 자와 거류민을 위하여 남겨두라 나는 너희의 하나님 여호와이니라"(22상)하십니다. 이 말씀을 대하면서 어떤 장면이 연상되지 않습니까? 이처럼 이방인 "룻"을 생각하여 "그를 위하여 곡식 다발에서 조금씩 뽑아 버려서 그에게 줍게 하고 꾸짖지 말라"(룻 2:16)한 이는 주님을 예표하는 보아스였습니다. 또 생각나는 장면이 "주여 옳소이다마는 개들도 제 주인의 상에서 떨어지는 부스러기를 먹나이다"(마 15:27)고 고백한 가나안 여인입니다. "가난한 자와 거류민을 위하여 남겨두라" 하심으로 구원이 이방이에게까지 주어지게 된 것입니다. 유월절로 상징된 그리스도의 구속과, 오순절로 상징된 성령 강림이 응하여지는 날에는 구원이 "이방인"에게까지 미치게 될 것을 나타내고 있습니다. "나는 너희 하나님 여호와니라"(22하)하십니다. 이 말씀은 여호와 하나님이 하시는 진실한 말씀인 것입니다.

묵상해 봅시다

㉠ 안식일의 구속사적 의미에 대해서

㉡ 유월절과 무교절의 구속사적 의미에 대해서

㉢ "초실절과 오순절의 구속사적 의미에 대해서

㉣ 떡 두 개로 드려지는 "새 소제"의 의미에 대해서

The Book of Revelation

레위기 23장 23-44절 개관도표

주제 : 유월절로 시작하여 초막절로 마치는 여호와의 절기

나팔절

23-25

23 여호와께서 모세에게 말씀하여 이르시되
24 이스라엘 자손에게 말하여 이르라
① 일곱 째 달 **곧 그 달 첫 날은 너희에게 쉬는 날이 될지니**
이는 나팔을 불어 기념할 날이요 성회라
25 어떤 **노동도 하지 말고** 여호와께 **② 화제를 드릴지니라**

대속죄일

26-32

26 여호와께서 모세에게 말씀하여 이르시되
27 ③ **일곱째 달 열흘날은 속죄일이니**
너희는 성회를 열고 스스로 괴롭게 하며 여호와께 **화제를 드리고**
28 이 날에는 어떤 **일도 하지 말 것은** 너희를 위하여 너희 하나님 여호와 앞에
속죄할 속죄일이 됨이니라
29 이 날에 스스로 괴롭게 하지 아니하는 자는 **그 백성 중에서 끊어질 것이라**
30 **④ 이 날에 누구든지 어떤 일이라도 하는 자는 내가 그의 백성 중에서 멸절시키리니**
31 너희는 **아무 일도 하지 말라** 이는 너희가 거주하는 각처에서
대대로 지킬 영원한 규례니라
32 **⑤ 이는 너희의 쉴 안식일이라** 너희는 **스스로 괴롭게 하고**
이 달 아흐렛날 저녁 곧 그 저녁부터 이튿날 저녁까지 **안식을 지킬 지니라**

마지막 남은 절기 초막절

33-44

33 여호와께서 모세에게 말씀하여 이르시되 34 이스라엘 자손에게 말하여 이르라
⑥ **일곱째 달 열닷새 날은 초막절이니**
여호와를 위하여 이레 동안 지킬 것이라
35 첫날에는 성회로 모일지니 너희는 **아무 노동도 하지 말지며**
36 이레 동안에 너희는 **여호와께 화제를 드릴 것이요**
⑦ 여덟째 날에도 너희는 성회로 모여서 여호와께 화제를 드릴지니
이는 거룩한 대회라 너희는 어떤 **노동도 하지 말지니라**
37 **이것들은 여호와의 절기라 너희는 공포하여 성회를 열고**
여호와께 화제로 드릴지니 번제와 소제와 희생제물과 전제를 각각 그 날에 드릴지니
38 이는 여호와의 안식일 외에, 너희의 헌물 외에, 너희의 모든 서원제물 외에,
또 너희의 모든 자원제물 외에 너희가 여호와께 드리는 것이니라
39 너희가 토지소산 거두기를 마치거든 일곱째 달 열닷새날부터 이레 동안 여호와의 절기를 지키되
첫날에도 안식하고 여덟째날에도 안식할 것이요
40 첫날에는 너희가 아름다운 나무 실과와 종려 가지와 무성한 나무가지와 시내 버들을 취하여
⑧ 너희의 하나님 여호와 앞에서 이레 동안 즐거워할 것이라
41 너희는 매년에 이레 동안 여호와께 이 절기를 지킬지니 너희 대대로의 영원한 규례라
너희는 일곱째 달에 이를 지킬지니라
42 **너희는 이레 동안 초막에 거주하되 이스라엘에서 난 자는 다 초막에 거주할지니**
43 ⑨ **이는 내가 이스라엘 자손을 애굽 땅에서 인도하여 내던 때에**
초막에 거주하게 한 줄을 너희 대대로 알게 함이니라 나는 너희의 하나님 여호와니라
44 모세는 이와 같이 여호와의 절기를 이스라엘 자손에게 공포하였더라

23장 23–44절

유월절로 시작하여 초막절로 마치는 여호와의 절기

37 이것들은 여호와의 절기라 너희는 공포하여 성회를 열고 여호와께 화제로 드릴지니 번제와 소제와 희생제물과 전제를 각각 그 날에 드릴지니라

23장 둘째 문단(23–44)에는 세 절기가 있는데 모두가 7월에 있는 절기들입니다. 1일은 "나팔절"이요, 10일은 "대 속죄일"이요, 15일은 "초막절"입니다. 도표를 보시면 "이것들은 여호와의 절기라"를 중심으로, ① "이는 나팔을 불어 기념할 날이요", ② 어떤 노동도 하지 말고 "화제를 드리라"하십니다. ③ "7월 10일은 속죄일이요", ④ "어떤 일이라도 하는 자는 백성 중에서 멸절 된다"하시고, ⑤ "이는 너희의 쉴 안식일이라"하십니다. ⑥ "7월 15일은 초막절이요", ⑦ "여덟째 날에도 성회가 될 것이라", ⑧ "7일 동안 즐거워하라", ⑨ 결론으로 "이는 내가 이스라엘을 애굽에서 인도하던 때에 초막에 거주하게 한 줄을" 너희로 알게 하려함이라 하십니다. 이에 대한 구속사적

의미가 무엇인가?

주제(主題) : 유월절로 시작하여 초막절로 마치는 여호와의 절기

㉠ 다윗은 "여호와의 율법은 완전하여 영혼을 소성시키며 여호와의 증거는 확실하여 우둔한 자를 지혜롭게 하며 여호와의 교훈은 정직하여 마음을 기쁘게 하고 여호와의 계명은 순결하여 눈을 밝게 하시도다"(시 19:7-8)고 찬양을 합니다. 여기서 "율법, 증거, 교훈, 계명"은 모두가 하나님의 말씀을 가리킵니다. 독생자를 통하여 이루어주실 "복음"을 이보다 알아 듣기 쉽도록 어떻게 계시할 수가 있단 말입니까? 참으로 하나님의 말씀은 충족(充足)된 계시입니다.

㉡ 다시 상기시킵니다만 "십계명"의 돌비가 율법이라면, 성막의 양식은 임마누엘의 모형인 복음입니다. 율법은 시내산에서 주어졌으나 레위기는 "여호와께서 회막에서 모세를 부르시고 그에게 말씀하여 이르시되"(1:1)하고 성막에서 주어진 말씀입니다. 그러므로 레위기에는 복음이 "모형과 그림자"를 통해서 계시되어 있습니다. 이를 바로 증언하기만 한다면 "여호와의 증거는 확실하여 우둔한 자를 지혜롭게 하며, 영혼을 소성시키며, 우둔한 자로 지혜롭게 하며, 눈을 밝게" 해주는 복음들이 되는 것입니다.

㉢ 하나님은 명하시기를, "너의 가운데 모든 남자는 일 년에 세 번 곧 무교절(유월절)과 칠칠절(오순절)과 초막절에 네 하나님 여호와께서 택하신 곳에서 여호와를 뵈라"(신 16:16, 출 23:14)고 명하셨습니다. 이처럼 3대 절기에는 가정을 대표하는 "모든 남자들이, 여호와께서 택하신 곳에서 여호와께 보여야"하는 날입니다.

㉣ "여호와의 택하신 곳"이란, ㉮ 하나님께서 아브라함에게 "모리아 땅으로 가서 내가 네게 지시하는 한 산 거기서 그를 번제로 드리라"(창 22:2)한 곳이요, ㉯ 여호와의 사자가 다윗에게 "여부스 사람 오르난의 타작마당에서 여호와를 위하여 단을 쌓으라"(대상 21:18)고 정해준 곳이요, ㉰ 솔로몬이 "예루살렘 모리아 산에 여호와의 전 건축하기를 시작하니 그곳은 전에 여호와께서 그 아버지 다윗에게 나타나신 곳이요 여부스 사람 오르난의 타작마당에 다윗이 정한 곳이라"(대하 3:1)한 곳이니, ㉱ 곧 우리 주께서 십자가에 못 박히실 곳이었던 것입니다.

㉤ 3대 절기의 순서를 보십시오. 유월절은 그리스도께서 담당하실 십자가 사건의 구속을 상징하고, 오순절은 성령께서 강림하실 것을 나타내고, 초막절은 광야 생활을 청산하고 약속의 땅에 들어가게 되는 주님의 재림으로 성취될 절기입니다. 이처럼 복음의 핵심적인 요소를 상징하는 3대 절기는 "하나님께서 택하신 곳에 와서 지키라"하신 것은 메시아언약을 망각하지 않고 바라고 기다리게(待望) 하기 위해서인 것입니다. 이처럼 "여러 부분과 여러 모양"으로 계시하신 후에 "이 모든 날 마지막에는 아들을 통하여 우리에게 말씀하셨는데"(히 1:1-2) 영접하지 아니하고 배척을 하다니 그 원인이 어디에 있는가? "지식의 열쇠"(눅 11:52)를 맡은 지도자들이 성경을 곡해했기 때문입니다. 이런 악순환이 이제도 반복이 되고 있다면 초막절이 성취되는 재림의 날에 재연되지 않으리라고 누가 보장할 수가 있단 말인가?

첫째 단원(23-25) **나팔을 불어 기념할 날**

둘째 단원(26-32) **어떤 일도 하지 않고 안식할 속죄일**

셋째 단원(33-44) **마지막 남은 절기 초막절**

첫째 단원(23–25) 나팔을 불어 기념할 날

"여호와께서 모세에게 말씀하여 이르시되"(23),

① "이스라엘 자손에게 말하여 이르라 일곱째 달 곧 그 달 첫 날은 너희에게 쉬는 날이 될지니 이는 나팔을 불어 기념할 날이요 성회라"(24).

㉠ 여기서 말씀하는 "일곱째 달"은 종교력인 7월이요, 민간력으로는 정월이 됩니다. 그러니까 "일곱째 달 첫 날"인 나팔절은 민간력으로는 설날인 셈입니다. 이 날은 아침부터 저녁까지 하루 종일 나팔을 불었는데 이는 새해가 시작되었음을 공포하기 위해서입니다. 나팔절의 자세한 규례는 민수기 29:1–6절에 나옵니다.

㉡ 이런 맥락에서 나팔절은 "하나님의 아들 예수 그리스도 복음(福音)의 시작(始作)이라"(막 1:1)한, 복음시대의 개막(開幕)을 상징한다 하겠습니다. 그러므로 나팔절 불과 열흘 뒤에 "대 속죄일"이 다가온다는 점을 주목해야만 합니다. 그러므로 나팔절의 나팔소리는, "크게 외치라 목소리를 아끼지 말라 네 목소리를 나팔 같이 높여 내 백성에게 그들의 허물을, 야곱의 집에 그들의 죄를 알리라"(사 58:1)한, "대 속죄일"을 맞이하기 위한 회개의 나팔이기도 한 것입니다.

② "어떤 노동도 하지 말고 여호와께 화제를 드릴 지니라"(25)하십니다.

㉠ 도표에 표시된 대로 본 문단에는 "어떤 일도 하지 말라"는 말이 6번, "화제를 드리라"는 말이 4번이나 나옵니다. 나팔절에도 "어떤 일도 하지 말고, 화제를 드리라", 대 속죄일에도 "어떤 일도 하지 말고, 화제를 드리라", 초막절에도 "어떤 일도 하지 말고, 화제를 드리라"하십니다. 어찌하여 이처럼 "어떤 노동도 하지 말라"하시면서, "화제(火祭)를

드리라"고 강조하시는가? "화제"(火祭)는 그리스도께서 당하실 고난을 상징합니다. 그리고 구원은 주님께서 단독적(單獨的)으로 단번(單番)에 이루어주신 것입니다. 그러므로 구원을 위해서 우리가 할 수 있는 일은, "어떤 노동도 하지 말고", 오직 그리스도의 구속만을 의뢰하라는 것이 됩니다. 이제는 우리에게 "너희는 온 천하에 다니면서 만민에게 복음을 전파하라"(막 16:15)는 사명이 주어졌습니다. 주님께서 화제를 통하여 이루어놓으신 복음의 나팔수로 세움을 받은 것입니다. "다른 나팔, 분명치 못한 나팔" (고전 14:8)을 불지 말고 복음의 나팔을 힘 있게 불어야 할 것입니다. ㉡ 히브리서는 "율법은 장차 오는 좋은 일의 그림자"(히 10:1, 9:11)라 말씀하는데, 이제 우리는 "주께서 호령과 천사장의 소리와 하나님의 나팔 소리로 친히 하늘로부터 강림하실"(살전 4:16) 나팔소리를 듣게 될 날을 바라고 기다리고(待望)있는 것입니다. 이것이 "나팔을 불어 기념할 날"입니다.

둘째 단원(26-32) 어떤 일도 하지 않고 안식할 속죄일

둘째 단원의 중심점은 "대 속죄일"입니다. "여호와께서 모세에게 말씀하여 이르시되"(26),

③ "일곱째 달 열흘날은 속죄일이니 너희는 성회를 열고 스스로 괴롭게 하며 여호와께 화제를 드리라"(27)하십니다. 화제(火祭)는 제물을 불로 태워드리는 제사입니다. 그 의미를 생각하며 "스스로 괴롭게 하라"는 것입니다. 이것이 고난주간을 맞이하는 우리의 자세인 것입니다.

㉠ 대 속죄일에 대한 규례는 16장에서 자세하게 말씀하셨습니다. 그런데 23장에서 또 말씀하십니다. 이점을 바울은 "너희에게 같은 말을 쓰는 것이 내게는 수고로움이 없고 너희에게는 안전하니라"(빌 3:1)고 말씀합니다. 왜냐하면 여기에 사활이 걸려 있기 때문이요, 하나님의 말씀을 더디 믿는 인간의 성실치 못함을 아시기 때문입니다. 이점을 욥기에서는 "하나님은 한 번 말씀하시고 다시 말씀하시되 사람은 관심이 없도다"(욥 33:14)합니다.

④ "이 날(속죄일)에는 어떤 일도 하지 말 것은 너희를 위하여 너희 하나님 여호와 앞에 속죄할 속죄일(贖罪日)이 됨이니라라"(28)하십니다. 속죄일과 결부하여, "어떤 일도 하지 말라"는 말이 3번이나 강조되어 있다는 점입니다. 이는 구원이 오직 그리스도의 구속에 있음을 드러내기 위해서인 것입니다. 우리 죄를 대속(代贖)하는 속죄일에 우리가 보태야 할 것은 아무 것도 없다는 것입니다. 생각해보십시오. 주님께서 잡히셔서 십자가 고난을 당하시고 "다 이루었다" 선언하시고 장사지낸바 되었다가 다시 살아나시는 동안 제자들이 한 일이 무엇이 있었는가?

㉠ 그래서 "이 날에 누구든지 어떤 일이라도 하는 자는 내가 그의 백성 중에서 멸절시키리니"(30)하십니다.

㉡ 그리고 31절에서는 "너희는 아무 일도 하지 말라 이는 너희가 거주하는 각처에서 대대로 지킬 영원한 규례니라"(31)하시는 것입니다.

"아무 일도 하지 말라"하심이 "이 날은 좀 쉬어라"는 단순한 뜻이 아님을 대번에 깨닫게 되는데 이점이 "백성 중에서 끊어질 것이라(29), 백성 중에서 멸절시키리니"(30)하고 극형에 처하리라고 경고하시는데서 드러납니다. 어떤 사람이 이렇게 멸절을 당하게 되는가? "괴롭게 하지 않고, 무슨 일을 하는 자"입니다. ㉮ "괴롭게 하지 않는 것"은 주님의 고난을 망각함을 나타내고, ㉯ "일을 한다는 것"은 그리스도께서 단독적으로 이루신 복음을 믿지 않고 무엇인가 보태려는, 즉 "할례를 받지 아니하면 능히 구원을 받지 못하리라"(행 15:1)는 것과 같기 때문입니다. 그래서 "끊어지고, 멸망당하게 된다"는 경고입니다.

㉢ 이점이 "이 달 아흐렛날 저녁 곧 그 저녁부터 이튿날 저녁까지 안식을 지킬지니라"(32하)하신 말씀에서도 분명하게 나타납니다. ㉮ "9일 저녁부터 이튿날(10일) 저녁"까지라면 이날이 대 속죄일인데, 이 날에 무슨 일이 행하여지는가? 한 마리 속죄제물은 죽어서 그 피가 속죄소 위에 뿌려지고, 다른 한 마리 속죄제물은 "모든 불의와 모든 죄를 짊어지고"(16:21–22) 무인지경으로 보냄을 받는 날인 것입니다. 그런데 우리에게는 "너희의 쉴 안식일이라"(32상)하십니다. ㉯ 제물이 우리 대신 "죽임을 당함으로, 너희가 쉴 안식일"이라 하심이 가능해진다는 점을 잊지 말아야만 합니다. 이를 생각하는 자라면 마음이 아플 것입니다. 그래서 "스스로 괴롭게 하라"하십니다. 이것이 "어떤 일도 하지 않고 안식할 속죄일"입니다.

셋째 단원(33–44) 마지막 남은 절기 초막절

"여호와께서 모세에게 말씀하여 이르시되"(33),

⑥ "이스라엘 자손에게 말하여 이르라 일곱째 달 열 닷샛날은 초막절이니 여호와를 위하여 이레 동안 지킬 것이라"(34)하십니다.

㉠ “초막절”을 지키라 하시는 1차적인 의도로 “이는 내가 이스라엘 자손을 애굽 땅에서 인도하여 내던 때에 초막에 거주하게 한 줄을 너희 대대로 알게 함이니라”(43)하십니다. 7월 15일부터 7일동안 지키라 하십니다. “유월절, 대 속죄일”은 단 하루뿐이데, 어찌하여 “무교절, 초막절”은 7일 동안이나 지키라 하시는가? “7”은 완전수로 주님이 재림하시는 날까지 계속되어야 한다는 것을 의미합니다. 그러니까 지상에 있는 “일곱 교회들”은 주님께서 우리를 영접하러 오시는 날까지 “무교병”을 먹으면서, 우리의 시민권은 하늘에 있는 나그네라는 “초막절”의 정신으로 살아가야 한다는 점을 말씀해주고 있는 것입니다. “첫 날에는 성회로 모일지니 너희는 아무 노동도 하지 말지며”(35)하십니다.

⑦ 그런데 여기 독특한 점이 나타나는데, “이레 동안에 너희는 여호와께 화제를 드릴 것이요 여덟째 날에도 너희는 성회로 모여서 여호와께 화제를 드릴지니 이는 거룩한 대회라”(36)고 “여덟째 날”을 말씀하신다는 점입니다.

㉠ 다른 절기는 7일 동안 지키는 것으로 끝나는데 “초막절은 여덟째 날”, 즉 8일에도 성회”(聖會)라 하십니다. 이점을 민수기 29:35절에서는 “여덟째 날에는 장엄한 대회로 모일 것이요”라고 “장엄(莊嚴)한 대회”라고 말씀합니다.

그러면 여덟째 날의 “장엄한 대회”는 무엇을 의미하는가? 1차적으로는 초막에 거주하던 광야생활을 끝마치고 약속의 땅에 입성(入城)하는 날을 가리킵니다. 그런데 출애굽이 영적 출애굽의 예표이듯이 이 또한 예표인 것입니다. 이를 복음서는 해설해주기를 “명절 끝날 곧 큰 날"(요 7:37)이라고 말씀합니다. 여기서 말하는 명절은 초막절(요 7:2)인데 신약성경이 "끝 날(여덟째 날)을 곧 큰 날"이라 하는 것은 이미 지나간 옛날이야기가 아니라 앞으로 다가오고 있다는 점을 나타냅니다. 왜냐하면 이 "장엄(莊嚴)한 대회"인 초막절은 주님께서 재림하심으로 성취될 계시이기 때문입니다. 우리는 지금 "초막절"의 기간을 살아가면서 "끝날 곧 큰 날, 장엄한 대회"의 날을 기다리고 있는 셈입니다.

ⓛ 그러므로 스가랴 선지자는 1장에서부터 시작한 메시아예언을 마지막 14장에서 "초막절"로 마치고 있는데 아주 적절한 결말입니다(스가랴 파노라마 참고). 그런데 초막절을 지키러 올라오는 자와, 올라오지 않을 두 부류로 갈라지게 될 것을 말씀하면서, "초막절을 지키러 올라오지 아니하는 자가 받을 벌"(슥 14:19)을 무섭게 경고합니다. 이는 불신자들이 받을 심판을 가리킵니다.

ⓒ "이것들은 여호와의 절기라 너희는 공포하여 성회를 열고 여호와께 화제를 드릴지니 번제와 소제와 희생제물과 전제를 각각 그 날에 드릴지니 이는 여호와의 안식일 외에, 너희의 헌물 외에, 너희의 모든 서원제물 외에 또 너희의 모든 자원제물 외에 너희가 여호와께 드리는 것이니라"(37-38)합니다. 이점에서 한 가지 부언할 점은 본문은 "여호와의 절기"라 말씀하는데 복음서에서는, "유대인의 명절인 초막절이 가까운지라"(요 7:2)고 "유대인의 명절"이라고 말씀한다는 점입니다. 왜 그런가? "유월절, 오순절, 초막절" 등의 신령한 의미는 망각한 체 의문으로 지키고 있기 때문에 그것은 유대인의 명절은 될지언정 "여호와의 절기"는 아니었기 때문입니다.

㉣ 다시 강조합니다만 각 절기에는 공통점이 있는데 첫째는, ㉮ "화제"(8, 13, 18, 25, 27, 36, 37)를 드리라 하시는데 이는 그리스도께서 당하실 고난을 상징합니다. 둘째는, ㉯ "어떤 노동도 하지 말라"(3, 7, 8, 21, 25, 28, 30, 31, 35, 36)고 명하시는데 사람이 보태야 할 것은 아무 것도 없기 때문입니다. 오직 혼자 담당하는 분이 계시는데 "화제"로 드려지는 그리스도이십니다. ㉰ 셋째로 도달하게 되는 결론은, "안식일도 안식일이요(3), 나팔절도 안식일이요(24), 대 속죄일도 안식일이요(32), 초막절도 안식일"(39)이라 하신 "안식"(安息)입니다. 이를 가리켜서, "너희의 쉴 안식일"(3, 32), 즉 안식일의 안식일"이라 하십니다. 궁극적으로 하나님은 그리스도의 구속을 통하여 우리에게 안식을 회복시켜주시려는 것입니다. 온전한 안식은 "처음 것들이 다 지나갔음이러라"(계 21:4)하는 주님의 재림의 날에 완성이 될 것입니다.

⑧ 이 소망이 있는 자는, "첫 날에는 너희가 아름다운 나무 실과와 종려나무 가지와 무성한 나무 가지와 시내 버들을 취하여 너희의 하나님 여호와 앞에서 이레 동안 즐거워할 것이라"(40)하십니다.

㉠ "스스로 괴롭게 하라"(27, 29, 32)는 말씀과, "즐거워하라"는 말씀이 함께 등장하는데 "스스로 괴롭게" 하는 것만이 신앙생활의 전부는 아닙니다. 주님의 고난을 생각할 때에 "스스로 괴롭게" 해야 마땅합니다만 재림하실 때에 가져다주실 소망을 생각할 때에, "너희는 이레 동안 초막에 거주하되 이스라엘에서 난 자는 다 초막에 거주할지니"(42)한 초막에 거하는 열악한 환경 속에서도 즐거워한다는 것입니다.

⑨ 그리고 이 모든 은총은, "이는 내가 이스라엘 자손을 애굽 땅에서 인도하여 내던 때에"(43), 즉 구속하여 하나님의 백성으로 삼으셨기 때문에 가

능하게 되었다는 점을 잊지를 말아야만 합니다.

㉠ 영광스러움으로 가득한 23장은 "모세는 이와 같이 여호와의 절기를 이스라엘 자손에게 공포하였더라"(44)고 마치고 있는데 이것이 "유월절로 시작하여 초막절로 마치는 여호와의 절기"입니다. 구약교회에게 주어진 "제사제도"는 그리스도의 구속사역에 대한 모형이요, "절기"들은 하나님의 구원계획을 절묘하게 계시해주고 있는 것입니다.

㉡ 그러면 묻습니다. 현대교회가 어떻게 하는 것이 "유월절, 오순절, 초막절, 대 속죄일" 등을 바르게 지키는 것입니까? 그것은 분명합니다. 복음을 보수하는 일입니다. 복음과 함께 고난을 받는 일입니다. 복음을 전파하는 일입니다.

묵상해 봅시다

㉠ 나팔절과 대 속죄일의 구속사적 의미에 대해서

㉡ 초막절의 구속사적 의미에 대해서

㉢ "화제를 드리면서, 아무 노동도 하지 말라"하신 의도에 대해서

㉣ "유월절로 시작하여 초막절로 마치는 여호와의 절기"의 구속사적 의미에 대해서

레위기 24장 개관도표

주제 : 계속해서 켜고 진설해야 할 등불과 떡

등잔불과 진설병

1-9

1 여호와께서 모세에게 말씀하여 이르시되
2 이스라엘 자손에게 명령하여 ① **불을 켜기 위하여 감람을 찧어 낸 순결한 기름을**

네게로 가져오게 하여계속해서 **등잔불을 켜 둘지며**

3 아론은 회막안 증거궤 휘장 밖에서 ② **저녁부터 아침까지 여호와 앞에**
항상 등잔불을 정리할지니
4 그는 여호와 앞에서 ③ **순결한 등잔대 위의 등잔들을 항상 정리할 지니라**

5 너는 **고운 가루를 가져다가 떡 열두 개를 굽되** 각 덩이를 십분 이 에바로 하여
6 ④ **여호와 앞 순결한 상 위에 두 줄로 한 줄에 여섯씩 진설하고**
7 너는 또 정결한 유향을 그 각줄 위에 두어 기념물로 여호와께 화제를 삼을 것이며
8 안식일일 마다 이 떡을 여호와 앞에 항상 진설할지니 이는 이스라엘 자손을 위한 것이요
영원한 언약이니라
9 ⑤ **이 떡은 아론과 그 자손에게 돌리고 그들은 그것을 거룩한 곳에서 먹을지니**
이는 여호와의 화제중 그에게 돌리는 것으로서 지극히 거룩함이니라 이는 영원한 규례니라

하나님의 이름을 모독하고 저주한 자

10-23

10 ⑥ **이스라엘 자손 중에 그의 어머니가 이스라엘 여인이요 그의 아버지는 애굽 사람인**
어떤 사람이 나가서 한 이스라엘 사람과 진중에서 싸우다가

11 그 이스라엘 여인의 아들이 **여호와의 이름을 모독하며 저주하므로**
무리가 끌고 모세에게로 가니라
그 어머니의 이름은 슬로밋이요 단 지파 디브리의 딸이었더라
12 그들이 그를 가두고 여호와의 명령을 기다리더니
13 여호와께서 모세에게 말씀하여 이르시되
14 ⑦ **그 저주한 사람을 진영 밖으로 끌어내어**
그것을 들은 모든 사람이 그들의 손을 그의 머리에 얹게 하고 온 회중이 돌로 그를 칠지니라

15 너는 이스라엘 자손에게 말하여 이르라
⑧ **누구든지 그의 하나님을 저주하면 죄를 당할 것이요**
16 여호와의 이름을 모독하면 그를 반드시 죽일지니 온 회중이 돌로 그를 칠 것이라
거류민이든지 본토인이든지 여호와의 이름을 모독하면 그를 죽일 지니라
17 **사람을 쳐 죽인 자는 반드시 죽일 것이요**
18 짐승을 쳐 죽인 자는 짐승으로 짐승을 갚을 것이며
19 사람이 만일 그의 이웃에게 상해를 입혔으면 그가 행한 대로 그에게 행할 것이니
20 **상처는 상처로, 눈에는 눈으로, 이에는 이로 갚을지라**
남에게 상해를 입힌 그대로 그에게 그렇게 할 것이며
21 짐승을 죽인 자는 그것을 물어 줄 것이요 사람을 죽인 자는 죽일지니
22 거류민에게든지 본토인에게든지 그 법을 동일하게 할 것은 나는 너희의 하나님 여호와임이니라
23 모세가 이스라엘 자손에게 말하니 **그들이 그 저주한 자를 진영 밖으로 끌어내어 돌로 쳤더라**
이스라엘 자손이 여호와께서 모세에게 명하신대로 행하였더라

24장

계속해서 켜고 진설해야 할 등불과 떡

3 아론은 회막 안 증거궤 휘장 밖에서 저녁부터 아
침까지 여호와 앞에 항상 등잔불을 정리할지니 너
희 대대로 지킬 영원한 규례라

24장의 중심점은 "계속해서 등잔불을 켜두고"(2), 떡 12개를 "안식일마다 여호와 앞에 진설하라"(8)는데 있습니다. 그러면 "등불과, 떡"은 무엇에 대한 그림자인가? "등불"은 빛 되시는 그리스도(요 1:9)를, "떡"은 생명의 양식(요 6:48)인 그리스도를 상징합니다.

도표를 보시면 첫째 단원은 "계속해서 등잔불을 켜라"는 말씀을 중심으로, ① "감람기름을 가져오게 하여", ② "저녁부터 아침까지 항상 등잔불을 켜고", ③ "순결한 등잔대 위의 등잔들을 항상 정리하라"하십니다. 다음은 "고운 가루로 떡 열두 개를 굽되"를 중심으로 ④ "순결한 상 위에 두 줄로 진설하고", ⑤ "이 떡은 제사장들이 먹으라"하십니다. 둘째 단원은

"여호와의 이름을 모독하고 저주함"을 중심으로, ⑥ 이스라엘 여인과 애굽 사람 사이에서 난 자가 여호와의 이름을 모독한 사건이 있었는데, ⑦ "저주한 사람을 진영 밖으로 끌어내어, 돌로 치라"하시면서, ⑧ "누구든지 하나님을 저주하면 죄를 당하리라"하십니다. 이를 두 단원으로 나누어 상고하겠습니다.

주제(主題) : 계속해서 켜고 진설해야할 등불과 떡

㉠ "등잔대"의 식양은 출애굽기 25:31-40절에 나오는데, 가운데 등잔을 중심으로 좌우로 세 개씩, 도합 일곱 개의 등잔이 있는 식양입니다. "등잔 일곱을 만들어 그 위에 두어 앞을 비추게 하라"(출 25:37)하십니다. 그러니까 제사장은 그 빛 앞에서 직무를 수행하게 되는 것입니다. 이점을 주님은, "나는 세상의 빛이니 나를 따르는 자는 어둠에 다니지 아니하고 생명의 빛을 얻으리라"(요 8:12)하십니다. 우리는 제사장 직무를 주님이 보시는 빛 앞에서 행하고 있는 셈입니다.

㉡ 이 "일곱 등잔"이 그리스도의 구속으로 말미암아 이제는 "일곱 금촛대 사이에 다니시는 이가 이르시되"(계 2:1)하고, 교회가 세상의 빛이 된 것입니다. 교회가 촛대요 빛이라 하는 것은 교회에게 "진리의 말씀 곧 구원의 복음"(엡 1:13)이 주어졌기 때문입니다. 그러므로 복음진리를 상실하게 되면, "내가 네게 임하여 네 촛대를 그 자리에서 옮기리라"(계 2:5)는 경고를 받게 되는 것입니다.

㉢ 이런 맥락에서 본문에는 "계속해서 등잔불을 켤지며⑵, 등잔들을 항상 정리할 지니라"⑷하십니다. 그래서 하나님은, "그 불집게와 불똥 그릇

도 정금으로 만들지니"(출 25:38)하셨습니다. 제사장은 이 불집게로 불똥을 제거하여 불이 꺼지지 않고 밝게 빛나게 하기 위해서 "저녁부터 아침까지"⑶ 불침번을 섰던 것입니다. 그러므로 그리스도의 증인들에게는 복음진리가 밝게 비치도록 보수하며 증언하기 위하여 불침번(不寢番)을 서야할 사명이 있는 것입니다.

㉣ 그리고 "너는 고운 가루를 취하여 떡 열둘을 구어, 한 줄에 여섯씩 두 줄로 진설하라"하십니다. "열둘"은 이스라엘 열두 지파를 상징하는데 대제사장의 흉패(胸牌)와 견대(肩帶)에도 열두 지파를 상징하는 열두 개의 보석이 있었습니다.

"12"를 육적 이스라엘에 국한시켜서는 아니 됩니다. 주님께서 사도를 택하시되 열둘을 택하신 의도는 신약교회가 새 이스라엘인 열두 지파임을 나타내기 위해서인 것입니다. 최후만찬 석상에서 제자들을 향해서, "너희로 내 나라에 있어 내 상에서 먹고 마시며 또는 보좌에 앉아 이스라엘 열두 지파를 다스리게 하려 하노라"(눅 22:30)하셨는데 이것이 문자적인 의미란 말인가? 그러므로 야고보는 신약교회를 향해서, "하나님과 주 예수 그리스도의 종 야고보는 흩어져 있는 열두 지파에게 문안하노라"(약 1:1)고 말씀했던 것입니다.

㉤ 그리고 "떡"은 "나는 하늘로서 내려온 산 떡이니 사람이 이 떡을 먹으면 영생하리라"(요 6:51)하신 그리스도를 상징합니다. 주님은 "충성되고 지혜 있는 종이 되어 주인에게 그 집 사람들을 맡아 때를 따라 양식을 나눠 줄 자가 누구냐"(마 24:45)하십니다. 설교자들에게는 생명의 양식을 나눠줄 사명이 있는 것입니다.

㉥ 그러면 이스라엘 여인과 애굽인 남자 사이에서 난 자가, "여호와의 이

름을 모독하며 저주하다가 죽임을 당한"사건을 이런 문맥에서 기록하게 하심은 어떤 의도에서인가? 이를 본문관찰에서 깨닫게 될 것입니다.

첫째 단원(1–9) **등잔불과 진설병의 규례**

둘째 단원(10–23) **하나님의 이름을 모독하고 저주한 자**

첫째 단원(1–9) 등잔불과 진설병의 규례

"여호와께서 모세에게 말씀하여 이르시되"(1),

① "이스라엘 자손에게 명령하여 불을 켜기 위하여 감람을 찧어낸 순결한 기름을 네게로 가져오게 하여 계속해서 등잔불을 켜 둘지며"(2)하십니다. "계속해서 등잔불을 켜두라"(2)하심을 명심해야 합니다.

㉠ 그러면 언제까지 등잔불을 켜두어야 하는가? "참 빛 곧 세상에 와서 각 사람에게 비추는 빛이 있었나니"(요 1:9)한 그리스도가 오실 때까지입니다.

그러면 지금은 "계속해서" 등잔불을 켜 두지 않아도 된단 말인가? 아닙니다. 이제도 "그리스도의 영광의 복음의 광채"(고후 4:4)가 밝히 비춰도록 해야만 하는 것입니다. 주님은 "사람이 등불을 켜서 말 아래에 두지 아니하고 등경 위에 두나니 이러므로 집 안 모든 사람에게 비치느니라"(마 5:15)하십니다.

② "아론은 회막 안 증거궤 휘장 밖에서 저녁부터 아침까지 여호와 앞에 항상 등잔불을 정리할지니"(3)하십니다.

㉠ “등잔불을 정리하라”하심은 불똥을 제거하라는 말씀입니다. 왜냐하면 불이 작아지거나, 꺼지지 않도록 하기 위해서입니다. 번제단의 불도 꺼지지 않도록 보존하라 하시고, 7등잔의 불도 꺼지지 않게 정리하라 하십니다.

㉡ “저녁부터 아침까지”라 하심은, 저녁부터 아침까지만 불을 켜라는 뜻이 아닙니다. 성막 안에는 창이 없습니다. 불이 꺼지게 되면 암흑이 됩니다. 주님께서 “너희는 세상의 빛이라”(마 5:14)하심은 세상은 해가 떠도 영적으로는 밤과 같기 때문입니다. 너희가 비춰지 않으면 세상은 암흑이 된다는 뜻입니다. 종교개혁 이전의 중세를 암흑시대라 말하는 것이 이런 뜻에서입니다. 이처럼 복음은 어두운 “밤”에 비치는 등불임을 드러내기 위해서 “저녁부터 아침까지” 라고 말씀하시는 것입니다.

③ “그는 여호와 앞에서 순결한 등잔대 위의 등잔들을 항상 정리할지니라”(4)고 거듭 분부하십니다.

㉠ 그러면 언제까지 등잔불이 꺼지지 않게 “정리”해야만 하는가? 참 빛 되시는 그리스도가 오실 때까지입니다. 솔로몬이 타락했을 때 하나님은 “내가 반드시 이 나라를 네게서 빼앗아 네 신하에게 주리라”하셨습니다. 그러나 “오직 내가 이 나라를 다 빼앗지 아니하고 내 종 다윗과 내가 택한 예루살렘을 위하여 한 지파를 네 아들에게 주리라”(왕상 11:11, 13)하십니다. 그 한지파가 그리스도가 오실 유다지파인데 이를 가리켜 “내 종 다윗이 항상 내 앞에 등불을 가지고 있게 하리라”(왕상 11:36)고 “등불”이라고 말씀하십니다. 참으로 하나님은 구원계획을 이루시기 위해서 “상한 갈대를 꺾지 아니하며 꺼져가는 등불을 끄지

아니하신"(사 42:3)것입니다. 이런 맥락에서 제사장들도 등잔불이 꺼지지 않도록 "등잔대 위의 등잔들을 항상 정리하라"(4)명하시는 것입니다.

시편 134:1절에서는 "보라 밤에 여호와의 성전에 서 있는 여호와의 모든 종들아 여호와를 송축하라"고 촉구합니다. 백성들이 잠자는 밤에 제사장들은 등잔불을 "정리"하기 위해서 깨어 있었습니다. 그들에게 "천지를 지으신 여호와께서 시온에서 네게 복을 주실지어다"(시 134:3)합니다. 그러면 "시온의 복"이 무엇인가? "내가 나의 왕을 내 거룩한 산 시온에 세웠다 하시리로다"(시 2:6)하신 그리스도를 통한 구원의 복인 것입니다.

그러므로 등잔불을 "항상 정리하라"하심이 우리에게는 복음진리가 혼잡 되거나 변질이 되지 않도록 보수하면서 밝히 비춰야 할 것으로 적용이 되는 것입니다. 왜냐하면 이렇게 등잔불을 정리할 때에, "하나님의 말씀은 흥왕하여 더하더라, 이와 같이 주의 말씀이 힘이 있어 흥왕하여 세력을 얻으니라"(행 12:24, 19:20)가 되기 때문입니다.

ⓛ "순결(純潔)한 등잔대"라 하십니다. 금으로 만들었기 때문에 "순결한 등잔대, 금촛대"라 하시는 것이 아닙니다. 빛 되시는 그리스도를 상징하고 흠이 없으신 그리스도의 보혈로 값을 주고 사신 몸 된 교회이기에 "순결한 등잔대요, 금촛대"라 하시는 것입니다. 하나님은 이제도 복음의 광채를 "계속해서 켜두고(2), 항상 정리하라"(3, 4)하신다는 점을 명심하십시다.

여호와 앞에 진설할 떡

④ "너는 고운 가루를 가져다가 떡 열두 개를 굽되 각 덩이를 십분의 이 에바로 하여"(5),

㉠ 떡을 진설할 "떡상"(床)에 대한 양식은 출애굽기 25:23-30절에서 말씀하셨습니다. "여호와 앞 순결한 상 위에 두 줄로 한 줄에 여섯씩 진설하고 너는 또 정결한 유향을 그 각 줄 위에 두어 기념물로 여호와께 화제를 삼을 것이며"(6-7)하십니다.

㉡ 그리고 "안식일마다 이 떡을 여호와 앞에 항상 진설할지니 이는 이스라엘 자손을 위한 것이요 영원한 언약이니라"(8)하십니다. ㉮ 안식일마다 새로운 떡으로 교환하라 하십니다. ㉯ "이는 이스라엘 자손을 위한 것이요", ㉰ "영원한 언약이라"하십니다. 하나님을 위해서가 아닙니다. "이스라엘 자손을 위한 것", 즉 우리들을 위해서라 하심을 유념하시기 바랍니다. 그리고 "영원한 언약이라"하시는데 이 언약이 어떻게 성취가 되었는가? "나는 하늘에서 내려온 살아 있는 떡이니 사람이 이 떡을 먹으면 영생하리라 내가 줄 떡은 곧 세상의 생명을 위한 내 살이니라"(요 6:51)하심으로 실체로 성취되었던 것입니다. 누구를 위해서입니까? "새 이스라엘 자손"인 형제를 위해서 말입니다.

㉢ 그런데 구약의 마지막 시대인 말라기의 상황은 어떠했는가? "너희가 더러운 떡을 나의 제단에 드리고도 말하기를 우리가 어떻게 주를 더럽게 하였나이까 하는도다"(말 1:7)는 지경에 이르렀던 것입니다. "더러운 떡"이라 하심은 안식일마다 새로운 떡으로 교환하지를 않았기 때문입니다. 그러면 "더러운 떡"이 우리에게는 어떻게 적용이 되는

가? 이점이 레위기 2장을 통해서 깨닫게 되는데 하나님께서는 ㉮ 떡에다가 "누룩이나 꿀"(2:11)을 섞지 말라 하십니다. 또는 "기름과 유향"(2:15)이 빠지면 안 된다 하십니다. 현대교회의 상황은 어떠한가? 생명의 떡에다가 누룩과 꿀을 넣어도 너무 많이 넣는다는 생각이 들고, 반면 "기름과 유향", 즉 성령의 나타나심과 능력(고전 2:4)은 미약한 듯이 여겨집니다. 그렇게 되면 "더러운 떡"이 되는 것입니다.

⑤ "이 떡은 아론과 그의 자손에게 돌리고 그들은 그것을 거룩한 곳에서 먹을지니 이는 여호와의 화제 중 그에게 돌리는 것으로서 지극히 거룩함이니라 이는 영원한 규례니라"(9)하십니다.

㉠ 9절에는 "거룩"이 두 번이나 강조되어 있는데 하늘에서 내려온 떡은 "거룩한 곳에서 먹을지니"하신 대로 받아먹어야만 생명이 있습니다. 예레미야 선지자는, "나는 주의 이름으로 일컬음을 받는 자라 내가 주의 말씀을 얻어먹었사오니"(렘 15:16)하고 진술합니다. 거룩한 떡을 먹음으로 "오직 우리 주 곧 구주 예수 그리스도의 은혜와 그를 아는 지식에서 자라 가게"(벧후 3:18)되는 것입니다.

둘째 단원(10–23) 하나님의 이름을 모독한 자

둘째 단원의 내용은 문맥과는 동떨어진 삽입구(挿入句)로 여겨지는데, 이럴 경우 고심하게 되는 것은 이 기사를 여기에 기록하게 하신 성령의 의도가 무엇인가 하는 점입니다.

⑥ "이스라엘 자손 중에 그의 어머니가 이스라엘 여인이요 그의 아버지

는 애굽 사람인 어떤 사람이 나가서 한 이스라엘 사람과 진영 중에서 싸우다가"(10),

㉠ 장본인(張本人)의 신원(身元)을 밝히는 10절의 묘사는 특이한 바가 있습니다. ㉮ 이스라엘 자손이라 하면서, ㉯ "그의 아버지는 애굽 사람"이라고 말한다는 점입니다. 다만 "그의 어머니가 이스라엘 여인"이었다는 것입니다. 그런데 어떻게 "이스라엘 자손"이라한단 말입니까? 아버지가 "애굽" 사람이라면 그는 애굽의 씨인 애굽 사람이 아닌가? 이슬람의 무슬림들은 남자가 다른 나라 여인과 결합하는 것은 허용을 합니다. 왜냐하면 그 사이에서 태어난 자식은 자동적으로 무슬림이라는 거죠. 그런데 여자가 다른 나라 남자와 결합하는 것은 용납이 안 됩니다.

㉡ 그런데 문제는 그런 처지에서 태어난 "어떤 사람이 나가서 한 이스라엘 사람과 진영 중에서 싸우다가"라고 말합니다. 그러면 묻게 되는 것은 이스라엘 사람과 이스라엘 사람이 싸웠다는 말인가? 아니면 이스라엘 사람과 애굽 사람이 싸운 것인가? 알송달송합니다.

이점에서 여호와의 이름을 모독한 사람의 신원(身元)을 다시 한 번 생각하게 합니다. "이스라엘 어머니와 +애굽 사람 아버지" 사이에서 태어난 사람이라 합니다. 선민 이스라엘의 여인이 어떻게 이방인인 애굽 사람과 결합하여 아이를 생산할 수가 있단 말인가?

㉢ "그 이스라엘 여인의 아들이 여호와의 이름을 모독하며 저주하므로 무리가 끌고 모세에게로 가니라 그의 어머니의 이름은 슬로밋이요 단 지파 디브리의 딸이었더라"(11)합니다. 싸우게 된 동기가 무엇인지, 무엇이라 모독하고 저주했는지 밝히고 있지 않기 때문에 알 길이

없지만 "여호와의 이름을 모독하고 저주했다"는 것은 분명합니다. 신약성경은 이에 대한 빛을 제공해주고 있는데 ㉮ 첫째로 "하나님의 영으로 말하는 자는 누구든지 예수를 저주할 자라 하지 아니 한다"고 말씀합니다. 그렇다면 이 사람은 육신의 소욕에 의해서 태어난 자라는 점을 알 수가 있고, ㉯ 둘째로 "성령으로 아니하고는 누구든지 예수를 주시라 할 수 없느니라"(고전 12:3)고 말씀하는데 그렇다면 이 사람은 "참 이스라엘"(요 1:47)이 아닌 것이 됩니다.

이를 기록하게 하심은 근본적인 원인이 여기에 있다는 점을 깨닫기를 원하시는 것으로 여겨집니다. 현대교회 내에도 이스라엘 사람 같기도 하고, 애굽 사람 같기도 한 신원(身元)이 불분명한 사람이 많은 것이 사실입니다. 평신도들만이 아니라 신학자들 중에도 많이 있습니다. 그런 "육에 속한 사람은 하나님의 성령의 일들을 받지 아니하나니 이는 그것들이 그에게는 어리석게 보임이요, 또 그는 그것들을 알 수도 없나니"(고전 2:14)합니다. 그래서 기독교의 핵심교리인 구속교리를 "도살장의 신학"이라고 비웃고 모독하는 말을 하게 되는 것입니다.

㉣ 그가 다른 죄를 범했다면 용서를 받을 길이 있었을 것입니다만 그러나 "여호와의 이름을 모독하고 저주"했다면 그 저주가 자신에게 돌아갈 수밖에 다른 방도는 없는 것입니다. "그들이 그를 가두고 여호와의 명령을 기다리더니 여호와께서 모세에게 말씀하여 이르시되 그 저주한 사람을 진영 밖으로 끌어내어 그것을 들은 모든 사람이 그들의 손을 그의 머리에 얹게 하고 온 회중이 돌로 그를 칠지니라"(12–14) 하십니다.

⑦ 그런 후에 "너는 이스라엘 자손에게 말하여 이르라 누구든지 그의 하

나님을 저주하면 죄를 담당할 것이요 여호와의 이름을 모독하면 그를 반드시 죽일지니 온 회중이 돌로 그를 칠 것이니라 거류민이든지 본토인이든지 여호와의 이름을 모독하면 그를 죽일지니라"(15-16)하십니다.

㉠ "그를 죽일지니라"하신 후에 이어지는 말씀은 "사람을 쳐죽인 자는 반드시 죽일 것이요 짐승을 쳐죽인 자는 짐승으로 짐승을 갚을 것이며 사람이 만일 그의 이웃에게 상해를 입혔으면 그가 행한 대로 그에게 행할 것이니 상처에는 상처로, 눈에는 눈으로, 이에는 이로 갚을지라"(17-20)고 말씀합니다. 이는 "의문은 죽이는 것이요"한 율법적인 배경 하에서 하신 말씀으로 악순환을 막기 위한 장치로 보아야 할 것입니다. 그러니까 "눈은 눈으로, 이는 이로" 그 이상은 안 된다는 뜻이란 말입니다.

이런 의미가 주님께서 해설해주신 "눈은 눈으로, 이는 이로 갚으라 하였다는 것을 너희가 들었으나 나는 너희에게 이르노니 악한 자를 대적하지 말라 누구든지 네 오른편 뺨을 치거든 왼편도 돌려 대며 또 너를 고발하여 속옷을 가지고자 하는 자에게 겉옷까지도 가지게 하라"(마 5:38-40)하신 말씀에 나타납니다. 어떻게 이렇게 다른가? "영은 살리는 것이라"하신 복음적인 배경에서 하신 말씀이기 때문입니다.

그런데 육적 이스라엘은 적대행위에 대해서 문자적으로 "눈에는 눈으로, 이에는 이로" 갚는 것을 보게 됩니다. 그러나 이는 "화 있을진저 눈 먼 인도자여"하신 맹인과 같은 곡해입니다. 문맥(文脈)은 생명줄과 같은 것입니다. 24장의 앞부분에서 하나님은 "계속해서 등잔불을 켜 둘지며(2), 떡을 여호와 앞에 항상 진설하라"(8)하셨습니다. 그러므로 "눈은 눈으로, 이는 이로 갚을 지라" 한 말씀은 레위기 1장부터 23장에 이르기까지 "5대제사, 대 속죄일, 3대 절기" 등을 계시하신 레위기 전체의 문맥에서 해석을 해야 하는 것입니다. 이를 깨닫지 못한다면 무서운 복수로 곡해를 하게 되는 것입니다.

㉡ "모세가 이스라엘 자손에게 말하니 그들이 그 저주한 자를 진영 밖으로 끌어내어 돌로 쳤더라 이스라엘 자손이 여호와께서 모세에게 명령하신 대로 행하였더라"(23)고 24장은 마치고 있습니다. "계속해서 등잔불을 켜 둘지며(2), 떡을 여호와 앞에 항상 진설하라"(8)하신 복스러운 말씀으로 시작된 24장이 "저주한 자를 진영 밖으로 끌어내어 돌로 쳤더라"(23)고 마치고 있는 것을 대한다는 것은 비극적인 일이면서 우리에게 큰 경종이 됩니다. 왜냐하면 복음은 이처럼 영접하는 자와 배척하는 자가 있고, 영생과 영벌로 가르는 기능이 있기 때문입니다.

묵상해 봅시다

㉠ 계속해서 불을 켜고 항상 정리하라 하신 등잔불의 구속사적 의미에 대해서

㉡ 항상 진설하라하신 떡의 의미와 성취에 대해서

㉢ 신원불상인 자가 여호와의 이름을 모독했다는 점에 대해서

The Book of Revelation

레위기 25장 1-22절 개관도표

주제 : 안식년과 자유를 공포할 희년의 규례

칠년에는 땅을 쉬게 하라

1-7

1 여호와께서 시내산에서 모세에게 말씀하여 이르시되
2 이스라엘 자손에게 말하여 이르라 너희는 내가 너희에게 주는 땅에 들어간 후에
① 그 땅으로 여호와 앞에 안식하게 하라
3 **너는 육년 동안 그 밭에 파종하며** 육년 동안 그 포도원을 가꾸어 그 소출을 거둘 것이나
4 일곱째 **해에는 그 땅이 쉬어 안식하게 할지니 여호와께 대한 안식이라**
너는 그 밭에 파종하거나 포도원을 가꾸지 말며
5 네가 거둔 후에 자라난 것을 거두지 말고 가꾸지 아니한 포도나무가 맺은 열매를 거두지 말라
이는 땅의 안식년임이니라
6 **② 안식년의 소출은 너희가 먹을 것이니** 너와 네 남종과 네 여종과 네 품꾼과 너와 함께 거류하는
7 자들과 네 가축과 네 땅에 있는 들짐승들이 다 그 소출로 먹을 것을 삼을지니라

희년에는 자유하며 돌아가라

8-22

8 **③ 너는 일곱 안식년을 계수할지니** 이는 칠년이 일곱 번인즉 안식년 일곱 번 동안 곧 사십 구년이라
9 일곱째 달 **열흘날은 속죄일이니** **너는 뿔나팔 소리를 내되 전국에서 뿔나팔을 크게 불지며**
10 ④ 너희는 **오십 년째 해를 거룩하게 하여** 그 땅에 있는 모든 **주민을 위하여 자유를 공포하라**
이 해는 너희에게 희년이니
⑤ 너희는 각각 자기의 소유지로 돌아가며
각각 자기의 가족에게로 돌아갈지며
11 **그 오십년째 해는 너희의 희년이니** 너희는 파종하지 말며 스스로 난 것을 거두지 말며
가꾸지 아니한 포도를 거두지 말라
12 **이는 희년이니 너희에게 거룩함이니라** 너희는 밭의 소산을 먹으리라
13 **이 희년에는 너희가 각기 자기의 소유지로 돌아갈지라**
14 네 이웃에게 팔든지 네 이웃의 손에서 사거든 너희 각 사람은 그 형제를 속이지 말라
15 ⑥ 그 **희년 후의 연수를 따라서 너는 이웃에게서 살 것이요**
그도 그 소출을 얻을 연수를 따라서 네게 팔것인즉
16 연수가 많으면 너는 그것의 값을 많이 매기고 연수가 적으면 너는 그것의 값을 적게 매길지니
곧 그가 그 소출의 다소를 따라서 네게 팔 것이라
17 너희 각 사람은 자기 이웃을 속이지 말고 네 하나님을 경외하라 **나는 너희의 하나님 여호와니라**
18 **⑦ 너희는 내 규례를 행하며 내 법도를 지켜 행하라**
그리하면 너희가 그 땅에 안전하게 거주할 것이라
19 땅은 그것의 열매를 내리니 너희가 **배불리 먹고 거기 안전하게 거주하리라**
20 **⑧**만일 너희가 말하기를 **우리가 만일 일곱째 해에 심지도 못하고 그 소출을 거두지도 못하면**
우리가 **무엇을 먹으리요 하**겠으나
21 내가 명령하여 여섯째 해에 내 복을 너희에게 주어 그 소출이 삼년동안 쓰기에 족하게 할지라
22 너희가 여덟째 해에는 파종하려니와 묵은 소출을 먹을 것이며
아홉째 해에 그 땅에 소출이 들어오기까지 너희는 묵은 것을 먹으리라

25장 1–22절

안식년과 자유를 공포할 희년의 규례

> **10** 너희는 오십 년째 해를 거룩하게 하여 그 땅에 있는 모든 주민을 위하여 자유를 공포하라 이 해는 너희에게 희년이니 너희는 각각 자기의 소유지로 돌아가며 각각 자기의 가족에게로 돌아갈 지며

25장은 약속의 땅에 들어가서 지켜야 할 "안식년, 희년, 토지 무르기"에 대한 규례입니다. 분량 상 두 문단(1–22, 23–55)으로 나누어 상고하겠습니다. 첫째 문단(1–22)의 중심점은 "희년"에 있습니다. 그러면 "안식일, 안식년, 일곱 안식년"(7×7)인 희년의 구속사적 의미가 무엇인가? "희년"에는 빚값에 종으로 팔린 자에게, "자유를 공포하라", 빚값으로 잃었던 "소유지로 돌아가라, 가족에게로 돌아가라"(10)하십니다. "돌아가라", 즉 회복하게 된다는 것이 "희년"의 의미입니다. 이보다 기쁜 소식이 또 있단 말인가? 복음을 이보다 어떻게 더 쉽게 설명할 수가 있단 말입니까?

도표를 보시면 첫째 단원은 "일곱째 해에는 그 땅이 쉬어 안식하게 할지

니"를 중심으로, ① "그 땅으로 여호와 앞에 안식하게 하라", ② "안식년의 소출은" 종과 객, 짐승들의 식물로 삼으라 하십니다. 둘째 단원은 "오십 년째 해를 거룩하게 하여"를 중심으로, ③ "너는 일곱 안식년을 계수할지니" 하시면서, ④ "모든 주민에게 자유를 공포하라", ⑤ 이 해는 희년이니 "각각 자기 소유지, 가족에게로 돌아가라"하십니다. ⑥ 사고 팔 때에 "희년까지의 남은 연수를 따라서" 값을 매기라 하시고, ⑦ "너희는 내 규례와 법도를 행하라", 그리하면 배불리 먹고 안전히 거주하리라, ⑧ "만일 일곱째 해에 심지 못하면 무엇을 먹으리요 하겠으나" 하나님께서 복을 주리라 하십니다.

주제(主題) : 안식년과 자유를 공포할 희년의 규례

㉠ 신약성경은 구약성경에 대해, "옛적에 선지자들을 통하여 여러 부분과 여러 모양으로 우리 조상들에게 말씀하신 하나님"(히 1:1)이시라고 말씀합니다. 레위기를 상고하면서 어떤 마음이 드십니까? 하나님은 참으로 수고도 아랑곳 하시지 않고, 지치시지도 않으시고, 이루시고자 하는 복음을, "여러 부분과 여러 모양"으로 반복적으로 강조하시고 또 강조하신다는 점입니다. 왜 그렇게 하시는가? 이는 사도 바울이, "너희에게 같은 말을 쓰는 것이 내게는 수고로움이 없고 너희에게는 안전(安全)하니라"(빌 3:1)한, 우리의 안전을 위해서입니다.

㉡ 5대 제사와, 대 속죄일과, 3대 절기를 말씀하신 하나님은 본문에서 "안식년, 희년(禧年)과, 토지 무르기"를 통해서 또다시 복음을 계시해주십니다. 앞에서 말씀드린 대로 사람은 태어나자 안식(安息)부터 취했습니다. 이는 인간은 하나님께 의존적인 존재요, 하나님의 품 안에서만 안식을 누

릴 수가 있다는 점을 나타냅니다. 그러므로 인간을 향한 하나님의 경륜은 "안식일, 안식년, 희년"을 중심으로 운행이 되고 있다 해도 과언이 아닌 것입니다. 오늘날도 하나님의 백성들이 "주일"을 중심으로 살아가고 있는 것이 같은 맥락에서입니다.

㉢ 주목하게 되는 것은, "너는 일곱 안식년을 계수할지니"(8)하시는데 이것이 "희년"입니다. 그리고 "일곱째 달 열흘은 속죄일이니"(9)하고 "희년과, 대 속죄일"을 결부시키고 있다는 점입니다. 이는 50년마다 돌아오는 "희년"이 대 속죄일로부터 시작이 되어서 다음해 대 속죄일까지의 1년간이기 때문입니다. 그리고 희년에는 "주민을 위하여 자유를 공포하라, 각각 자기의 소유로 돌아가라, 각각 자기의 가족에게로 돌아가라"(10)고 "돌아가라"하십니다. 이 "돌아감"이 "희년" 자체가 주는 은혜가 아니라 희년과 결부된 "대 속죄일"에 대속제물이 되신 그리스도로 말미암아 가능하여짐을 나타냅니다.

㉣ 그러므로 주님은 말씀하시기를, "주의 성령이 내게 임하셨으니 이는 가난한 자에게 복음을 전하게 하시려고 내게 기름을 부으시고 나를 보내사 포로 된 자에게 자유를, 눈 먼 자에게 다시 보게 함을 전파하며 눌린 자를 자유롭게 하고 주의 은혜의 해(희년)를 전파하게 하려 하심이라, 이 글이 오늘날 너희 귀에 응하였느니라"(눅 4:18-19, 21)고 선언하셨던 것입니다.

㉤ 그러므로 이 기쁜 소식을 알리기 위해서 "너는 뿔나팔 소리를 내되 전국에서 뿔나팔을 크게 불지며"(9)하십니다. 이 말씀을 대하면서 반성하게 되는 것은 설교자들은 하나님의 아들의 죽으심으로 말미암아 사탄의 노예에서 자유를 얻게 되었고, 잃었던 기업을 회복하게 되었다는 "큰 기쁨의 좋은 소식"(눅 2:10), 즉 복음의 나팔소리를 크게 불고 있는가? 그리고 "큰 기

뿜의 좋은 소식"을 듣는 성도들은 외양간에서 나온 송아지같이 기뻐 뛰고 있는가? 돌아보게 합니다.

첫째 단원(1–7) **칠년에는 땅으로 쉬게 하라**

둘째 단원(8–22) **희년에는 자유하며 돌아가라**

첫째 단원(1–7) 칠년에는 땅으로 쉬게 하라

"여호와께서 시내산에서 모세에게 말씀하여 이르시되"(1),

① "이스라엘 자손에게 말하여 이르라 너희는 내가 너희에게 주는 땅에 들어간 후에 그 땅으로 여호와 앞에 안식하게 하라"(2).

㉠ 2절을 주목해보면, "그 땅으로 안식하게 하라"하십니다. 엿새 동안 일하고 이레 되는 날은 쉬라 하신 "안식일"의 중심점은 사람에게 맞춰져 있습니다만, "너는 육 년 동안 그 밭에 파종하며 육 년 동안 그 포도원을 가꾸어 그 소출을 거둘 것이나 일곱째 해에는 그 땅이 쉬어 안식하게 할지니"(3–4상)하고, "안식년"의 중심점은 "땅"에 맞춰져 있습니다. 어떤 의도에서 이렇게 말씀하시는 것일까요?

㉡ 사람은 매일 매일 일함으로 "안식일"(安息日)이 필요하지만 "땅"이 소출을 내는 것은 1년 주기로 되어 지기 때문에 "일곱째 해에는 그 땅이 쉬어 안식하게 할지니"(4)하고, "안식년"(安息年)을 말씀하시는 것입니다. 그러니까 안식년은 땅의 "안식일"인 셈입니다. 사람에게는 안식일, 땅에는 안식년, 전체적으로는 희년을 지키라 명하시는 것

입니다. 이는 하나님의 백성들로 하여금 마음과 생각과 생활 전체가 하나님중심, 그리스도중심, 은혜중심으로 살아가게 하기 위해서인 것입니다.

㉢ "네가 거둔 후에 자라난 것을 거두지 말고 가꾸지 아니한 포도나무가 맺은 열매를 거두지 말라 이는 땅의 안식년임이니라"(5) 하시면서,

② "안식년의 소출은 너희가 먹을 것이니 너와 네 남종과 네 여종과 네 품꾼과 너와 함께 거류하는 자들과 네 가축과 네 땅에 있는 들짐승들이 다 그 소출로 먹을 것을 삼을지니라"(6–7)하십니다.

㉠ 여기 "안식하는 사람이 있고, 안식하는 땅"이 있습니다. 이를 구속사라는 맥락으로 보면 어떤 의미가 되는가? 하나님은 지금 "여자의 후손"을 아브라함의 자손으로 보내셔서 뱀의 머리를 상하게 하심으로 포로 된 자에게 자유를 주시고 안식하게 하시려는 구원계획을 이루어나가시는 중입니다. 이를 위해서 그리스도가 탄생할 민족으로 "이스라엘"이라는 사람을 택하셨고, 태어나실 곳으로는 "가나안"이라는 땅을 택하신 것입니다. 이러한 하나님의 의중이 다음 단원에서 더욱 분명하게 드러납니다.

둘째 단원(8–22) 희년에는 자유하며 돌아가라

③ "너는 일곱 안식년을 계수할지니 이는 칠년이 일곱 번인즉 안식년 일곱 번 동안 곧 사십 구년이라"(8)하시면서 이어지는 말씀은,

㉠ "일곱째 달 열흘날은 속죄일이니 너는 뿔나팔 소리를 내되 전국에서

뿔나팔을 크게 불지며"(9)하십니다. 그러니까 희년이 "속죄일"로 이어지고 있는 것입니다. 이로 보건대 "희년"은 50년 째 되는 속죄일로부터 시작하여 다음 해 속죄일까지 1년간임을 알게 되는데 7월이 민간력으로는 정월이었던 것입니다.

ⓛ 나팔절(7월 1일)에만 나팔을 부는 것으로 알았는데 "대 속죄일", 즉 희년이 시작될 때에도, "너는 뿔나팔 소리를 내되 전국에서 뿔나팔을 크게 불라"(9)하십니다. 그러면 희년에는 어떤 기쁜 일들이 있는가?

㉮ 첫째는, "너희는 오십 년째 해를 거룩하게 하여 그 땅에 있는 모든 주민을 위하여 자유를 공포하라"(10상)고 "자유"(自由)를 선포하십니다.

㉯ 둘째는, "이 해는 너희에게 희년이니 너희는 각각 자기의 소유지로 돌아가며"(10)하고, "돌아가라"하십니다.

④ "그 오십 년째 해는 너희의 희년이니 너희는 파종하지 말며 스스로 난 것을 거두지 말며 가꾸지 아니한 포도를 거두지 말라 이는 희년이니 너희에게 거룩함이니라 너희는 밭의 소출을 먹으리라"(11-12)하십니다. 이를 요약을 하면 "희년"(禧年)은 다름 아닌 "안식일, 안식년"을 극대화(極大化)한 "해방, 자유, 탕감, 회복, 돌아감"의 큰 기쁨의 좋은 소식이 있는 해입니다. 그래서 이 기쁜 소식을 알리는 나팔소리를 전국에서 크게 불라 하셨던 것입니다.

㉠ 그래서 본문에는 "돌아가라"(10, 10, 13)는 말이 강조되어 있습니다. 종으로 팔렸던 자가 가족에게로 돌아가게 되고, 빚값에 팔렸던 땅이 주인에게 돌아가게 됩니다. 하나님은 죄 값으로 바벨론에 팔린 포로들을 돌아오게 해주셨습니다. 구원계획이란 사탄의 포로가 되었던 자들이 자유하게 되어 돌아오게 하시려는 것입니다. 이것이 "대 속죄

일"에 죽임을 당하는 속죄제물과, 백성의 모든 죄와 불의를 지고 무인지경으로 멀리 멀리 살아지는 "아사셀 염소"(16:22)로 말미암아 가능하여진다는 점을 잊지 말아야만 합니다.

> 여호와께서 시온의 포로를 돌려보내실 때에
> 우리는 꿈꾸는 것 같았도다
> 그 때에 우리 입에는 웃음이 가득하고
> 우리 혀에는 찬양이 찼었도다
> 그 때에 뭇 나라 가운데에서 말하기를
> 여호와께서 그들을 위하여 큰 일을 행하셨다 하였도다
> 여호와께서 우리를 위하여 큰일을 행하셨으니
> 우리는 기쁘도다(시 126:1-3).

그리스도의 복음을 이보다 더 알아듣기 쉽도록 설명해줄 방도가 있단 말입니까? 그럼에도 불구하고 미련하고 우둔한 인간들은 깨닫지를 못하고 있는 것입니다. 첫째 원인은 "나팔이 분명하지 못한 소리를 내기"(고전 14:8) 때문입니다. 둘째는 "이 세상의 신(사탄)이 믿지 아니하는 자들의 마음을 혼미하게 하여 그리스도의 영광의 복음의 광채가 비치지 못하게"(고후 4:4)하기 때문입니다.

⑤ "네 이웃에게 팔든지 네 이웃의 손에서 사거든 너희 각 사람은 그의 형제를 속이지 말라"(14).

㉠ 사람이 살아가다 보면 빈부의 격차가 생기기 마련입니다. 그리하여 하나님께 기업으로 받은 땅을 매매하는 일이 있게 됩니다. 이럴 경우

"희년"을 기준으로 하여 값을 정하라는 말씀입니다.

"그 희년 후의 연수를 따라서 너는 이웃에게서 살 것이요 그도 소출을 얻을 연수를 따라서 네게 팔 것인즉 연수가 많으면 너는 그것의 값을 많이 매기고 연수가 적으면 너는 그것의 값을 적게 매길지니 곧 그가 소출의 다소를 따라서 네게 팔 것이라"(15–16)하십니다.

㉡ 그러므로 유념해야 할 점은 "토지를 영구히 팔지 말 것은 토지는 다 내 것임이니라"(23)고 소유권이 하나님께 있다고 말씀하신다는 점입니다. 그러니까 땅에서 얻게 될 "열매"만을 사고 팔뿐이라는 뜻이 됩니다. 우리는 땅의 주인이 아니라 다만 청지기로서 경작을 할 뿐입니다. 그러므로 "소출을 얻을 연수를 따라서" 값을 정하라는 것입니다. "너희 각 사람은 자기 이웃을 속이지 말고 네 하나님을 경외하라 나는 너희의 하나님 여호와이니라"(17), 얼마나 철두철미한 하나님 중심사상인가! 그럼에도 불구하고 택함을 받은 선민이 메시아언약을 망각하고 우상을 숭배하다가 멸망을 당하다니, 이에 대한 경계를 26장에서 대하게 될 것입니다.

⑥ 그러므로 또다시 "너희는 내 규례를 행하며 내 법도를 지켜 행하라 그리하면 너희가 그 땅에 안전하게 거주할 것이라"(18)하십니다.

㉠ "땅은 그것의 열매를 내리니 너희가 배불리 먹고 거기 안전하게 거주하리라"(19). "만일 너희가 말하기를 우리가 만일 일곱째 해에 심지도 못하고 소출을 거두지도 못하면 우리가 무엇을 먹으리요 하겠으나"(20),

㉡ 이점은 바로 우리들이 염려하는 바요, 불신앙이기도 합니다. 하나님은 이를 아시고, "내가 명령하여 여섯째 해에 내 복을 너희에게 주어 그 소출이 삼 년 동안 쓰기에 족하게 하리라"하시면서 "너희가 여

덟째 해에는 파종하려니와 묵은 소출을 먹을 것이며 아홉째 해에 그 땅에 소출이 들어오기까지 너희는 묵은 것을 먹으리라"(21-22)하십니다.

㉢ 이처럼 구약교회에 의문으로 주어졌던 "희년"이 신약의 교회에는 신령한 것으로 주어졌습니다. 그러나 "희년"이 아직 완성된 것은 아닙니다. 이점을 사도 바울은, "그 바라는 것은 피조물도 썩어짐의 종노릇 한 데서 해방되어 하나님의 자녀들의 영광의 자유에 이르는 것이니라"(롬 8:21)고 말씀합니다. 우리는 영혼(靈魂)의 자유(自由)는 얻었으나 우리의 몸은 환난과 질병과 사망의 고통을 당하고 있습니다. "몸도 구속"을 받을 날이 옵니다. 그 날에는 "영광(榮光)의 자유(自由)에 이르게" 될 것입니다. 즉 우리의 낮은 몸이 주님의 영광의 형체와 같이 영화될 것입니다. 하나님은 "안식년, 희년"을 통해서 이를 바라고 기다리게 하시고 하나님만을 의뢰하는 법을 배우게 하셨던 것입니다.

묵상해 봅시다

㉠ 안식년과 희년의 구속사적 의미에 대해서

㉡ 희년이 속죄일로 시작하여 속죄일까지라는 점에 대해서

㉢ 희년의 신약적인 성취와 궁극적인 완성에 대해서

레위기 25장 23-55절 개관도표

주제 : 토지 무르기와 종으로 팔린 자 속량하는 규례

근족이 와서 토지를 무르라

23-38

23 ① **토지를 영구히 팔지 말 것은 토지는 다 내 것임이라** 너희는 거류민이요 동거하는 자로서 나와 함께 있느니라

24 **너희 기업의 온 땅에서 그 토지 무르기를 허락할지니**

25 ② **만일 너희 형제가 가난하여 그의 기업 중에 얼마를 팔았으면 그에게 가까운 기업무를 자가 와서 무를 것이요**
26 만일 그것을 무를 사람이 없고 자기가 부유하게 되어 무를 힘이 있으면
27 그 판 해를 계수하여 그 남은 값을 산 자에게 주고 자기의 소유지로 **돌아갈 것이니라**
28 그러나 자기가 무를 힘이 없으면 그 판 것이 ③ **희년이 이르기까지 산 자의 손에 있다가 희년에 이르러 돌아올지니**
그것이 곧 그의 기업으로 돌아갈 것이니라
29 ④ **성벽 있는 성내의 가옥을 팔았으면** 판지 만 일 년 안에는 무를 수 있나니 곧 그 기한 안에 무르려니와
30 일년 안에 무르지 못하면 그 성안의 가옥은 산 자의 소유로 확정되어 대대로 영구히 그에게 속하고
희년에라도 돌려보내지 아니할 것이니라
31 **그러나 성벽이 둘리지 아니한 촌락의 가옥은** 나라의 전토와 같이 물러주기도 할 것이요
희년에 돌려보내기도 할 것이니라
32 **레위 족속의 성읍** 곧 그들의 소유의 성읍의 가옥은 레위 사람이 언제든지 무를 수 있으나
33 만일 레위 사람이 무르지 아니하면 그의 소유 성읍의 판 가옥은 **희년에 돌려보낼지니**
이는 레위 사람의 성읍의 가옥은 이스라엘 자손 중에서 받은 기업이 됨이니라
34 그러나 그들의 성읍 주위에 있는 들판은 그들의 영원한 소유지이니 팔지 못할 지니라
35 **네 형제가 가난하게 되어 빈손으로 네 곁에 있거든** 너는 그를 도와 거류민이나 동거인처럼
너와 함께 생활하게 하되
36 너는 그에게 이자를 받지 말고 네 하나님을 경외하여 네 형제로 너와 함께 생활하게 할 것인즉
37 너는 그에게 이자를 위하여 돈을 꾸어주지 말고 이익을 위하여 네 양식을 꾸어주지 말라
38 ⑤ **나는 너희의 하나님이 되며 또 가나안 땅을 너희에게 주려고**
애굽 땅에서 너희를 인도하여 낸 너희 하나님 여호와니라

형제가 종으로 팔린 자를 속량하라

39-55

39 **너와 함께 있는 네 형제가 가난하게 되어 네게 몸이 팔리거든**
⑥ **너는 그를 종으로 부리지 말고**
40 품꾼이나 동거인과 같이 함께 있게 하여 **희년까지 너를 섬기게 하라**
41 그 때에는 그와 그의 자녀가 함께 네게서 떠나 **그의 가족과 그의 조상의 기업으로 돌아가게 하라**
42 ⑦ **그들은 내가 애굽 땅에서 인도하여 낸 내 종들이니 종으로 팔리지 말 것이라**
43 너는 그를 엄하게 부리지 말고 네 **하나님을 경외하라**

44 네 종은 남녀를 막론하고 네 사방 이방인 중에서 취할지니 남녀종은 이런 자 중에서 살 것이며
45 또 너희 중에 거류하는 동거인들의 자녀 중에서도 너희가 사올 수 있고 또 그들이 너희와 함께 있어서
너희 땅에서 가정을 이룬 자들 중에서도 그리 할수 있은즉 그들이 너희 소유가 될지니라
46 너희는 그들을 너희 후손에게 기업으로 주어 소유가 되게 할 것이라 이방인 중에서는
너희가 영원한 종을 삼으려니와 너희 동족 이스라엘 자손은 너희가 피차 엄하게 부리지 말지니라
47 만일 너와 함께 있는 거류민이나 동거인은 부유하게 되고 그와 함께 있는 네 형제는 가난하게 됨으로
그가 너와 함께 있는 ⑧ **거류민이나 동거인 또는 거류민의 가족의 후손에게 팔리면**
48 그가 **팔린 후에 그에게는 속량받을 권리가 있나니그의 형제 중 하나가 그를 속량하거나**

49 그의 삼촌이나 그의 삼촌의 아들이 그를 속량하거나 그의 가족 중, 속량할 것이요 그가 부유하게 되면 스스로 속량
50 자기 몸이 팔린 해로부터 희년까지를 그 산 자와 계산하여 그 연수를 따라서 그 몸의 값을 정할 때에
그 사람을 섬긴 날을 그 사람에게 고용된 날로 여길 것이라
51 만일 남은 해가 많으면 그 연수대로 팔린 값에서 속량하는 값을 그 사람에게 도로 주고
52 만일 희년까지 남은 해가 적으면 그 사람과 계산하여 그 연수대로 속량하는 그 값을 그에게 도로 줄지며
53 주인은 그를 매년의 삯군과 같이 여기고 네 목전에서 엄하게 부리지 못하리라 54, 그가 이같이 속량하지 못하면
⑨ **희년에 이르러는 그와 그의 자녀가 자유하리니 55 이스라엘 자손은 나의 종들이 됨이라**
55 **그들은 내가 애굽 땅에서 인도하여 낸 내 종이요 나는 너희의 하나님 여호와이니라**

25장 23–55절

토지 무르기와 종으로 팔린 자 속량하는 규례

55 이스라엘 자손은 나의 종들이 됨이라 그들은 내
가 애굽 땅에서 인도하여 낸 내 종이요 나는 너희
의 하나님 여호와이니라

25장 둘째 문단(23–55)의 중심점은 "토지 무르기와 종으로 팔린 자를 속량"하는데 있습니다. 그리고 두 주제는 "속량하라"는 하나인 것입니다. 하나님의 백성들은 약속의 땅에 들어가서 지파대로 종족을 따로 기업을 공평하게 분배(分配)를 받게 될 것입니다. 그러나 시간이 지남에 따라 빈부의 격차는 벌어지기 마련입니다. 그리하여 소유로 하나님께 받은 땅이 빗값에 넘어갔을 경우, 또는 하나님이 주신 기업인 자녀(子女)가 종으로 팔렸을 경우, "토지 무르기를 허락하라(24), 팔린 후에 그를 속량할 수 있나니"(48)하십니다. 그러면 누가 속량하라 하시는가? "가까운 기업 무를 자(25), 그의 형제 중 하나"(48)가 속량하라 하십니다. 이는 하나님께서 자기 아들을 우

리의 "가까운 기업 무를 자, 형제"(兄弟)로 보내주셔서 우리의 죄 값을 대신 "속량"하심으로 잃어버렸던 기업을 회복시켜주실 것에 대한 예표입니다.

도표를 보시면 첫째 단원은 "토지 무르기를 허락할지니"(24)를 중심으로, ① "토지를 영구히 팔지 말 것은 토지는 다 내 것임이라"(23)하시고, ② "가까운 기업 무를 자가 무를 것이요"(25), ③ 아니면 "희년이 되면 돌려보내라"(28)하십니다. ④ "성벽 있는 가옥과, 촌락의 가옥"을 팔았을 경우의 규례가 다르고, ⑤ "나는 너희를 애굽 땅에서 인도하여 낸 너희의 하나님 여호와니라"(38)하십니다.

둘째 단원은 "가난하게 되어 몸이 팔리거든"을 중심으로, ⑥ "너는 그를 종으로 부리지 말라"하시면서, ⑦ "그들은 내가 애굽 땅에서 인도하여 낸 나의 종이라"하십니다. ⑧ "이방인에게 종으로 팔렸으면, 형제 중 하나가 속량하라"하시고, ⑨ "속량하지 못하면 희년에 이르러 자유하리라"하십니다. 이렇게 말씀하시는 근거와 핵심은, 도표 오른 편에 표시된 대로 "애굽 땅에서 너희를 인도하여 낸 너희의 하나님 여호와니라(38), 애굽 땅에서 인도하여 낸 나의 종들인즉(42), 내가 애굽 땅에서 인도하여 낸 나의 종들이요 나는 너희의 하나님 여호와"(55)이기 때문에 이렇게 행하라고 명령하신다는 점을 놓치지 말아야만 합니다.

주제(主題) : 토지 무르기와 종으로 팔린 자 속량하는 규례

㉠ 주님은, "너희가 성경에서 영생을 얻는 줄 생각하고 성경을 연구하거니와 이 성경이 곧 내게 대하여 증언하는 것이니라"(요 5:39)고 말씀하셨습니다. 참으로 성령께서 그리스도를 증언하게 하시려고 어린이라도 깨닫기

에 모자람이 없도록 “그리스도”를 증언하되 “여러 부분과 여로 모양으로”(히 1:1) 반복적으로 기록하게 하신 것이 성경인 것입니다. 이는 신구약시대를 막론하고 오직 예수 그리스도를 통해서만 구원에 이를 수 있다는 점을 말씀해줍니다. 이점을 사도행전 4:12절에서는 “다른 이로써는 구원을 받을 수 없나니 천하 사람 중에 구원을 받을 만한 다른 이름을 우리에게 주신 일이 없음이라”고 말씀합니다.

문제는 성경을 해석하는 관점의 차이입니다. “그가 또한 우리를 새 언약의 일꾼 되기에 만족하게 하셨으니 율법 조문으로 하지 아니하고 오직 영으로 함이니 율법 조문은 죽이는 것이요 영은 살리는 것이니라”(고후 3:6)고 말씀한다는 점을 유념해야만합니다. 레위기의 이런 규례들을 해석할 때에 “조문”(條文), 즉 문자만을 본다면 생명이 없다는 것입니다. “새 언약의 일꾼들”은 이런 그림자를 통해서 계시하시려는 신령한 의미를 증언해야 하고 이렇게 할 때 “살리는 것이라”한 생명의 말씀이 된다는 점입니다.

㉡ 레위기는 그리스도를 통하여 이루어주실 복음을 “모형, 예표, 그림자” 등을 통해서 계속적으로 말씀하고 있습니다. 이는 사활이 걸려 있는 중요한 문제요, 인간의 완악하고 거짓됨을 아시기 때문에 반복적으로 강조하고 있는 것입니다. 이점을 본 문단을 통해서도 보게 될 것입니다.

㉢ “만일 네 형제가 가난하여 그의 기업 중에서 얼마를 팔았으면 그에게 가까운 기업 무를 자가 와서 그의 형제가 판 것을 무를 것이요”(25)하십니다. 이 규례가 1차적으로는 가나안 복지에 들어가서 지켜야 할 사회규범이 될 수가 있습니다만 궁극적으로는 하나님께서 자기 아들을 통해서 행해주실 복음에 대한 예표인 것입니다. 이점을 레위기의 해설서라 할 수 있는 히브리서를 통해서 설명함이 도움이 될 것입니다.

㉮ "거룩하게 하시는 이와 거룩하게 함을 입은 자들이 다 한 근원에서 난지라 그러므로 형제라 부르시기를 부끄러워하지 아니하시고"(히 2:11)합니다. 누가 어떤 처지에 있는 자들을 "형제라 부르기를 부끄러워 아니하셨다"고 말씀합니까?

㉯ 하나님의 아들(히 1:2, 5, 6, 8)께서 우리와 같은 육신을 입고 "죽기를 무서워하므로 한평생 매여 종노릇 하는 모든 자들"(히 2:14-15)을 찾아오셔서 "형제라 부르시기를 부끄러워 아니하셨다"는 말씀입니다. 이 말씀을 본문을 통해서 보게 되면 이는 체면(體面)의 문제입니까? 아니라 책임(責任)의 문제입니까?

㉰ 주님은 이렇게 말씀하시는 셈입니다. "나는 너희의 형제요, 기업을 무를 자다, 너희가 진 빚을 내가 대신 갚아주고 속량하기 위해서 왔다".

㉱ "그러므로 그가 범사에 형제들과 같이 되심이 마땅하도다 이는 하나님의 일에 자비하고 신실한 대제사장이 되어 백성의 죄를 속량하려 하심이라"(히 2:17)하십니다. 이제 분명합니까?

㉣ 룻기서의 중심주제도 "기업 무를 자"입니다. 모두 12번 등장하는데, "무르다"라는 말까지 하면 20번 정도나 됩니다. 그런데 기업 무를 자의 1번 순위(順位)인 "아무개"는, "내 기업에 손해가 있을까하여 무르지 못하겠노라"(룻 4:6)고 말합니다. 기업 무를 자가 된다는 것은 희생이기 때문입니다. "아무개"는 파산을 당한 나오미를 형제라 부르기를 부끄러워한 것입니다. 그리하여 보아스가 기업 무를 자로 자원하였고 그는 그리스도의 족보에 오르는 영광을 얻게 되었던 것입니다.

㉤ 이는 토지에 한정된 규례만은 아닙니다. 보다 소중한 기업인 자식이 팔렸을 경우에도 해당이 됩니다. 그런데 본문을 관찰해보면 참으로 예민

한 점이 나타납니다. 이스라엘 상호간에는 동족을 종으로 삼는 것이 용납이 되지 않습니다. 왜냐하면 그들은 하나님이 값을 지불하고(구속) 사신 하나님의 종들이요, 상호간에는 동일하게 구속함을 받은 "형제들"이기 때문이라는 것입니다. 그래서 너희 중에 거류하는 "이방인"에게 팔렸으면, "형제 중 하나가 속량하라"하십니다. 얼마나 자상한 충족된 계시입니까?

첫째 단원(23–38) **가까운 친척이 와서 토지를 무르라**

둘째 단원(39–55) **형제가 종으로 팔린 자를 속량하라**

첫째 단원(23–38) 가까운 친척이 토지를 무르라

① "토지를 영구히 팔지 말 것은 토지는 다 내 것임이니라 너희는 거류민이요 동거하는 자로서 나와 함께 있느니라"(23).

㉠ 다시 말하면 너희는 주인이 아니요, 관리하는 청지기에 불과하다는 말씀입니다. 이점에서 하나님께서 이스라엘을 선민으로 택하신 목적과, 그들에게 가나안 땅을 기업으로 주신 의도를 인식해야만합니다.

㉮ 하나님이 이스라엘을 선민으로 택하신 것은 이스라엘의 하나님만 되신다는 뜻이 아닙니다. "하나님은 다만 유대인의 하나님이냐, 또 이방인의 하나님은 아니시냐 진실로 이방인의 하나님도 되시느니라"(롬 3:29)합니다. 그러면 이스라엘을 선민으로 택하신 의도가 무엇인가? "구원이 유대인에게서 남이니라"(요 4:22)하신 대로 선민을 통해서 그리스도를 보내셔서 천하 만민을 구원하시려는 "제사장" 나라로

택하신 것입니다. ㉯ 그러므로 그들에게 가나안 땅을 주심도 잘 먹고 잘 살라는 뜻이 아니라, 그리스도가 탄생하실 "땅"을 준비하심이었던 것입니다. 그리하여 출애굽을 시켜 가나안으로 인도하시고, 바벨론으로 추방을 당했을 때에도 남은 자를 예루살렘으로 돌아오게 하셨던 것입니다.

② 이런 맥락에서 하나님께 받은 땅을 잃게 되면, "너희 기업의 온 땅에서 그 토지 무르기를 허락할지니"(24)하시는 것입니다. 즉 하나님이 뜻과 섭리가 계셔서 맡겨주신 기업을 잃지 않도록 보존하라는 것입니다.

㉠ "만일 네 형제가 가난하여 그의 기업 중에서 얼마를 팔았으면"(25상), 즉 빚값으로 잃게 되면 "그에게 가까운 기업 무를 자가 와서 그의 형제가 판 것을 무를 것이요"(25하), 즉 회복시켜주라 하십니다. 기업 무를 자가 되기 위해서는,

㉮ 가까운 친족이어야 하고,

㉯ 능력이 있어야 하고,

㉰ 자원해야만 합니다. 그런데 이런 근족도 없고, 자신이 무를 능력도 없으면 어떻게 되는가?

③ "그 판 것이 희년에 이르기까지 산 자의 손에 있다가 희년에 이르러 돌아올지니"(28상)하십니다.

㉠ 그러니까 "돌아오게"(27, 28, 28)하실 것을 첫째는, ㉮ 근족이 찾아줌으로 회복하게 되는 길이 있고, 둘째는 ㉯ 희년을 통해서 "돌아오게 된다"하십니다. 이는 우리가 죄 값으로 잃어버린 기업을 기어코 회복시켜주시겠다는 강한 의지를 나타냅니다.

④ "성벽 있는 성내의 가옥"(29)을 팔았을 경우와,

㉠ "성벽이 둘리지 아니한 촌락의 가옥"(31)을 팔았을 경우를 구분해서 말씀을 하시는데 "성벽이 있는 성내의 가옥"은 부자(富者)들 집이고, "촌락의 가옥"은 가난한 자의 집을 의미합니다. 그리하여 촌락의 가옥은 희년에 돌려보내라 하시는 반면, 성벽 있는 가옥은 "희년에라도 돌려보내지 아니할 것이니라"(30)하십니다. 부자인 경우는 "기업 무를 자나, 희년"을 애타게 기다리지 않을 것이나, 가나한 자는 오직 여기에만 소망이 있기 때문임을 나타냅니다. 보십시오. 주님 당시 따르던 자들은 모두가 "성벽이 둘리지 않은 촌락"에 사는 자들뿐이었습니다.

㉡ "레위 족속의 성읍 곧 그들의 소유의 성읍의 가옥은 레위 사람이 언제든지 무를 수 있으나 만일 레위 사람이 무르지 아니하면 그의 소유 성읍의 판 가옥은 희년에 돌려 보낼지니 이는 레위 사람의 성읍의 가옥은 이스라엘 자손 중에서 받은 그들의 기업이 됨이니라 그러나 그들의 성읍 주위에 있는 들판은 그들의 영원한 소유지이니 팔지 못할지니라"(32-34)하십니다. 그들은 성막에서 섬기는 자들인 만치 보장해 주십니다.

㉢ 그리고 "네 형제가 가난하게 되어 빈 손으로 네 곁에 있거든 너는 그를 도와 거류민이나 동거인처럼 너와 함께 생활하게 하되 너는 그에게 이자를 받지 말고 네 하나님을 경외하여 네 형제로 너와 함께 생활하게 할 것인즉 너는 그에게 이자를 위하여 돈을 꾸어 주지 말고 이익을 위하여 네 양식을 꾸어 주지 말라"(35-37)고 가난한 자를 돌아보아 주라고 분부하십니다.

⑤ 왜냐하면, "나는 너희의 하나님이 되며 또 가나안 땅을 너희에게 주려고 애굽 땅에서 너희를 인도하여 낸 너희의 하나님 여호와"(38)이시기 때문

에 명하신다는 것입니다. "가난한 자들"도 유월절 어린양의 피로 구속하여 내신 하나님의 백성들이기 때문입니다.

둘째 단원(39–55) 형제가 종으로 팔린 자를 속량하라

⑥ "너와 함께 있는 네 형제가 가난하게 되어 네게 몸이 팔리거든 너는 그를 종으로 부리지 말라"(39)하십니다. 첫째 단원은 기업으로 받은 땅을 잃었을 경우이고, 둘째 단원은 기업으로 주신 자식을 빚값에 잃었을 경우입니다.

㉠ "품꾼이나 동거인과 같이 함께 있게 하여 희년까지 너를 섬기게 하라"(40), 즉 일을 시키되 그의 신분을 "종"으로 여기지 말고 형제로 여기라는 말씀입니다. 그랬다가 희년이 되면, "그 때에는 그와 그의 자녀가 함께 네게서 떠나 그의 가족과 그의 조상의 기업으로 돌아가게 하라"(41)하십니다.

㉡ 이대로 실천한 사람이 있습니다. 바울과 빌레몬입니다. 바울은 도망을 쳤다가 옥에 갇힌 자신을 만나 구원을 얻게 된 오네시모를 빌레몬에게 돌려보내면서, "이 후로는 종과 같이 대하지 아니하고 종 이상으로 곧 사랑 받는 형제로 둘 자라, 그러므로 네가 나를 동역자로 알진대 그를 영접하기를 내게 하듯 하라"(몬 1:16–17)고 당부합니다. 이는 본문에 대한 준행이라 할 수가 있습니다.

⑦ 왜 이렇게 대해야만 하는가? "그들은 내가 애굽 땅에서 인도하여 낸 내 종들이니 종으로 팔지 말 것이라"(42), 즉 하나님께서 값을 주고 사신(구

속) 하나님의 종들이기 때문이라는 것입니다.

㉠ 그러므로 "너는 그를 엄하게 부리지 말고 네 하나님을 경외하라"(43) 하십니다. 이점을 신약성경에서는, "상전들아 너희도 그들에게 이와 같이 하고 위협을 그치라 이는 그들과 너희의 상전이 하늘에 계시고 그에게는 사람을 외모로 취하는 일이 없는 줄 너희가 앎이라"(엡 6:9) 고 말씀합니다.

㉡ 44-46절의 문자만을 보면 인종차별(人種差別)로 여길 수가 있으나 하나님의 의도가 "이방인 중에서는 너희가 영원한 종을 삼으려니와 너희 동족 이스라엘 자손은 너희가 피차 엄하게 부리지 말지니라"(46하) 하신데 나타납니다. 이는 언약 안에 있는 자와 언약 밖에 있는 자, 신자와 불신자의 구별을 영적 논리로 하신 말씀으로 받아야 할 것입니다. 그러므로 "영원한 종을 삼으려니와"(46)한 말씀은 그리스도를 배척하는 불신자들의 영적상태를 암시해주는 말씀인 것입니다. 이점이 "가나안은 저주를 받아 그의 형제의 종들의 종이 되기를 원하노라"(창 9:25)한 말에도 나타납니다.

⑧ "만일 너와 함께 있는 거류민이나 동거인은 부유하게 되고 그와 함께 있는 네 형제는 가난하게 되므로 그가 너와 함께 있는 거류민이나 동거인 또는 거류민의 가족의 후손에게 팔리면"(47), 이는 반대의 경우로 언약백성이 이방인에게 종으로 팔렸을 때에는,

㉠ "그가 팔린 후에 그에게는 속량 받을 권리가 있나니 그의 형제 중 하나가 그를 속량하거나 또는 그의 삼촌이나 그의 삼촌의 아들이 그를 속량하거나 그의 가족 중 그의 살붙이 중에서 그를 속량할 것이요 그가 부유하게 되면 스스로 속량하되"(48-49)합니다. 두 절 속에 "속량"

이라는 말이 5번이나 등장하는데 이를 말씀하시는 하나님의 의도는 분명합니다. 죄 값에 팔린 우리를 기어코 속량해주시겠다는 강력한 뜻이 함의되어 있는 것입니다.

⑨ 그래서 "그가 이같이 속량되지 못하면 희년에 이르러는 그와 그의 자녀가 자유하리니"(54)하시는 것입니다.

㉠ 25장은 핵심적인 두 주제로 마치고 있는데 첫째는 "이스라엘 자손은 나의 종들이 됨이라 그들은 내가 애굽 땅에서 인도하여 낸 내 종이요" 하신 점이고 둘째는, "나는 너희의 하나님 여호와이니라"(55)하신 말씀입니다. "나의 종"이라는 말을 세 번(42, 55, 55)이나 강조하시고 "나는 너희의 하나님 여호와라"는 말씀을 수도 없이 하시는데, "너희는 나의 종이요 나는 너희의 하나님"이시기 때문에 이렇게 명하신다는 말씀입니다.

궁극적으로는 "안식년, 희년, 토지 무르기, 팔린 후에 속량하라"는 이 예표를 통해서 하나님은 잃어버린 자기 백성들을 기필코 속량하여 돌아오게 오시겠다는 말씀입니다. 왜냐하면 하나님의 거룩하신 이름과 명예가 걸려 있기 때문입니다.

㉢ 그러므로 25장의 말씀을, "인자의 온 것은 잃어버린 자를 찾아 구원하려 함이니라(눅 19:10), 인자가 온 것은 섬김을 받으려 함이 아니라 도리어 섬기려 하고 자기 목숨을 많은 사람의 대속물로 주려 함이니라"(마 20:28)하신 말씀과 결부시켜서 생각해보시기를 바랍니다. 하나님은 약속하신 대로 자기 아들의 대속을 통해서 희년을 성취하시고 자유를 선포하셨습니다. 자기 아들을 우리의 기업 무를 자로 보내주셔서 우리 죄를 속량하셔서 돌아갈 수 있도록 행해주셨습니다. 이제 하

나 남은 약속인 재림을 통해서 영광의 자유에 이르도록 완성하여주실 것입니다.

묵상해 봅시다

㉠ "희년"의 구속사적 의미에 대해서

㉡ "기업 무를 자"가 속량하라는 구속사적 의미에 대해서

㉢ 애굽 땅에서 인도하여 내신 "나의 종, 너희 하나님"에 대해서

레위기 26장 개관도표

주제 : 생명과 사망, 복과 저주를 두었노니

나의 규례와 계명을 준행하면

1-13

1 **① 너희는 자기를 위하여 우상을 만들지 말지니** 조각한 것이나 주상을 세우지 말며 너희 땅에 조각한 석상을 세우고
그에게 경배하지 말라 나는 너희 하나님 여호와임이니라
2 **② 너희는 내 안식일을 지키며 내 성소를 경외하라 나는 여호와니라**
3 **너희가 내 규례와 계명을 준행하면**
4 **③ 내가 너희에게 철따라 비를 주리니** 땅은 그 산물을 내고 밭의 나무는 열매를 맺으리라
5 너희의 타작은 포도 딸 때까지 미치며 너희의 포도 따는 것은 파종할 때까지 미치리니 너희가 음식을 배불리 먹고
너희의 땅에 안전하게 거하리라
6 **④ 내가 그 땅에 평화를 줄 것인즉** 너희가 누울 때 너희를 두렵게 할 자가 없을 것이며
내가 사나운 짐승을 그 땅에서 제할 것이요 칼이 너희의 땅에 두루 행하지 아니할 것이며
7 너희의 원수들을 쫓으리니 그들이 너희 앞에서 칼에 엎드러질 것이라
8 또 **너희 다섯이 백을 쫓고 너희 백이 만을 쫓으리니** 너희 대적들이 너희 앞에서 칼에 엎드러질 것이며
9 내가 너희를 돌아보아 **너희를** 번성하게 하고 너희를 창대하게 할 것이며 내가 너희와 함께 한 **언약을 이행하리라**
10 너희는 오래 두었던 묵은 곡식을 먹다가 새 곡식을 말미암아 묵은 곡식을 치우게 될 것이며
11 **⑤ 내가 내 성막을 너희 중에 세우리니** 내 마음이 너희를 싫어하지 아니할 것이며
12 **나는 너희 중에 행하여 너희 하나님이 되고 너희는 나의 백성이 될 것이니라**
13 **나는 너희를 애굽 땅에서 인도하여 내어 그 종된 것을 면하게 한 너희 하나님 여호와이니라**
내가 너희의 빗장을 부수고 너희로 바로 서서 걷게 하였느니라

청종치 아니하고 준행치 아니하면

14-39

14 **그러나 너희가 내게 청종치 아니하여 이 모든 명령을 준행하지 아니하며**
15 내 규례를 멸시하며 마음에 내 법도를 싫어하여 내 모든 계명을 준행하지 아니하며 내 언약을 배반할진대
16 **⑥ 내가 이같이 너희에게 행하리니** 곧 내가 너희에게 놀라운 재앙을 내려 폐병과 열병으로....
18 **⑦** 또 만일 **너희가 그렇게까지 되어도 내게 청종치 아니하면** 너희 죄로 말미암아 내가 너희를 일곱배나 더 징벌하리라
21 **⑧ 너희가 나를 거스려 내게 청종하지 않을진대** 내가 너희 죄대로 너희에게 칠 배나 더 재앙을 내릴 것이라
23 **⑨ 이런 일을 당하여도 너희가 내게로 돌아오지 아니하고 내게 대항할진대**
24 나 곧 나도 너희에게 대항하여 너희 죄로 말미암아 **너희를 칠배나 더 치리라**
27 **⑩ 너희가 이같이 될지라도 내게 청종하지 아니하고 내게 대항할진대**
28 내가 진노로 너희에게 대항하되 너희 죄로 말미암아 **칠 배나 더 징벌하리니**
29 너희가 아들의 살을 먹을 것이요 딸의 살을 먹을 것이며 30 내가 너희의 산당들을 헐며 너희의 분향단들을 부수고
너희의 시체들을 우상 위에 던지고 내 마음이 너희를 싫어할 것이며 31 내가 너희의 성읍을 황폐하게 할 것이요
너희의 성소들을 황량하게 할 것이요 너희의 향기로운 냄새를 흠향치 아니하고 33 내가 너희를 열방 중에 흩을 것이요

깨닫고 자복하면

40-46

40 **그들이 나를 거스른 잘못으로 자기의 죄악과 그들의 조상의 죄악을 자복하고**
또 그들이 나를 대항하므로
41 ⑪ 나도 그들에게 대항하여 원수의 땅으로 끌어갔음을 **깨닫고 그 할례 받지 아니한 그들의 마음이 낮아져서 그들의 죄악의 형벌을 기쁘게 받으면**
42 **⑫ 내가 야곱과 맺은 내 언약과 이삭과 맺은 내 언약을 기억하며**
아브라함과 맺은 내 언약을 기억하고 그 땅을 기억하리라
44 그런즉 그들이 원수의 땅에 있을 때에 내가 그들을 내버리지 아니하며 미워하지 아니하며
⑬ 아주 멸하지 아니하고 그들과 맺은 내 언약을 폐하지 아니하리니 나는 여호와 그들의 하나님이 됨이라
45 **⑭ 내가 그들의 하나님이 되기 위하여 민족들이 보는 앞에서 애굽 땅으로 부터 인도하여 낸**
그들의 조상과의 언약을 그들을 위하여 기억하리라 나는 여호와니라
46 이것은 여호와께서 시내산에서 자기와 이스라엘 자손 사이에 모세로 통하여 세우신 규례와 법도와 율법이니라

26장

생명과 사망과 복과 저주를 네 앞에 두었은즉

> **13** 나는 너희를 애굽 땅에서 인도하여 내어 그들
> 에게 종 된 것을 면하게 한 너희의 하나님 여호와
> 이니라 내가 너희의 멍에의 빗장을 부수고 너희를
> 바로 서서 걷게 하였느니라

26장은 레위기의 결론이라 할 수가 있습니다. 모세는 죽기 전에 행한 마지막 설교에서, "내가 오늘 하늘과 땅을 불러 너희에게 증거를 삼노라 내가 생명과 사망과 복과 저주를 네 앞에 두었은즉 너와 네 자손이 살기 위하여 생명을 택하라"(신 30:19)고 호소합니다. 모세에 의해 기록이 된 레위기도 마지막 부분에 이르러 "생명과 사망, 복과 저주"의 두 가지 길이 제시되어 있습니다. 엄밀히 말하면 세 가지 길이 있는데 첫째는, ㉠ 하나님의 규례와 계명을 준행하는 길이고, 둘째는 ㉡ 청종치 아니하고 준행하지 아니하는 길이요, 셋째는 ㉢ 대적한 것을 깨닫고 자복하고 낮아져서 하나님께 돌아오는 길입니다.

그러므로 26장에는 "대항한다"는 말이 6번(23, 24, 27, 28, 40, 41)이나 등장하는데 "이런 일을 당하여도 너희가 내게로 돌아오지 아니하고 내게 대항할진대 나 곧 나도 너희에게 대항하여 너희 죄로 말미암아 너희를 칠 배나 더 치리라"(23-24)고 경고하십니다. 그런데 이 경고가 슬프게도 문자적으로 이루어지고야 말았던 것입니다.

도표를 보시면 첫째 단원은 첫 번 길인 "너희가 내 규례와 계명을 준행하면"(3)을 중심으로, ① "우상을 만들지 말라"(1), ② "안식일을 지키라"(2)하시면서 "너희가 나의 규례와 계명을 지키면", ③ "철 따라 비를 주리니"(4), ④ "그 땅에 평화를 줄 것인즉"(6), ⑤ "내 성막을 너희 중에 세우리라"(11)하십니다. 둘째 단원은 두 번째 길인 "그러나 너희가 내게 청종하지 아니하여 이 모든 명령을 준행하지 아니하면"(14)을 중심으로, ⑥ "내가 이같이 너희에게 행하리니, 놀라운 재앙을 내리겠다"(16), ⑦ "너희가 그렇게까지 되어도 청종하지 아니하면"(18), ⑧ "그래도 청종치 아니하면"(21), ⑨ "이런 일을 당하여도 돌아오지 아니하면"(23), ⑩ "이같이 될지라도 대항을 하면, 칠 배나 징벌하리니"(27)하십니다. 이는 오래 참고 기다리시겠다는 긍휼이 여기 심입니다. 셋째 단원은 세 번째 길인 "나를 거스른 죄를 자복하면"(40)을 중심으로, ⑪ "깨닫고 낮아져서 징벌을 기쁘게 받으면"(41), ⑫ "조상과 맺은 언약을 생각하여"(42), ⑬ "아주 멸하지 않겠다"(44)하시면서, ⑭ "그들의 하나님이 되시기 위하여 애굽에서 인도하여 낸 여호와라"(45)하십니다. 그들은, 그리고 우리들은 어느 길을 택하고 있는가?

주제(主題) : 생명과 사망, 복과 저주를 네 앞에 두었노니

㉠ 성경을 교훈적인 관점으로 보느냐? 아니면 구속사라는 관점으로 보고 있느냐 하는 점이 본문 같은 경우에서 확연히 드러납니다. "교훈"은 중요합니다. 그러나 교훈에는 해답이 없다는 점입니다. 예를 들어 "너희가 내 규례와 계명을 준행하면(3), 그러나 너희가 내게 청종하지 아니하며 이 모든 명령을 준행치 아니하며"(14)하신 "규례와 계명"을 무엇으로 보는가 하는 점입니다.

㉡ 이 말씀을 "십계명을 준행하면", 즉 율법을 준행하면 하는 것으로 여긴다면 이는 교훈적으로 보고 있는 것이요, 레위기 1장으로 되돌아가야 합니다. 왜냐하면 1장부터 26장에 이르도록 하나님께서 어디에 초점을 맞추어 무엇을 강조하셨는가를 인식하지 못하고 있다는 증거이기 때문입니다. ㉮ 5대 제사, ㉯ 대 속죄일, ㉰ 3대 절기, ㉱ 바로 앞에서 말씀한 기업 무를 자, 희년 등이 무엇에 대한 그림자인가를 생각해보시기를 바랍니다. 이것이 준행해야 할 하나님께서 명하신 "여호와의 규례"였던 것입니다. 그래도 미심스럽다면 주님께서, "이성경이 곧 내게 대하여 증언하는 것이로다"(요 5: 39)하신 말씀을 기억하시기를 바랍니다.

㉢ 그러므로 26장의 첫 말씀도 "우상을 만들지 말라"(1)는 말씀인데, 구약교회가 어찌하여 "성소가 황량하고, 성읍이 황폐하며, 열방 중에 흩음"(31-33)을 당하게 되었는가? 한마디로 우상을 숭배했기 때문입니다. "우상숭배"도 교훈적으로 보아 십계명을 범했다는 식으로 적당히 넘어가서는 아니 됩니다. 이를 구속사의 관점으로 보면 어떤 의미가 되는가?

㉣ 하나님은 26장 마지막 부분에서 "아브라함, 이삭, 야곱과 맺은 언약"

(42)을 상기시키십니다. 이들 열조에게 세워주신 언약이 무엇입니까? 율법입니까? 아닙니다. "천하 만민이 네 자손으로 말미암아 복을 얻으리니"한 메시아언약입니다. 모세를 통해서 "율법"을 주시기 전에 아브라함에게 메시아언약을 세워주셨습니다. 이점을 신약성경은 "내가 이것을 말하노니 하나님께서 미리 정하신 언약을 사백삼십 년 후에 생긴 율법이 폐기하지 못하고 그 약속을 헛되게 하지 못하리라"(갈 3:17)합니다. 하나님은 메시아를 통해서 구원의 복을 주시려 하는데 그들은 아니라 우리가 우상을 통해서 복을 받으리라 한 것입니다. 이는 다름 아닌 메시아언약을 망각하고 이를 대항(對抗)했다는 단적인 증거였던 것입니다.

ⓜ 구약교회가 우상을 숭배한 이유가 무엇인가? 그들의 말을 직접 들어보십시오. "우리가 본래 하던 것 곧 우리와 우리 선조와 우리 왕들과 우리 고관들이 유다 성읍들과 예루살렘 거리에서 하던 대로 하늘의 여왕에게 분향하고 그 앞에 전제를 드리리라 그 때에는 우리가 먹을 것이 풍부하며 복을 받고 재난을 당하지 아니하였더니"합니다. 그런데 "우리가 하늘의 여왕에게 분향하고 그 앞에 전제 드리던 것을 폐한 후부터는 모든 것이 궁핍하고 칼과 기근에 멸망을 당하였느니라"(렘 44:17-18)고 말하고 있습니다. 즉 메시아신앙을 기복신앙으로 바꿔치기를 한 것입니다. 신구약시대를 막론하고 구원은 오직 그리스도 안에만 있고, 멸망을 당하게 되는 원인도 그리스도를 배척하기 때문임에 확고해야만 합니다.

ⓑ 신약성경에도 "생명과 사망, 복과 저주"의 두 길이 있습니다. "하나님이 세상을 이처럼 사랑하사 독생자를 주셨으니 이는 그를 믿는 자마다 멸망하지 않고 영생을 얻게 하려 하심이니라, 그를 믿는 자는 심판을 받지 아니하는 것이요 믿지 아니하는 자는 하나님의 독생자의 이름을 믿지 아니하

므로 벌써 심판을 받은 것이니라"(요 3:16, 18)하십니다. 여기 "멸망과 영생, 심판과 심판받지 않는" 두 길이 있습니다. 그럼에도 불구하고 구약을 대할 때에 교훈이나 축복은 보면서도 그리스도를 만나지 못하고 증언하지 못한다면 이는 다름 아닌 우리들도 복음을 잃어버리고 있다는 징조입니다. 그러면 본문을 구속사적인 관점으로 본다면 어떤 의미가 되는가?

첫째 단원(1–13) **나의 규례와 계명을 준행하면**

둘째 단원(14–39) **청종치 아니하고 준행치 아니하면**

셋째 단원(40–46) **깨닫고 낮아져서 자복하면**

첫째 단원(1–13) 나의 규례와 계명을 준행하면

① 첫 말씀이 "너희는 자기를 위하여 우상을 만들지 말지니 조각한 것이나 주상을 세우지 말며 너희 땅에 조각한 석상을 세우고 그에게 경배하지 말라 나는 너희의 하나님 여호와임이니라"(1)하십니다. 이는 26장을 해석하는 명제(命題)와 같은 말씀입니다.

㉠ 우상을 경배하지 말라 하시면서 "나는 너희 하나님 여호와니라" 하심을 유념해야만 합니다. "하나님"이 창조사역과 결부되는 호칭이라면, "여호와"는 구속사역과 결부되는 호칭입니다. "여호와"라는 호칭이 레위기에만도 316번이나 등장합니다.

그러므로 본문에는 "나는 너희를 애굽 땅에서 인도해 내어 그들에게 종된 것을 면하게 한 너희의 하나님 여호와이니라"는 말씀을 2

번(13, 45)이나 강조하십니다. 그리고 이점을 계속적으로(25:38, 42, 55) 상기시키시는 의도는 바로의 종이었던, "너희를 속량(구속)하여 너희로 내 백성을 삼으신 하나님"(출 6:6-7)이심을 잊지 않게 하기 위해서입니다. 그리고 이는 그리스도를 통한 구속에 대한 명백한 예표인 것입니다.

② 두 번째 말씀이, "너희는 내 안식일을 지키며 나의 성소를 경외하라 나는 여호와니라"(2)하십니다.

㉠ "죄들"에는 억만 가지가 있다 하여도 "죄"는 크게 두 가지로 분류가 되는데 "경건치 아니함과, 불의"(롬 1:18), 즉 하나님께 대한 죄와 이웃 간의 죄입니다. 그런데 "우상을 경배하고, 안식일을 범하는" 죄는 "불의"와 관계되는 것이 아니라 하나님과의 관계인 "경건치 아니함"에 해당이 되는 죄입니다.

㉡ 이 점에서 통찰력이 필요한데 왜냐하면 그들은 우상을 숭배하면서도 부지런히 하나님께 제물(상번제)을 바쳤기 때문에 잘 믿는 것으로 착각을 했기 때문입니다. 구약시대 성도들이 잘못을 깨닫는데 실패한 원인이 여기에 있고, 현대교회 설교자들이 착각하고 있는 것도 여기에 있습니다. 오늘날도 열심히 모여 예배를 드리기 때문에, 하나님을 배반한 것으로 여기지 않고 있는 것입니다. 우상숭배를 구속사의 맥락으로 바라보면 바로 메시아언약을 배신한 것이 되는 것입니다. 예루살렘이 바벨론에 의하여 멸망을 당한 것도 메시아언약을 배신했기 때문이요, 로마에 의해서 멸망을 당한 것도 그리스도를 배척했기 때문이요, 현대교회의 위기도 복음을 상실해가고 있기 때문이라는 점을 각성해야만 합니다.

㉢ 그래서 "나의 성소를 경외하라"(2하)하시는 것입니다. 19:30절에서도 "내 성소를 귀히 여기라"하시고, 20:3절에서는 반대로 "내 성소를 더럽혔다"고 책망하십니다. 이는 건물을 숭배하라는 뜻이 아닙니다. 성소가 누구의 모형이며 그곳에서 드려지는 제물이 누구에 대한 예표인가를 생각해보시기를 바랍니다. 메시아언약을 준행하는 것이 "성소를 경외하는 것이요, 망각하는 것"이 성소를 더럽히는 것입니다. 이점이 신약교회에는, "우리는 수많은 사람들처럼 하나님의 말씀을 혼잡하게 하지 아니하고 곧 순전함으로 하나님께 받은 것 같이 하나님 앞에서와 그리스도 안에서 말하노라"(고후 2:17)하는 것으로 적용이 된다 하겠습니다. 그러므로 "살인, 간음, 도적질" 같은 "불의"보다 하나님과의 관계인 경건과 결부되는 "우상과, 안식일과, 성소"를 먼저 말씀하시면서, "너희가 나의 규례와 계명을 준행하면"(3)하시는 것입니다. 이제 분명합니까?

③ "내가 너희에게 철따라 비를 주리니 땅은 그 산물을 내고 밭의 나무는 열매를 맺으리라"(4).

㉠ "너희의 타작은 포도 딸 때까지 미치며 너희의 포도 따는 것은 파종할 때까지 미치리니 너희가 음식을 배불리 먹고 너희의 땅에 안전하게 거주하리라"(5)하십니다.

④ 또 "내가 그 땅에 평화를 줄 것인즉"(6상)하십니다.

㉠ "너희가 누울 때 너희를 두렵게 할 자가 없을 것이며 내가 사나운 짐승을 그 땅에서 제할 것이요 칼이 너희의 땅에 두루 행하지 아니할 것이며 너희의 원수들을 쫓으리니 그들이 너희 앞에서 칼에 엎드러질 것이라"(6하-7).

㉡ "또 너희 다섯이 백을 쫓고 너희 백이 만을 쫓으리니 너희 대적들이 너희 앞에서 칼에 엎드러질 것이며 내가 너희를 돌보아 너희를 번성하게 하고 너희를 창대하게 할 것이며 내가 너희와 함께 한 내 언약을 이행하리라 너희는 오래 두었던 묵은 곡식을 먹다가 새 곡식으로 말미암아 묵은 곡식을 치우게 될 것이며"(8–10)하십니다. 이는 구약적인 축복의 말씀이요, 우리에게는 복음을 통해서 받게 되는 축복인 것입니다. 여기 "너희와 함께 한 언약을 이행하리라"고 말씀하시는데 이는 너무나 중요한 의미가 있기 때문에 셋째 단원에서 함께 다루기로 하겠습니다.

⑤ "내가 내 성막을 너희 중에 세우리니"(11상)하십니다.

㉠ 주목할 점은 축복의 영광스러움이, ㉮ "철을 따라 비를 주리니 하신 물질(物質)축복에서(4), ㉯ 평화(平和)의 축복으로(6), ㉰ 성막을 너희 중에 세우리니"(11)하시는 임마누엘의 축복으로 점점 높은 곳을 지향하고 있다는 점입니다. "내가 내 성막을 너희 중에 세우리니 내 마음이 너희를 싫어하지 아니할 것이며 나는 너희 중에 행하여 너희의 하나님이 되고 너희는 내 백성이 될 것이니라"(11–12)하십니다. 이는 다름 아닌 신약적인 축복인 것입니다.

㉡ "나는 너희 하나님이 되고 너희는 나의 백성이 도리라"는 말씀은 성경 전체의 대 주제라 할 수가 있습니다. 왜냐하면 하나님은 창세기 3장에서 자기 형상대로 지으신 자기 백성을 잃어버리셨기 때문입니다. 하나님이 자기 아들을 보내시는 목적이 무엇인가? "인자의 온 것은 잃어버린 자를 찾아 구원하려 함이니라"(눅 19:10)하십니다. 죄 값에 팔린 자를 찾는 것은 말로만 되는 것이 아니라, "인자가 온 것은, 자기

목숨을 많은 사람의 대속물로 주려함이니라"(마 20:28)하신 대속을 통해서만이 가능하여지는 것입니다. 하나님은 레위기를 통해서도 잃어버린 자기 백성을 찾아 함께 거하시려는 하나님의 나라건설을 계시하시는 것입니다. 이점이 "내가 내 성막을 너희 중에 세우리니"하신 뜻입니다.

㉢ 이 주제가 성경 마지막 책 마지막 부분에서, "내가 들으니 보좌에서 큰 음성이 나서 이르되 보라 하나님의 장막이 사람들과 함께 있으매 하나님이 그들과 함께 계시리니 그들은 하나님의 백성이 되고 하나님은 친히 그들과 함께 계셔서 모든 눈물을 그 눈에서 닦아 주시니 다시는 사망이 없고 애통하는 것이나 곡하는 것이나 아픈 것이 다시 있지 아니하리니 처음 것들이 다 지나갔음이러라"(계 21:3-4)고 완성이 될 말씀입니다.

그러나 배은망덕한 인간은 훗날 하나님으로 하여금, "그들이 여기에서 크게 가증한 일을 행하여 나로 내 성소를 멀리 떠나게 하느니라"(겔 8:6)고 성전에 임재했던 영광이 떠나시는 것을 보게 됩니다. 떠나시게 한 "가증한 일"이 우상숭배요, 그럼에도 불구하고 하나님은 또 다시 "남은 자"가 있게 하셔서 돌아오게 해주셨습니다. "사람은 다 거짓되되 오직 하나님은 참되시다 할지어다"(롬 3:4)고 말할 수밖에 없습니다.

㉣ 첫째 단원의 결론적인 말씀은, "나는 너희를 애굽 땅에서 인도해 내어 그들에게 종된 것을 면하게 한 너희의 하나님 여호와이니라 내가 너희의 멍에의 빗장을 부수고 너희를 바로 서서 걷게 하였느니라"(13)는 말씀입니다.

㉮ 바로가 메워준, "너희 멍에의 빗장을 부수고",

㉯ "종 된 것을 면케 하시고",

㉰ "애굽 땅에서 인도하여 내어",

㉱ "너희를 바로 서서 걷게 하였느니라"하십니다.

㉤ 이점을 출애굽기에서는, "그 날에 여호와의 군대가 다 애굽 땅에서 나왔다"(출 12:41)고 말씀합니다. 보무(步武)도 당당하게 말입니다. 바로의 노예에서 "하나님의 백성, 여호와의 군대"로 바뀐 것입니다. 그러므로 "나는 너희를 애굽 땅에서 인도해 내어 그들에게 종된 것을 면하게 한 너희의 하나님 여호와이니라"(13)는 말씀은 하나님과 그들과의 관계성이요, 그들의 정체성을 일깨워주는 요점이 되는 언급인 것입니다. 묻고 싶은 말씀이 있습니다. 형제의 정체성을 일깨워주는 성구는 어떤 말씀입니까? 이것이 "나의 규례와 계명을 준행하면" 누리게 될 축복입니다.

둘째 단원(14-39) 청종치 아니하고 준행치 아니하면

㉠ "그러나 너희가 내게 청종하지 아니하여 이 모든 명령을 준행하지 아니하며 내 규례를 멸시하며 마음에 내 법도를 싫어하여 내 모든 계명을 준행하지 아니하며 내 언약을 배반할진대"(14-15), 이는 두 번째 길로 가게 될 것에 대한 경고입니다. 그런데 하나님은 한 번만 경고하시는 것이 아니라 5차에 걸쳐 경고를 하십니다. 이렇게 할 가능성이 있기 때문입니다. 하나님은 홍수의 위험이 없는 곳에 땜을 건설하시지

는 아니 하십니다.

㉡ 그러므로 하나님의 경고를 주목해보면 백성들이 하나님을 버리고 점점 멀리 떠나가는 양상으로 되어 있습니다.

㉮ 처음에는 하나님의 규례와 계명을 "청종하지 아니 하고, 준행하지 아니 합니다"(14),

㉯ 다음은 "멸시하며",

㉰ 그 다음은 "싫어하여",

㉱ 급기야는 "언약을 배반"(15)하게 된다고 경고하십니다.

㉲ 종래는 "내게로 돌아오지 아니하고 하나님을 대항"(23)하리라 하십니다.

⑥ 이럴 경우, "내가 이같이 너희에게 행하리니 곧 내가 너희에게 놀라운 재앙을 내려 폐병과 열병으로 눈이 어둡고 생명이 쇠약하게 할 것이요 너희가 파종한 것은 헛되리니 너희의 대적이 그것을 먹을 것임이며"(16),

㉠ "내가 너희를 치리니 너희가 너희의 대적에게 패할 것이요 너희를 미워하는 자가 너희를 다스릴 것이며 너희는 쫓는 자가 없어도 도망하리라"(17)하십니다. 이것이 1차적인 경고입니다.

⑦ 그래도 "또 만일 너희가 그렇게까지 되어도 내게 청종하지 아니하면 너희의 죄로 말미암아 내가 너희를 일곱 배나 더 징벌하리라"(18).

㉠ "내가 너희의 세력으로 말미암은 교만을 꺾고 너희의 하늘을 철과 같게 하며 너희 땅을 놋과 같게 하리니"(19), 즉 극심한 한발(旱魃)을 가리킵니다. 그리하여 땅이 놋과 같이 굳어져서, "너희의 수고가 헛될지라 땅은 그 산물을 내지 아니하고 땅의 나무는 그 열매를 맺지 아니하리라"(20)하십니다. 이것이 2차적인 경고입니다.

⑧ 그래도 "너희가 나를 거슬러 내게 청종하지 아니할진대 내가 너희의

죄대로 너희에게 일곱 배나 더 재앙을 내릴 것이라"(21).

㉠ "내가 들짐승을 너희 중에 보내리니 그것들이 너희의 자녀를 움키고 너희 가축을 멸하며 너희의 수효를 줄이리니 너희의 길들이 황폐하리라"(22)고 경고하시는데 이것이 3차 경고입니다.

⑨ 그래도 "이런 일을 당하여도 너희가 내게로 돌아오지 아니하고 내게 대항할진대"(23),

㉠ "나 곧 나도 너희에게 대항하여 너희 죄로 말미암아 너희를 칠 배나 더 치리라"(24)고 "대항"하시겠다는 무서운 경고를 하십니다.

㉡ "내가 칼을 너희에게로 가져다가 언약을 어긴 원수를 갚을 것이며 너희가 성읍에 모일지라도 너희 중에 염병을 보내고 너희를 대적의 손에 넘길 것이며 내가 너희가 의뢰하는 양식을 끊을 때에 열 여인이 한 화덕에서 너희 떡을 구워 저울에 달아 주리니 너희가 먹어도 배부르지 아니하리라나"(25-26)하십니다. 이것이 4차 경고입니다.

⑩ 그래도 "너희가 이같이 될지라도 내게 청종하지 아니하고 내게 대항할진대"(27),

㉠ "내가 진노로 너희에게 대항하되 너희의 죄로 말미암아 칠 배나 더 징벌하리니 너희가 아들의 살을 먹을 것이요 딸의 살을 먹을 것이며"(29)하십니다.

㉡ "내가 너희의 산당들을 헐며 너희의 분향단들을 부수고 너희의 시체들을 부숴진 우상들 위에 던지고 내 마음이 너희를 싫어할 것이며"(30),

㉮ "내가 너희의 성읍(城邑)으로 황폐하게 하고",

㉯ "너희의 성소(聖所)들을 황량하게 할 것이요",

㉰ "너희의 향기로운 냄새를 내가 흠향하지 아니하고"(31), 즉 예배를 받지 않으시겠다 하십니다.

㉱ 종래는 "내가 너희를 여러 민족 중에 흩을 것이요"(33)하십니다. 이것이 5차 경고입니다.

㉢ 이러한 경고는 모세가 죽기 전에 행한 설교에도 나타나는데, "네가 만일 네 하나님 여호와의 말씀을 순종하지 아니하여 내가 오늘날 네게 명령하는 그의 모든 명령과 규례를 지켜 행하지 아니하면 이 모든 저주가 네게 임하고 네게 이를 것이니, ㉮ 네 임금을 너와 네 조상들이 알지 못하던 나라로 끌어가시리니, ㉯ 네가 적군에게 에워싸이고, 자녀 곧 네 몸의 소생의 살을 먹을 것이라, ㉰ 여호와께서 너를 만민 중에 흩으시리니"(신 28: 15, 36, 53, 64)하고 경고합니다.

㉣ 여호수아도 죽기 전에 행한 마지막 설교에서, "보라 나는 오늘 온 세상이 가는 길로 가려니와 너희의 하나님 여호와께서 너희에게 대하여 말씀하신 모든 선한 말씀이 하나도 틀리지 아니하고 다 너희에게 응하여 그 중에 하나도 어김이 없음을 너희 모든 사람은 마음과 뜻으로 아는 바라"하면서 "너희의 하나님 여호와께서 너희에게 말씀하신 모든 선한 말씀이 너희에게 임한 것 같이 여호와께서 모든 불길한 말씀도 너희에게 임하게 하사 너희의 하나님 여호와께서 너희에게 주신 이 아름다운 땅에서 너희를 멸절하기까지 하실 것이라"(수 23:14-15)고 경고합니다.

㉤ 아모스 4장에도 이와 유사한 경고가 있습니다. "…하였으나 너희가 내게로 돌아오지 아니 하였느니라 이는 여호와의 말씀이니라"는 경고가 5번이나 반복적(反復的)으로 강조되어 있습니다. "흉년으로 징벌

해도, 가뭄으로 징벌해도, 풍재로 징벌해도, 염병으로 징벌해도, 전쟁으로 징벌해도(암 4:6, 8, 9, 10, 11), 너희가 내게로 돌아오지 아니 하였느니라"하십니다. 이점을 호세아서에서는 "그들을 부를수록 그들은 점점 멀리하고 바알들에게 제사하며 아로새긴 우상 앞에서 분향하였느니라"(호 11:2)합니다.

이상의 경고들은 하나님께서 얼마나 오래 참으시면서 기다리시는가를 나타냅니다. 그러나 슬프게도 이 경고가 역사적으로 성취가 되고 말았던 것입니다. 예루살렘의 멸망을 목격한 예레미야 21:13절은 "너희가 말하기를 누가 내려와서 우리를 치리요 누가 우리의 거처에 들어오리요 하거니와 나는 네 대적(對敵)이라"하십니다. 애굽 땅에서 구속하여 자기 백성으로 삼으신 자들을 향해서 "나는 네 대적이라"하시는 하나님의 마음은 어떠하시겠는가를 생각해보시기를 바랍니다. 이것이 "청종치 아니하고 준행치 아니하면", 받게 될 두 번째 길입니다.

셋째 단원(40-46) 깨닫고 낮아져서 자복하면

셋째 단원은 회개하고 돌아올 경우에 대한 말씀인데 "두 길"만을 말씀하시지 않고 세 번째 길, 즉 타락했다가 회개하고 돌아올 수 있는 여지를 열어놓아 주심은 참으로 긍휼에 풍성하신 하나님이십니다.

⑪ "그들이 나를 거스른 잘못으로 자기의 죄악과 그들의 조상의 죄악을 자복하고"(40상)하십니다. 이는 회개를 의미하는데 진정한 회개에는 어떤

요소가 따르는가?

㉠ 첫째는, "또 그들이 내게 대항하므로 나도 그들에게 대항하여 내가 그들을 그들의 원수들의 땅으로 끌어갔음을 깨닫고"(40하-41상)한 잘못을 "깨닫는" 각성입니다.

㉡ 둘째는 "그 할례 받지 아니한 그들의 마음이 낮아져서"한 교만하던 마음이 겸비해지는 일입니다.

㉢ 그리고 셋째는, "그들의 죄악의 형벌을 기쁘게(순히) 받으면"(41하)한 징벌에 대한 순복입니다. 이것이 진정한 자복이요, 회개입니다. 예레미야 선지자는 그의 애가에서, "우리가 스스로 우리의 행위들을 조사하고 여호와께로 돌아가자 우리의 마음과 손을 아울러 하늘에 계신 하나님께 들자"(애 3:40-41)고 호소합니다.

⑫ 이처럼 회개하고 자복하면, "내가 야곱과 맺은 내 언약과 이삭과 맺은 내 언약을 기억하며 아브라함과 맺은 내 언약을 기억하고 그 땅을 기억하리라"(42)하십니다.

㉠ 여기 사활적(死活的)으로 중요한 주제가 등장하는데 그것은 "언약"(言約)입니다. 26장에는 언약이란 말이 7번 등장하고, 본 단원에만 5번(42, 42, 42, 44, 45)이나 등장합니다. 하나님과 인간과의 관계는 언약의 관계입니다. 언약의 관계란 언약을 믿는 믿음의 관계라는 뜻이기도 합니다. 그러므로 언약이 없으면 하나님과의 관계도, 믿음도 성립이 되지 않는 것입니다. 말할 것도 없이 구원도, 소망도 없고, 전부(全部)가 없게 되는 것입니다.

㉡ 문제는 이 "언약"(言約)을 어떤 언약으로 보느냐에 있습니다. 두 가지 중에 하나입니다. 지금 우리가 상고하는 레위기는 모세 5경 중 하나

입니다. 그래서 "언약"이라는 말이 나오면 대번에 시내산에서 모세에게 하신 첫 언약(율법)으로 생각하는 경향이 있습니다. 둘째는 "아브라함, 이삭, 야곱"에게 세워주신 언약입니다. 어느 언약이 ㉮ 먼저 세워주신 상위(上位) 언약이고, ㉯ 폐하여질 수 없는 맹세로 세우신 언약이고, ㉰ 우리의 구원이 걸려있는 언약입니까? 형제는 우리의 구원이 어느 언약으로 "말미암음"이라고 믿으십니까?

㉢ 언약에는 쌍방 간의 행위언약과, 일방적인 은혜언약이 있습니다. 쌍방 언약이란 어느 일방이 어기면 폐하여지는 것입니다. 이점을 예레미야서에서는 "보라 날이 이르리니 내가 이스라엘 집과 유다 집에 새 언약을 맺으리라"하시면서 "내가 그들의 남편이 되었어도 그들이 내 언약을 깨뜨렸음이라"(렘 31:31-32)하십니다.

이런 맥락에서 율법은 그들이 금송아지 우상을 섬김으로 돌비가 깨어졌을 때에 이미 파(破)하여 진 것입니다. 그러나 아브라함에게 세워주신 일방적인 언약은 파(破)하여져서도 아니 되고, 파하여질 수도 없는 은혜언약인 것입니다. 하나님은 지금 이 언약을 기억하시겠다는 말씀이요, 우리의 구원은 오직 이 은혜언약으로 말미암아 가능하여진 것입니다.

㉣ 이점을 "내가 야곱과 맺은 내 언약과 이삭과 맺은 내 언약을 기억하며 아브라함과 맺은 내 언약을 기억하고 그 땅을 기억하리라"(42)고 분명히 밝히십니다. 이스라엘이 출애굽 할 수 있었던 근거도, "하나님이 그들의 고통 소리를 들으시고 하나님이 아브라함과 이삭과 야곱에게 세운 그의 언약을 기억하사 하나님이 이스라엘 자손을 돌보셨고 하나님이 그들을 기억하셨더라"(출 2:24-25)합니다. 이들 조상들과 맺은

언약은 "네 자손으로 말미암아 천하 만민이 복을 얻으리라"하신 메시아언약입니다. 그리고 신약성경은, "아브라함과 다윗의 자손 예수 그리스도의 계보라"(마 1:1)고 시작이 되는데 이는, 하나님이 아브라함과 다윗에게 세워주신 그 언약을 지키셔서 그리스도를 예수로 보내주셨다는 뜻입니다.

⑬ "그런즉 그들이 그들의 원수들의 땅에 있을 때에 내가 그들을 내버리지 아니하며 미워하지 아니하며 아주 멸하지 아니하고 그들과 맺은 내 언약을 폐하지 아니하리니 나는 여호와 그들의 하나님이 됨이니라"(44)하십니다.

㉠ 44절을 음미해보십시오.

㉮ "그들의 원수들의 땅에 있을 때에", 즉 그들이 하나님을 대항하여 "열방 중에 흩음"(33)을 당한다 해도,

㉯ "내가 그들을 내버리지 아니하며",

㉰ "미워하지 아니하며",

㉱ "아주 멸하지 아니하고",

㉲ "그들과 맺은 내 언약을 폐하지 아니하리니"하십니다. 그리하여 "남은 자"를 돌아오게 해주시겠다는 말씀입니다. 왜 이렇게 하셔야만 하는가? 조상과 맺은 언약 때문입니다. 하나님께서 거룩하신 이름으로 아브라함에게 "맹세"로 보증하신 것을 철회하실 수가 없으신 것입니다. 다시 말하면 시작하신 구원계획을 결코 중단하실 수가 없으시다는 말씀입니다. 그들은 "언약을 배반하나"(15), "하나님은 그들과 세우신 언약을 폐하지 아니하고(44), 그들의 조상과의 언약을 그들을 위하여 기억하리라 나는 여호와니라"(45)하십니다. 참으로 중요한 말씀입니다.

㉡ 훗날 바벨론으로부터 귀환할 수 있었던 것도 그들에게 무슨 공로나 자격이 있어서가 아니라 그들은, "언약을 돌아보소서"(시 74:20)하고 부르짖었고 하나님은, "그들을 위하여 그의 언약을 기억하시고 그 크신 인자하심을 따라 뜻을 돌이키사 그들을 사로잡은 모든 자에게서 긍휼히 여김을 받게 하셨도다"(시 106:45–46)합니다.

⑭ 그러므로 "내가 그들의 하나님이 되기 위하여 민족들이 보는 앞에서 애굽 땅으로부터 그들을 인도하여 낸 그들의 조상과의 언약을 그들을 위하여 기억하리라 나는 여호와이니라"(45)하시는 것입니다.

㉠ "나는 여호와니라"(44, 45) 하신 말씀을 작은 일로 여기지 마시기를 바랍니다. "나는 여호와이니 이는 내 이름이라 나는 내 영광을 다른 자에게, 내 찬송을 우상에게 주지 아니하리라"(사 42:8), 즉 구원계획에는 하나님의 이름과 명예가 걸려있다는 그런 의미이기 때문입니다. 26장은 "이것은 여호와께서 시내 산에서 자기와 이스라엘 자손 사이에 모세를 통하여 세우신 규례와 법도와 율법이니라"(46)고 마치고 있는데 이것이 레위기의 결론입니다.

㉡ 마지막 27장은 부록과 같은 내용인데 레위기는 "번제"로 시작을 하여, 총 결론을 아브라함, 이삭, 야곱에게 세워주신 "메시아언약"으로 끝을 맺고 있다는 점을 주목하시기를 바랍니다. 하나님의 언약은 천지는 변하여도 변하지 않는 불변의 언약(렘 33:20–21)입니다. 믿음은 이 변할 수 없는 언약을 믿는 것입니다. 우리의 구원은 인간이 법도를 "준행함으로" 가능해진 것이 아니라 하나님께서 아브라함, 이삭, 야곱에게 세워주신 언약을 기억하시고 주권적으로 이루어주심으로 가능하여진 것입니다.

묵상해 봅시다

㉠ 1–13절, 첫째 길로 행할 때에 주시려는 축복에 대해서

㉡ 14–39절, 둘째 길의 반복되는 경고와 재앙에 대해서

㉢ 40–46절, 셋째 길인 회개의 핵심적인 요소가 무엇인지에 대해서

레위기 27장 개관도표

주제 : 자신을 하나님 앞에 드리기를 힘쓰라

여호와께 드리기로 서원하였으면

1-25

1 여호와께서 모세에게 말씀하여 이르시되 2 이스라엘 자손에게 말하여 이르라
① 만일 **사람의 값을 여호와께 드리기로 서원하였으면** 너는 그 값을 정할지니
3 ② **네가 정한 값은** 이십 세로 육십 세까지는 **남자면** 성소의 세겔대로 은 오십 세겔로 하고
4 여자면 그 값을 삼십 세겔로 하며 5 오 세로 이십 세까지는 남자면 그 값을 이십 세겔로 하고
여자면 십 세겔로 하며 6 일 개월부터 오 세까지는 남자면 그 값을 은 오 세겔로 하고 여자면
그 값을 은 삼 세겔로 하며 7 육십 세 이상은 남자면 그 값을 십 오 세겔로 하고
여자는 십 세겔로 하라
8 ③ **그러나 서원자가 가난하여 네가 정한 값을 감당치 못하겠으면** 그를 제사장 앞으로 데리고 갈 것이요
제사장은 그 값을 정하되 그 서원자의 **형편대로 값을 정할 지니라**
9 사람이 서원하는 예물로 ④ **여호와께 드리는 것이 가축이면** 여호와께 드릴 때는 다 거룩하니
10 그것을 변경하여 우열 간 바꾸지 못할 것이요 혹 가축으로 가축을 바꾸면 둘 다 거룩할 것이며
11 부정하여 여호와께 예물로 드리지 못할 가축이면 그 가축을 제사장 앞으로 끌어 갈 것이요
12 제사장은 우열 간에 값을 정할지니 그 값이 제사장의 정한대로 될 것이며
13 그가 그것을 무르려면 정한 값에 그 오분 일을 더할 지니라 14 ⑤ **사람이 자기 집을 성별하여**
여호와께 드리려하면 제사장이 그 우열간에 값을 정할지니 그 값은 제사장의 정한대로 될 것이며
15 그 사람이 자기 집을 무르려면 정한 돈에 그 오분 일을 더할지니 그리하면 자기 소유가 되리라
16 ⑥ **사람이 자기 기업된 밭 얼마를 성별하여 여호와께 드리려하면** 마지기 수대로 정가하되
보리 한 호멜 지기에는 은 오십 세겔로 계산할지며
17 그가 그 밭을 희년부터 성별하여 드렸으면 그 값을 네가 정한대로 할 것이요
18 그 밭을 희년 후에 성별하여 드렸으면 제사장이 다음 희년까지 남은 연수를 따라 그 값을 계산하고
정한 값에서 그 값에 상당하게 감할 것이며 19 밭을 성별하여 드린 자가 그것을 무르려면
값을 정한 돈에 그 오분 일을 더할지니 그리하면 그것이 자기 소유가 될 것이요
20 그가 그 밭을 무르지 아니하려거나 타인에게 팔았으면 다시는 무르지 못하고
21 희년이 되어서 그 밭이 돌아오게 될 때에는 여호와께 바친 성물이 되어 영영히 드린 땅과 같이
제사장의 기업이 될 것이며
22 사람에게 샀고 자기 기업이 아닌 밭을 여호와께 성별하여 드렸으면 23, 너는 정가하고 제사장은
그를 위하여 희년까지 계산하고 그는 네가 정가한 돈을 그 날에 여호와께 드려 성물을 삼을지며
24 가 판 밭은 희년에 그 판 사람 곧 그 땅의 원주인에게로 돌아갈 지니라
25 네가 정한 모든 값은 성소의 세겔대로 하되 이십 게라를 한 세겔로 할지니라

십분의 일은 여호와의 것

26-34

26 ⑦ **오직 가축의 처음 난 것은 여호와께 드릴 첫 것이라** 소나 양은 여호와의 것이니
누구든지 **그것으로는 성별하여 드리지 못할 것이며**
27 부정한 짐승이면 네가 정한 값에 그 오분 일을 더하여 무를 **것이요** 만일 무르**지 아니하려면**
네가 정한 값대로 팔찌니라 28, 오직 여호와께
⑧ **온전히 바친 모든 것은** 사람이든지 가축이든지 기업의 밭이든지 팔지도 못하고
무르**지도 못하나니** 바친 것은 **다 여호와께** 지극히 거룩함이며
29 **온전히 바쳐진 그 사람은** **다시 무르지 못하나니** 반드시 죽일 지니라
30 **땅의 십분 일 곧 땅의 곡식이나 나무의 열매는 그 십분 일은 여호와의 것이니** 여호와께 성물이라
31 사람이 그의 **십일조를 무르려면** 그것에 오분 일을 더할 것이요
32 소나 양의 십일조는 지팡이 아래로 통과하는 것의 **열 번째 것마다** 여호와의 성물이 되리라
33 그 우열을 가리거나 바꾸거나 하지 말라 바꾸면 둘 다 거룩하리니 무르**지 못하리라**
34 이것은 여호와께서 시내산에서 이스라엘 자손을 위하여 모세에게 명하신 계명이니라

27장

자신을 하나님 앞에 드리기를 힘쓰라

2 이스라엘 자손에게 말하여 이르라 만일 어떤 사람이 사람의 값을 여호와께 드리기로 서원하였으면 너는 그 값을 정할지니

마지막 장에 이르렀습니다. 그런데 의외라 싶게 "이스라엘 자손에게 말하여 이르라 만일 어떤 사람이 사람의 값을 여호와께 드리기로 분명히 서원하였으면"(2)하고 "여호와께 드리는" 문제로 시작이 된다는 점입니다. 27장에는 "드리다"라는 언급이 14번 정도 등장합니다. 그러면 레위기의 마지막 주제가 어찌하여 "드리다"라는 주제로 귀결이 되고 있는 것일까요? 하나님은 시내산에서 십계명의 "돌비와 성막양식"을 주셨습니다. 레위기는 "돌비"(율법)에 대한 해설이 아니라, 성막양식에 대한 해설, 즉 하나님께서 자기 아들을 통해서 베풀어 "주실" 은혜요, 복음입니다. 이를 듣고 깨닫고 믿는 자라면 어떤 결단을 하게 될 것인가? "여호와께 드리기로 분명히 서

원하였으면"한 자신을 드리기로 "서원하는 마음"입니다. 그러므로 마지막 장에 여러 내용이 있다 하여도 핵심은 "자신을 하나님 앞에 드리기를 힘쓰라"는 헌신이 되는 것입니다. 이는 5대 제사로 시작한 레위기의 아주 적절한 결론이라 하겠습니다.

도표를 보시면 "여호와께 드리기로 서원하였으면"을 중심으로, ① "사람"을 드리기로 서원했으면(2), ② 이를 "값으로" 환산해서 드리라하시면서, ③ "가난한 자는, 형편대로 값을 정할 지니라"하시고, ④ "여호와께 드리는 것이 가축이면", ⑤ "집을 성별하여 여호와께 드리려면", ⑥ "기업인 밭을 성별하여 여호와께 드리려면" 어떻게 해야 하는지를 말씀하십니다. 그런데 둘째 단원에서는 서원 물로 드릴 수 없는 것을 말씀하는데, ⑦ "가축의 첫 새끼와, 십일조"입니다. 왜냐하면 이는 이미 여호와의 것이기 때문이라는 것입니다. 이와 결부하여 ⑧ "무를 수 있는 것과, 무를 수 없는" 경우를 말씀하십니다. 이를 두 단원으로 나누어 상고하겠습니다.

주제(主題) : 자신을 하나님 앞에 드리기를 힘쓰라

㉠ 본서는 일반 강해서 와는 달리 성경을 구속사라는 관점으로 보고 있습니다. 그러므로 밝히 드러난 신약의 빛 아래서 구약성경을 해석하고 있는 것입니다. 그러면 부록과 같은 27장의 "드리기로 서원하였으면"하는 주제가 신약의 성도들에게는 어떻게 적용이 되는가 하는 점입니다. "그러므로 형제들아 내가 하나님의 모든 자비하심으로 너희를 권하노니 너희 몸을 하나님이 기뻐하시는 거룩한 산 제물로 드리라 이는 너희가 드릴 영적 예배니라"(롬 12:1)는 말씀이 되는 것입니다.

로마서 1장부터 11장까지를 통해서 하나님께서 자기 아들을 통해서 이루어주신 복음을 깨달은 자라면, 그리고 레위기 1장부터 26장에 이르기까지의 신령한 의미를 깨달은 자라면 필연적으로 도달하게 되는 결론은 자신을 하나님께 "드리기로 결단하는 서원"일 것이기 때문입니다.

ⓛ 사도 바울은 "선한 싸움을 싸우고 달려갈 길을 마치려는" 지점에 이르러서 자신이 붙잡고 달음질치던 복음의 바통을 디모데에게 넘겨주면서 두 가지를 부탁하고 있는데, ㉮ "너는 진리의 말씀을 옳게 분별하며, ㉯ 부끄러울 것이 없는 일꾼으로 인정된 자로 자신을 하나님 앞에 드리기를 힘쓰라"(딤후 2:15)고 당부합니다.

ⓒ 이점은 레위기를 상고하고 있는 우리에게도 적실성이 있는 말씀입니다. 첫째는, "레위기"의 말씀을 옳게 분별하는 일입니다. 오늘날은 레위기를 곡해하여 구속교리를 "도살장의 신학"이라고 조롱하는 자들이 득세해가고 있습니다. 둘째는, 우리 자신을 "여호와께 드리기로 서원"(헌신)하는 일입니다. 바울의 표현대로 "부끄러울 것이 없는 일꾼으로 인정된 자로 자신을 하나님 앞에 드리기를 힘쓰는" 일입니다. 그래서 27장의 주제를 "자신을 하나님 앞에 드리기를 힘쓰라"로 정하게 된 것입니다.

ⓔ 민수기 6장에는 "나실인의 서원" 규례가 있습니다. 구약시대는 특별히 서원한 사람만이 "나실인"이었으나 신약시대는 모든 그리스도인들이 "너희 몸을 하나님이 기뻐하시는 거룩한 산 제물로 드리라"한 나실인들인 것입니다. 그런데 모든 사람이 제사장이 되고 목회자가 될 수는 없는 것입니다. 그래서 "드리기로 서원한 자"의 연령에 따라

값으로 환산해서 돈으로 드리라 하는 것입니다. 목회만이 아니라 사업을 해서 물질로 돕는 것도 헌신이기 때문입니다.

ⓜ "그러나 서원자가 가난하여 네가 정한 값을 감당하지 못하겠으면, 그 서원자의 형편대로 값을 정할지니라"(8)하신다는 점을 유념하십시다. 과부의 엽전 한 푼도 귀하고, 선한 싸움을 싸우는 전사(戰士)에게 주의 이름으로 냉수 한 그릇 떠준 것도 기쁘게 받으신다는 그런 뜻입니다.

ⓑ 그런데 주목하게 되는 것은, "온전히 바쳐진 그 사람은 다시 무르지 못하나니 반드시 죽일 지니라"(29)고 말씀한다는 점입니다. 이렇게 말씀하는 의도가 무엇인가? 이점을 본문 관찰에서 살펴보도록 하겠습니다.

첫째 단원(1–25) **여호와께 드리기로 서원하였으면**

둘째 단원(26–34) **십일조는 여호와의 것이라**

첫째 단원(1–25) 여호와께 드리기로 서원하였으면

"여호와께서 모세에게 말씀하여 이르시되"(1),

① "이스라엘 자손에게 말하여 이르라 만일 어떤 사람이 사람의 값을 여호와께 드리기로 분명히 서원하였으면"(2상),

ⓖ "드리는" 첫 대상이 "사람"을 드리는 일입니다. "사람", 즉 자신을 드리는 것이 먼저입니다. "그들이 먼저 자신을 주께 드리고 또 하나님의 뜻을 따라 우리에게 (헌금)주었도다"(고후 8:5), 이것이 바른 순서인 것

입니다. “너는 그 값을 정할지니”(2하), 즉 사람을 드리는 것이 아니라 돈으로 환산해서 드리라는 것입니다. 그리하여 이를 성전을 관리하는 비용 등으로 사용하였던 것입니다. 환산하는 규정을 보면,

② “네가 정한 값은 스무 살로부터 예순 살까지는 남자면 성소의 세겔로 은 오십 세겔로 하고”(3),

㉠ “여자면 그 값을 삼십 세겔로 하며 다섯 살로부터 스무 살까지는 남자면 그 값을 이십 세겔로 하고 여자면 열 세겔로 하며 일 개월로부터 다섯 살까지는 남자면 그 값을 은 다섯 세겔로 하고 여자면 그 값을 은 삼 세겔로 하며 예순 살 이상은 남자면 그 값을 십오 세겔로 하고 여자는 열 세겔로 하라”(4-7)고 자상하게 말씀하십니다.

㉡ 이는 노동할 수 있는 능력을 감안하여 정한 것으로 신약시대에는 이것이 육신적인 계층이 아니라 영적인 분류로 적용이 된다 하겠습니다. 요한1서에서는 “아이들아, 아비들아, 청년들아”(요일 2:14)라고 말씀하는데, 교회 내에는 영적으로 다양한 계층이 있기 마련입니다. 20세부터 60세까지를 가장 비싼 값으로 여긴 것은 그 연령층은 민수기 1장에서 말씀하는 “싸움에 나갈만한 자들”(민 1:3)이기 때문일 것입니다. 이점을 요한서신에서는, “청년들아 내가 너희에게 쓴 것은 너희가 강하고 하나님의 말씀이 너희 속에 거하시며 너희가 흉악한 자를 이기었음이라”(요일 2:14)고 말씀합니다. 이는 영적으로 훈련되고 무장한 군사들을 가리킵니다.

㉢ 이를 통해서 깨닫게 되는 것은, 우리를 대속하기 위하여 지불된 값은, “부자라고 반 세겔에서 더 내지 말고 가난한 자라고 덜 내지 말지며”(출 30: 15)하신 대로 동일한 값이 지불이 되었으나, 하나님께 쓰임을

받는 데는 "믿음의 분량과 우리에게 주신 은혜대로 받은 은사가 각각 다르다"(롬 12:3-6)는 점입니다. "각각 그 재능대로 한 사람에게는 금 다섯 달란트를, 한 사람에게는 두 달란트를, 한 사람에게는 한 달란트"(마 25:15)를 주고 장사하라 하시므로 쓰임 받는 값은 각기 다르기 마련입니다. 이 말씀은 나 자신은 어느 계층에 속한 자인가 하고 자문하게 합니다.

㉣ 그러나 분명한 것은 믿음의 분량과 능력의 차이는 있다 하여도 이들은 모두가 하나님의 가문에 태어난 자들이라는 것과, 하나님의 자녀들로 태어난 자들은 누구를 막론하고 헌신 자들이며, 필요 없는 사람은 한 사람도 없다는 사실입니다.

③ "그러나 서원자가 가난하여 네가 정한 값을 감당하지 못하겠으면 그를 제사장 앞으로 데리고 갈 것이요 제사장은 그 값을 정하되 그 서원자의 형편대로 값을 정할지니라"(8)하십니다.

㉠ 이는 하나님의 긍휼이 여기심입니다. 왜냐하면 하나님은 능히 감당할만한 값(은사)를 주시지만 우리는 이를 감당하지를 못하고 기대에 부응하지를 못하기 때문입니다. 그럼에도 불구하고 "서원 자의 형세대로 값을 정해", 즉 우리의 작은 봉사와 헌신도 받아주시겠다니 이는 긍휼에 풍성하신 하나님의 자비인 것입니다.

④ 둘째로, "사람이 서원하는 예물로 여호와께 드리는 것이 가축이면"(9상)한 "가축"에 대해 말씀하십니다. "먼저 자신을 주께 드리고 또 하나님의 뜻을 따라"(고후 8:5) 예물을 드려야 하는 것입니다.

⑤ 셋째로, "만일 어떤 사람이 자기 집을 성별하여 여호와께 드리려하면"(14)한 "집"에 대해 말씀합니다.

⑥ 넷째는, "만일 어떤 사람이 자기 기업된 밭 얼마를 성별하여 여호와께 드리려하면"(16)한 "밭"에 대해 말씀합니다.

이상이 "사람, 가축, 집, 밭을 여호와께 드리기로 서원하였을" 경우에 대한 규례인데, 이 말씀이 신약의 성도들에게는 신령한 의미로 적용이 되는 것입니다.

둘째 단원(26-34) 십분의 일은 여호와의 것이라

⑦ "오직 가축 중의 처음 난 것은 여호와께 드릴 첫 것이라 소나 양은 여호와의 것이니 누구든지 그것으로는 성별하여 드리지 못할 것이며"(26), 즉 하나님께 드릴 것과 드릴 수 없는 것을 말씀하십니다.

㉠ "처음 난 것은 여호와께 드릴 첫 것이라"하시는데 출애굽기에서 "이스라엘 자손 중에서 사람이나 짐승을 막론하고 태에서 처음 난 모든 것은 다 거룩히 구별하여 내게 돌리라 이는 내 것이니라"(출 13:2)고 말씀하셨습니다. 왜냐하면 애굽을 심판하실 때에 죽었어야 할 자들이 유월절 양의 피로 구속, 즉 값을 주고 사셨기 때문입니다. 그런데 이를 구속사라는 맥락으로 보게 되면 "장자, 처음 난 것, 십분의 일" 등은 대표성(代表性)을 나타내는 것으로 사실은 전부(全部)가 하나님의 것이요, 우리는 관리자에 불과하다는 점입니다.

㉡ 그러므로 "땅의 십분의 일 곧 그 땅의 곡식이나 나무의 열매는 그 십분의 일은 여호와의 것이니 여호와의 성물이라(30), 모든 소나 양의 십일조는 목자의 지팡이 아래로 통과하는 것의 열 번째의 것마다 여

호와의 성물"(32)이라 하시는 것입니다.

⑧ 그런데 여기 난제(難題)가 있는데 "온전히 바쳐진 그 사람은 다시 무르지 못하나니 반드시 죽일지니라"(29)하신 말씀입니다. "온전히 바쳐진 그 사람"이란 어떤 사람을 가리키는 것인가?

㉠ 그런데 "무르지 못한다"(28, 29, 33)하심은 25:25절에서 "만일 네 형제가 가난하여 그의 기업 중에서 얼마를 팔았으면 그에게 가까운 기업 무를 자가 와서 그의 형제가 판 것을 무를 것이라"하신 점과는 정반대되는 말씀이라는 점입니다. 그러니까 그를 대신 할 자가 없기 때문에 반드시 죽여야 한다는 말씀입니다. 그러면 "우리도 온전히 바쳐진 자인가" 하고 묻게 됩니다. 여기에는 구약의 율법적인 의미와 신약의 복음적인 의미가 있다 하겠습니다.

㉡ 먼저 "율법"적인 의미인데 하나님의 공의를 위해서 "반드시 죽이라" 하십니다. 예를 들어 하나님께서는 "아간"을 가리켜 "너희 가운데에 온전히 바친 물건이 있나니"하시면서 "그 온전히 바친 물건을 너희 중에서 멸하지 아니하면(죽이지 아니 하면) 내가 다시는 너희와 함께 있지 아니하리라"(수 7:13, 12)하십니다. 여호수아는 아간을 향해 "청하노니 이스라엘의 하나님 여호와께 영광을 돌려 그 앞에 자복하고 네가 행한 일을 내게 알게 하라"(수 7:19)고 말합니다. 그러면 아간이 하나님께 영광을 돌릴 수 있는 방도가 무엇인가? 하나님의 공의를 위하여 "반드시 죽일지니라"한 죽임을 당하는 일입니다. 이것이 "온전히 바쳐진 그 사람은 다시 무르지 못하나니 반드시 죽일지니라"한 율법적인 의미입니다.

㉢ 그런데 "온전히 바쳐진 그 사람"을 복음(福音)을 통해서 보게 되면 어

떤 의미가 되는가? 하나님은 아브라함에게 "네 아들 네 사랑하는 독자 이삭을, 번제로 드리라"고 명하셨습니다. 그러면 이삭은 "온전히 바쳐진 자"입니까? 아닙니까? 이삭은 온전히 바쳐진 자가 아니었습니다. 왜냐하면 "숫양을 가져다가 아들을 대신(代身)하여 번제로 드렸더라"(창 22:13), 즉 "무르기"를 했기 때문입니다. 이삭은 예표의 인물이었기 때문에 무르는 것이 가능했던 것입니다.

⑨ 그런데 우리 주님은 십자가상에서 "엘리 엘리 라마 사박다니"하고 외쳐도 하늘에서는 아무 소리도 들려오지 않았던 것입니다. 왜냐하면 주님을 십자가에서 내려놓고 대신 드릴, 즉 "무르기"를 할 다른 제물이 없었기 때문입니다. 예수님은 "하나님이 제사와 예물을 원하지 아니하시고 오직 나를 위하여 한 몸을 예비하셨도다"(히 10:5)한 "온전히 바쳐진 한 몸"이었던 것입니다.

㉠ 그러므로 명심할 점은 그리스도께서 "무르지 못할 온전히 바쳐진 자가 되어 죽으신 것"(28, 29)은 우리들의 죄 값을 "무르시기" 위한 대속적인 죽음이었다는 점입니다.

㉡ 그러면 이제는 하나님께 "온전히 바쳐진 그 사람"(29)이 누구입니까? 구약시대는 삼손을 가리켜 "이 아이는 태에서 나옴으로부터 하나님께 바쳐진 나실인이 됨이라"(삿 13:5)고 말씀합니다. 한나는 "주의 여종에게 아들을 주시면 내가 그의 평생에 그를 여호와께 드리고 삭도를 그의 머리에 대지 아니하겠나이다"(삼상 1:11)고 서원합니다. 이처럼 특수한 자들만이 "여호와께 온전히 바쳐진 자"들이었습니다.

㉢ 그러나 신약시대는 "너희는 너희 자신의 것이 아니라 값으로 산 것이 되었으니"(고전 6:19-20), 즉 모든 그리스도인들은 "온전히 바쳐진 자

들"이라는 것입니다. 이를 알았기에 사도 바울은 "우리 중에 누구든지 자기를 위하여 사는 자가 없고 자기를 위하여 죽는 자도 없도다 우리가 살아도 주를 위하여 살고 죽어도 주를 위하여 죽나니 그러므로 사나 죽으나 우리가 주의 것이로다"(롬 14:7-8)고 고백했던 것입니다.

㉣ 그런데 복음시대에도 "반드시 죽일지니라"한 자는 있다는 점입니다. "우리가 진리를 아는 지식을 받은 후 짐짓 죄를 범한즉 다시 속죄하는 제사가 없고", 즉 대속하여주신 복음을 배반한다면 살 수 있는 다른 방도가 없다는 말씀입니다. "오직 무서운 마음으로 심판을 기다리는 것과 대적하는 자를 태울 맹렬한 불만 있으리라"(히 10:26-27)합니다. 왜냐하면 "은혜 아래" 있는 자가 아니라 "법 아래" 있는 자가 되었기 때문입니다.

⑩ 레위기는 "돌비"(율법)에 대한 해설이 아니라, 성막양식에 대한 해설서입니다. 즉 자기 아들을 통해서 이루어주실 복음을 "5대 제서, 대 속죄일, 3대 절기, 기업 무를 자, 희년" 등의 예표와 그림자를 통해서 계시하신 은혜요, 복음입니다. 한마디로 하나님께서 자기 아들을 우리에게 대속제물로 "주신다"는 것이 레위기의 중심주제입니다.

㉠ 그런데 레위기의 마지막 장에는 "드리다"라는 말이 14번 이상 등장합니다. 왜냐하면 레위기를 통해서 하나님의 사랑과 은혜를 깨닫고 믿는 자라면 어떤 결단을 하게 될 것인가? "여호와께 드리기로 분명히 서원하였으면"한 자발적으로 자신을 드리기로 "서원하는 마음"이 우러나올 것이기 때문입니다. 이는 5대 제사로 시작한 레위기의 아주 적절한 결론인 것입니다.

㉡ 그러면 "드리기로 서원하였으면"하는 주제가 신약의 성도들에게는

어떻게 적용이 되는가? "그러므로 형제들아 내가 하나님의 모든 자비하심으로 너희를 권하노니 너희 몸을 하나님이 기뻐하시는 거룩한 산 제물로 드리라 이는 너희가 드릴 영적 예배니라"(롬 12:1)는 말씀이 되는 것입니다.

주님께 드려진 향유 옥합은 "깨뜨려"(막 14:3)야만 했습니다. 왜냐하면 두 번째로 사용할 수가 없기 때문입니다. 하물며 주님께서 피로 값을 주고 사신 주의 소유된 "아주 바쳐진 자"를 다른 용도로 사용하기 위해서 "무를 수"는 없는 것입니다. 이제 레위기를 마치면서 우리도 "온전히 바쳐진 몸"이라는 결단을 해야만 하겠습니다. 그렇다면 도달하게 되는 결론은 "온전히 바쳐진 그 사람은 다시 무르지 못하나니 반드시 죽일지니라"(27:29)한 자신이 죽는 일입니다. 그러므로 바울의 고백이 우리의 고백이 되어야 할 것입니다.

내가 그리스도와 함께 십자가에 못 박혔나니
그런즉 이제는 내가 사는 것이 아니요
오직 내 안에 그리스도께서 사시는 것이라
이제 내가 육체 가운데 사는 것은
나를 사랑하사 나를 위하여 자기 자신을 버리신
하나님의 아들을 믿는 믿음 안에서 사는 것이라(갈 2:20). 아멘.

묵상해 봅시다

㉠ 5대 제사로 시작한 레위기가 도달하게 되는 결론에 대해서

㉡ "온전히 바쳐진 사람"의 율법과 복음적인 의미에 대해서

㉢ 레위기를 통한 깨달음과 결단에 대해서